一位诗人 文学家 思想家 文化巨人之思想精粹

苏子语典

修身篇

■ 谈祖应 编著

苏轼翰墨推阐理势 东坡诗文天地奇观

儒释道禅熔铸成典 千载微言万世垂教

武汉大学出版社
WUHAN UNIVERSITY PRESS

图书在版编目(CIP)数据

苏子语典.修身篇/谈祖应编著.—武汉:武汉大学出版社,2016.8
ISBN 978-7-307-18311-7

Ⅰ.苏…　Ⅱ.谈…　Ⅲ.苏轼(1036-1101)—语录　Ⅳ.K825.6

中国版本图书馆 CIP 数据核字(2016)第 165760 号

责任编辑:白绍华　　责任校对:李孟潇　　版式设计:韩闻锦

出版发行:**武汉大学出版社**　(430072　武昌　珞珈山)
(电子邮件:cbs22@whu.edu.cn 网址:www.wdp.com.cn)
印刷:武汉精一佳印刷有限公司
开本:787×1092　1/16　印张:30.75　字数:883 千字
版次:2016 年 8 月第 1 版　　2016 年 8 月第 1 次印刷
ISBN 978-7-307-18311-7　　定价:99.00 元

作者简介

谈祖应，湖北黄州人，1940年出生。文化学者，教授。中国苏轼研究学会会员，湖北省作家协会会员，黄冈市东坡文化研究会副会长，《文峰黄州》杂志主编。

先后在《中国文化报》、《中国科技人才》、《苏轼研究》、《人文科学》、《华中师范大学学报》、《黄冈师范学院学报》《乐山师范学院学报》、《黄冈职业学院学报》等发表论文20余篇。出版《苏东坡传奇》等著作多部，有的专著被选定为高等院校教材。近年来曾先后在北京、天津、广东、海南、云南、贵州、新疆等20多个省市和自治区进行专题为国学、管理、美育、苏学等内容的讲学。

鸣谢

黄冈师范学院鄂东教育与文化研究中心

黄冈市东坡赤壁管理处

黄冈市黄州区文化局

序 一

冯天瑜

大约五年前，我在江苏昆山参加学术会议，清晨漫步湖畔曲径，于柳林深处遇见也有晨起行走雅兴的唐翼明教授，两人一路聊天，谈起"最钟爱的文人"这个多趣而又难断的题目，但翼明兄与我并未犹豫，不约而同地呼唤出一个名字——苏东坡。可见，在我们内心深藏的中华文化璀璨星空，苏东坡是格外绚烂夺目而又令人亲近的星座。

陈寅恪有言："华夏民族之文化，历数千年之演进，造极于赵宋之世。"笔者大体赞同此议，又以为，如果挑选一位赵宋文化最卓越的代表，大约非苏东坡莫属。

东坡诗才堪与李杜比肩。清人刘熙载说："东坡词颇似老杜诗，以其无意不可入，无事不可言也。若其豪放之致，则时与太白为近。"其存世2700首诗，质高量大，题材多为批判社会现实和思考人生，清新豪健，与黄庭坚并称"苏黄"。宋代出理趣诗，东坡为其高妙者。他善于从自然现象、日常生活洞悉形上之道，通过生动的艺术意象油然导出理则，"不识庐山真面目，只缘身在此山中"，胜过哲学教科书万语千言。东坡诗源于现实又超越现实，时入仙境。明人王士祯说："汉魏以来，二千余年间，以诗名其家者众矣。顾所号为'仙才'者，唯曹子建、李太白、苏子瞻三人而已。"此言不虚！

东坡词作成就更高，继柳永之后，对词体进行全面改革，使词从音乐的附庸转变为一种独立的抒情诗体，现存362首词，既有婉约柔美之风，更有倾荡磊落如天风海雨般的气势，《水调歌头》(明月几时有)，开豪放词风；被贬黄州时留下千古名作《念奴娇·赤壁怀古》，有"一洗万古凡马空"气象，登高望远，逸怀浩气，苏东坡遂与词作苍劲的辛弃疾并称"苏辛"。

东坡散文取法孟子，又汲纳纵横家的雄阔、庄子的汪洋恣肆，开阖自如，叙事、议论、抒情兼致，与欧阳修并称"欧苏"；苏东坡与其父苏洵、其弟苏辙合称"三苏"，一门占"宋六家"三席、"唐宋八大家"三席，置之数千载文学史，仅有"三曹"(曹操、曹丕、曹植)可与之媲美。苏文走"文、道并重"一路，又强调"文"的独立价值，并非仅为载道之具。而且，他所载之"道"，并不限于孔孟教言，释、道皆在其中，"百氏之书无所不读"，其文达到综汇诸家，"三教共弘"的圆融境界。

东坡深入艺界堂奥，长于行书、楷书，与黄庭坚、米芾、蔡襄并称"宋四家"。遍取晋、唐、五代各家之长，融会贯通，自成一家，"我书造意本无法"、"自出新意，不践古人"。存世《赤壁赋》、《黄州寒食诗》、《祭黄几道文》等帖皆书道极品。擅墨竹，重神似，主张画外有情，画有寄托，不受程序束缚，提倡"诗画本一律，天工与清新"，为"文人画"开山祖。

东坡富生趣，喜美食，且精研其道。知杭州时，江湖泛滥，他指挥疏濬西湖，筑苏堤。百姓感念，抬猪担酒拜年，他指点家人将肥瘦兼搭的猪肉切成方块，烧得红酥，分众品尝，广得赞誉，这便是垂名千古的"东坡肉"。以"东坡"命名的菜品(东坡鱼、东坡豆腐等)及小吃(东坡饼、东坡羹等)不下几十种，不少与他的黄州生涯有关。称东坡为史上第一美食家，实不为过。

东坡的传道授业也成效卓著，其门下涌现黄庭坚、张耒、晁补之、秦观等"苏门四学士"，加上陈师道、李廌，合称"苏门六君子"。李格非、李之仪、唐庚、张舜民、孔平仲、贺铸等两宋杰士，也都深受东坡影响。

东坡不仅以诗词、文赋、书画树立文坛高标，其人生态度也堪称范式：进退自如，宠辱不惊，既坚持操守又全生养性。他以放达襟怀拥抱大千世界，随处都能发现美与乐。东坡的开朗乐天，除个性使然外，还渊源于宋代文化生态的相对宽松（宋太祖立卧碑，禁杀言事士人；宋太宗亲士右文等）。东坡一生虽多次遭贬，仕途坎坷，却总能化险为夷，这与环境严酷的明清，士人动辄得咎乃至身首异处颇相差别。东坡人格的阳光，不唯个体因素所定，亦深受时代氛围影响。这是我们欣赏东坡生趣盎然时，不应忘却的社会史要义。

千年以下，东坡广为士子、民众喜爱，以致他在各地的游踪，他的睿智诗文警句，乃至各种发明发现，都是后人永远的话题。笔者先父 1936 年 12 月参加在武昌静偶轩举行的苏东坡生辰纪念会，与会者以东坡诗意作画题辞，此为抗日战争爆发前夕武昌一次文人雅集，今日展读当年诗画，可见现代人追怀东坡之忱。

幽默机智颇类东坡的现代作家林语堂，如此描述苏子——

> 一个不可救药的乐天派、一个伟大的人道主义者、一个百姓的朋友、一个大文豪、大书法家、创新的画家、造酒试验家、一个工程师、一个憎恨清教徒主义的人、一位瑜伽修行者佛教徒、巨儒政治家、一个皇帝的秘书、酒仙、厚道的法官、一位在政治上专唱反调的人、一个月夜徘徊者、一个诗人……但是这还不足以道出苏东坡的全部……苏东坡比中国其他的诗人更具有多面性天才的丰富感、变化感和幽默感，智能优异，心灵却像天真的小孩——这种混合等于耶稣所谓蛇的智慧加上鸽子的温文。

这正是笔者与翼明兄在选择“最钟爱的文人”时，不假思索地指向苏东坡的缘故。

黄州谈祖应先生博学深思，长期研习东坡，倾力编纂《苏子语典》，从“修身”、“民本”、“宦游”“解脱”、“文艺”、“禅修”到“膳食”、“养生”，多方位辑录东坡原典，并辅以精要阐释、介评，使我们手持此卷，即可观照这位百科全书式文化巨匠的大貌。谈兄有索序之雅，余只得勉力撰成篇什，卑之无甚高论，谨以一个仰慕者的体悟呈于苏子灵前。

2016 年 3 月 30 日
于武昌珞珈山

（冯天瑜：武汉大学历史学院资深教授、博士生导师、武汉大学中国传统文化研究中心主任）

序 二

王兆鹏

苏轼是艺术大师，语言大师，也是生活大师，智慧大师。他热爱生活，也善于生活。他会烹饪，开发的东坡肉，后来成为名菜；能裁缝，设计的东坡帽，天下流行，一度成为时尚。他生性随和，平易近人，乐观开朗，幽默风趣，人见人爱。他自称“上可以陪玉皇大帝，下可以陪悲田院乞儿”，确实，他上当过皇帝的老师，下做过农夫的朋友。贬居黄州时，就经常拉百姓谈家常，说鬼怪。他通达洒脱，但遇着大是大非问题，立场坚定，宁死不移。他关心民瘼，了解民情，有强烈的社会现任感和担当精神。他虽然一生坎坷多艰，久经磨难，但总能坦然应对，善于排解痛苦，排遣愁闷。无论政治上遭受多么大的打击，生活上陷入怎样的困境，从不会失去生活的信念。他经常失望，甚至绝望，但都能很快走出失望的阴影，跳出绝望的魔圈。在苦难的历程中，在炼狱的生活中，在不懈的抗争中，在执着的追求中，他感悟人生，参透人生，为此，他形成了一套独特的人生哲学，积累了丰富的人生智慧，为我们留下了宝贵的思想遗产和精神财富。古人曾言，韩如潮，苏如海。这不仅是说韩愈文章的气势如潮水，奔腾跳荡，苏轼的文章如大海，汪洋恣肆，气象万千，也是说苏轼的思想博大精深，文章的意蕴无限丰富。

由于苏轼的著述量巨大，普通的读者要全面学习、了解、汲取苏轼的精神和智慧相当不易。有鉴于此，黄冈谈祖应先生穷十年之功，别具创意地编撰成《苏子语典》，将苏轼的人生格言、道德警句、思想精华分类编排，便于阅读，便于欣赏，便于引用，便于践行。其分类得当适用，注释简明扼要，解析深入浅出，堪称苏学的人生大全、智慧宝典，对当今读者的为学、为人、为官、为文都有启示和教益。

这部智慧宝典，可以从头到尾精读，也可以随意翻阅几则。闲暇时，你可以泡上一杯清茶，正襟危坐，细细品味，能点燃你智慧的火花。忙碌时，根据需要或随兴选读几段，也会让你灵光闪现。

我与谈先生原本素昧平生，去年在黄州苏学研讨会上一见如故，因同好苏学，而相得甚欢。此后常相联系，交流苏学研究信息。近日他寄来新著，嘱为序引，我拜读一过，十分钦佩，既为谈先生取得的创新性成果而高兴，也为苏学有了一种全新的传播方式而喜悦。圣人孔子的思想因为有了语录体著作《论语》而代代相传，巨人苏子的思想智慧也将会因为这部汇聚其名言隽句的《苏子语典》而弘扬光大。《论语》不朽，《苏子语典》亦将不朽！

2016年7月
于武汉大学

（王兆鹏：中国宋代文学学会副会长兼秘书长、武汉大学文学院教授、博士生导师）

目录

修　身

君子日修其善，以消其不善，不善者日消，有不可得而消者焉。

导读

《大学》曰：“古之欲明明德于天下者，先治其国；欲治其国者，先齐其家；欲齐其家者，先修其身。”这说明儒家把“修身”作为“治国”、“齐家”的根本和基点。修身者，修养身心也。身，指外在的言行；心，指内在的心念。修身，是古代知识分子尊崇的信条和终生不懈践行的超越自我、完善自我的修炼过程。在东坡先生毕生所撰四千八百多篇文，两千七百多首诗，三百多首词的宏篇巨著中，“修身”作为一条主线贯穿始终。同时，无论先生穷达荣辱，都为此付出了极大的真诚和行动。

东坡先生关于“修身”的思想，以儒为宗，兼融诸家，其理论体系既具备文以载道的传承性，又具有一家风骨的创新性。他服膺儒家修身的训诫，特别强调“君子日修其善”、“养其正心”，力求做到“日新其德”。他认为“君子以自强不息”，“岂以刚故能健哉？”别开生面地提出“以不息故健”，主张动态变革，吐故纳新。

他指出：“君子所受于天者无几，养之则日新，不养则日亡，择居，所以养也。”君子从上天那里所承受的品质没有多少，培养它，就每天有新的变化，不培养它，好的品质就每天在减少。选择居住的地方，目的是为了养育自己的美德。

他明确提出君子修身的目标是：“守道而忘势，行义而忘利，修德而忘名”，使其达到“道大而不回，言出而为则”，“道理贯心肝，忠义填骨髓”，“泰不骄，困不挠，而老不枯”的人生境界。以及“大道之行，士贵其身。维人求我，匪我求人”的立身处世原则。

先生关于“修身”之方法论尤其精彩且又实用。他认为：“薄俗正好点检人，小疵，不可不留意也。”他指明：“人心真的不可放纵”，“能有所忍也，然后可以就大事”。他规劝世人“怕人知事莫萌心，此言皆可终身守之”。好一个“莫萌心”，说的是怕别人知道你做了亏心事，你就莫起这个邪念。此言多明了简洁，真乃直指人心。他在与胞弟子由交流如何修身时指出：“置一卷历，昼日之所为，暮夜必记之。”如果我们坚持运用先生所嘱记日记的方法，白天所为，夜晚一一如实记录，其修身养性，岂不功德无量耶！

语典

君子日修其善[①]，以消其不善，不善者日消，有不可得而消者焉[②]。

——(《东坡易传·乾卦》[③]卷一，第4页)

注释

①君子日修其善：君子，原指"君王之子"，强调其政治地位的崇高。孔子为"君子"一词赋予了道德的含义，指人格高尚、道德品德兼善之人。修，指修身，修心。善，美好的品德。

②有不可得而消者：有无法消除的善德存在。

③《东坡易传》：该书初遭元祐党禁，不敢显题苏轼，故称"毗陵先生"(毗陵为常州古名，先生终于常州故名毗陵)，其书始以《毗陵易传》之名悄然印行于世。直至明万历年间(1573—1620年)，才被公开出版。乾隆年间(1736—1796年)方收入《四库全书》，定名为《东坡易传》。此书实为苏氏父子三人合力之作。

今译

君子一天一天地修养自己的美好品德，以消除自己不良的缺点，缺点一天天消除，直至有无法消除的善德存在。

解析

《东坡易传》是在元丰三年(1080年)至元丰五年(1082年)年间，东坡先生初成于黄州贬所。在写作过程中所参考的前人《易》学著作，均由他的朋友陈糙(时隐住麻城岐亭)提供。该书初成后，重订于惠州，最终成书于儋州。《四库全书》对该书的评价曰："明于事理，而又长于议论，披抉明畅，较他经为擅长。代圣人立言，借经典垂教。"其特点在于："推阐理势"，"多切人事"。先生所构建的哲学体系，是以《东坡易传》为基点，以儒为本，融通儒释道诸家，重视生命价值，提倡人性自由，追求超然旷达的人生境界。从这一点看，《东坡易传》，堪称是君子修身养性的指南。

语典

养其正心而待其自胜也，此圣人之功也[1]。

果行者，求发也；育德者，不发以养正也[2]。

——（《东坡易传·蒙卦》卷一，第12页）

注释

①"养其"二句：正心，语出《大学》"欲正其心者，先诚其意。"指心要端正而不存邪念。自胜，战胜自己。指不断超越自我，战胜自我。圣人，德高望重，有大智慧，已达到人类最高最完善境界的人。

②"果行"四句：果行，指果决地行动。发，发展、发动。育德，培育美德。

今译

培养自己心念端正而不存邪念，将其战胜自我，这是圣人的功业。

果决地行动，求得发展进步；培育美德的人，不经发动而自觉滋养内心的纯正。

解析

本文选自《东坡易传》，于元丰三年（1080年）初成于黄州贬所，是先生对"坎下艮（gèn）上卦""蒙以养正，圣功也"及"蒙，君子以果行育德"卦辞的诠释。先生所言"正心"，是中国古代儒家所倡导的一种内心道德修养过程。《大学》曰："欲修其身者，先正其心；欲正其心者，先诚其意；欲诚其意者，先致其知；致知在格物。"大意是说，要想修养自己言行品德的人，先要端正自己的心念；要想端正自己的心念，先要让自己意念诚实；要想让自己意念诚实，先要达到认识明确；而要达到认识明确的方法就在于推究事物的原理。先生在本章句中对"正心"修养过程，提出了自己独到的两点要则：其一，"自胜"。这里强调"正心"的目的，是达到战胜自我，超越自我。其二，"求发"和"不发"。前者强调"果行"意在发展进步；后者强调是不经发动的自觉性。有了超越自我的愿望和自觉性，"养其正心"的"育德"目的就有可能变为现实。

语典

心有邪正，事有是非，正心[1]而求其理，未有不得也。

——《东坡书传·立政》

（《三苏全传·经部》卷十六，第二册，第185页）

注释

①正心：端正心性。

今译

心思有邪有正，事理有是有非，端正心性而寻求其规律，修身养性没有做不到的。

解析

《东坡书传》是于元丰三年（1080年）至元丰五年（1082年）之间，东坡先生初成于黄州贬所。本章句是先生《尚书·立政》："今文子文孙，其勿误于庶狱庶慎，惟正是乂（yì）之。"大意是：从今以后，先王的贤子贤孙，千万不要在各种狱讼和各种敕（chì）戒上面犯错误，这些事只让主管官员去治理。所谓"立政"，是建立设置长官制度。是周公晚年对成王的诰词，主要是阐述设官理政的法则。告诫成王必须奉行文王、武王设官理政的常法，任用贤人、不干涉狱讼事件，集中精力，加强军事力量，学习大禹统一中国。先生据此推演出，"正心而求其理"之为政之道。《大学·经文》："欲修其身者，先正其心；欲正其心者，先诚其意；欲诚其意者，先致其知；致知在格物。""自天子以至庶人，一是皆以修身为本。""要想提高自身道德修养的人，先要端正自己的心性；想要端正自己的心性，先要使自己的意念诚实；想要使自己的意念诚实，先要达到认识明确；而达到认识明确的方法，就在于推究事物的规律。"这是"自天子一直到老百姓，一律都是修身养性的根本"。这说明"正心"，在儒家那里将此作为修身的基点。按照先生的提示，无论何人"心"是"邪"是"正"；所处"事"是"是"是"非"，要想使修身有所"得"，唯一的途径就是"正心"。

语典

日新其[1]德。

——《仁宗皇帝御书颂并叙》
（《苏轼文集》卷二十，第583页）

注释

①其：第三人物代词，相当于“他”、“他们”。

今译

君子要每天使他们的品德更加完善。

解析

该文是元祐年间（1086—1094年）东坡先生为还在做太子的仁宗皇帝题写的御书所写的颂文。“日新其德”语出《易·大畜》：“象曰：刚健，笃实，辉光，日新其德。”为何强调“日新”？《周易·随卦第十七》曰：“随，元亨利贞。无咎。”“随卦象征随从，至为亨通顺利，为有利占卜，没有灾祸。”《象》曰：“天下随时，随时之义大矣哉。”所谓“随时”，就是追随得时，紧随于适当时机，它的意义太重要了。为因应“随时”，故君子修德必亦“日新”，以“止如至善”。

语典

大德，细行之积也[①]；九仞，一篑之积也[②]。

——《东坡书传·旅獒》
（《三苏全书·经部》卷十一，第二册，第94页）

注释

①“大德”二句：大德，指大功德。细行，小节，小事。

②“九仞”二句：九仞，六十三尺，一说七十二尺。常用以形容极高极深。篑（kuì），古代盛土的筐子。

今译

伟大的功德，是许多细小的善行积累而成的；九仞的高台，是一筐一筐的土石堆积起来的。

解析

《东坡书传》是于元丰三年（1080年）至元丰五年（1082年）之间，东坡先生初成于黄州贬所。本文是先生对《尚书·旅獒》“不矜细行，终累不德。为山九仞，功亏一篑”谏言的解说。这段谏言的意思是，不慎小德，终将损害大德。譬如堆垒九仞高的土山，只差一筐土，还是不算成功。先生据此寓意，推演出“大德，细行之积”的人生义理。为了说明“细行”积“大德”，他化用“为山九仞，功亏一篑”之比喻，更为简洁明朗地凝练了“九仞，一篑之积也”的哲言。从这里可以看出，先生用对仗工整的文学语言，道出了义理深邃的人生哲理，这就是文学家为思想家的优势。

语典

种德者，如农夫之种殖也[1]，（略）而民怀之。

——《东坡书传·虞书》

（《三苏全书·经部》卷三，第一册，第468页）

注释

①“种德”二句：种德，谓像农夫种植稻麦样种植仁德。殖，种植。

今译

播种仁德，譬如农夫种植稻麦，（略）而百姓感恩怀念。

解析

《东坡书传》是于元丰三年（1080年）至元丰五年（1082年）之间，东坡先生初成于黄州重订于惠州，成书于儋州。本文是先生对《尚书·大禹谟》“皋陶迈种德，德乃降，黎民怀之”的解说。大禹指出，皋陶勇迈前行施行德政，德政降临民间，黎民百姓怀德归附于他。先生的解说运用比喻，把“种德”喻为“农夫之种殖”，既生动又明了。有道是谷如命，食为天。农夫种植的是谷子，收获的是人命。皋陶播种的是仁德，对于黎民百姓来说就是命数，所以老百姓感恩怀念。

语典

夫天岂以刚故能健[1]哉，以不息[2]故健也。流水不腐，用器不蛊[3]，故君子庄敬[4]日强，安肆日偷[5]，强则日长，偷则日消。

——(《东坡易传·乾卦》卷一，第5页)

注释

①刚故能健：刚，指刚强。健，旺盛。

②不息：不停止。

③蛊：(gǔ)，此指被虫蛀蚀。

④庄敬：庄重恭敬。

⑤安肆日偷：安肆，指安逸放纵。偷，苟且偷生。

今译

上天哪里是因为刚强所以才能旺盛，是因为生生不息地运动所以才表现出“健”的状态。流动的水是不会腐臭的，经常使用的器皿是不会被虫蛀蚀的。因此君子保持庄重恭敬的品质，就能一天比一天刚强；安逸放纵，就会一天比一天苟且偷生。刚强就会逐渐成长，安逸放纵就会逐渐消沉。

解析

东坡先生于元丰三年(1080年)至元丰五年(1082年)之间，在黄州贬所初成《东坡易传》。本文是为《乾卦》其中“用九”之“天行健，君子以自强不息”所作的解说。先生用“不息”来注释天之刚健的根本动力。他在《策略一》中亦说：“天之所以刚健而不屈者，以其动而不息也。惟其动而不息，是以万物杂然，各得其职而不乱(略)，使天而不知动。则其块然者将腐坏而不能自持，况能以御万物哉。”因此，先生在早期，因这一思想，极力提倡变革。虽然后期因为“党争”障碍，他对新法多有微词，但“不息故健”的信念始终没有淡忘。先生对《周易》“健”与“强”的解释，强调天的本性在于“不息”，天道就是乾健，在于永恒运动，这是对易学研究的一种创新与贡献。“天行健，君子以自强不息”，既是中华民族先祖对世界的认识，也是中华民族精神的生动写照。社会进步，以“不息故健”；人的成长，同样以“不息故健”。这种生生不息的自强精神，中华民族将会薪火相传。

语典

孟子曰，“求则得之，舍则失之”，“求在我者”，此不息之正[①]者也。“求之有道，得之有命”，“求在外者[②]”，此不息之不正者也。

——（《东坡易传·升卦[③]》卷五，第87页）

注释

①不息之正：永不止息的正道。
②外者：指身之外物。
③升卦：《周易》第四十八卦，寓意上升。

今译

孟子说，“追求就会得到，放弃就会失去”，“所追求的目标是否能实现在于我自身的努力”，这是永不止息的正道。“追求有一定的法则，能否得到在于天命”，“追求外在的物质和名利”，这是永不止息的不正之道。

解析

《东坡易传》是于元丰三年（1080年）至元丰五年（1082年）之间，东坡先生初成于黄州贬所。本文是先生对《升卦》“上六”爻辞的解说。先生依据该爻辞“昏昧至极而继续上升，有利于不停息的坚守正道”的寓意，推演出“求在我者”，此为“不息之正者”；“求在外者”，此乃“不息之不正”的人生义理。所谓“求在我者”，指的是对知识积累、道德修养、人生境界等精神层面的追求。所谓“求在外者”，是指对外在物质、外在名利、外在诱惑的追求。前者的追求全在于自我的修养，后者所求，按照儒家传统观念，是一种身外之物，非分之求。即孔子所言：“如不可求，从吾所好。”即如果不可以求得，那还是依自己心里所爱好的去做。先生对孟子所说的这两种“求”，分别予以评价。“求在我者”，是“正者”之追求；“求在外者”，是“不正者”之追求。这是先生在解“升卦”时，对世人的谆谆提醒。

语典

孔子曰："君子恶居下流[①]，天下之恶皆归焉[②]。"

君子所受于天者无几[③]，养之则日新，不养则日亡[④]，择居[⑤]，所以养也。

——(《东坡易传·井卦[⑥]》卷五，第90页)

注释

①恶居下流：恶(wù)，指厌恶，憎恶。下流，地势卑下处，这里指由高位而降至低位。

②天下之恶：恶(è)，指罪恶。"君子恶居下流，天下之恶皆归焉"语出《论语·子张篇》。

③无几：没有多少。

④亡：此处读wú，即没有的意思。

⑤择居：选择居地。

⑥ 井卦：《周易》第四十八卦，改变城邑改不了井，这是因为井有刚正中直的井德。

今译

孔子说："君子厌恶于卑下的地位，一旦沾有污行，天下的罪恶都归在他的身上。"

君子从上天那里所承受的品质没有多少，培养它每天就有新的变化，不培养它好的品质就每天在减少。选择居住的地方，目的是为了养育自己的美德。

解析

《东坡易传》是于元丰三年(1080年)至元丰五年(1082年)之间，东坡先生初成于黄州贬所。本文是先生对《井卦·象传》中"初六"爻辞的解说。先生从"井养而不穷"的寓意，推演出"择居，所以养"的人生义理。先生的这一结论，是从子贡与孔子的对话中引申出来的。子贡认为纣王的不善，是因为纣王居于"下流"卑污的位置招致的。先生据此提出"择居"的重要性。古有"孟母三迁"之教的故事，说明良好的人文环境，对于人的成长有着重要的作用和意义。18世纪法国唯物主义哲学家爱尔维修提出一个著名的论断："人是环境和教育的产物。"爱尔维修所指的环境，是指影响、熏陶人的外部条件的总和，其中包括政治、法律、教育等，当然也包括居住环境。不过，先生在"择居"之中还突出地强调"养"的作用，即自我修养、自我教育等主观能动性的发挥。"择居"不是"养尊处优"，而是"修身养性"。先生在这里还开导后人，人的成长"受于天者无几"，而后天的学习和劳动，才是使自己"养之则日新"，自我完善的必由之路。

语典

终始惟一，时乃日新①，（略）圣人一于仁②。

变而不失其常③，（略）以一为内，以变为外。（略）惟能一故能变。

——《终始惟一时乃日新》

（《苏轼文集》卷六，第168页）

注释

①“终始”二句：惟，谓“只”。一，“一也者，万物之本也”。时，通“是”，代词。此指一贯，恒之。

②一于仁：专一于仁德。

③常：规则、规律。

今译

始终如一，日日革新，（略）圣人专一于仁德。

变化而不丧失规则，（略）把恒一作为内在的品格，把变化作为外部的对应。（略）只有能够做到恒一，因此才能够变化。

解析

本文的题目出自《尚书·咸有一德》。商代著名丞相、政治家伊尹还政于太甲以后，恐他德不纯一而进行劝诫。东坡先生借伊尹“终始惟一”之诫，行讽新法骤变之实。对王安石大刀阔斧的变革提出批评。他主张“变而不失其常”，要想做到“时乃日新”，务必“一于仁”，因为“惟能一故能变”。

语典

君子安身崇德[①]，如山岳[②]之镇；开物成务[③]，如江河之流。

——《赐太师文彦博乞致仕不许断来章批答二首》其二

（《苏轼文集》卷四十三，第1249页）

注释

①崇德：崇尚道德。

②岳：指高大的山。

③开物成务：语出《周易·系辞上》，“夫《易》，开物成务”。通晓万物的道理，并按此行事而获得成功。

今译

君子安身立命崇尚道德，如同高山岿然不动；开启物智，成就事业，如同大江大河源远流长。

解析

该敕文是东坡先生于元祐二年（1087年）在京任翰林学士兼侍读时，为皇帝草拟的诏书。《孟子·尽心下》载：“君子之守，修其身而天下平。”这段话的大意是，君子所坚持的，就是从加深自己的修养开始的，并达到天下太平的目的。先生所谓“君子安身崇德”正是源于此义。君子只有解决好“君子之守”，即“安心立命”，才会有“如江河之流”的“开物成务”。

语典

古之君子，刚毅[①]正直，而守之以宽；忠恕仁厚[②]，而发之以义。

——《上韩太尉[③]书》

（《苏轼文集》卷四十八，第1381页）

注释

①刚毅：刚强坚毅。

②忠恕仁厚：忠恕，谓忠诚，宽恕。仁厚，仁慈宽厚。

③韩太尉：韩琦（1008—1075年），字稚圭，相州安阳（今河南安阳）人。北宋著名政治家、词人。为相十年，历经仁宗、英宗、神宗三朝。熙宁八年（1075年）六月卒，享年68岁，谥忠献，赠尚书令，配享宋英宗庙庭。

今译

古代的君子，刚毅正直，但坚守以宽容为美德；忠恕仁厚，而以正义为出发点。

解析

嘉祐二年（1057年）三月，东坡先生时年二十二岁，与弟子由应进士试。三月八日殿试，中进士乙科，先生作书谢欧阳修、梅尧臣。并上书韩太尉，希望“愿见太尉，得闻一言”，能得到前辈圣贤的召见和赐教。本章句“刚毅正直”而不失之“宽”；“忠恕仁厚”而出之于“义”，此乃“发而皆中节”的“中和”之道。

语典

办天下之大事者，有天下之大节[1]者也。（略）而箪食豆羹[2]足以动其心，则宜其智虑之不出乎此也。

推此而上，其不取者愈大，则其所办[3]者逾远矣。

——《伊尹[4]论》

（《苏轼文集》卷三，第 84 页）

注释

①大节：高尚的气节操行，正义感。

②箪食豆羹：箪，意指古代盛饭的圆形竹器。食（古读 sì），拿东西给人吃。豆羹，豆器中的羹，喻微小、细微。

③办：处理，办事。

④伊尹：中国商朝初年著名宰相、政治家。

今译

治理天下大事的，是有天下大节操的人。（略）而一箪食一豆羹足能够使他们动心，那么他们的才智谋虑应该不超出这些。

据此推理，对不正道的东西不去获取得越多，那他所治理的事情就会越多。

解析

此文论系嘉祐六年（1061 年），东坡先生应制科试时所上进卷之一。本章句取《孟子 · 万章上》意。先生依据孟子的道德标准指出：道德水准越高尚，治理的功德就越大。治理者的道德水准，决定他能肩负责任的大小。如果“箪食豆羹”这么微小利益足以使之动心的人，此人的智慧和谋虑也就仅有“箪食豆羹”那么大。先生在这里借伊尹的形象，说明管理者道德修养的重要性。

语典

大道之行，士贵其身[①]。维人求我，匪我求人[②]。

——《张文定公墓志铭》

(《苏轼文集》卷十五，第458页)

注释

①“大道”二句：大道之行，语出《礼记·礼运》。士贵其身，文人应有自我尊严。

②“维人”二句：化用《周易·蒙》“匪我求童蒙，童蒙求我”。

今译

当天下大道正行，文人士大夫应重视自己的尊严和价值。只有别人需求我，而不是我去乞求别人。

解析

张文定公乃“三苏”走向政治舞台的引荐者，是最先发现苏轼、苏辙为天下奇才的伯乐。张公葬于元祐七年(1092年)八月九日，时先生正任扬州太守，故本墓志铭应是元祐七年(1092年)七月作于扬州。按先生自己讲，他未尝铭墓，独为五人作铭，此五人皆为高贤大德者。南宋著名文学家洪迈在《容斋续笔》曰：“作文受谢，自晋宋以来有之，至唐始盛。”先生为张文定公作铭，当是报当年知遇之恩。先生在文后说，自秦汉以来，文人士大夫地位卑贱而君王却肆意妄为。“区区仆臣，以得为喜。功利之趋，谤毁是逃。”一些追逐名利的小人，以得到爵禄为喜。有功利就趋之若鹜，而一旦召来非议就避嫌远逃。本铭既是对“士贱君肆”政治生态的批判，也体现了先生对独立人格和人生最高价值的追求。

语典

子由[1]言："有一人死而复生，问冥[2]官如何修身，可以免罪？"答曰："子宜置一卷历，昼日之所为，暮夜必记之。但不可记者，是不可言不可作也。无事静坐，便觉一日似两日，若能处置此生，当似今日，得至七十，便是百四十岁。人世间何药可能有此奇效：既无反恶，又省药钱。此方人人收得，但苦无好汤使，多咽不下。"

——《记子由言修身》

（《苏轼文集》卷七十三，第2377页）

注释

①子由：苏辙，字子由。苏轼胞弟。

②冥：迷信的人称人死后进入的世界。

今译

子由说："有一个人死后复生，他问阴间的官员如何修养道德，可以免除罪过？"答道："您姑且准备一卷日历，白天所作所为，夜晚必须一一记下来。如果有不能记的，那一定是不可说的和不应该做的事。另外，没有事就静心默坐，这样便觉得一天像两天，若能像这样安排此生，像今天这样能够活到七十，便是一百四十岁。人世间哪样药有如此奇效：既没有强烈的反应，又可以节省药钱。这个秘方人人可以得到，但苦于没有好汤水送服，大多数人吞咽不下。"

解析

本文是东坡先生于元祐七年（1092年）四月二十五日，作于扬州任上。子由借"死而复生"人之口，道出修身秘诀：一是记事，二是静坐。前者为修身，后者为养性。从具体两件事情看，应该说这不是太难的两件事。但是先生认为多数人行不通。是的，看似两件易如反掌的日常事，认真做起来却是不易。因为日有所为夜当记之，能保证自己一辈子不做"不可言不可作"的事吗？常言道，"人在做，天在看"，你真的敢一日不缺、一事不漏地如实记录下来吗？另外心真的能静得下来吗？一天两天尚可，一辈子能处静，没有忘欲、忘执、忘我的修炼功夫，焉能入静入空。故看似"奇效"的良方，终因"无好汤使"，大多数人都"咽不下"。所谓"好汤"，即一定的客观条件。不具备一定的条件，良药既"咽不下"，也产生不了奇效。

语典

薄俗正好点检人[1]，小疵[2]，不可不留意也。

——《与子由第十首》之四

（《苏轼文集》卷六十，第1835页）

注释

①薄俗正好点检人：薄俗，轻薄的世俗坏风。点检，反省、考察。
②小疵：小缺点。

今译

轻薄的世俗坏风正好考察一个人的品性，小缺点，不可以不引起注意。

解析

此书信约元丰八年(1085年)作。东坡先生在该信指出："吾弟大节过人，而小事或不经意。"故叮嘱他，不可不留意"小疵"。古代因小疵失大事的例子举不胜举。如春秋时卫国第十八任国君卫懿公痴迷好鹤，不恤国政，不理民情，最后带来祸患被北狄灭国。卫懿公被砍成肉泥，真乃一鹤之好便丧国。春秋时期有一仇由小国，因被大国晋国贿赂之计所诱惑，竟为贪得一口大钟主动扫清入境道路而引狼入室。可谓一钟之贪而丧邦！呜呼！"小疵"，可使人丧节辱身；可使国水剩山残。

语典

人心真不可放纵[①]，闲散[②]既久，毛发许事[③]，便自不堪[④]。

——《与刘贡父[⑤]七首》之一

（《苏轼文集》卷五十，第1464页）

注释

①放纵：指纵容，不加约束，放任自流，不守规矩，没有礼貌。

②闲散：闲逸而无管束。

③毛发许事：毛发般的小事。

④不堪：坏到极深的程度。

⑤刘贡父：刘攽（1023—1089年），字贡父，新喻（今江西新余）人。庆历六年（1046年）进士，官至中书舍人。助司马光修《资治通鉴》。《宋史》有传。

今译

人心真的不能放纵，一旦闲逸无约束太长久，毛发般的小事，便使自己堕落到不堪的地步。

解析

此书是东坡先生于熙宁十年（1077年）八月作于徐州。本章句虽是就自己"久不奉书，直是懒堕耳"所发的感慨，但亦阐发了人生修身的道理。先生认为，"人心"若"放纵""既久"，其结果"便自不堪"。古希腊哲学家亚里士多德有句名言："放纵自己的欲望是最大的祸害。"这种"祸害"是从"毛发许事"演变成"不堪"的。

语典

“怕人知事莫萌[①]心。”此言皆可终身守之。

——《温公[②]过人》

（《苏轼文集》卷七十二，第2291页）

注释

①萌：比喻事情刚刚显露的发展趋势或情况，开始，萌生。

②温公：司马光，追封温国公。

今译

“如果你害怕别人知道你做的事，你心里就不应该萌生做这个事的念头。”这句话都可以成为终生的守则了。

解析

此文是东坡先生于元祐七年(1092年)四月二十五日，作于扬州。时先生为扬州太守，他的弟子晁补之为通判。一次，晁补之对先生说，司马温公曾说过，他一生所为，没有不曾对别人不可说的事。先生回答说，我也记得有位前辈有诗云：“怕人知事莫萌心。”这句诗很有哲理，使我们想起一句俗语：“若要人不知，除非己莫为。”这句俗语讲的是“不为”。而前辈的诗句讲的是“莫萌心”。后一句讲到了关键处，因为做任何事，无非起于“一念”。只要莫起歹心，何怕别人知道。这句话，确实可作为我们终生为人处世的箴言。

语典

何武[①]所至，无赫赫[②]名，去而人思之，此之谓遗爱[③]。

——《遗爱亭记·代巢元修》

（《苏轼文集》卷十二，第399页）

注释

①何武：字君公，西汉大臣。长期担任郡吏和刺史。官至御史大夫（后改大司空），元寿元年（前2年）改任前将军。

②赫赫：显著盛大的样子。

③遗爱：谓遗留仁爱于后世。语出《左传·昭公二十年》："及子产（春秋郑国名相）卒，仲尼（孔子）闻之，出涕曰：'古之遗爱也。'"

今译

西汉大臣何武所到之处，并无显赫的名声，离任后百姓却怀念他，这就叫遗爱。

解析

元丰六年（1083年）四月，黄州太守徐大受，字君猷，任期届满即将离黄。临行前他邀约东坡先生、巢谷二人，再游安国寺。他们在竹间亭饮酒、品茶。安国寺住持继莲为赞美君猷治黄仁政，提议将"竹间亭"更名。东坡先生思而得名，取名曰"遗爱"。徐太守建议巢谷撰文记之，但他是"羁旅"之人不太了解徐君猷。后来，他走访了民间，将情况转告先生，于是先生代巢谷写下了千古名篇《遗爱亭记》。先生开篇以西汉大臣何武为典，给"遗爱"作注："去而人思之，此之谓遗爱。"如今黄州人为了缅怀东坡先生谪居黄州五年间修身洁行的遗风，将原来相邻的三座湖泊，更名为"遗爱湖"，并投资10亿元，建成了名满华中的主题文化公园。真可谓"昔受坡翁一滴水，今报苏公一座湖"。

语典

夫君子循理[①]而动，理穷[②]而止，应物[③]而作，物去[④]而复，夫何赫赫[⑤]名之有哉！

——《遗爱亭记》

（《苏轼文集》卷十二，第399页）

注释

①循理：依照道理或遵循规律。
②理穷：道理没了，规律变化了。
③应物：顺应事物的变化。语出《庄子·知北游》："其应物无方。"
④物去：事物变化。
⑤赫赫：显著盛大的样子。

今译

君子按照事物的道理和规律而行动，一旦事理穷尽就应停止。同时要顺应事物的规律而做事，事物变化了就应改变方式，哪里考虑什么显赫的名声呢？

解析

元丰六年（1083年）四月，黄州太守徐君猷离任将赴湖南就职。安国寺僧首继莲请东坡先生为"竹间亭"命名，以纪念徐太守之仁政。先生依子产之典，取名曰"遗爱"。上述章句，是对"去而人思之"遗爱风范的诠释。只有做到"循理而动，理穷而止，应物而作，物去而复"，才会有"未尝怒也，而民不犯；未尝察也，而吏不欺"的德政功业。先生所提出的这一思想，可以称之为"十六字法则"，按照"十六字法则"行事，就会留下"遗爱"，违反这"十六字法则"办事，就有可能"遗恶"。究竟想"遗"下什么，全在对"循理"、"应物"的把握和拿捏。

语典

有非常[1]之人，然后有非常之事；有非常之事，然后有非常之功。

——《士燮[2]论》

（《苏轼文集》卷三，第89页）

注释

①非常：不同寻常。

②士燮（xiè）：春秋时期晋国大夫。封邑于范，故世称范氏。

今译

有不同寻常的人，然后才有不同寻常的事业；有不同寻常的事业，然后有不同寻常的功绩。

解析

这句名言被转引无数次。最先提出这一思想的应该算是被称为“赋圣”和“辞宗”的西汉司马相如。司马相如为西南夷事上书汉武帝，在《难蜀父老》中曾意味深长地说：“盖世必有非常之人，然后有非常之事。有非常之事，然后有非常之功。非常者，固常人之所异也。”汉武帝对这句话非常欣赏，以至于后来他在命令州郡举荐贤才的诏书中说：“盖有非常之功，必待非常之人。故马或奔踶而致千里，士或有负俗之累而立名。”有不同寻常的事功，一定要期待不同寻常的人才能完成。所以，有的马狂奔踢人但能日行千里。有些有本事的人背着世俗讥议的包袱，却能建立功名。汉武帝与司马相如不同的是，因他本身就是一位“常人所异”的帝王，他醉心雄心勃勃的武功事业，故提出“有非常之功”，然后下诏书招募天下“非常之人”。最为可贵的是，他能不拘一格选人才，譬如爱踢人的马，虽有本事但却被世俗所诟病的人，只要善于调教都可以大胆任用。

何谓“非常之人”？当然是德才兼备者。用今天的话说，是智商与情商兼优的人。有专家对人的智商和情商作研究认为：一个人的成功，智商占20%，情商占80%。也就是说一个人的情绪、情感、意志、耐受挫折等方面的品质，是走向成功的主导因素。

语典

古之所谓豪杰之士者，必有过人之节。(略)天下有大勇者，卒然[1]临之而不惊，无故加之而不怒，此其所挟持[2]者甚大，而其志甚远也。

——《留侯[3]论》
(《苏轼文集》卷四，第103页)

注释

①卒然：突然。
②挟持(xié chí)：抱持(志向才能等)。
③留侯：即张良，字子房，汉代杰出的谋士，汉高祖因其功封于留(今江苏省沛县)，故称留侯，后世称为"谋圣"。

今译

古代所称之为豪杰的人士，一定有过人的节操。(略)天下真正有大勇气的人，意外事件突然降临而不惊恐，无故加以羞辱而不被激怒，这是因为他的抱负非常大，而且他的志向高远的缘故。

解析

此文论系嘉祐五年(1060年)，东坡先生应制科试前呈上的进卷之一。整篇文论以一"忍"字贯穿全篇。开篇为"忍"立义("卒然临之而不惊，无故加之而不怒")，接着"言子房不忍"，再接着桥上老人"倨傲鲜腆而深折之"(故意高傲无礼来羞辱挫折他)，让他明白："能有所忍者，然后可以就大事。"最后子房教高祖"养其全锋而待其弊"的"忍"功，打败"唯不能忍"的项羽而夺取天下。张良为何能"忍"？因为他胸有抱负，志向高远啊！

语典

古之立大事者，不唯有超世之才[①]，亦必有坚忍不拔之志。(略)事至不惧，而徐[②]为之所，是以得至于成功。

——《晁错论》

(《苏轼文集》卷四，第107页)

注释

①超世之才：有超越世人的才能。

②徐：缓，慢慢地。

今译

古时候成就大事业的人，不单有超越世人的才能，也必须一定要有坚忍不拔的意志。(略)事到临头毫不畏惧，从容地采取对策，所以能够最终成功。

解析

此文论系嘉祐五年(1060年)，东坡先生应制科试前呈上的进卷之一。清代儒生浦起龙在《古文眉诠》中，对东坡先生《晁错论》的立意作了剖析。认为先生的用意在于，“借错(晁错)为影，直刺时局”。仔细审读开篇文字就一目了然：“天下之患，最不可为者，名为治平无事，而其实有不测之忧。”再看看他应制科试所呈的《策略》：“天下之患，莫大于不知其然而然”，“有治平之名，而无治平之实，有可忧之势，而无可忧之形”。何其相似乃尔，先生之用意不言自明。他是针对晁错“而制吴楚之命”，最终“以自将之至危”，寻求“自全之计”而发的议论。于是方有“立大事者”，“必有坚忍不拔之志”，做到“事至不惧”的感言。当然，先生对晁错身遭腰斩的下场表明了态度，他认为晁错“以七国之强而骤削之”，“错(晁错)亦不免于祸”，他是咎由自取。

语典

夫欲有所立于天下，击搏[①]进取以求非常之功者，则必有卓然[②]可见之才，而后可以有望于其成。

——《霍光论》

（《苏轼文集》卷四，第108页）

注释

①击搏：奋斗，拼搏。

②卓然：超然，卓越貌。

今译

想要在天下有所成就，拼搏进取以求得不寻常功业的人，就一定有超然脱俗显然可见的才干，然后有希望获得成功。

解析

此论系嘉祐五年(1060年)，东坡先生应制科试前呈的进卷之一。霍光，西汉权臣，大司马霍去病异母弟。宿卫汉武帝三十余年，辅孝昭帝十余年，废刘贺，立宣帝。可谓忠肝义胆，乃心王室。然霍光死后三年，霍家因谋反被族诛。东汉史学家，《汉书》的作者班固，对霍光评曰："虽周公阿衡(伊尹)何以如此。"北宋史学家，《资治通鉴》作者司马光评曰："霍光辅汉室，可谓忠矣。"然班固认为霍光"不学亡术"。清代史学家蔡东藩亦认为霍光"忠厚有余，才智不足"。东坡先生在《霍光论》中曰："至于霍光，先无尺寸之功，而才气术数，又非有以大过于群臣。"霍氏其所以徒自遭灭族之祸，罪虽在继室和不肖儿孙，但根在霍光。司马光说得明白："光久专大柄，不知避去，多置亲党，充塞朝廷，使人主蓄愤于上，吏民积怨于下，切齿侧目，待时而发，(略)遂至怨惧以生邪谋，岂徒霍氏之自祸哉?"东坡先生以霍光论"才"，显然，取其班固训诫之义"不学无术，暗于大理"，以彰显卓然之"才"与有望于其"成"的逻辑必然性。诚哉！"才智不足"，难逃"颠覆之祸"。

语典

忍小忿①而就大谋②。(略)观夫高祖③之所以胜，而项籍④之所以败者，在能忍与不能忍之间而已矣。

——《留侯论》

(《苏轼文集》卷四，第103页)

注释

①忿：《广雅》中解释为"怒也"。
②谋：谋略。
③高祖：这里指汉高祖刘邦。
④项籍：项羽，名籍，字羽，号西楚霸王，著名军事家，史上最强武将。

今译

忍耐小的愤怒而能成就大的谋略。(略)观察汉高祖之所以取胜，而项羽之所以失败的原因，在于能够忍耐和不能忍耐之间罢了。

解析

此论系嘉祐五年(1060年)，东坡先生应制科试前呈的进卷之一。《尚书》曰："必有忍，其乃有济。"孔子曰："小不忍，则乱大谋。"先生在文论中列举能忍的两则故事：其一，"肉袒牵羊"。公元前597年，楚庄王率军攻打郑国，郑襄公光着膀子牵扯着羊向楚庄王跪地求和。楚庄王见郑襄公真诚悔过，答应他的求和要求。其二，"勾践之困"，即"卧薪尝胆"。越王勾践战败，欲报吴仇，忍受了吴王的羞辱。后放回国，坐卧尝苦胆，立志报仇雪耻，终于打败吴国，成就了一番伟业。高塘(tánɡ)评《留侯论》曰："此独拈出能忍不能忍立论，(略)后引楚汉成败大局及淮阴封齐事，为能忍之效，确是天然佐证。"

语典

能有所忍[①]也，然后可以就[②]大事。

——《留侯论》

（《苏轼文集》卷四，第103页）

注释

①忍：忍耐。

②就：成就。

今译

能够做到有所忍耐，然后才可以成就大事业。

解析

《留侯论》系嘉祐五年(1060年)，东坡先生应制科试前呈上的进卷之一。所选章句中的能“忍”，是从张良“拾履拜师”故事中提炼出的人生智慧。话说张良早年在下坯(今江苏省睢宁县古邳镇)一座桥上，偶然碰见一位穿粗布衣的老者。老者将自己一只鞋丢到桥下，并呼张良帮他把鞋捡回来。张良先是一怒，然后强忍怒火下桥捡了上来。老者又呼帮他穿上，张良于是跪下帮其穿上。显然这是传奇故事里设置的情节，足以证明张良有能忍之优良品质。原来这老者乃黄石公，汉初五大隐士之一，经三试张良后，将《素书》兵法授予他。后来张良成为杰出的军事家、政治家，并以此兵书助刘邦夺得天下。恰如先生所言：“能有所忍者，然后可以就大事。”

语典

天下固有能办其事者矣，然才高而位重，则有侥幸之心，成一时之功，而易万世之患，故曰："不在乎才，而在乎节[①]。"（略）"不在乎节，而在乎气[②]。"

——《霍光论》

（《苏轼文集》卷四，第109页）

注释

①节：气节，坚持正义，在敌人或压力面前不屈服的品质。

②气：气概，正直豪迈，指对待重大问题上的态度、举动和气势。

今译

天下本来有办大事的人，然而因才华超群、地位显赫，便有侥幸取得功名的念头，凭借一时的功劳，而忽视贻害万世的祸患，所以说："不在于有才能，而在于有气节。"（略）"不在于有气节，而在于有气概。"

解析

本论于嘉祐五年（1060年），东坡先生应制科试前呈上的进卷之一。东坡先生这段话，是就霍光"捍社稷、托幼子"，"处于废立之际，其举措甚闲而不乱"，而阐发"其难者不在乎才，而在乎节，不在乎节，而在乎气"的观点。为什么呢？先生在文后给予答案："霍光此匹夫之微而操生杀之柄，威盖人主，而贵震于天下，其所以历事三主而终身天下莫与争者，以无其他技"，唯有"不忌不克"，"忘身一心"的"节"与"气"也。

语典

一死一生，乃知交情[1]。一贫一富，乃知交态[2]。一贵一贱，交情乃见。

——《钱塘勤上人[3]诗集叙》

（《苏轼文集》卷十，第321页）

注释

①交情：相互交往而产生的情谊。

②交态：犹言世态人情。

③勤上人：杭州僧人，名惠勤。曾从学于欧阳修三十余年，又与东坡诗赋往还。

今译

在一生一死之间，就知道交情的真假。在一贫一富之间，就可以看出世态炎凉。在一贵一贱之间，就可以看出友情的深浅。

解析

此文于熙宁七年（1074年）九月，东坡先生作于杭州。所引章句语出《史记·汲郑列传》。《刘向·说苑》，在后边又加了“一浮一没，交情乃出”。这些都是对世态炎凉、趋炎附势的世风人情的嘲讽。然而先生却认为这样“独不为小哉”，这种做法难道不是器量太小了吗？他十分赞赏他的老师欧阳修对于背叛自己的人的态度，都说别人背叛自己这事罪在我，不是他们的过失。故而先生称赞他的恩师“欧阳公好士，为天下第一”。

语典

吾侪[①]虽老且穷，而道理贯心肝，忠义填骨髓，直须谈笑于死生之际。(略)

虽怀坎壈[②]于时，遇事有可尊主泽民者，便忘躯为之，祸福得丧，付与造物[③]。

——《与李公择[④]十七首》之十一

(《苏轼文集》卷五十一，第1500页)

注释

①吾侪(chái)：我辈。

②坎壈(kǎn lán)：困顿，不得志。

③造物：指创造万物的神力，此指上天。

④李公择：李常(1027—1090年)，字公择，建昌县(今江西永修)人。皇祐元年(1049年)进士，官至御史中丞。《宋史》有传。

今译

我辈虽然年老而且穷困，而道义事理贯通心肝，忠贞义烈充满骨髓，竟至于生死之际谈笑风生。(略)

我虽处于困顿不得志之时，可遇到大事需要忠诚君主泽霈万民时，便舍生取义去做，是祸是福是得是失，付之于上天。

解析

该信函是东坡先生于元丰六年(1083年)撰于黄州。本章句表达了先生虽罹祸"乌台诗案"，贬谪穷陋之地，但并未怨天尤人，萎靡不振。既不学陶渊明的"山隐"；也不学白居易隐在留司官的"中隐"。即使他被流放到天涯海角，他的一颗心仍然牵挂着国家。何以如此，先生作答："道理贯心肝，忠义填骨髓。"正因为有已入"心肝"、"骨髓"的信念，让他在面对"尊主泽民"的大是大非时，"虽怀坎壈于时"，面对"死生之际"，都能"忘躯为之"。这便是可敬可佩的苏东坡！

语典

守道而忘势[1]，行义[2]而忘利，修德而忘名，与为不义，虽禄之千乘[3]不顾也。

——《文与可字说》

（《苏轼文集》卷十，第334页）

注释

①"守道"句：道，指做事的途径、方法、规律、原则等。势，权势。

②义：公正合宜的道理或举动。

③虽禄之千乘：禄，古代官吏的俸给。千乘，古代用四匹马拉的一辆兵车叫一乘，这里指丰厚的俸禄。

今译

恪守正道而不畏权势，践行正义而不计私利，修养道德而淡泊声名，如果让他行不义之事，即使在千乘俸禄的诱惑下也不屑一顾。

解析

该篇是东坡先生于熙宁八年（1075年）在密州任上所写的记叙文。本篇所引章句，是先生对他的从表兄，元丰初湖州太守，诗文书画兼善的文与可的评语。赞美文与可是一位"忘势"、"忘利"、"忘名"的仁者君子。如此"三忘"品质，正可作为当代人自我修养的人生目标。

语典

大凡物之可求者，求则得，不求则不得也。仁义未有不求而得之，亦未有求而不得者，是以知其可求也。故曰："仁远乎哉，我欲仁，斯①仁至矣。"富贵有求而不得者，有不求而得者，是以知其不可求也。故曰："富而可求也，虽执鞭之士，吾亦为之。如不可求，从吾所好②。"圣人之于利，未尝③有意于求也，岂问其可不可哉？然将直告之以不求，则人犹有可得之心，特迫于圣人而止耳。(略)故仁义之可求，富贵之不可求，理之诚然④者也。以可为不可，以不可为可，虽圣人不能。

——《论语说·述而篇》

(《三苏全书·经部》第三册，第200-201页)

注释

①斯：这，这个。

②"虽执鞭之士"四句：执鞭之士，指拿着鞭子为大官开路的低级差役。从吾所好，依自我的爱好去做。

③未尝：尝，谓经历，曾经。未尝，何尝，未曾。

④诚然：转折连词，确实如此。

今译

凡是可以追求的事物，追求它可以得到，不追求就得不到。仁义道德没有不追求而能得到的，也没有追求而得不到的，所以知道仁义是可以追求的。因此子曰："难道仁德离我们遥远吗？只要我想做到仁，这种仁的美德就会来到。"对于富贵，有的追求而得不到，有的不追求而得到，所以知道富贵它是不可以追求的。因此子曰："富贵如果是可以追求得到的，就是那执鞭赶车的差事，我也愿意去做。如果不可以求得，那还是依从我的爱好去做。"圣人对于利，未曾刻意去追求。怎么有的可以追求，有的不可以追求呢？然而将告诉什么不可追求，那么人仍然有可以追求得到的心理，所以只好将圣人的不追求的事物讲明白。(略)因此仁义是可以追求的，富贵是不可以追求，这个道理确实如此。如果以应该追求而不去追求，以不可追求的却去追求，虽然是圣人不能这样做。

解析

《论语说》是于元丰三年(1080年)至元丰五年(1082年)之间，东坡先生作于黄州贬所。本文是先生对《论语·述而篇》"子曰'富而可求也，虽执鞭之士，吾亦为之，如不可求，从吾所好'"的解释。孔子这里讲的富，是指"小富即勤，大富由命"的大富。这是孔子关于君子立身处世的基本原则。先生尊崇孔子的意思，在注释这段哲言时，他指出，从总体上讲，大凡事物都是可以追求的，"求则得之，舍则失之"，这是客观规律。但是在人生修身养德上，如仁、义、富、贵等，就存在"可与不可"的区别。按照儒家的理念，荣华富贵只是身外的追求，有与否，不完全由个人所能掌控。既然不能必然得到，就不必去强求。对于自身的道德修养，这是操之在己，只要"志于道"，"据于德"，就有可能成就自己。因此，先生得出结论："故仁义之可求，富贵之不可求，理之诚然者也。"并且他还指出，如果"以可为不可，以不可为可"，"禁其可求者，强其不可求者"，颠倒是非，本末倒置，"天下其孰能从之？"

语典

不刚不柔曰正直。孔子曰："以直报怨[1]，平安无事。"用正直而已。

——《东坡书传·洪范》

（《三苏全书·经部》卷十第二册，第83页）

注释

①以直报怨：语出《论语·宪问》"以直报怨，以德报德。"意为用公平正直来报答怨恨，用恩德来报答恩德。

今译

不刚不柔称之为正直。孔子说："用公平正直来报答怨恨。"平安无事，用正直对待罢了。

解析

《东坡书传》是于元丰三年（1080年）至元丰五年（1082年）之间，先生初成于黄州，重订于惠州，成书于儋州。本文是先生对《尚书·洪范》"六三德"的解说。正直者，顺道而行，顺理而为，公平无私，刚柔相济。道家提倡出世，对红尘俗世的一切是是非非完全忘怀。儒家提倡入世，在道义上要讲究恩怨分明，明辨是非。孔子主张"以直报怨"，以直道而行。是非善恶，以中庸之道处之。以这样的原则处世，就会"平安无事"。

语典

轼闻天下之所少者，非才也。才满于天下，而事不立。天下之所少者，非才也，气[1]也。(略)

故凡所以成者，其气也，其所以败者，其才也。气不能守其才，则焉往而不败？世之所以多败者，皆知求其才，而不知论其气也。

——《上刘侍读[2]书》

(《苏轼文集》卷四十八，第1386页)

注释

①气：指人的精神状态，气概、气节、气魄、正气等。

②刘侍读：刘敞(1019—1068年)，临江军新喻(今江西新余)人，字原父，号公是。庆历进士，为官有政绩，在朝敢言事。《宋史》有传。

今译

我听说天下所缺少的不是人才。才学名满天下，而事却办不成。天下所缺乏的不是才学，而是气概。(略)

所以凡是能获得成功，是气概发挥作用；凡是失败，都是因才学出问题。气不能控制才，怎么能够不失败呢？世上所以失败的人比比皆是，皆因为他们只知道求学，而不知道养性。

解析

嘉祐五年(1060年)秋，苏轼父子三人抵达京师，东坡先生授河南福昌县主簿，未赴。他与弟子由在京准备第二年的制科考试。时年二十四岁的苏轼，初出茅庐，利用一切机会，向朝廷重臣贤达，表达“请问于门下，以愿望见其风采”的夙愿。本章句“才”与“气”之辩颇有现代性。先生认为“才”可学而“气”不可得。“才”是指学问，靠苦学可以获得，而“气者身之充也”(管子语)。气，是充实身体的内涵，是人的精神修养，是人生的态度和气概，是靠内在气质养成的。换一种说法，“才”是“智商”，“气”是“情商”。智商是反映智力水平、掌握知识的能力。情商反映一个人在情绪、情感、意志、耐受挫折等方面的品质和控制、调整人的情感能力。最新的研究显示，一个人能否成功，只有20%归于智商的高低，80%则取决于情商。美国哈佛大学丹尼尔·古尔曼表示：“情商是决定人生成功与否的关键。”从这个意义上讲，反映人的态度、意志、气概等精神层面品质的“气”，也是建立人生功业的关键品质。

语典

一言而可以终身行之者，恕[①]也。仁者[②]得之而后仁，智者[③]得之而后智，施于君臣、父子、夫妇、朋友之间，无所适而不可，是饥渴饮食之道也。

——《张厚之[④]忠甫字说》

（《苏轼文集》卷十，第336页）

注释

①恕：原谅，宽容。

②仁者：指有德行、有恩情的人。

③智者：有智谋、聪明的人。

④张厚之：名恕，又名忠甫。张方平季子。

今译

一个字可以终生奉行的，是“恕”字。仁者得到“恕”之后才能成为真正的仁者；智者得到“恕”之后才能成为真正的智者。把“恕”道施于君臣、父子、夫妇、朋友之中，没有一种关系不适用，就像饥了食渴了饮一样的道理。

解析

本文作年不详。“一言而可以终身行之者”，语出《论语·卫灵公篇》。子贡问曰：“有一言而可以终身行之者乎?”子曰：“其恕乎!”孔子把忠恕之道看成是处理人际关系的一条准则。所谓“忠”，就是“己欲立而立人，己欲达而达人。”所谓“恕”，就是“己所不欲，勿施于人”。一个善于为人处世的人，应该学会由人及己，推己及人的恕道。这种恕道在各种人际关系中都能适用。这个道理就像饿了想吃饭、渴了就想喝水一样简单明了。

语典

德非谦莫能起[①]者。

困则真伪别[②]。

——(《东坡易传·系辞传[③]下》卷八，第141页》)

注释

①起：兴起，树立。

②别：辨别。

③系辞传：总论《易经》大义，解释卦义辞的意义及卦象爻位，所用的方法及揲蓍(shé shì)求卦的过程。

今译

美德只有靠谦虚才能真正地树立起来。

处于困境之下是真是假就可辨别。

解析

《东坡易传》是于元丰三年(1080年)至元丰五年(1082年)之间，东坡先生初成于黄州贬所。本文是先生分别对《系辞传》“谦，德之柄也”及“困，德之辨也”文辞的解说。有道是：“谦虚谨慎自矜其智非智也，谦让之智斯为大智；自矜其勇非勇也，谦让之勇斯为大勇。”这里把“谦让之智”为“大智”；把“谦让之勇”为“大勇”。为什么说“谦让”是一种大智大勇？因为“谦让”的人必定是身正德高之人，故而有一颗平常心。因为“谦让”的人必定博学广才，故而底气很足不胆怯。人常说：“患难见真情，危难见人心。”是的，真情，只有最困难的时候看得出；真心，也只有在危急时识得透。当然还有一句古语：“路遥知马力，日久见人心。”这里对前言有一个补充，“日久”，即时间长久，是“真”，是“伪”，一目了然。

语典

君子之爱人以德，小人之爱人以姑息[①]，见德而愠[②]，见姑息而喜，则过[③]矣。(略)使我知戒而终身不犯于灾者。

——(《东坡易传·大蓄卦[④]》卷三，第49页)

注释

①姑息：迁就，纵容。

②愠(yùn)：怨恨，含怒，生气。

③过：错误。

④大畜卦：《周易》第二十六卦，寓意"畜而后动，寓进于畜，欲动先止，止而后动"的涵容之德。

今译

君子爱护别人，是希望增进其美德；小人爱护别人，却是姑息其错误。遇到别人用道德标准来要求自己就生气，遇到别人姑息迁就自己就高兴，这是错误的。(略)这使我知道戒惧，以使我终身不再犯错而陷入大的灾难。

解析

《东坡易传》是东坡先生于元丰三年(1080年)至元丰五年(1082年)之间，初成于黄州贬所。本文是《大蓄卦》"初九"《彖辞》"有厉利已，不犯灾也"，即"有危险，停滞不前才有利，是说不要冒险前行"总结辞的解说。先生针对《彖辞》"不犯灾"之寓意，推演出君子与小人如何"爱人"的两种截然相反的做法，即"爱人以德"与"爱人以姑息"。分辨了"育德"与"姑息"孰是孰非，就能"知戒"，并使自己"终身不犯于灾"。

语典

人之所共知而难能者，慎言语、节饮食[1]也，言语一出而不复入，饮食一入而不可复出者也。

——(《东坡易传·颐卦[2]》卷三，第50页)

注释

①慎言语、节饮食：慎，指谨慎。节，节制。

②颐卦：《周易》第二十七卦，寓意颐神养志，怡情养性。

今译

人们都知道而又难以做到的，是语言谨慎，节制饮食。言语一说出就不能收回来，饮食一吃进去就不能再吐出来。

解析

《东坡易传》是东坡先生于元丰三年(1080年)至元丰五年(1082年)之间，初成于黄州贬所。本文是《颐卦·象传》“君子以慎言语·节饮食”爻辞的解说。先生依据该爻辞的寓意，推演出“慎言语、节饮食”乃“人之所共知而难能者”之义理。对于《颐卦·象传》这一爻辞，先生颇有感触。诚如他所言，过去正因为他“迂拙多忤，而处争地”，心里有话，“如蝇在食，吐之方快”，于是“妄论利害，搀说得失，坐此得罪几死”。“乌台诗案”他被贬到黄州。在定惠院小寺里，他一边注解《周易》，一边自我反省。这才有“言语一出而不可复入，饮食一入而不可复出者也”真切的悔悟。

语典

上交不谄，无所畏也，下交不渎，无所忽也[①]，上不畏，下不忽，事至则发[②]而已矣。

——(《东坡易传·系辞传[③]下》卷八，第139页)

注释

①"上交不谄"四句：谄(chǎn)，谄媚，指奉承，巴结。渎(dú)，亵渎，轻慢，对人不恭敬。忽，疏忽，轻视。

②事至则发：事情到来就行动。

③系辞传：总论《易经》大义，解释卦义辞的意义及卦象爻位，所用的方法及揲蓍(shé shì)求卦的过程。

今译

与地位高的人交往不谄媚，是因为无所畏惧；与地位低的人交往也不亵渎，是因为不轻视，这样，事情到来就行动而已。

解析

《东坡易传》是于元丰三年(1080年)至元丰五年(1082年)之间，东坡先生初成于黄州贬所。本文是对《系辞传下》"君子上交不谄，下交不渎"文辞的解说。子贡问孔子曰："贫而无谄，富而无骄，何如?"子贡问老师，贫穷而不去巴结奉承，富贵而不骄傲自大，这样做怎么样？孔子答曰："可也；未若贫而乐，富而好礼者也。"孔子的回答是："可以的；但是却不如穷了还过得开心，富了仍爱好礼仪的人。"孔子的回答更完美，因为在他看来，一个"若贫而乐"的人，根本就无须去奉承巴结别人。一个"富而好礼"的人，根本就不会因富贵而骄傲自大。孔子还在《季氏篇》中说："益者三友，损者三友。"所谓"益者三友"："友直、友谅、友多闻。"所谓"损者三友"："友便辟，友善柔、友便佞。"即习惯装模作样，内心并无真诚(便辟)；善于谄媚奉承，背后诽谤(善柔)；善于花言巧语，巧舌如簧(便佞)。这说明孔子推崇的是乐贫和好礼的人，对于"谄"、"渎"之风，是极其反对的。先生说得好，"不谄"是因为"无畏"；"不渎"是因为"不忽"。处穷"不谄"，处富"不渎"，全在于人的道德修养。

语典

将有非常之大事，必生希世之异人①。使其名高一时，学贯千载。智足以达其道，辩足以行其言，瑰玮②之文，足以藻饰③万物；卓绝④之行，足以风动四方。用能于期岁⑤之间，靡然⑥变天下之俗。

——《王安石赠太傅⑦》

（《苏轼文集》卷三十八，第1077页）

注释

①“将有非常之大事”二句：《汉书·司马相如传》有“盖世必有非常之人，然后有非常之事；有非常之事，然后有非常之功。非常者，固常人之所异也。”希世，世所罕有。异人，特别之奇才。

②瑰玮：瑰丽奇伟。

③藻饰：修饰文词，形容文采。

④卓绝：达到极限，超过一切。

⑤期岁：指一年。

⑥靡然：比喻望风响应，闻风而动。

⑦王安石赠太傅：王安石（1021—1086年），字介甫，号半山。临川（今江西抚州市临川区）人。北宋著名的思想家、政治家、文学家、改革家。熙宁二年（1069年），任参知政事，次年拜相，主持“熙宁变法”。太傅，辅弼国君之高官，位列三公，正一品位。

今译

天下将要发生特别重大的变革之前，必定降生所罕有的奇才。使他的名望高于当时，使他的学术流传千年，他的智慧足以通贯治国大道，他的雄辩足以传递他的言论。瑰丽奇伟的文采，足以润泽天下万物，卓越绝世的举动，足以风行推动四方。他用非常之能力在一年之间，迅速地改变天下之习俗。

解析

本文于元祐元年（1086年）四月作于开封。据南宋学者郎晔（yè）在其《经进东坡文集事略》中曰：“安石薨背（古代指王侯死亡），时温公（司马光）方在病告中，折柬谓吕申公曰：‘介甫（王安石）无他，但执拗耳。褒恤（褒奖抚恤）之典，不可不厚。’故有此礼。”应该说在熙宁变法中，司马光、苏轼等都是王安石的政治对手。但是司马光在离世前夕病中，还嘱咐时任宰相的吕公著应对王安石予以褒奖。故有元祐初哲宗皇帝追赠他为“太傅”的故事。而执笔起草制敕的也是王安石新法的反对者苏轼。然而先生在敕文中，对王安石轰轰烈烈的改革和他的道德文章，给予浓墨重彩的褒奖。司马光、王安石、苏轼等，真乃北宋之文化巨人。他们之间的政治交锋和人情交往，是古代的君子之典范。

语典

大时不齐[①]，故随之世，容有不随者也。责[②]天下以人人随己，而咎其贞[③]者，此天下所以不说[④]也。（略）不从己而从时，其为随也大矣。

——（《东坡易传·随卦[⑤]》卷二，第34页）

注释

①大时不齐：大时，指最大的追随时机。不齐，不要求整齐划一。
②责：要求。
③咎其贞：咎，指过失。贞，正。咎其贞，意指归咎那些守正不阿的人不追随自己。
④说：古同“悦”。
⑤随卦：随卦为《周易》第十七卦。其卦寓意随同，要随时变化，与时俱进。

今译

最大的随时不要求整齐划一，所以在与时俱进的时代，容许有不追随自己的人。要求天下人人都追随自己，而归咎那些守正不阿的人不追随自己，这是造成天下所以不高兴的原因。（略）不盲从自己而顺从时势，这才是最大的“随”啊。

解析

《东坡易传》是东坡先生于元丰三年（1080年）至元丰五年（1082年）之间，作于黄州贬所。本文是先生为《随卦·彖传》的爻辞所作的解说。先生依据“天下随时，随时之义大矣哉”爻辞，推演出“不从己而从时，其为随也大矣”的义理，鲜明地主张“大时不齐”，即最大的随时就是不要求盲从，不刻意强调整齐划一。并指出“天下所以不说”，正是要天下人人都附和自己，并对那些坚守正义，能有独立见解的人进行责难。最后，先生推崇“不从己而从时”的君子风骨，认为这才是符合“随时俱进”的根本原则。

语典

为国不可以生事，亦不可以畏事。畏事之弊[1]，与生事均[2]。譬如无病而服药，与有病而不服药，皆可以杀人。夫生事者，无病而服药也。畏事者，有病而不服药也。

——《因擒鬼章论西羌夏人事宜札子》

（《苏轼文集》卷二十八，第800页）

注释

①弊：害处，弊病。

②均：相等。

今译

作为治理国家的人不能够制造事端，也不能够胆小怕事。畏事的害处，与生事的害处是差不多的。譬如没有病而服药，与有病而不服药，都可以致人死。生事，就是无病而服药。畏事，就是有病而不服药。

解析

元祐二年（1087年）九月，熙河路官员奏报：生擒了西羌首领鬼章，全朝上下无比欢悦，唯东坡先生冷静地提出，无须急切"举朝夕贺"，应"处之有术"。面对朝中一些人多有"厌兵欲和之意"，"以畏事为无事者"。先生提出"待敌之要"，即治理国家"不可以生事，亦不可畏事"。不"生事"，就是要保持国家的稳定和谐。不"畏事"，就是要有备无患，增强实力，以坚定必胜的信念面对突发事变。"不可以生事，亦不可以畏事"，这是成熟的政治家对治国有信念、有主张、有定力的充分体现。

语典

君子以其身之正[①]，知人之不正，以人之不正，知其身之有所未正也。既以正[②]人，又反以正己。

——《诸子更相讥议》

（《苏轼文集》卷七，第205页）

注释

①正：合乎法则，合乎道理。

②正：改去偏差与错误。

今译

君子以自身之正派，就可知别人的不正派。从别人的不正派，看到自身也有类似的不正派。这样既正人，又反过来正己。

解析

本文在熙宁二年（1069年），作于开封。《诸子更相讥议》，是指战国时期名家学派相互之间进行品评。如韩非子对荀况、杨朱的品评。荀子对墨子、宋子、慎子、申子、惠子、庄子六子的评价。东坡先生认为《诸子更相讥议》，其某些观点有失偏颇。因为“古之作者，苟非圣人，皆有所偏”。《论语》曰：“苟正其身矣，于从政乎何有？不能正其身，如何正人何？”如果自身品行端正了，处理政事有什么困难呢？假如自身品行不能端正，又如何能使别人品德端正呢？东坡先生遵循孔子之教导，提出正人正己的正确态度是：“既以正人，又反以正己。”

语典

泰[1]不骄，困不挠[2]，而老不枯[3]也。

——《王定国真赞》

（《苏轼文集》卷二十一，第605页）

注释

①泰：此指富贵荣宠。

②挠：挠折，屈服。

③枯：枯朽。

今译

富贵荣宠而不放纵，艰难困苦而不屈服，年岁虽老却不枯朽。

解析

此文大约在元祐年间（1086—1094年）作于汴京。王定国，名巩。其曾祖王祐仕至兵部侍郎，封晋国公。祖父王旦为真宗朝宰相，封魏国公。父王素亦仕至工部尚书。由此可知王定国乃北宋世臣巨室子弟。东坡先生罹祸“乌台诗案”遭贬，王定国受到牵连，被贬到广西宾州。本文是先生就他的画像所作的赞辞，应该是名副其实，赞其根本。

语典

自知曰明[①]，知人曰哲[②]。

——《东坡书传·说命上》

（《三苏全书·经部》卷八，第二册，第50页）

注释

①明：明智。看清事物的能力。

②哲：有智慧。

今译

能正确估价自己，这是一种明智。能够真正了解人，这是一种智慧。

解析

《东坡书传》是于元丰三年（1080年）至元丰五年（1082年）之间，东坡先生初成于黄州贬所。本章句是先生对《尚书·说命上》“知之曰明哲”命辞的解说。殷高宗武丁继位后，任命傅说为相，于是武丁向傅说呈述命辞。其大意是：明白事理叫做哲。先生推演的这段章句，语出《老子》第三十三章：“知人者智，自知者明。”认识别人叫做智，认识自己才是明。常言道：“人贵有自知之明。”自以为是者难以为“是”，自以为明者难以为“明”。因为自高必危，自满必溢。能做到自知之明，源于“吾日三省吾身”的自省。自省才能自制，自制方能自律，自律者方能自尊，自尊者方能自明。做到既“明”且“哲”者，这需一辈子自我修炼的功夫。

语典

君子道大而不回，言出而为则[①]。

——《明君可与为忠言赋》

(《苏轼文集》卷一，第24页)

注释

①“君子道大”二句：回，回转，掉转。则，法也，常也。

今译

君子坚持大道而不动摇，话一说出就应坚守信用。

解析

本文于嘉祐二年(1057年)应科举之习作。所引文出于《明君可与为忠言赋》，是东坡先生任职京都时，以赋体形式所写的策论中的文字。这两句话意在指出“言出而为则”乃是君子之道的根本。孟子曰：“诚者，天之道也；思诚者，人之道也。”诚实是天地之道，天地之根本规律；追求诚信，则是做人的根本原则。先生“言出而为则”之“则”，其含义庶几在此。

语典

有笔头千字，胸中万卷；致君尧舜[1]，此事何难。

——《沁园春·赴密州》

（《苏轼全集校注》卷一，第125页）

注释

①尧舜：唐尧和虞舜的并称，远古部落联盟的首领，古史传说中的圣明君主。

今译

凭自己的学问和韬略，协助皇上把天下治理好，有什么困难的呢？

解析

此词是熙宁七年（1074年）七月，东坡先生由杭州移守密州（今山东诸城）的早行途中寄给其弟苏辙的词。该词描绘了月华、晨霜、早霞、朝露的途中景象之后，一句征鞍上低声“微吟”，“往事千端”涌上心头，想起兄弟二人如同唐朝“共客长安”的二陆（二十一岁的陆机、十六岁的陆云）那般才华横溢、风华正茂的故事。当年他和弟子由赴汴京应试，自己二十一岁，弟弟十七岁，同样是角立杰出、文名惊世。兄弟二人应进士试联名高中，深受欧阳修等名儒重臣的赏识。东坡先生的二十五篇《进策》，真可谓有“有笔头千字，胸中万卷”的万丈豪情，更有“致君尧舜，此事何难”的勃勃雄心。这充分表达了先生积极入世、经世济民的责任感和胸襟气度。可是，理想与现实有着意想不到的差距。先生为批评新政先后两上皇帝书，但结果如石沉大海，为此，他失望了。于是，多次上书请求外任，先是去杭州任通判，两年后调任密州知州。

语典

用舍[1]由时，行藏[2]在我，袖手何妨闲处看。

——《沁园春·赴密州》

（《苏轼全集校注》卷一，第125页）

注释

①用舍：指被任用或舍弃不用。

②行藏：行，出仕。藏，隐退。

今译

任用还是舍弃取决于时势，而入仕或退隐却取决于我自己，何妨现在身处闲处袖手旁观。

解析

此词是熙宁七年(1074年)七月，东坡先生由杭州移守密州(今山东诸城)的早行途中寄给子由的词。这里既表现了先生洁身自好、舍我其谁的自信，同时也表达了他不同流俗、落落难合的无奈。

语典

古之君子，必有高世之行，非苟求为异而已[①]。卿相之位，千金之富，有所不屑，将以自广其心，使穷达利害，不能为之芥蒂以全其才，而欲有所为耳[②]。

后之君子，盖亦尝有其志矣。得失乱其中而荣辱夺其外，是以役役至于老死而不暇，亦足悲矣[③]。

——《伊尹论》

（《苏轼文集》卷三，第84页）

注释

①“必有”二句：高世，高超卓绝，超越世俗。苟求，无原则地取得。为异，与众不同。

②“将以”四句：自广，犹自宽，自我安慰。穷达，贫穷与显达。芥蒂，本指细小的梗塞物，此指对人或事有怨恨情绪。全其才，扩大自己的智慧。耳，文言助词，而已，罢了。

③“盖亦”四句：尝，谓曾经。役役，奔走钻营貌。暇，空闲。

今译

古代的君子，一定有高出世俗的德行，并非苟且地求得与众不同而已。公卿将相的爵位，千金的财富，有不屑一顾的时候，将用来扩大自己的胸怀，使得贫穷显达，利益危害不能在心中成为嫌隙，来扩大自己的智慧和胸襟，而想着有所作为罢了。

后来的君子们，也曾有过这样的志向，但得和失扰乱了他们的内心，荣与辱改变了他们的外表。因此奔走钻营以至于直到老死而不得空闲，这足以让人感到悲哀了。

解析

该文论系嘉祐六年(1061年)，东坡先生应制科试时所呈的进卷之一。先生以古代第一位帝王之师伊尹“自任以天下之重”救世济民的形象，阐发孟子关于治理者，必定要拥有“自洁其身”、“自广其心”的“高世之行”节操。披露后来的治理者，奔走钻营于得失荣辱之中而不可自拔。而应该像伊尹那样富有，“予，天民之先觉者也”，“予将以斯道觉斯民，非予觉之而谁也”，即我，就是芸芸众生中的先觉者，我应当用尧舜之道使广大人民觉悟，不是我去使他们觉悟，又是谁去？这种“先觉者”舍我其谁的责任感和使命感，正是先生年少时立下“奋厉有当世志”经世济民的立世准则。

语典

探夜光于东海者，不为鲵桓而回网罗；求合抱于邓林者，不以径寸而枉斧斤[①]。苟志于远，必略近矣[②]。故子张问明，孔子既告之以明，又告之以远。由此观之，视不及远者，不足为明也。

——《论语说·颜渊篇》

（《三苏全书·经部》卷下，第三册，第222页）

注释

①“探夜光”四句：夜光，指夜光珠。鲵桓，鲸鲵盘桓。邓林，森林。径寸，径长一寸，形象细小。斧斤，泛指斧子。

②“苟志于远”二句：苟，如果。略，忽略。

今译

到东海去探寻夜光珠的人，不因为鲸鲵在周围盘桓就收回罗网；向森林寻求合抱之材的人，不以细小的树木而徒然去挥动斧子。如果志存高远，就必定忽略近旁的细小事物。因此当子张询问什么是“明”时，孔子既告诉他什么是“明”，又告诉他要看得远。由此看来，不高瞻远瞩，就不能称之为明。

解析

《论语说》是于元丰三年（1080年）至元丰五年（1082年）之间，东坡先生作于黄州贬所，现仅佚存一百三十余条。本文是先生对《论语·颜渊篇》“子张问明”对话的解释。《老子·三十三章》曰：“知人者智，自知者明。”要能对付“浸润之谮（zèn），肤受之愬（sù）”，必须要有自知之明和知人之智。孔子告诉学生子张，如果“像水一样逐渐渗漏的谗言，使人有切肤之痛的诬告，在你面前行不通，不起作用，那你就既可以称做‘明，又可以说是看得‘远’”。先生据此义，作深度诠释。他引用两个譬喻，说探夜光于东海的人，不为盘桓在周围的鲸鲵所干扰；想到森林去寻求合抱木材的人，不会把斧斤之力用在小树上。这就表明这两个人，是心中有大志、眼中有大业的人，他们必定“略近”而“志于远”。由此，先生作出结论：“视不及远者，不足为明。”先生提炼出这一人生义理，对于规划人生、经营人生的人来说，显得是何等的重要啊！就连南宋理学大师朱熹亦称赞道：“苏氏之说，亦中不明、不远之病，学者所当深戒也。”

语典

君子如水，因物赋形[①]。

——《仁宗皇帝御书颂并叙》
（《苏轼文集》卷二十，第583页）

注释

①因物赋形：用在绘画上，指针对客观事物本身的不同形态给予生动形象的描绘。用在人格观上，指随着客观环境的变化，调整自己的思维和工作方式。

今译

君子像水一样，随着外物的变化赋予自己的表现。

解析

该文是元祐年间（1086—1094年），东坡先生为宋仁宗做太子时的题字所写的颂辞。先生融合儒道思想，提出了“君子如水，因物赋形”的人格观。《老子·八章》曰：“上善若水，水善利万物而不争，处众人之所恶，故几于道。居善地，心善渊，与善仁，言善信，正善治，事善能，动善时。夫唯不争，故无尤。”最高的善像水那样。水利于万物而不与万物相争，它停留在众人所不喜欢的地方，所以接近“道”。作为上善的人，居住要像水那样安于卑下，存心要像水那样深沉，交友要像水那样相亲，言语要像水那样真诚，为政要像水那样有条理，办事要像水那样无所不能，行为要像水那样待机而动。正因为他像水那样与物无争，故不犯过失。先生先后在《画水记》、《自评文》中，均多次提出“因物赋形”，或“随物赋形”的理念。该文又提出“君子如水，因物赋形”的人格理想，这说明先生对老子“上善若水”命题的服膺与践行。

语典

独立不惧[①]，直道而行[②]。

——《与千之侄[③]二首》之二

（《苏轼文集》卷六十一，第 1840 页）

注释

①独立不惧：语出《周易·大过卦》“君子以独立不惧，遁世无闷”（李择非整理《周易》，第 155 页）。独立，不依附，依靠自己的判断独立自主行事。不惧，不惧怕。

②直道而行：语出《论语·卫灵公》“斯民也，三代之所以直道而行”。比喻办事走正道办正事。

③千之侄：苏轼堂兄苏子正之子。

今译

独立自主行事，毫不畏惧。为人处世，走正道办正事。

解析

此书是熙宁三年（1070 年），东坡先生作于京城开封。先生的堂侄千之，曾于元丰八年（1085 年）“秋试又不利”。他给侄子去信，告诉他“慎勿动心，益务积学而已”。这次去信，叮嘱他做人务必坚守大道，做到“独立不惧”，“直道而行”，这样方能“无适而不可”。这是先生一贯的品性，也是他一辈子“与世为忤”、“高风跨俗”的基本原因。

语典

至诚格物[①]，隐德[②]在人。

独立不惧[③]，舍之则藏[④]。

——《贺范端明启[⑤]》

（《苏轼文集》卷四十七，第1350页）

注释

①格物：为儒家认识论方法论的重要问题，意为探究事物的道理纠正人的行为。“格”在此有“穷究”之意，引证为推究事物原理。

②隐德：施德于人而不为人所知。

③独立不惧：语出《周易·象》“君子以独立不惧，遯(dùn)世无闷”。君子突遇变动仍勇毅独立，无所畏惧。如果实在无力回天，归隐山林，也不要苦闷。

④舍之则藏：语出《论语·述而篇》“用之则行，舍之则藏”。任用我就去实行我的主张，不用我就隐藏起来。

⑤贺范端明启：范端明，即范镇，字景仁，成都华阳（今四川成都市）人。启，官信为启。

今译

以极真诚的态度推究事物正己正人，施德于人而不为人所知。

君子遇变自立而无所畏惧，不任用我就退而隐藏。

解析

元祐元年（1086年）二月，东坡先生在京任中书舍人给范镇致启，表达“颂咏激切”之情。范镇于仁宗朝举进士，后擢拔为起居舍人、知谏院。仁宗皇帝春秋渐高，太子未立，中外臣民都以为忧虑。独范镇首倡大义，择宗室之贤以为国本。因前后上奏章十九道，待命百余日，以至泣下，头发变白。神宗朝，为翰林学士，反对王安石变法，遂致仕。哲宗朝，方起为端明殿学士，但固辞不受。先生用“隐德在人”、“独立不惧”赞美他，实不为过。

语典

直道不回[1]贯今昔而无愧；
处躬自厚[2]蹈世俗之所难。

——《答杜侍郎启[3]》

（《苏轼文集》卷四十七，第1359页）

注释

①直道不回：语出《论语·微子篇》“直道而事人，焉往而不三黜？”

②处躬自厚：语出《论语·卫灵公篇》“躬自厚而薄责于人”，意谓重于自责。

③杜侍郎启：杜侍郎，指杜纯（1032—1095年），字孝锡，濮州鄄城（今山东鄄城县附近）人。累官至兵部侍郎，以集贤院学士提举崇福宫改修撰卒。《宋史》有传。启，官信曰启。

今译

坚持正道百折不回。无论与古今人相比都毫无愧色；
反观自身重于自责。践履世俗之人难以达到的境界。

解析

本启约于元祐七年（1092年）八月，东坡先生作于扬州任上。《论语·微子篇》载，鲁国大夫柳下惠（前720—前621年），字子禽，谥号惠，后人尊称为“柳下惠”。柳下惠是遵守中国传统道德的典范，他“坐怀不乱”的故事广为传颂。孟子尊称为“和圣”。《论语》的记事者将柳下惠的高风亮节浓缩为四个字：“直道事人”。这是因为他出处进退不计较个人得失，按正道行事。本章句阐明了正道立身的处世方法，具有一定的现实意义。

语典

大辩若讷①，耻为利口②之言；小智自私③，谁识仁人④之勇。

——《答王明州启⑤》

（《苏轼文集》卷四十七，第1367页）

注释

①大辩若讷：语出《老子·四十五章》“大辩若讷”。意谓最好的口才好似不会辩说。

②利口：能言善辩。

③小智自私：语出贾谊《鹏鸟赋》“小智自私兮，贱彼贵我”。小智，指自私狭隘的人。

④仁人：指有德行的人。

⑤王明州启：王明州，指王汾，权京西路转运使朝请郎王子渊知明州（今浙江宁波）。王汾与东坡先生为同举进士。元祐四年（1089年）七月，先生以龙图阁学士知杭州，作启答王汾。启，官信为启。

今译

极为善辩者反而显得话语不多，因为耻于伶牙俐齿夸夸其谈。小聪明的人自私狭隘，哪个能理解仁德者的勇略。

解析

该启是东坡先生于元祐四年（1089年）七月，在知杭州任时给明州太守王汾的复启。《论语·子路》，子曰：“刚、毅、木、讷，近仁。”孔子在讲“仁德”时指出：“刚强不屈、果敢坚毅、质朴忠厚、言语谨慎，这四种品格接近于仁德。”即先生所说的“仁人之勇”。“木讷”者近于“仁”，“利口”者近于“私”，这就是孔子对“君子”与“小人”的根本区别。

语典

礼义与信[1]足以成德。

——《礼义信足以成德论》

（《苏轼文集》卷二，第46页）

注释

①礼义与信：礼，敬人为礼。义，在别人有难时帮人一把，即为义。真实可靠即为信。礼、义、信与仁、智合称为“五常”。

今译

具有礼、义、信品质的人，能够成为有道德的贤明人。

解析

此文是嘉祐六年（1061年）八月十七日应制科试作于汴京。孔子提出君子之德为“仁、义、礼”。孟子延伸为“仁、义、礼、智”，董仲舒扩展为“仁、义、礼、智、信”，合称为儒家“五常”，五常是调整人伦关系的行为准则，贯穿中华伦理的发展中，成为中华民族价值体系中的最核心因素。先生认为，具有了礼义信基本素养的人，才有可能成为道德高尚的人。

语典

人心[①]，众人之心也，喜怒哀乐之类也。道心[②]，本心也，能生喜怒哀乐者也。(略)喜则为仁，怒则为义，哀则有礼，乐则为乐，无所往而不为盛德之事。其位天地，育万物[③]，岂是怪哉！若夫道心隐微，而人心为主，喜怒哀乐，各随其欲，其祸可胜言[④]哉！道心即人心也，人心即道心也。放心则二，精之则一[⑤]，桀、纣[⑥]非无道心也，放之而已。尧、舜[⑦]非无人心也，精之而已。

——(《东坡书传·大禹谟》)

(《三苏全书·经部》卷三，第一册，第470页)

注释

①人心：人的心地，指人的感情、智慧、觉悟、境界等。

②道心：与“人心”对称，指合于道义(仁、义、礼、智、信)的思想。

③其“位天地”二句：位，本义为“站立”，引申为“独立”。

④胜言：无法用言语表达。

⑤“放心”二句：放心，放纵其心。精，精心，专诚。一，专一，一心一意。

⑥桀、纣：桀，指夏朝最后一个暴君。纣，商代最后一位暴君。

⑦尧、舜：尧，唐尧。舜，虞舜。中国上古时期两位贤德的部落联盟首领。

今译

人心，众人之心地，见于喜怒哀乐之情感。道心，本源之心，能产生喜怒哀乐情感。(略)欢喜就表现为仁爱；发怒就表现为信义；悲哀就表现礼节；愉悦就表现为快乐，这样无论做什么都可以称之为盛德之举。他就可以独立于天地之间，且能孕育万物，这为何要感到奇怪呢！至于道心隐约细微，而人心成为主角，喜怒哀乐之情，各随心所欲，其产生的灾祸不能用言语表达。让道心即人心，使人心变为道心。如果放纵其心就会产生二心，精诚就能专一。桀、纣并非没有道心，而是放纵而已。尧、舜并非没有人之常情，而是精诚专一而已。

解析

《东坡书传》是于元丰三年(1080年)至元丰五年(1082年)之间，东坡先生初成于黄州，重订于惠州，成书于儋州。本文是先生对《尚书·大禹谟》“人心惟危，道心惟微，惟精专一，允执厥中”文辞的解说。舜帝说：人心动荡不安，道心幽昧难明，只有精诚专一，实实在在地实行中正之道。先生据此义提出，让喜怒哀乐之情感，符合仁义礼之道义，这样就会出现“无往而不为盛德之事”的局面。如果让人心放纵，“喜怒哀乐，各随其欲”，后果就是“其祸可胜言哉!”先生认为，社会应走向“道心即人心，人心即道心”之懿行美德的和谐社会。

语典

伊尹[①]云："德惟一，动罔不吉；德二三，动罔不凶[②]。"贫贱人但有常德[③]，非复[④]富贵，即当得道。虽当大富贵，苟[⑤]无常德，其后必败。予[⑥]以此占之多矣。

——《常德必吉》

（《苏轼文集》卷七十三，第2378页）

注释

①伊尹：伊姓，名挚，小名阿衡。"尹"不是名字，而是"右相"的意思。因其母居伊水之上，故以伊为氏。伊尹为中国商朝初年著名丞相、政治家、道家思想家，最早的道家人物之一，是中华厨祖。历事商朝五代凡五十余年，为商朝强盛立下了汗马功劳。

②"德惟一"四句：语出《尚书·咸有一德》。罔，没有。大意是德如果纯粹专一，行动起来没有不吉利的；德如果反复无常，行动起来没有不凶险的。

③常德：常，指长久不变。常德，始终不变的品德。

④复：此指还原。

⑤苟：如果，假使。

⑥予：同"余"，我。

今译

伊尹说："品德如果纯粹专一，做任何事没有不吉利的；品德如果反复无常，做任何事没有不凶险的。"贫苦人只要有始终不变的好品德，虽然不能富贵，便定能够达到符合道义的境界。虽说大富大贵，若没有恒定不变的好品德，他以后必定有衰败的下场。我对此占卜的人和事太多了。

解析

本文作年不详。东坡先生通过观察古今人事，得出结论："但有常德"，"非复富贵，即当得道"；"苟无常德，其后必败"。这里把"德"与"动"（行动）紧紧地联系在一起，其理论依据当然是伊尹的治国思想。孔子云："执德不弘，信道不笃，焉能为有，焉能为亡。"执守仁德不能发扬光大，信仰道义不能忠诚执着，这种人哪能算有，哪能算无。孔子又曰："见利思义，见危授命，久要不忘平生之言，亦可以为成人矣。"先生的"常德"之论，正是孔子在这里提出的"久要不忘平生之言"。

语典

合抱之木，不生于步仞之丘[①]；千金之子，不出于三家之市[②]。

——《仁宗皇帝御飞白记》
（《苏轼文集》卷十一，第343页）

注释

①“不生于”句：步仞，语出《庄子·庚桑楚》“步仞之丘陵”。陆德明释文“六尺为步，七尺曰仞，广一步高一仞”，形容低小。丘，小土山。

②市：集中买卖货物的固定场所，市场。

今译

几人合抱的大树，不会生长在一步高的小土丘上；富有千金的商人，不可能出自只有三户商家的集市。

解析

熙宁六年(1073年)冬十一月，东坡先生时任杭州通判，因公事到苏州。太子少傅王安简的儿子王诲，拿出已去世的仁宗皇帝在庆历年间赐给王公两个飞白大字“端敏”，请先生撰文记之，并想“刻石而传诸世”。所谓“端敏，意为正直聪敏”，这是仁宗皇帝对大臣们的劝勉和赐教。先生记此事，亦在于“相与勉为忠厚而耻为浮薄”。先生观仁宗朝“左右前后之人”，大多数“光明俊伟，深厚雄杰”。其所以出现人才辈出的盛世，是因为仁宗年代，“天人和同，上下欢心”。故而先生有“合抱之木”与“千金之子”的慨叹。

语典

芒鞋不踏利名场[①]，一叶轻舟寄淼茫[②]。

——《雨夜宿净行院》

(《苏轼诗集》卷四十三，第2368页)

注释

①芒鞋：用芒草编织的鞋，即草鞋。利名场，追逐名利的场所。

②“一叶轻舟”句：一叶轻舟，指小船。淼茫，水广远貌。

今译

脚穿草鞋不踏入追逐名利的场所，驾着小船寄寓在浩瀚旷远的水面上。

解析

此诗是元符三年(1100年)六月，东坡先生南迁赴廉州途中宿于兴廉村净行院作。在“静无灯火照凄凉”的僧房里，“对床听夜雨”，禅意起心头。他警示自己，穿着脚下这双“芒鞋”，这辈子决“不踏利名场”。他终生向往的仍是当年谪居黄州时，在《赤壁赋》中所歌咏的那样：“纵一苇之所如，临万顷之茫然”，“浩浩乎如凭虚御风”，“飘飘乎如遗世独立”，随缘委命，旷放自由的诗化人生。

语典

蜗角虚名，蝇头微利[1]，算来着甚干忙，事皆前定，谁弱又谁强[2]。(略)

思量，能几许，忧愁风雨，一半相妨[3]。又何须，抵死说短论长[4]。

——《满庭芳》

(《苏轼全集校注》卷一，第412页)

注释

①“蜗角”二句：蜗角，蜗牛之头角。蝇头，苍蝇之头。极言名、利微小之状。

②“事皆”二句：言人生的事情都由上天所定，其结果讲什么谁强谁弱。

③“能几许”三句：言人生短暂。一半相妨，风雨、忧愁却占去人生一半。

④抵死说短论长：抵死，抵触死扛。说短论长，议论好坏是非。

今译

微不足道的虚名，微不足道的小利，想一想值得如此空忙？人生之事前世都由天定，还争什么谁输谁赢。(略)

想一想，人生何其短暂，而忧患与风雨却占去一半。又何苦遇事抵触死扛，硬要去说个好坏，论个是非。

解析

这首词是元丰五年(1082年)秋，东坡先生作于黄州。这是先生用诗词的艺术形式，写成的人生哲理论文。全篇援情入理，直抒胸臆，既充满饱经沧桑、愤世嫉俗的哀伤，又洋溢着对精神自由的渴望。这是先生自“乌台诗案”遭受重大挫折之后，在黄州寓居定惠院、临皋亭的日子里，每当夜深人静之时，仰望星空，发出的“天问”。既是对蝇营狗苟世俗观念的嘲讽，也是对党争倾轧的厌倦。由此，一个愤世嫉俗又渴望摆脱尘世羁绊；一个洞悉人世又呼唤生命觉醒的灵魂，呈现在读者面前。日本著名儒学家、汉学家近藤元粹，在《苏轼纪事》(卷上)中指出：“东坡《满庭芳》词，碑刻遍传海内，使竞争之徒读之可以解本，恬淡之徒读之可以娱生，达人之言，读之使人心怀畅然。”明代著名文学家杨慎，在《草堂诗余》(卷四)中评说：“先生此词在唤醒世上梦人。”

语典

欲事之易成，则先治[1]其所以信服天下者。

——《思治论》

（《苏轼文集》卷四，第118页）

注释

①治：处理，此处指提供。

今译

要想让事易于成功，就要先提供让天下信服的事实。

解析

《易经·系辞上传》曰："人之所助者，信也。"孔子亦曰："民无信不立。"人若要有人"助"，以"信"为凭。人若要"立"于世，靠"信"为基石。东坡先生在文中数说了"四子"，即商鞅、苏秦、韩信、耿弇(yǎn)，"犯其至难而图其至者，彼独何术也？"东坡先生作答："以信服天下。"故诚信，是"欲事之易成"的根本保证。

语典

堪笑兰台公子，未解庄生天籁，刚道有雌雄[①]。一点浩然气[②]，千里快哉风[③]。

——《水调歌头·黄州快哉亭赠张偓佺》

（《苏轼全集校注》卷二，第431页）

注释

①“兰台公子”三句：兰台公子，指宋玉。庄生，指庄子。天籁，指非人为的自然界的声音。刚道，硬说。雌雄，宋玉《风赋》中说，风有雌雄，即“大王之雄风”、“庶人之雌风”。

②浩然气：形容刚正宏大的精神。

③快哉风：无穷快意的千里雄风。

今译

可笑那宋玉，根本没有理解庄子关于风是天籁的说法。硬说什么风有雌雄之别。其实一个人只要胸有至大至刚的天地之正气，就会有千里雄风般的气概和积极进取的精神。

解析

这首词是东坡先生作于元丰六年(1083年)闰六月。先生的友人张梦得(字怀民，又字偓佺)，元丰六年春谪于黄州，闰六月便在城南江边筑一亭，先生为其取名“快哉”。后来先生之弟苏辙，于元丰六年十一月初一为其作《黄州快哉亭记》。该词上片以实笔写景，实际是以虚笔写快哉亭。下片写观景中的感悟，批评宋玉关于风分雌雄的说法。最后点出主旨：“一点浩然气，千里快哉风。”昭示世人，只要胸中有浩然之正气，就会有千里雄风般的气概和积极进取的精神，就会在人生逆境中做到超凡脱俗、随缘自适，就会享受超然、旷达的逍遥至乐。清代文学家被称为“东方黑格尔”的刘熙载，在《艺概·诗概》中评价说：“其精微超旷，真是以开拓心胸，推倒豪杰。”

语典

余以为知命者[1]，必尽人事[2]，然后理足而无憾。

——《墨妙亭记》

（《苏轼文集》卷十一，第二册，第355页）

注释

①余以为知命者：余，指“我”。知命，此指懂得事物生灭变化都由天命决定的道理。

②人事：指人之所能，人力所能及的事。

今译

我以为懂得天命规律的人，必定要尽心尽力去做好力所能及之事，然后才有充足的理由，说自己没有遗憾。

解析

本文是东坡先生于熙宁五年（1072年）十二月，应高邮（属江苏扬州市）吴兴（宋时为湖州）太守孙莘老（孙觉，字莘老）的约请，为新建造的墨妙亭作记。孙莘老喜交宾客，将“前人赋咏数百篇”以及残缺的碑石，收藏于墨妙亭内。先生借此感慨曰：“凡有物必归于尽”，今造亭以收藏，“是久存者反求助于速坏”。难道是造亭者，“几于不知命也夫？”接着，先生指出：“余以为知命者，必尽人事，然后理足而无憾。”先生此意是：天命虽不可控，但必应不懈怠人事。这是一种知命而不认命的豁达与不屈不挠的生命意识和拼搏精神。国学大师、北京大学副校长季羡林先生有言：“勿怨天尤人，当尽人事听天命，一个人方能永远保持心情的平衡。”东坡先生说得更清楚，只有尽人事者，“然后理足而无憾”。人生无憾，当是真正的“知命者”。

语典

古人所以临大事而不乱，有以镇世俗之躁[①]，盖非以隔绝上下之情，养尊[②]而自安也。誉之则劝，非之则沮，闻善则喜，见恶则怒，此三代圣人之所共之[③]。

——《策略四》

（《苏轼文集》卷八，第三册，第236页）

注释

①世俗之躁：世俗，指世间不知变通的、拘泥的习俗。躁，跳动。

②养尊：处于尊贵的地位，过着优裕的生活。

③"誉之"五句：劝，指勉励。沮(jǔ)，此为阻止、终止。三代，指中国历史上夏、商、周三个朝代的合称。最早见于春秋时期的《论语·卫灵公》"斯民也，三代之所以直道而行也"。圣人，指知行完备、才德全尽的至善之人。

今译

古人面临突然事变而镇定不乱，以此震慑世俗的躁动，而绝不是用来隔绝上下的信息，养尊处优苟且偷安。受到赞誉就更加自勉，受到责难就停止错误的行径，听到美好的事物就高兴，见到可恶的事物就愤怒，这是三代之时圣人们的共同之处。

解析

本文是嘉祐五年(1060年)，东坡先生应"贤良方正能直言极谏"制科考试前所上的策论，供录取之参考。先生在本章句中提出，为政者应有古代圣贤宽广的胸襟，做到"临大事而不乱"。也就是说，当大事来临的时候，不惊慌失措，无所适从，而应从容不迫，举措得当，应付自如。这里显示的不仅是胆识、勇毅，更需要的是智慧和才能。这种胸襟与胆识，不是在"养尊而自安"的环境下养成的，而应像"三代圣人"那样平时就培养自己"四则"的品质，即"誉"则自勉，"非"则自律，"闻善"则称好，"见恶"则怒斥。"四则"立，就能在"大事"来临之际，"镇世俗之躁"，而处之"不乱"。

语典

“处贫贱易，耐[1]富贵难；安劳苦易，安闲散[2]难；忍痛易，忍痒难。”人能安闲散，耐富贵，忍痒，真有道之士[3]也。

——《俚语说》

（《三苏全书》卷一一八，第十四册，第473页）

注释

①耐：忍，受得住。

②闲散：清闲而又无管束。

③有道之士：明白事理的人。

今译

处于贫困低贱之中容易，忍受富裕显贵却很难；安于劳苦易，安于清闲散淡却难；忍受疼痛容易，忍受瘙痒却难。人若能安于闲散，耐得住富贵，忍得住瘙痒，这才算是明白事理的人。

解析

本文作年不详。古人云：“安贫乐道。”安贫者，得“安”；乐道者，得“乐”。既“安”且“乐”，乃人生幸福之方便法门。陶渊明“采菊东篱下，悠然见南山”，东坡先生“无事以当贵，早寝以当富”，此二人就是“能安闲散”的有道之士。

语典

天下之患，最不可为者，名为治平无事，而其实有不测之忧[①]。坐观其变而不为之所，则恐至于不可救[②]；起而强为之，则天下狃[③]于治平之安，而不吾信[④]。惟仁人君子豪杰之士，为能出身为天下犯大难，以求成大功[⑤]。此固非勉强期月之间，而苟以求名者之所能也[⑥]。

——《晁错[⑦]论》

(《苏轼文集》卷四，第一册，第 107 页)

注释

①"天下"四句：患，指祸患。不可为，难以解决的。治平无事，治平，政治清明，社会安定，平安无事。不测之忧，难以预测的隐忧。

②"坐观"二句：坐观其变，冷眼旁观它的发展变化。不为之所，不采取相应的措施。救，挽救。

③狃(niǔ)：习惯。

④不吾信：不相信我。

⑤"惟仁人"三句：惟，只有。出身，挺身而出。犯，冒着。以，而，表顺接。

⑥"此固"二句：固，指原本。期月，一个月，这里泛指短时间。苟以，如果凭着。

⑦晁错：(前 200—前 154 年)，颍水(今河南禹州)人，西汉文帝时为太子家令，号为"智囊"。主张重农贵粟，力倡削弱诸侯，更定法令，故招致王侯权贵忌恨。汉景帝时迁御史大夫，景帝四年(前 154 年)，吴、楚等七国以"讨晁错以清君侧"为名，发动叛乱。帝用袁盎言，斩晁错于东市。

今译

天下的祸患，最难以解决的，莫过于表面上社会安定没有动乱，而实际上却存在着不可预测的隐患。如果冷眼旁，观看着祸乱发生，却不采取相应的措施，那么恐怕祸乱就会发展到无可挽救的地步。但是如果不等待时机硬性地来制止它，那么天下的人习惯于太平安逸，却不相信我。只有仁人君子豪杰之士，才能挺身而出为国家安定冒大风险，以求得成就伟大的功业。这本来不是勉强在短时间内，而且凭着追求个人名利的人所能做得到的。

解析

本文是嘉祐五年(1060 年)，东坡先生应制科试前所上进策之一。晁错力倡削弱诸侯，更定法令，此本有利于国家安定的改革之举，然而适得其反，他竟被袁盎进言所斩。晁错之死，后代文人为之叹息，"悲错之以忠而受祸"，然未有说出被杀的原因。先生之论，自树一帜，发前人之所未发。他明确指出："吾发之，吾能收之，然后有以辞于天下。事至而循循焉欲去之，使他人任其责，则天下之祸，必集于我。"这意思是说，削藩是我发起的，我就应该能够收拾，然后才能有力说服天下人。祸乱发生，自己却想躲躲闪闪地避开它，让别人去承担责任，那天下的大祸，必定集于我一身。最后，先生感叹道："己为难首，择其至安"，"错之所以自全者，乃其所以自祸欤"！自己是首先促使七国发难的人，却选择居京留守这种极端安全的做法。晁错用来保全自己的做法，才是他用来自取其祸的原因吧！

本章句先生围绕"患"字，从"坐观其变"与"起而强为"两方面进行了分析，认为两者均无补于救患。先生提出仁人君子、豪杰之士应挺身"为天下犯大难，以求成功"的主张。唯有如此"坚忍不拔之志"，才是应对"不测之忧"。

语典

士临利害之际而不失故常者[①]，鲜[②]矣。(略)(要做到)安于分义，不妄附丽以干进取[③]。

——《陈侗知陕州[④]》

(《苏轼文集》卷三十八，第三册，第1093页)

注释

①“士临”句：士者，事也。任事之称。引申为，凡能事其事者称士。故常，原有的旧貌常态。

②鲜(xiǎn)：此为“少”。非常少，很不多。

③“安于”二句：分义，指名分。附丽，依附权贵。干，追求。进取，指努力向上，有所作为。

④陈侗知陕州：陈侗，字成伯，莆田(今福建省莆田市)人。嘉祐二年(1057年)进士。知，主管。陕州，旧治在今河南省三门峡市。

今译

担任大事的人，在利害冲突的紧要关头，不患得患失，保持旧貌常态的人并不多。(略)(要能做到)安守本职，勤勉尽力，不依附权贵，以追求有所作为。

解析

本文是元祐元年(1086年)六月十二日，时东坡先生在京任中书舍人，代哲宗皇帝起草的诏书。先生在本章句中，提出“临利害之际而不失故常”的观点，主张从事大任的人，在紧要关头，平心静气，沉着镇静，举止自若，保持原有的常态。先生继承先父苏洵思想，主张“为将之道，当先治心。泰山崩于前而色不变，麋鹿兴于左而目不瞬，然后可以制利害，可以待敌”。什么是“故常”之态呢？先生在后文举其“三要”：一要“安于”本职；二要“不妄”依附权贵；三要“以干”上进，有所作为。平日修身“三要”，方能在面临“利害之际”，保持“故常”之态。

语典

不以同异[①]为喜怒，不以喜怒为用舍[②]。

——《富郑公神道碑》

(《苏轼文集》卷十八，第534页)

注释

①同异：古代战国时名家惠施提出的名辩论题，即相同与不同。

②用舍：任用与舍弃。

今译

不要以别人的意见是否符合自己的主张作为喜欢或不喜欢的标准，不要以自己的喜好和厌恶作为人才取舍的尺度。

解析

富弼，字彦国，北宋名相。英宗朝封为郑国公，元丰六年(1083年)去世，享年八十岁，谥号“文忠”。元祐二年(1087年)二月，朝廷从其子富绍庭之请，诏赐富弼神道碑，并命时任翰林学士的苏轼拟定碑文。东坡先生自奉旨勤笔至元祐五年(1090年)终于完稿，历时三年。神宗对富弼诏赞曰：“义忠言亲，理正文直。”先生的评价是“恭俭好礼”，“好善疾恶”。所引章句，是富郑公上疏皇帝的谏言，体现了他的吏治之道。如今作为上层管理者，能够在管人管事中做到不以“同异”和个人“喜怒”为标准，也应算是深谙管理之道了。

语典

细德险微[①]，憎爱彼我[②]。君子广心[③]，物无不可。

——《广心斋铭》

（《苏轼文集》卷十九，第576页）

注释

①细德险微：细德，立德细微，指小人。险微，内心狭隘卑微。

②憎爱彼我：憎爱，憎恨与喜爱。彼，他。

③广心：心胸宽广。

今译

立德细微的小人内心狭隘卑微，忌恨他人自恋于我。君子心胸宽广，对万物都能包容。

解析

“斋”名“广心”，意在彰显君子弘毅宽厚的胸襟、仁德宽容的雅量、收纳万物的品格。贬斥细德小人内心狭隘阴暗，人品龌龊卑微，违心逢迎趋俗的伎俩。身居广心斋堂，修成广心君子，这是天下读书人应该做的功课。

语典

天下为量[①]，万物一家。前圣后圣[②]，惠[③]我光华。

——《广心斋铭》

（《苏轼文集》卷十九，第576页）

注释

①量：能容纳的限度，气量。

②前圣后圣：前代的圣贤，后代的圣贤。

③惠：惠泽。

今译

要有容得天下的气量，把万物之众视为一家。要像前代圣贤和后代圣贤那样，惠泽出自我仁爱的光华。

解析

所择章句，表达了作者海纳百川的胸襟。《尚书·君陈》曰："有容，德乃大。"林则徐在他的督府衙堂的堂联上，亲手书写："海纳百川，有容乃大；壁立千仞，无欲则刚。""有容"何以"乃大"？《论语·子路篇》作了回答："宽则得众，信则人任焉；敏则有功，惠则足以使人。"《孟子·离娄章句下》讲得更明白："爱人者，人恒爱之；敬人者，人恒敬之。""前贤后贤"为我们树立了榜样，鼓励我们要做一个"天下为量"的君子。

语典

有藏于中，必谍①于外。惟幔与谨②，皆盗之诲③。孰④如此间，空洞无物。户牖阖开⑤，廓⑥焉四达。击去盗易，使无盗难。我无可攘⑦，以守则完。(略)四出其斋，以达民迷⑧。

——《四达斋铭并引》

(《苏轼文集》卷十九，第574页)

注释

①谍：通"喋"，谓多言。

②惟幔与谨：惟幔，即帷幔，围在四周的帐幕、帷幕。谨，慎重，小心。

③诲：明示。

④孰：哪个。

⑤户牖阖开：户牖(yǒu)，指门窗。阖开，犹开合。

⑥廓：空阔。

⑦攘：排斥，抵御。

⑧迷：迷惑。

今译

堂屋有物品藏于其中，必定会被外人猜测议论。挂起帷幔表现谨慎小心，都是给盗贼做出明示。哪比得这间斋堂，堂内空洞无物。门窗敞开，豁然空旷四通八达。击退盗贼容易，使世间没有盗贼难。我没有抵御盗贼的手段，只有好好守住自己。(略)把斋堂四面打开，以解开人们的迷惑与猜测。

解析

该铭文大约作于元祐六年(1091年)四月。时东坡先生罢杭州任还京，途经高邮(今江苏省高邮市)。高邮太守赵晦之，在高邮州旧治建了一间斋堂，因门窗四通八达，故命名曰："四达斋"。先生经过这里为之铭文。主人建"斋"，门户洞开，四通八达，显然不是为了储藏物品，也不便于在此会客，而意在表达自己的志向。先生名文，亦是以"斋"论人事。其中心意思是，堂斋帷幔紧闭，让盗贼猜测；门户四达，换来安全。人若封闭，让世人猜忌，散开胸怀，以释人疑。诚如《三国志·吴志·周瑜传》所云："性度恢廓，大率得人。"

语典

一不如礼①，在我者甚微，而民有不得其死者矣。非礼之害，甚于杀不辜②。不仁之祸，无大于此者也。

——《仁说》

（《苏轼文集》卷十，第337页）

注释

①礼：此指符合社会整体利益的行为准则。

②不辜：指无罪之人。

今译

一旦做事不符合礼制，在自身看来似乎微不足道，而百姓就会因为这个原因而死于非命。不守礼法的危害，比滥杀无辜还要严重。不行仁德的祸害，没有比这更大的了。

解析

本文作年不详。在孔子那里，“仁”和“礼”，是同一过程的两面，互相包含，同构互动。即“仁”建构着“礼”，反过来“礼”也建构着“仁”。仁是礼的情感和价值依据，礼是仁的内在情感诉求；礼是仁的体现和落脚点，仁通过礼成就自身。东坡先生在此特别强调“非礼之害”，必会酿成“不仁之祸”。自身不遵守礼法，就会致百姓“不得其死”，这种祸害，“甚于杀不辜”。

语典

人特以己之不好[①]，笑人之好，则过[②]矣。

——《墨宝堂记》

（《苏轼文集》卷十一，第357页）

注释

①好（hào）：喜爱，嗜好。
②过：错误。

今译

有的人以自己的嗜好，而嘲笑别人的爱好，这是错误的。

解析

该记文是熙宁五年（1072年），东坡先生通判杭州时，遇会稽郡（今绍兴）签判张次山（字希元）。张次山祖孙世代喜好书法，家藏古今墨宝很多。他把这书法全刻在石碑上，又建造了一座墨宝堂，请东坡先生为其撰写记文。先生所言"以己之不好，笑人之好"，这是从自古至今人们容易犯的毛病。孔子曰："己所不欲，勿施于人。"同样的道理，自己不爱好的，岂能嘲笑别人的爱好。做人要讲"恕"道，做到推己及人，仁爱待人，不能让人同己。

语典

应龙[①]之所以为神者，以其善变化能屈伸也。夏则天飞，效其灵也。冬则泥蟠[②]，避其害也。

——《淮阴侯庙碑》

（《苏轼文集》卷八，第三册，第236页）

注释

①应龙：古代汉族神话传说中一种有翼的龙，它帮助黄帝杀了蚩尤和夸父，帮助大禹疏导洪水而立下汗马功劳。

②泥蟠：蟠屈在污泥中，亦比喻处困厄之中。

今译

千年应龙其所以能大显神威，是因为既善于变化又能屈能伸。夏天时它飞跃在九天，检效它的灵验。冬天则蟠屈在泥污里，来规避灾祸伤害。

解析

元祐七年（1092年）三月，东坡先生由颍州移知扬州，为淮阴侯韩信庙撰写碑文。先生在碑文中对韩信当年“遇知己之英主，陈不世之奇策”的盖世伟业，及其“辱身污节”、“忍耻跨下”的英雄气概予以赞美。先生将韩信比作千年“应龙”，一则“善变化”，二则“能屈伸”，故能“效其灵”，“避其害”。但遗憾的是，终被吕后定计，斩于长乐钟室。

语典

或[①]以千金与人而不喜，或以一言使人而人死之者，诚如不诚故也。

——《司马温公神道碑》

（《苏轼文集》卷十七，第513页）

注释

①或：某人，有的人。

今译

有的人送给别人千两黄金也不能让人高兴，有的人只需一句话，而别人就心甘情愿地为他去死。这就是看他待人真诚或不真诚的缘故。

解析

东坡先生曾于元祐元年（1086年）九月作《司马温公行状》。元祐二年（1087年）十二月又作《司马温公神道碑》。所谓"神道碑"，乃立于墓道前记载死者生平事迹之石碑，此指墓碑之文字。"神道"，乃墓前开道，建石柱以为标记，谓之神道。据考，三品以上官员可立神道碑，五品以下不立铭碑。先生在碑文中，历数司马温公去世，京师之民"哭公哀甚"，"而画像以祠公者，天下皆是也"。司马温公何以如此感动天下？先生曰："非至诚一德，其孰能使之！"正是一个"诚"与"不诚"得以分晓。前者"千金不喜"，后者"一言死之"，这就是人格的魅力，也是道德的力量。

语典

君子之志于仁[①]，尽力而求之，有不获焉[②]，退而求之身，莫若自克[③]。自克而反[④]于礼，一日足矣。

——《仁说》

（《苏轼文集》卷十，第 337 页）

注释

①仁：一种道德范畴，指人与人相互友爱、帮助、同情等。孔子把“仁”作为最高道德标准和道德境界。

②焉：文言助词，相当于“于此”。

③自克：自我克制。

④反：此指反回，回归。

今译

君子立志于行仁德之事，只要尽力追求，哪有做不到的呢？如果没有做到，退一步在自己身上查找原因，不如自我克制。能够自我克制回归于礼，一天就够了。

解析

本文作年不详。“仁”是贯穿儒学思想的主线，居于仁、义、礼、智、信五德之首。“仁”作为儒家思想的核心，是对人们行为规范评价的最高标准。孔子建立了以“仁”为核心的思想体系，故孔子的学说称为“仁学”。本章句阐述东坡先生关于君子求仁的两种思想，其一，只要“尽力而求”，就可力行仁德。其二，强调在实行仁德过程中，坚持“自克”并“反于礼”。这也就是孟子讲“仁”时，要求“反求诸身”，孔子要求“克己复礼”的主张。

语典

后之学者，始学也既累于仕，其仕也又累[①]于进。得之则乐，失之则忧，是忧乐系于进矣。平旦[②]而起，日与事交，合我则喜，忤[③]我则怒，是喜怒系于事矣。耳悦五声[④]，目悦五色[⑤]，口悦五味[⑥]，鼻悦芬臭，是爱欲[⑦]系于物矣。以眇然[⑧]之身，而所系如此，行流转徙[⑨]，日迁月化，则日之所养，尚[⑩]能存耶？丧其所存，尚安明在己之是非与夫在物之真伪哉？

——《江子静字序》

（《苏轼文集》卷十，第332页）

注释

①累：连及，连带，如牵累，拖累。

②平旦：清晨。

③忤：逆，不服从。

④五声：指“唇、知、齿、牙、喉”等对声按发言部位进行的分类。按古代乐律分为宫、商、角、徵(zhǐ)、羽五个音。

⑤五色：指青、黄、赤、白、黑五色。

⑥五味：指酸、甘、苦、辛、咸五种味道。

⑦爱欲：指情爱和贪欲。

⑧眇然：弱小貌。

⑨转徙：辗转迁徙。

⑩尚：还，仍然。

今译

后代的学者们，从一开始读书就被仕进所牵累，进入官场后又被晋升所拖累。得到晋升就高兴，失去晋升机会就忧愤，他的一忧一乐全系于晋升了。清晨睁开眼睛，每天要与人事打交道，附和我的心意就欢喜，不顺心就愤怒，他的一喜一怒全系于人事了。耳朵喜欢听五声，眼睛喜欢看五色，嘴里喜欢尝五味，鼻子喜欢闻芳香，他的爱欲嗜好全系于外物。以渺小的一人之身，而有如此多的牵累，一生南行北流，辗转迁徙，岁月迁易变化，那么平日胸中之修养，还能留存下来吗？丧失了平日所存的蓄养，哪里还能明白自己的是和非与外界事物的真和假呢？

解析

本文作年不详。《老子·十六章》曰：“致虚极，守静笃。”“归根曰静”。虚而至虚曰“极”，就是要“空”到极点，没有一丝杂念与污染，空明一片，湛然朗朗。静而至静曰“笃”。“守静笃”讲的是精神内守的修炼功夫。东坡先生对“后之学者”，“忧乐系于进”，“喜怒系于事”，“爱欲系于物”。“以眇然一身”，而有如此多的牵累，何以能达到“神以静舍，心以静充，志以静宁，虚以静明”的心灵境界表示担忧。先生在这篇序言里，为“后之学者”所揭示的“牵累”之病，不正是当今社会上那些“累于进”、“系于事”、“系于物”的焦虑浮躁人们的真实写照吗？古今千载，所“累”同源，可见人类之欲念何其难绝。

语典

取直友，犹[1]有四物，有直而修于直者，有直而陷于曲者，有曲而盗名[2]直者，有曲而遂[3]其直者。

——《讲田友直字序》

（《苏轼文集》卷十，第 330 页）

注释

①犹：仍然，还。
②盗名：窃取名声。
③遂：成为。

今译

选择正直的朋友，还有四种情况：有正直而不断加强修养永远保持正直的；有本来正直却被时势或受制于人而陷入曲意逢迎的；有本来饰情矫行而窃取正直名声的；有先前心口不一但后来成为正派率直之人的。

解析

此文疑为黄庭坚所作，见山谷内集，今附录于此。正直，在中国人的眼里认为是最重要的人格修养。孔子曾对柳下惠的“直道”美德给予高度评价。赞美他是“直道而事人”，即柳下惠按照直道为人为事。相传大禹的大臣皋陶提出了官员的九种品德，其中列为第六位的就是“直而温”。所以孔子总结出夏商周三代说：“斯民也，三代之所以直道而行也。”《韩诗外传》卷十：“有谔谔争臣者，其国昌；有默默谀臣者，其国亡。”作者对田友直敢于直言进谏的直道精神以序记之，这篇序让后人记住了田友直，他是一位谔谔直言的忠谏之臣。

语典

夫直者，刚者之长也[1]。千夫诺诺，不如一士之谔谔[2]。诚得直士与居，彼不资吾子[3]之过，切磋琢磨[4]，成子金玉[5]，使子曰知足。

——《讲田友直字序》

（《苏轼文集》卷十，第330页）

注释

①“夫直者”二句：直，正直，坦率。刚，坚定，刚强。

②“千夫”二句：诺诺，表示顺从，唯唯诺诺。谔谔，直言进谏貌。

③吾子：古时对别人的尊称，译为“您”。

④切磋琢磨：古代把骨头加工成器物叫“切”，把象牙加工成器物叫“磋”，把玉加工成器物叫“琢”，把石头加工成器物叫“磨”。在这里比喻互相商量研究，学习长处，纠正缺点。

⑤金玉：珍宝的统称，比喻珍贵和美好。

今译

正直，是刚强之人最值得赞美的长处。一千个唯唯诺诺的人，不如一个直言不讳的人。如果真能与正直之士相处，他就会不放纵您的过错，而与您切磋琢磨，能成就您金玉般的品德，使您自知满足。

解析

孔子曰：“益者三友，损者三友。友直，友谅，友多闻，益矣。”孔子说，有三种有益的朋友，和正直的人交朋友，和诚信(谅，信实，诚信正直)的人交朋友，和闻见广博的人交朋友，那是有益的。所谓“千夫诺诺，不如一士之谔谔”，最初出处为《史记·商君列传第八》。作者为田友直作序，以“友直”之名展开议论。田友直原名田益，字迁之。此人敢于直言进谏，言辞锋利。黄庭坚赞其人品正直刚烈，为他改名田友直。有人说，正直，是让人敬重的勋章。而孟子的“富贵不能淫，贫贱不能移，威武不能屈”，乃是“正直”风骨的真正内涵。

语 典

天下未尝有百全之利也，举事而待其百全，则必有所格[1]。是故知吾之所以胜人，而人不知道其所以胜我者，天下莫能敌之。

——《魏武帝论》

(《苏轼文集》卷三，第 82 页)

注 释

①“天下”三句：未尝，谓不曾。百全，百分之百。格，阻碍，隔阂。

今 译

天下事不曾有百分之百的顺利，办任何事情想得到百分之百的圆满，就必定会有所阻碍。所以知道自己能战胜敌人的办法，而敌人不知道战胜我的办法，天下没有谁是他的对手。

解 析

该文论是嘉祐六年(1061 年)，东坡先生应制科试时所呈的进卷之一。先生在本文中阐述两层意思，其一，做任何事不能优柔寡断，犹豫彷徨，如果坐等条件达到“百全”，任何事情也难以办成。其二，在与对手交锋中，不仅能“胜人”，而且更应知道“其所以胜”的策略。先生文中后两句，取意于《孙子兵法·虚实》：“人皆知我所以胜之形，而莫知吾所以制胜之形。”其意是说，人们只能知道我战胜敌人的具体办法，而无从知道我是怎样运用这些办法出奇制胜的。故，先生在《魏武帝论》末尾感叹道：“嗟夫！知之而不能权之以人，则亦纷纷焉或胜或负，争为雄强，而未见其能一也。”

语典

夫诚者，何也？乐之之谓也[1]。乐之则自信，故曰诚。夫明者，何也？知之之谓也。知之则达，故曰明[2]。

——《〈中庸〉论上》

（《苏轼文集》卷二，第60页）

注释

①“夫诚者”三句：诚，真诚。乐，快乐。之之，前一“之”，音节助词，虚用，无所指。后一“之”，结构助词，表示领有、连属关系。

②“知之”二句：知，知道。达，通晓。明，明察。

今译

真诚，是什么呢？把修身当作快乐的事。内心快乐则充满自信，所以就叫真诚。明察，是什么呢？知事明理就叫明察。明察事理就通晓大道，所以叫做明察。

解析

所引章句源自《〈中庸〉论上》，是东坡先生嘉祐年间（1056—1063年）的应试之作。先生对“诚”的解释为“乐之之谓也”，也就是认为“乐”是致“诚”的逻辑起点，这个“乐”不能简单地等同于心理情感，它是以身心与宇宙自然合一为依归的最大快乐的人生极致。“乐”，是一种实践品格，是当下直接的生命体验。故只有经过“乐”这一心理体认，才能最终达到“诚”。“诚”是人的审美性的情感感受，有了这种感受，就能建立自信心，有了自信心，就可以达到真诚。先生对“明”的解释是“知之”，即知事明理而通晓大道，故称为明察。先生在此阐释的仍然是“诚”与“明”的辩证关系，两者是实现中庸之道的必由之路。

语典

彼君子者，独何修而得此于民哉[①]？岂非始之以至诚，中之以不欲速，而终之以不懈欤[②]？

——《既醉[③]备五福论》

（《苏轼文集》卷二，第51页）

注释

①“彼君子”二句：彼，那些。修，修养。哉，文言语气助词，此处相当于“呢”。

②“岂非始之”三句：至诚，极真诚，极诚信。欲速，想求快速。不懈，不松懈。欤，文言助词，与“乎”同。

③既醉：饮食款待已经饱了。

今译

那些君子，有何独特的修养而得到这些民众的拥戴呢？难道不是一开始就表现得极为诚信，中间不求速成而最终能坚持不懈乎？

解析

该文于嘉祐六年（1061年）八月十七日，东坡先生时年二十六岁，为应制科试所作的第九篇文论。清朝学者储欣对先生年轻时的应制文论评价说：“公应制文字，如火如潮，如花际春，如霞散绮，使人目眩神移，吟咏流连，而不知止也。惊才绝艳，一至如此。”上述所引章句，阐明一个道理，一个人想要得到民众的拥戴，其修养主要反映在事业成功过程中的三个阶段。即开始讲诚信，中间不急功近利，最终能够坚持不懈，永不放弃。如果当今创业者，都能具备这种修养和品质，把握好这三关，焉有不成功者？

语典

人行犹可复，岁行那可追。(《别岁》)
努力尽今夕，少年犹可夸[①]。(《守岁》)

——(《岁晚三首》
(《苏轼诗集》卷四，第159页)

注释

①夸，本义奢侈，《说文》释，夸，奢也。《荀子·仲尼》，“贵而不夸”，夸，“奢侈也”。

今译

人无论行走多远还可以返回来，岁月流逝了却不能追回。
人生在当下应该珍惜时光，尤其是少年时期不可挥霍浪费时间。

解析

嘉祐七年(1062年)壬寅岁末，东坡先生思家难归，给子由弟写了《馈岁》、《别岁》、《守岁》三首诗，告诫其弟星移斗转，岁月不居，要珍惜时光，努力抓住每一天，实现自己的人生理想。

语典

文夫重出处[①]，不退要当前。(略)
何时逐汝[②]去，与虏[③]试周旋。

——《和子由苦寒见寄》
(《苏轼诗集》卷五，第215页)

注释

①丈夫重出处：丈夫，古人将成年男子称为“丈夫”，夫，从大一，周制八寸为尺，十尺为丈。人长八尺，故曰丈夫。

② 汝(rǔ)：你。

③ 虏：俘获得人。

今译

男子汉重视对待出仕、退隐，以及行进和静止，不应后退而要向前。(略)何时能追赶上跟着你，去同敌人进行较量。

解析

本诗于治平元年(1064年)冬作于凤翔。宋仁宗朝，凤翔正处西北边陲，受到党项族西夏政权的侵扰和威胁。儒家入世思想始终在心中占重要地位的年轻苏轼，报国之心时时勃发。誓言要去前线与敌人血战到底，立功塞外的报国之志跃然纸上。

语典

唾面慎勿拭[①]，出胯当俯就[②]。(略)

宏材乏近用，巧舞困短袖[③]。

——《次韵答章传道凡赠》

(《苏轼诗集》卷九，第424页)

注释

①唾面慎勿拭：见成语“唾面自干”。据《新唐书·娄师德传》载，娄师德位居宰相，其弟拜代州(今山西忻州市代县)刺史。弟将行，兄教他处世之道。弟长跪答曰：“自今虽有唾我面者，我只好隐忍并自拭唾而已。”师德曰：“不行！你揩干净这是逆此人之怒。就让它自干罢了。”

②出胯当俯就：史称“胯下之辱”。话说韩信小的时候，屡屡遭到周围恶人的歧视。一次，一个屠夫对韩信说，你如果不怕死，就用你的佩剑刺我。你如果怕死，就从我的裤裆下钻过去。韩信自知形只影单，于是，当着众人的面从那屠夫的裤裆下钻了过去。

③巧舞困短袖：《史记》韩非曰，“长袖善舞，多财善贾。”此句意为，虽善舞然袖短，故不为人所看好。

今译

有人唾面小心别去揩净，有人出胯顺应俯身钻过。(略)

有大才能的人很少能近期得到效用，善舞者苦于袖子短很难得到观者的赞赏。

解析

本诗于熙宁六年(1073年)正月作于杭州。诗中提到的章傅，福建人，长于诗。虽“天饱其才”，但年过半百终未能中榜录用。东坡先生给章傅赠诗，以“唾面”、“出胯”之典，劝导他：成大事者须能忍常人所不能忍，此乃大智若愚，大勇若怯者。“宏材”未能“近用”，是因为一时世无伯乐，“袖短”难以“巧舞”，是囿于客观条件还不充分。既忍“唾面”，又忍“出胯”，只要不丢掉梦想，认准人生目标，将必有大用之时。

语典

可使食无肉，不可使居无竹。无肉令人瘦，无竹令人俗。人瘦尚可肥，俗士不可医。

——《於潜[1]僧绿筠[2]轩》

（《苏轼诗集》卷九，第448页）

注释

①於潜：位于浙江省临安市中部。

②筠（jūn）：竹子的别称。

今译

饮食可以没有肉，但居住处不可没有竹。无肉让人瘦点，无竹令人俗气。人瘦了还可以肥壮，一个人浅薄庸俗就难以疗救。

解析

本诗于熙宁六年（1073年）三月作于於潜。白居易的《养竹记》，将竹子比作贤人君子，总结出竹子有本固、性直、心空、节贞四大高尚节操。东坡先生爱竹情深，所谓“门前万竿竹，堂上四库书”就是他的人生理想。“累尽无可言，风来竹自啸”是他淡定从容人格之写照。他初到黄州，就被“长江绕廓知鱼美，好竹连山觉笋香”，“此邦疑可老”，“所须修竹林”的风情所吸引，从此与黄州老百姓同树连根结下深厚的情谊。“可使食无肉，不可居无竹”，千百年来被知识分子所传诵。这种将中国人审美趣味与道德意识结合的竹文化，已成为中华优秀传统文化的宝贵财富。

语典

莫听穿林打叶声[①]（略）一蓑烟雨任平生[②]。

回首向来萧瑟[③]处，（略）也无风雨也无晴[④]。

——《定风波·沙湖道中遇雨》

（《苏轼全集校注》卷一，第353页）

注释

①莫听穿林打叶声：指雨点透过树林打到叶子上的声音。

②一蓑烟雨任平生：披着蓑衣冒着风雨，人生也应泰然处之。

③萧瑟：拟声词，表示风吹树叶的声音，形容环境清冷、凄凉。

④也无风雨也无情：意谓无喜无悲、胜败两忘，任其自然，自然而然。

今译

不要想那穿林打叶的声音，（略）披着一身蓑衣足可任风吹雨打而逍遥一生。

回头望一望风雨游走过来的地方，（略）依我看，既无所谓风雨也无所谓天晴。

解析

这首词是元丰五年（1082年）三月七日，东坡先生与友人去黄州东南三十里沙湖（又名螺蛳店）黄氏家相田，偶然半途遇雨，故作此词。先生在词的上片中开句“莫听穿林打叶声”，渲染出雨势之急骤，紧接着又用“一蓑烟雨任平生”，写出了词人不畏风雨、旷达超逸的胸襟。“何妨”二字窥见词人独立不倚、搏击风雨的挑战精神。“也无风雨也无晴”，表达了先生对未来仍抱有通权达变、坦然面对的情怀。清郑文焯评点此词：“此曲笔直写胸臆。”所谓“曲笔”，先生词面指的是大自然的风雨，实则是在隐衬社会上的政治风雨。既然大自然“穿林打叶”的急风骤雨“谁怕?”政治的阴风冷雨又何足惧？先生以“沙湖道中遇雨”之生活小事，从侧面反映了先生在坎坷人生中自我调适、无喜无悲、物我两忘的处世态度。其“带酒冲山雨，和衣睡晚晴”（《南歌子》）的旷达豪放之气，让人耳目一新，心胸为之一振。

语典

富贵非吾志。但知临水登山啸咏[1]，自引壶觞[2]自醉。

——《哨遍》

（《苏轼全集校注》卷一，第378页）

注释

①啸咏：犹歌咏。

②壶觞：古代酒器。

今译

富与贵并不是我的志向。我只想在游览山水名胜中尽情歌咏，自举酒杯自斟自酌自醉。

解析

此词是东坡先生于元丰五年（1082年）四月，次陶渊明《归去来辞》韵而作是词。仅就这两句词，表达了词人安贫乐道的志向，及热爱大自然、随缘自适、崇尚自由的诗化人生观。

语典

常以谓人之至乐，莫若身无病而心无忧。我则无是二者矣。然人之有是者，接于予前，则予[1]安得全其乐乎？故所至，常蓄善药[2]，有求者则与之，而尤喜酿酒以饮客。或曰："子无病而多蓄药，不饮而多酿酒，劳己以为人，何也？"予笑曰："病者得药，吾为之体轻，饮者困于酒[3]，吾为之酣适，盖专以自为也。"

——《书东皋子[4]传后》

（《苏轼文集》卷六十六，第2049页）

注释

①予：同"余"，我。

②善药：良药。

③困于酒：困扰没酒。

④东皋子：唐代诗人王绩的号。

今译

我常以为人最快乐的事，莫过于身体无病心中无忧。我既无病又无忧，但别人有这两种情况，我与他们接触交往能保全自身的快乐吗？所以我每到一个地方，常常积蓄一些好药，有人需要，我就送给他，而我更喜欢酿酒给客人喝。有人问我："你没有病而积蓄很多药，不饮酒而酿很多酒，辛劳自己而为别人，这是为什么？"我笑而答道："害病的人得到药后，我感到身体轻松，饮酒的人缺乏酒，我让他喝到酒，我心里感到酣适。我正是专门为达到这种境界才这么做的。"

解析

该文是绍圣二年（1095年）正月十三日，东坡先生作于惠州贬所。先生说，一般人以"无病"、"无忧"为"人之至乐"。而他自己以"蓄善药"、"喜酿酒"是因为"全其乐"（使自己快乐）。"蓄善药"是为"病者得药"；"喜酿酒"为"饮者困于酒"。"病者得药"，先生"为之体轻"；"困于酒"者得酒，先生"为之酣适"。前者，先生乃"忧人之忧"；后者，先生乃"乐人之乐"。此为白居易在《策林》中所说的"乐人之乐，人亦乐其乐；忧人之忧，人亦忧其忧"的人本情怀。这其中既有道家返璞归真之意，又有士大夫"劳己以为人"的"兼济"风骨，即孟子所推崇的"乐以天下，忧以天下"的王者风范。

语典

尤见前人至诚相与，简易平实，不为虚文，安得复有隐情不尽，不得已而苟从[①]者，皆可为后世法[②]也。

——《跋杨文公与王魏公[③]帖》

(《苏轼全集》卷六，第3229页)

注释

①苟从：盲从，无原则地依从。

②法：规则，规范。

③杨文公与王魏公：杨文公，指杨亿，北宋文学家，字大年，官至工部侍郎。性耿介，尚气节。卒谥文，人称杨文公。王魏公，王安礼，字和甫，北宋政治家、诗人，王安石同母四弟，官至尚书左丞。他与王安石政见不一，曾上书反对变法。东坡先生陷“乌台诗案”，王安礼从容面君，对神宗说，自古有气量的君主，不以言语定人罪。绍圣二年(1095年)任太原知府，卒于任所。赠金紫光禄大夫、太师、魏国公，人称王魏公。

今译

尤其看到前人至诚相待，为人平易厚道，不讲假话，怎么会隐瞒自己的观点，迫不得已而盲目顺从对方，这些都值得后人效法。

解析

本文作年不详。东坡先生从杨文公给王魏公推荐一个姓蒋的人才的便条上，看到了两人的友谊和品格，故在这份帖子后写了这篇跋文。先生认为君子之交，应该“至诚相与，简易平实”。这里突出强调两个关键字：“诚”、“实”，鲜明反对一个“虚”字。他还说，决不隐瞒个人观点，放弃自己的道德底线，而做一个“苟从者”。两公一“帖”见人品，先生一“跋”显人格。真可谓“皆可为后世法也”。

语典

忠臣不畏死，故能立天下之大事。勇士不顾生，故能立天下之大名。

——《东林[1]第一代广惠禅师真赞》

（《苏轼文集》卷二十二，第623页）

注释

①东林：寺名，故址在今江西庐山。晋江州刺史桓伊为释慧远所建。

今译

忠臣不怕死，所以能建立经天纬地的大事业；勇猛之士不贪生，所以能建立彪炳千古的美名。

解析

元丰七年（1084年）四月，东坡先生由黄州移汝州途经庐山，曾宿于东林禅院，并为东林第一代广惠禅师像撰写赞诗。先生认为世间的忠臣与勇士，他们能建立“天下之大事”、“天下之大名”，那是因为他们把“义”看得很“重”，把“身”看得很“轻”。先生赞美广惠禅师为“僧中之龙”，吐出的真气化为云，打出的呵欠汇成风。正是广惠禅师的法力，使庐山东林禅寺“化为梵释龙天之宫”。

语典

偶此多事，如有差使[1]，尽心向前，不能避事，至于临难死节，亦是汝[2]荣事，但存心尽公，神明[3]自祐汝，慎不可思避事也。

——《跋欧阳家书[4]》

（《苏轼文集》卷六十九，第 2185 页）

注释

①差使：泛指官职。
②汝：你。
③神明：天地间一切神灵的总称。
④欧阳家书：欧阳文忠公与其弟侄家书。

今译

如今国家偶然多事，如有差遣，要尽心向前，不能逃避责任。至于临难死节，也是你荣耀的事。只要存心为公，神明自然保祐你，千万不要考虑逃避责任。

解析

本文是元丰二年（1079 年）四月十二日，东坡先生作于赴湖州任途中。先生为恩师欧阳修家书题跋，意在传播欧阳文忠公“存心尽公”，“不能避事”的使命感与责任感。有了这种责任感，当国家有事，就能勇于“临难死节”，“尽心向前”。

语典

考其行事，观其临祸福死生之际，不容伪矣。(略)然真伪之候[①]，见于言语。

——《题僧语录后》

(《苏轼文集》卷六十六，第2056页)

注释

①候：此指事物在变化中的情状。

今译

考察一个人的行为，最后是观察他在面临死生祸福时的表现，因为在这种关键时候他不可能装假。(略)然而是真是假的情状，在他的言谈中亦容易流露。

解析

该文作年不详。先生在本章句中，议论的是如何"识人"。晋代学者傅玄，在其《傅子·阙题》中指出："知人之难，莫难于别真伪。"诸葛亮在《将苑·知人性》中，提出了甄别真伪的七条知人之道："一曰问之以是非而观其志；二曰穷之以辞辩而观其变；三曰咨之以计谋而观其识；四曰告之以祸难而观其勇；五曰醉之以酒而观其性；六曰临之以利而观其廉；七曰期之以事而观其信。"诸葛亮将人的志、变、识、勇、性、廉、信等情态，作为识人的要义。司马迁在《史记·汲郑列传》中指出："一生一死，乃知交情；一贫一富，乃知交态；一贵一贱，交情乃见。"司马迁是通过人与人之间交情变化，来说明人情势利、世态炎凉的。东坡先生言简意明，他认为，在"祸福死生之际"，即可分辨一个人性格之真伪。而此人在此关键时机的"言语"，终会暴露本来面目的"真伪之候"。

语典

今日南风来，吹乱庭前竹。(略)
萧然风雪[①]意，可折不可辱。
风霁[②]竹已回，猗猗散青玉[③]。

——《御史台榆槐竹柏四首·竹》
(《苏轼诗集》卷十九，第1004页)

注释

①萧然风雪：萧然，谓空寂，萧条。风雪，一作风霜。
②风霁(jì)：风停止。
③猗猗散青玉：猗猗(yī yī)，美盛貌。青玉，比喻青竹如碧玉。

今译

今日南风吹起，吹乱庭院前的竹叶。(面对)萧瑟的风霜景象，宁可折断，不可羞辱。待风稍止，竹已恢复生气，茂盛碧绿状如碧玉。

解析

此诗于元丰二年(1079年)十一月作于御史台。好一个“可折不可辱”！这就是东坡先生面对政敌残酷逼供手段，以竹自况的铮铮回答。他虽曾有过以死明志的念头，但生性超然的他，为了致君尧舜、经国济民的理想，却仍然挺直腰杆走出御史台牢狱。他一生爱竹、咏竹、画竹，甚至于爱到“宁可食无肉，不可居无竹”的境地。竹之风骨已融入他的血脉，成为他的精神追求。

语典

何谓至诚？(略)皆推赤心以待之，不可以丝毫伪也。[1](略)

丝毫之伪，一萌于心，如人有病，先见于脉；如人饮酒，先见于色。[2]

——《上[3]初即位论治道二首》

(《苏轼文集》卷四，第132页)

注释

①“皆推”二句：赤心，赤诚的心。伪，假，不真实。

②“一萌”五句：萌，开始发生。脉，血管，脉络。色，此指脸色。

③上：指哲宗皇帝。

今译

什么叫至诚？(略)都用赤诚之心，对待他人，不可以有丝毫的虚伪。(略)

丝毫的虚伪，一旦在心里萌发，如同人有疾病，先表现在脉象上；如同人喝酒，先显现在脸色上。

解析

该文系元丰八年(1085年)五月，东坡先生代时任宰相吕申公作于常州。此文分为《道德》、《刑政》二篇，主要阐述治国之道。“至诚”概念，是《中庸》的核心内容。《中庸》的第二十五章中有云：“君子诚之为贵。诚者，非自成己而已也，所以成物也。成己，仁也；成物，知也；性之德也。”君子把真诚看得非常珍贵。真诚，并非只是成全自己而已，还要成全万物。成全自己是仁，成全万物是智，这是人本性应具备的道德。先生在本章句中对“至诚”的阐释，特别强调“不可以丝毫伪也”。他认为人之“伪”是不容易掩饰的，就像人有病，脉象就有反映，喝了酒脸色就泛红一样。唯无“丝毫伪”，才堪称“至诚”。

语典

夫君子虽能乐之，而不知中庸，则其道必穷[①]。

——《中庸论下》

（《苏轼文集》卷二，第63页）

注释

①穷：穷尽，终止。

今译

君子虽然能以修德为乐，但如果不知道中庸之道，那么他的人生之路就会穷尽不通。

解析

本论于嘉祐六年（1061年）应制科试之前所呈之文论。孔子曰："中庸之为德也，其至矣乎！民鲜久矣！"孔子认为，中庸作为一种道德，它是最高境界的道德修养，但民间缺少此德已经很久了。孔子所指中庸包括中道、中和、中行、时中、中正诸概念。它是孔门传授儒家哲学的心法，是君子立德修身的道德规范和方法论。希腊哲学家亚里士多德的《伦理学》也有相似的观点，但它比《中庸》晚了近一个世纪。东坡先生十分重视《中庸》，为了传承儒家这一修身理论，他在二十六岁时就以很大篇幅为此立论，为后世辨析中庸学研究之真伪，提供了镜鉴。

语典

君子非其信道之不笃也，非其力行之不至也，得其偏而忘其中①，（略）然天下有能过②而未有能中，则是复之中者之难也。

——《中庸论下》

（《苏轼文集》卷二，第63页）

注释

①“君子”三句：笃，忠实。偏，不在中间。中，不偏、中正、适中、不偏不倚的意思。

②过：过度，过激。

今译

君子并非信奉道德的思想不忠实，也并非是竭力而行不能达到，而是容易偏差而忘记不偏不倚，（略）然而天下有能过激的却没有能够做到不偏不倚的，这说明恢复到不偏不倚是何等困难啊！

解析

本论于嘉祐六年（1061年）应制科试之前所呈之文论。“中庸”是由“中”与“庸”二字合成的，而“中”是中庸概念中的中心意义。我们往往对“中”理解为中间、折中，由此对“中庸”产生了误解。其实“中”在哲学意义上可以概括为：一是方法论意义表现为“适度”，即为人处世既不过分，也无不足，尽力做到恰到好处。二是在行动上，《说文》：“中，内也，从口，下上通也。”属于合宜之意，也就是在处理人和事之中，做到合适，合宜，恰如其分。三是中庸是一种至高无上、公正无偏、和谐真诚的道德。由此可知，“复之中者之难也”，而其难就在“得其偏而忘其中”。得“中”者，得“中庸”之道也，这就是所引章句告诉我们的道理。

语 典

既不可过，又不可不及，如斯而已乎？曰：未也。孟子曰：“执中为近之，执中无权，犹执一也①。（略）

而《记》曰：“君子之中庸也，君子而时中②。”（略）时中者，有所不中，而归于中。

——《中庸论下》

（《苏轼文集》卷二，第63页）

注 释

①“执中”二句：执中，持平，不偏不倚。执一，固执一端，而不知审时度势予以变通。

② 时中：“时中”一词最早出现在《周易》“蒙”卦的《彖传》，“蒙，亨。以亨行，时中也。”意为符合“蒙”这个时机。“中”，指孔子的中庸之道在天地自然之道的正中运行，既不太过，也无不及。时，指与时势一致。“时中”的原则：一是“合乎时宜”；二是“随势变通”。

今 译

（立身行事）既不可过了头，又不可达不到，像这样可以吗？说：不可以。孟子说：“能做到不偏不倚也就差不多了。但是在执行中庸之道中如果不注意灵活变通，这和固执一端也没有什么区别。”（略）

而《礼记》说：“君子的中庸之道，要求君子为人处世做到既合时宜，又能变通。”（略）能做到时中的人，当他有时没有注意持平时，能即时让自己归向不偏不倚。

解 析

本论于嘉祐六年（1061年）应制科试之前所呈之文论。东坡先生在这段文字中，特别强调君子在执行中庸之道的过程中，仅能做到不偏不倚还不够。按照亚圣孟子的要求，还应做到在“执中”中注意“权”，即权变。这也就是《礼记》中所指的“时中”，即既要合乎时宜，又要随势变通，求得事物的平衡和全面。这才是中庸之道的真谛。

“时中”的思想方法，绝不是什么折中调和、见风使舵的代名词，这里包含着积极的辩证因素。不仅是个人道德修养和行为实践所应遵循的基本原则，同时也应是治国安邦的重要韬略之一。

语典

"无偏无党，无反无侧，无有作好，无有作恶[①]，而后可以合于皇极[②]。"

——《论好德锡之福》

（《苏轼文集》卷三，第66页）

注释

①"无偏"四句：偏，不公正。党，偏私。反，背叛。侧，卑陋。好、恶，皆谓徇私偏好。

②皇极：皇，大也。极，中也。皇极指大得其中。

今译

不要偏颇，不要偏私，不要背叛，不要卑陋，不要徇私偏好，不要为非作歹，然后可以合乎"时中"最高道德准则。

解析

此篇文论作年不详。先生认为"好德"而赐福的"德"，就是"无所过"与"无所不及"的中庸之道。即在《中庸论下》强调的"合乎时宜"、"随势变通"的"时中"。这个符合儒家最高道德准则的"时中"，先生称为"皇极"。所谓"皇极"一词出自于《尚书·洪范》，指的就是君王的法则。凡达到"六无"者，"敛时五福"。先生继承夏、商、周"三代"的道德传统，以此为君子修身立教。

语典

夫苟以险为心[①]，则大者不能容，小者不能忠，无适而非寇也[②]。惟相与同患[③]，其势有以相待[④]，然后相得而不叛[⑤]。

——(《东坡易传·坎卦[⑥]》卷三，第54页)

注释

①夫苟以险为心：夫，文言文发语词。苟，如果。险，阴暗，险恶。

②无适而非寇也：无适，指到处。寇，寇仇，仇敌。

③同患：共处患难。

④相待：相互倚赖。

⑤然后相得而不叛：相得，相互投合，相处得很好。叛，叛逆，叛变。

⑥坎卦：《周易》第二十九卦，寓意前有险阻，但要克服困难，勇于前进。

今译

如果藏着险恶用心，那么大的方面不能容人，小的方面不能忠实，到处无非是树敌。只有在一起共处患难，其势头是双方相互倚赖，然后才相互投合而不叛离。

解析

《东坡易传》是东坡先生于元丰三年(1080年)至元丰五年(1082年)之间，初成于黄州贬所。本文是《坎卦·象传》"习坎入坎，失道凶也"爻辞的解说。先生依据该爻辞"面临重重险难，又再坠入穴陷深处，有凶险"的寓意，推演出"以险为心"，既"不能容"又"不能忠"的评论，使其《象传》文辞更切近于人生，更富人生哲理。

语典

相爱则有所不忍，相忌[①]则有所不敢，夫不敢与不忍之心合，而后圣之人道得存乎其中。

——《韩非论》

（《苏轼文集》卷四，第102页）

注释

①相忌：相互顾忌、忌惮(畏惧)。

今译

彼此相爱就会有不忍之心，相互忌惮就会有所不敢轻为，不敢与不忍两种念头结合在一起，而后圣人之道就得以存在于其中了。

解析

本文系嘉祐五年(1060年)应制科试前所上进卷之一。《韩非论》的主旨在于贬斥申不害(战国时期法家代表人物之一)、韩非等人，“得其所以轻天下而齐万物之术”、“是以父不足爱，而君不足忌”，故“是以敢为残忍而无疑”的异端之说。申、韩之徒“视天下眇然若不足为者”，当然“刀锯斧钺，何施而不可?”“所以轻杀人。”“相爱”、“相忌”，乃“仁义之道”，是达到家和国安的儒家正道。

语典

信[①]于久屈之中，而用于至足[②]之后；流于既溢[③]之余，而发于持满[④]之末。

——《稼说》

（《苏轼文集》卷十，第340页）

注释

①信：此指证实，信服。
②至足：极其充足。
③溢：充满而流出来。
④持满：犹持盈，守之以谦。

今译

让人信服在久屈人下之后，有用于世在准备极其充足之时；学业有成在博闻厚积之余，阐发雄辩在深谋远虑之后。

解析

该文是东坡先生嘉祐八年（1063年）十一月，作于凤翔府签判任上。张琥，后更名为璪（yǎo），字口明。与先生同年进士第。神宗时追随王安石，乌台诗案起，与李定等欲置先生于死地。近代文学家林纾在其《古文辞类纂选本》中对该文评论曰："此篇着眼一'早'字，归重在一'足'字。""'信久屈'、'用至足'、'流既溢'、'发持满'四语，皆悟道语也。"先生在凤翔任上，时年二十八岁，正是"奋厉有当世之志"的青年时期，故有上述人生感悟"四语"。

语典

夫[①]国家之所以存亡者，在道德之浅深，不在乎强与弱；历数[②]之所以长短者，在风俗之厚薄，不在乎富与贫。道德诚[③]深，风俗[④]诚厚，虽贫且弱，不害于长而存。道德诚浅，风俗诚薄，虽富且强，不救于短而亡。(略)

是以古之贤君，不以弱而忘道德，不以贫而伤风俗。

——《上神宗皇帝书》

(《苏轼文集》卷二十五，第737页)

注释

①夫：文言发语词，无实际意义。

②历数：这里指帝王继承的次序，国运长短。

③诚：实在，的确。

④风俗：指长期相沿积久而成的风尚、习俗以及风气。

今译

国家之所以或存或亡，在于社会道德品质或深或浅，不在于军力的或强或弱；国运之所以有长有短，在于风俗的或厚或薄，不在于国家的或富或贫。如果社会道德的确深广，风俗的确厚朴，虽然国家贫穷而且弱小，但并不损害国运的长久和存在。如果社会道德的确浅陋，风俗的确浅薄，虽然这个国家既富且强，但也不能挽救国运的短命乃至于灭亡。(略)

所以，古代的贤明君主，不以国家弱小而忘记道德教化，不以贫穷而损坏社会风俗。

解析

熙宁二年(1069年)二月，王安石任参知政事，主持熙宁变法。东坡先生恰逢此时从凤翔签判任满回朝，加入了反对王安石变法的司马光保守阵营。熙宁四年(1071年)二月，先生在京为开封府推官，撰七千余言《上神宗皇帝书》，对新法展开了全面批判。劝谏神宗要“结人心，厚风俗，存纪纲”。本章句的中心思想是：一国之社会道德和风俗之深浅厚薄，可以决定国运之存亡长短。先生这种以德治国思想，是对儒家“仁治”、“德治”思想的传承，对于当今社会的精神文明建设，有一定的借鉴作用。

语典

君子之仕[1]也，喜于知[2]而乐于用。(略)君子之用舍进退，盖亦有时矣。勉行其道，无失斯时[3]。苟[4]能遇事而必为，则亦立功之未晚。

——《赐新除依前中散大夫充枢密直学士佥书枢密院事赵瞻辞免恩命不允断来章批答二首》其一

(《苏轼文集》卷四十三，第1256页)

注释

①仕：做官，出仕。

②知：相知，了解，被人赏识。

③斯时：这时。

④苟：如果，假使。

今译

君子进身于仕途，喜欢被别人赏识相知而乐于被人任用。(略)君子被任用或不被任用，这也是有一定时机的。只要勉力倡行正道，就不会失去这个时机。如果能碰到关键事情果决而胜任，那么建立功业的时机就为时不远了。

解析

该敕文是东坡先生于元祐三年(1088年)四月十四日，在翰林学士、知制诰兼仕读时，代皇帝草拟的诏书。待时而动，得势成才，自古常为士人之叹。《意林·傅子》曰："鸿毛一羽，在水而没者，无势。黄金万钧，在舟而浮者，托舟之势。""鸿毛"没，"黄金"浮，前者"在水"，后者"在舟"；前者"无势"，后者"得势"。故先生指出"君子之用舍进退，盖亦有时矣"，君子能"勉行其道"，盖因"无失斯时"。君子如果能做到"有时"而"无失"，"则亦立功之未晚"。

语典

《诗》云："有匪[1]君子，如金如锡[2]，如圭如璧[3]。"金锡圭璧之所在，瓦石草木被[4]其光泽矣，何必施用也？

——《书韩魏公[5]黄州诗后》

（《苏轼文集》卷六十八，第2155页）

注释

①匪：此通"斐"，有文采貌。

②如金如锡：黄金和锡。古人铸器的青铜，便是铜与锡的合金，所以二者极被当时人重视，而且每每连称。

③如圭如璧：圭，上圆下方的玉器。璧，正圆形、中有小孔的玉制礼器。

④被：同"披"。

⑤韩魏公：即韩琦。北宋天圣年间（1023—1031年），韩琦之兄韩琚任黄州刺史。是时，韩琦因父母新丧，家中无以栖身，便由安阳投靠哥哥。韩琚安排他在安国寺一间禅房闭门苦读，后来他果然金榜题名，进士及第，最终成为一代名相。

今译

《诗经》曰："有文采的君子，如金如锡，如圭如璧。"金锡圭璧所在的地方，瓦石草木披其光泽，何必去问他们做了什么呢？

解析

本文是元丰七年（1084年）十月十二日，东坡先生作于扬州。韩琦离黄州四十年后，为追忆当年在黄州安国寺读书时光赋诗。先生在韩魏公诗后作跋，叙说了"山水清远，土风厚善"的黄州风情，赞美黄州人"知尊爱贤"、"尊德乐道"，对"贤人君子"表现出"独私以为宠"的纯朴亲善的优良品质。先生在这里用瓦石草木披受金锡圭璧光泽的比喻，说明"贤人君子"的足迹与声名，对于曾经寓居或宦游地方的社会风俗、经济、生活、文化等方面的发展，将发挥"文化使者"、"文明火种"的作用。进而推进这个地方的文明进程和社会发展。这正是先生所云"瓦石草木被其光泽"的真正含义。

语典

众之所是，我则与[1]之；众之所非，我则去[2]之。夫众未有不公。（略）

己之耳目，终不能遍天下，要必资[3]之于人。

——《上初即位论治道二首》

（《苏轼文集》卷四，第133页）

注释

①与：相与，此处指听从。

②去：舍弃。

③资：取用，借助。

今译

众人认为是正确的，我就听从它；众人认为不正确的，我就舍弃它。众人的看法没有不公正的。（略）

自己的耳朵与眼睛，终究不能遍及天下，必须要借助别人的帮助。

解析

此文系元丰八年（1085年）五月，东坡先生离开黄州请移居常州后，因自己不能签书公事，代时任宰相的吕申公向少年皇帝哲宗的进谏，内容主要论述治国之道。本章句阐明，作为在上者应该以众人所是为是，以众人所非为非。因为“众未有不公”，并且“己之耳目，不能遍及天下”，所以要尊重众人的意见。用今天的话说，要坚持走群众路线，把群众的意见放在心里。

语典

甚矣，耳目[1]之为天下祸福也。(略)视听不以礼，则聪明之害物也甚于聋瞽[2]。何以言之？明之过也，则无所不视，掩[3]人之私，求人之所不及；聪[4]之过也，则无所不听，浸润之谮[5]，肤受[6]之诉或行焉。此其害，岂特聋瞽而已哉！

——《视远惟明听德惟聪》

(《苏轼文集》卷六，第 167 页)

注释

①甚矣，耳目：甚矣，厉害啊！耳目，指视和听。

②聋瞽(gǔ)：聋子、盲人。

③掩(yǎn)：取。乘其不备，如掩攻袭击(乘其不备而加以攻击)。

④聪：听觉。

⑤浸润之谮(zèn)：浸润，慢慢渗透。谮，诬陷，中伤。此句意为逐渐发生作用之谗言。

⑥肤受：浮泛不实。

今译

耳目对于天下祸福，是极有关系的啊！(略)视听不用礼法来管束，那么聪明的耳目对于事物的损害比聋子、盲人还要厉害。为什么这样说呢？过于明察，就无所不视，搜罗别人的隐私，苛求别人所做不到的；过于灵敏，就无所不听，诬害逐渐发生，言行浮泛不实。这种危害，难道不比聋子、盲人还要厉害得多吗？

解析

《视远惟明听德惟聪》，语见《尚书·太甲中》。商汤的嫡长孙，太丁之子，商朝的第四位君主太甲，继位三年，不守先祖法典，凶恶残酷。于是，商朝著名丞相、政治家伊尹，把他放逐到桐宫守丧思过三年。太甲悔过自新后，伊尹交还政权，并经常进言告诫太甲："奉先思考，接下思恭。视远惟明，听德惟聪。"这就是伊尹的进言。东坡先生以此为题，就"视"与"听"展开议论。本章句立意在于，其一，天下祸福往往因耳目之"过"而起。其二，视听不加约束，它所产生的损害比聋子、盲人还要厉害。管住自己的耳目，就能避祸趋福。

语典

以柔附刚者，宁倨而无谄[①]；以刚附柔者，宁敬而无渎[②]，渎其所附则自弃也。

——(《东坡易传·离卦[③]》卷三，第56页)

注释

①宁倨而无谄：倨，古同“踞”，伸开腿坐着，傲慢。谄，奉承，巴结，谄媚。

②渎(dú)：轻慢，亵渎。

③离卦：《周易》第三十卦，寓意熊熊大火，象征光辉灿烂。

今译

以阴柔归附于阳刚的，宁可傲慢不要谄媚；以阳刚归附于阴柔的，宁可恭敬而不可轻慢，对其所归附的对象亵渎，就是使自己抛弃自己。

解析

《东坡易传》是东坡先生于元丰三年(1080年)至元丰五年(1082年)之间，初成于黄州贬所。本文是《离卦·象传》爻辞的解说。先生依据该《象传》爻辞“为刚附柔，不可莽撞亵渎，要礼敬有加，才能避免不利”的寓意，推演出“以柔附刚者，宁倨而无陷；以刚附柔者，宁敬而无渎”的处世义理。宋南理学大师朱熹有言：“大凡敦厚忠信，能攻吾过者，益友也；其谄媚轻薄，傲慢亵狎，导人为恶者，损友也。”朱熹视“谄媚轻薄”者，为“损友”(即对自己有损害的朋友)。从这个意义上讲，故先生提出“宁倨而无谄”，“宁敬而无渎”的主张。

语典

君子平居[1]，常其德行，故遇险而不变，习以教事[2]，故遇险而能应。

——(《东坡易传·坎卦[3]》卷三，第54页)

注释

①平居：平日居住。

②教事：教，“言是传，身是教”。教事，即身体力行之事。

③坎卦：《周易》第二十九卦，寓意前有险阻，但要克服困难，勇于前进。

今译

君子平日居住，应保持长久的德行，因此遇到难险而不易志，把身体力行当成是习惯，所以遇到风险也能从容应对。

解析

《东坡易传》是东坡先生于元丰三年(1080年)至元丰五年(1082年)之间，初成于黄州贬所。本文是《坎卦·象传》“君子以常德行、习教事”之寓意，推演出“常其德行”、“习以教事”，就能在“遇险”时，既能“不变”而且“能应”的人生义理。先生此义理的关键处在于：“平居”，必“常其德行”。没有“常”和在实践中以身为教，就不会在“遇险”时如此地从容。

语典

万物皆有常形[①]，惟水不然，因物以为形而已。世以有常形者为信，而无常形者为不信，然而方者可斫[②]以为圆，曲者可矫[③]以为直，常形之不可恃[④]以为信也如此。今夫水虽无常形，而因物以为形者，可以前定也，是故工[⑤]取平焉，君子取法焉。惟无常形，是以迕[⑥]物而伤，惟莫之伤也，故行险而不失其信。由此观之，天下之信，未有莫[⑦]水者也。

——(《东坡易传·坎卦[⑧]》卷三，第54页)

注释

①常形：固定的形态或形状。

②斫(zhuó)：砍、削。

③矫：纠正，把弯曲的弄直。

④恃：依赖。

⑤工：指工匠。

⑥迕：违背。

⑦莫：不。

⑧坎卦：《周易》第二十九卦，寓意前有险阻，但要克服困难，勇于前进。

今译

万物都有固定的形态，只有水不是这样，水是依着其他物体的形态来塑造自己的形态而已。世人把有固定形态的东西当作有诚信的东西，而把没有固定形态的东西当作没有诚信的东西。然而方的东西可砍削成圆的东西，弯曲的东西可以矫正为直的东西，这说明有固定形态的东西太不可靠，其不可信到如此地步。水虽然没有固定形态，而依其他物体来塑造自己的形态，其他物体的形态是可以提前设定的，因此工匠据此用水来取平，君子也向水来取法。惟没有固定形态，因此水与任何物体虽违其形但都不会有伤害，惟没有伤害，因此水在险阻中才不会失去本性。由此看来，天下最有诚信的，没有超过水的了。

解析

《东坡易传》是东坡先生于元丰三年(1080年)至元丰五年(1082年)之间，初成于黄州贬所。本文依据《坎卦·彖辞》"水流而不盈，行险而不失其信"的小结之语，推演出水"因物以为形"故"天下之信，未有莫水也"之义理。《坎卦》的寓意为，"坎为水，因为水流所以不盈满，水流能超过一切险阻，却不伤害任何物体。水之所以至柔而能胜万物，就是只以心通而不以力争。不以力争，故柔外而刚中"。先生用"方者可斫以为圆，曲者可矫以为直"来佐证"常形之不可恃以为信"。而水"惟无常形"、"行险而不失其信"。因此得出结论："天下之信，未有莫水者也。"并且明确指出："君子取法焉。"先生所言极是，君子能像水那样"不以力争，故柔外；以心通，故刚中"。"因物为形"，就能因势利导，以柔克刚。从而达到虽"以迕物而无伤"，"故行险而不失其信"哉。

语典

凡物有以相德[1]曰喜，施德获报曰庆。孔子曰：积善之家必有余庆[2]。

——(《东坡易传·大畜卦[3]》卷三，第50页)

注释

①相德：相，指交互。德，通“得”。相得，相互能得到好处。

②余庆：更多余的吉庆。

③大畜卦：《周易》第二十六卦，寓意“畜而后动，寓进于畜，欲动先止，止而后动”的涵容之德。

今译

凡是事物给人以进德修业的称之为“喜”；给予德惠而能够予以报答的称之为“庆”。孔子说：“积善之家必定留下更多的喜庆。”

解析

《东坡易传》是东坡先生于元丰三年(1080年)至元丰五年(1082年)之间，初成于黄州贬所。本文是《大畜卦·象传》“六五之吉，有庆也”爻辞的解说。先生据此推演出“相德曰喜”、“获报曰庆”的义理。孔子所说的“积善人家”，正是能够做到“相德”与“获报”的“积善”，从而使这个家庭充满“喜”和“庆”，故这样的人家“必有余庆”。

语典

忌者生于不足以服人尔[①]，不足以服人而又忌之，则人之不服也滋[②]者。

——《东坡易传·大蓄卦[③]》卷三，第48-49页）

注释

①“忌者”句：忌，指“嫉妒”，猜忌，忌妒。尔，通“耳”，可译为“而已”、“罢了”。

②滋：滋生。

③大蓄卦：《周易》第二十六卦，寓意“畜而后动，寓进于畜，欲动先止，止而后动”的涵容之德。

今译

忌妒的人产生猜忌，是因为自己不足以服人罢了，不足以服人而又忌妒别人，那么人们的不服就更加滋生。

解析

《东坡易传》是东坡先生于元丰三年（1080年）至元丰五年（1082年）之间，初成于黄州贬所。本文是《大蓄卦·彖传》“刚上而尚贤，能止健，大正也”爻辞的解析。先生依据“阳刚居上而崇尚贤能的人，能蓄积刚健者，这是天下最大的正理”的寓意，推理出“不足以服人而又忌之”乃“人之不服”更甚的义理。“大蓄”者，有“大蓄万物的海量，日新其德的毅力，以及强烈的求知欲和为人类服务的精神”，而不应是“不足以服人而又忌之的人”。解决忌妒心理，应把关注点从忌恨别人的身上，转而深问自己为何“不足以服人”。治好了“不足以服人”之病，忌妒的心理即可缓解。

语典

劳而不伐[1]，有功而不德[2]，非独以自免[3]而已，又将以及人[4]，是得谦之全者也。(略)

貌谦而实不至，则所服者寡矣。

——(《东坡易传·谦卦[5]》卷二，第31页)

注释

①不伐：不自夸耀。

②不德：不自以为有德。

③自免：自求避免。

④及人：推及别人。

⑤谦卦：《周易》之十五卦。谦卦意味着为人处世要谦恭。

今译

劳苦功高而不自我夸耀，有功劳而不自以为有德，不仅仅能使自己避免这些毛病，又能影响到其他人，这才是“谦德”的全部含义。

表面上谦虚而实际上不是，那么能够信服的人就很少了。

解析

本文是东坡先生于元丰三年(1080年)至元丰五年(1082年)之间，在黄州所作。先生针对“九三：劳谦。君子有终。吉”的爻辞，推理“谦德”之完整含义。先生认为“谦德”应该是“不伐”、“不德”且能“及人”之“全者”。诚然，能做到劳苦功高而“不伐”，居功至伟而“不德”，能将这种美德推及他人，确实堪称具有“谦德”修养的仁人君子。

语典

自以为不足，虽弱有余；自以为足，虽强有所止①矣。故其所尚，乃以穷也②。

——(《东坡易传·夬卦③》卷五，第80页)

注释

①所止：有其局限。

②“故其所尚”二句：尚，指崇尚，引申为自负。穷，困境。

③ 夬(guài)卦：《周易》第四十三卦，意谓要和平，不要冒险采用武力。

今译

自己认为力量不足，虽然衰弱但会有剩余的力量可以使出来的；自己认为力量足够强大，虽然强大也是有所局限的。所以，凡是自负其能，正是导致自己陷入困境的原因。

解析

《东坡易传》于元丰三年(1080年)至元丰五年(1082年)之间，东坡先生初成于黄州贬所。本文是先生对《彖辞》“刚决柔”、“健而说”、“决而和”，“所尚乃穷”小结语的解说，并推演出“不足”乃“有余”，“为足”乃“所止”的辩证关系。其结论是：凡其“所尚”，反却为“穷”，这就是事物的客观规律。历史与现实的许多事例，为这一规律提供注解。凡清醒地认识到自己的“不足”，这既是一种勇敢，也是一种强大。凡盲目认为“老子天下第一”，自满者必溢，自高者必危，自大者必孤，自骄者必亡。先生的提示，令后人警醒。

语典

夫能捐身以殉人者，此以益为志出[①]。有孚惠我德，永贞之报也[②]。

——(《东坡易传·益卦[③]》卷四，第78页)

注释

①“捐身以殉人”二句：捐身，指捐献自己的生命。殉人，为坚持某种信仰而牺牲自己的生命，此指殉道之人。以益为志，将奉献作为志向。

②“有孚惠”二句：孚，此指孚佑(信任而佑助)。惠，古同“慧”，聪明。贞，忠贞。

③益卦：《周易》第四十二卦，寓意损上益下，固本强根。

今译

能够为他人捐献生命以殉道的人，是以奉献作为人生志向的。有能佑助、惠及我道德成长的，我当永远以忠贞予以回报。

解析

《东坡易传》是在元丰三年(1080年)至元丰五年(1082年)之间，东坡先生初成于黄州贬所。本文分别是《益卦·象传》，关于“告公从，以益志也”爻辞及“勿问元吉，有孚我德”爻辞的解说。先生依据这两爻辞的寓意，推理出“能捐身以殉人”与“孚惠我德”的人生义理。上述两种品质，正是益卦所倡导的益德思想。在古今历史长河中，献身以殉道的爱国人士，如屈原、岳飞、文天祥、郑成功、谭嗣同、戚继光、杨靖宇等。他们都是“以益为志”的仁人志士，历史将永远铭记他们。

语典

故畏[①]人者人亦畏之，慢[②]人者人亦慢之，此之谓反[③]身。

——（《东坡易传·家人卦[④]》卷四，第69页）

注释

①畏：敬畏。
②慢：亵渎。
③反：同“返”。
④家人卦：《周易》第三十七卦，论述治家之道。

今译

敬畏他人的人，他人也敬畏他；亵渎他人的人，他人也亵渎他，这被称为“返回到自己身上”。

解析

《东坡易传》是在元丰三年（1080年）至元丰五年（1082年）之间，东坡先生初成于黄州。本文是先生对《家人卦·象传》爻辞的解说。先生依据该爻辞“威严肃穆获得吉祥，是说应当反省自身，严于律己”的寓意，推演出“畏人者人亦畏之，慢人者人亦慢之”的为人处世之义理。孟子有言：“爱人者人恒爱之，敬人者人恒敬之。”爱人的人别人永远爱他，尊重人的人别人永远尊重他。东坡先生之语，当是孟子“以仁存心，以礼存心。仁者爱人，有礼者敬人”之“仁道”的推展。不过先生的“反身”，与孟子的“自反”颇有差异。前者是说对方以同样的情感“返回自己身上”。后者是指针对别人持相反的态度对待自己，自己应反省自我，寻找别人持这种态度的原因。总之，两者都是儒家对君子修身养性的基本要求。

语典

夫君子有责于斯[①]世，力能救则救之，（略）力能正[②]则正之，（略）既不能救又不能正，则君子不敢辞其辱，以私便[③]其身。

君子居明夷[④]之世，有责必有以塞[⑤]之，无责必有以全身而不失其正。

——（《东坡易传·明夷卦[⑥]》卷四，第66页）

注释

①斯：这，这个。

②正：匡正。

③便：便利，此指保全。

④明夷：明，指火光。夷，使平，冥灭。明夷，使光明寂灭。

⑤塞：本义阻塞，此为“完成”。

⑥明夷卦：《周易》第三十六卦，寓意形势不利时，要韬光养晦。

今译

君子对于所处时代的责任是，如果具有救困扶危的能力就予以救之，（略）如果有匡正的能力就匡正之，（略）既不能救危又不能匡正，那么君子也不敢辞避蒙辱，以私全自身。

君子处于形势不利的时代，有自己的责任就应承担，没有责任也必定要保全名节而不丧失正道。

解析

《东坡易传》是在元丰三年（1080年）至元丰五年（1082年）之间，东坡先生作于黄州贬所。本文是《明夷卦》“初九”爻辞的解说。先生从《明夷卦》“光明隐藏，易受伤害的时期，有利于艰苦奋斗走正道的忠告。也就是说，在黑暗笼罩的时候，要明白时势，韬晦隐光，避害远祸，修养明德，以保持坚定正确方向，继续艰难行进”的寓意。推演出“君子有责于斯世”及“无责必有以全身而不失其正”的人生义理。这种“明夷”之德，与儒家“邦有道，则仕；邦无道，则隐”；“古之人，得志，泽加于民；不得志，修身见于世。穷则独善其身，达则兼济天下”的思想如出一辙。从这里还可以看出，先生以儒释道，证明儒道合一是北宋时期哲学领域里的突出特征。

语典

人有可知之道，而无可知之法。如萧何之识韩信，此岂有法可学哉！故圣人不敢言知人，轻用人而不疑，与疑人而不用，皆足以败国而亡家。然卒无[1]知人之法，以诸葛亮之贤而短于[2]知人，况其下[3]者乎。（略）皋陶[4]曰：岂可以畏其难而不求其术[5]乎，盖亦尝试以九德[6]之。亦行有九德者，以此自修也，亦言其人有九德者，以此求人也。

——《东坡书传·皋陶谟》

（《三苏全书·经部》卷三，第一册，第476页）

注释

①卒无：终究没有。

②短于：缺少。

③下：指一般。

④皋陶（gāo yáo）：与尧、舜、禹齐名的“上古四圣”之一，被奉为中国司法鼻祖，是舜帝和夏朝初期的一个贤臣。

⑤术：技术，此指方法。

⑥九德：指贤人所备的九种优良品格。

今译

人有可以认知的规律和道理，但没有可以知晓“道”的方法。譬如萧何对于韩信的了解，了解人怎能有方法可学呢？因此圣人不敢说自己能了解人，轻率地用人而不怀疑，与怀疑人而不敢任用，都完全可让国家衰败、让家庭没落。然而终究没有了解人的方法，以诸葛亮之贤达而缺少于知人，何况像一般的人呢？（略）皋陶说：“怎么可以害怕识人难而不寻求其方法呢？不过可以尝试以‘九德’的标准观察人。践行‘九德’标准，以这种标准自觉修炼。如果这个人具备了‘九德’，就按这种标准寻求录用。”

解析

《东坡书传》是在元丰三年（1080年）至元丰五年（1082年）之间，东坡先生初成于黄州贬所。本文是东坡先生关于《尚书·虞夏书》“皋陶曰：‘都（啊）！亦行有九德。亦言，其人有德，乃言曰，载采采’（前一个‘采’动词，从事。后一个‘采’，名词，指事情）”，一段关于大禹识人方法的解说。先生以“萧何之识韩信”的典故，说明识人“岂有法可学”。韩信因萧何推荐而拜为大将，又被萧何设计而杀于长乐宫悬钟室。这就是人们常感叹的“成也萧何，败也萧何”的故事。从萧何的慧眼“识”韩信，到萧何助吕后“杀”韩信，证明“轻用人”和“疑人不用”，都足以“败国亡家”。先生又举出“知人”难的第二个例子，那就是被奉为古代智慧象征的诸葛亮“挥泪斩马谡”。刘备在白帝城时，曾经嘱咐诸葛亮要特别小心那个言过其实的马谡，认为此人不可大用。但在与司马懿斗智斗勇的“街亭”一战中，诸葛亮竟轻用参军马谡为先锋镇守街亭。结果被张郃截断汲水之道后打败，诸葛亮退军汉中。马谡下狱后死亡（一说按军法处死）。应该说马谡作为参军谋士还是颇有谋略的，曾为诸葛亮南征孟获献“攻心为上，攻城为下；心战为上，兵将为下”的战略方针而大获全胜。但是让马谡披挂上阵，独领大军作战并非其长，所以说诸葛亮在此事上有用人不当之误。于是先生对此感叹道：“以诸葛亮之贤而短于知人，况其下者乎。”

皋陶所言识人的“九德”是：“宽而栗，柔而立，愿而恭，乱而敬，扰而毅，直而温，简而廉，刚而塞，强而义。”大意是：宽宏大量却又谨小慎微，性格温柔却又独立不移，老诚厚道却又严肃恭敬，治乱有为而又办事敬重，柔和驯服却又刚毅果断，为人正直而又温和有礼，志向简远而又注重清廉，刚正不阿而又决不自负，坚强不屈而又符合道义。善哉！修炼出如此“九德”，真堪称“圣人”。然而，是否又有求全责备之嫌呢？

语典

周公[①]曰："平易近民，民必归之。"孔子曰："有一言而可以终身行之者，其恕[②]矣乎?"夫以忠恕为心，而以平易为政，则上易知而下易达，虽有卖国之奸，无所投其隙，仓卒之变，无自发焉。

——《论语说·卫灵公篇》

（《三苏全书·经部》卷下，第三册，第247页）

注释

①周公：姬姓名旦，是周文王姬昌第四子，周武王姬发的弟弟，曾两次辅佐周武王东伐纣王，并制礼乐。因其采邑在周，爵为上公，故称周公。

②恕：宽容。

今译

周公说："政务平易亲近民众，民众必然归向他。"孔子说："有一句话可以终身奉行的，它就是'恕'了吧。"以忠诚和宽恕为本心，而以平易去处理政务，那么在上面的人容易知晓，在下面的人容易通达。虽有卖国奸贼，也没有可乘其机，仓促间发生的变故，也没有自动发生的缘由。

解析

《论语说》是在元丰三年（1080年）至元丰五年（1082年）之间，东坡先生作于黄州，经四川大学几位先生多年补录，如今现佚存仍仅一百三十多条。本文是先生对《论语·卫灵公篇》"子贡问曰：'有一言可以终身行之者乎?'子曰：'其恕乎'"对话的释义。忠恕之道，是儒家处理人际关系的一条准则。"忠"道就是"己欲立而立人，己欲达而达人"。"恕"道就是"己所不欲，勿施于人"。孔子认为，一个善于处世的君子，应该学会将心比心，推己及人的处世法则。这样可以消除两者之间的误会，缓和人际关系。朱熹对此注释曰："推己及物，其施不穷，故可以终身行之。"先生为"恕道"作释义时，引用了周公"平易近民"思想。因为只有"平易"才有可能"宽恕"。于是，就构成"以忠恕为心，而以平易为政"的处世之道。这样对孔子的"恕道"思想是一种丰富和补充，为学者践行"恕道"，提供了指南。

语典

世之陋[①]者，乐以不己若者为友，则自足而日损[②]，故以此戒之。是谓不以文害辞，不以辞害意[③]。如必胜己而后友，则胜己者亦不吾友矣。

——《论语说·子罕篇》

（《三苏全书·经部》卷下，第三册，第211页）

注释

①陋：浅陋，见识短。

②“乐以不己”二句：不己若者，不如自己的人。自足而日损，自足，满足自己的虚荣心，却使自己的品德和能力日日减损。

③“是谓”二句：是谓，这才是。朱熹集注：“文，字也，辞，语也，言说《诗》之法，不可以一字而害一句之义，不可以一句而害设辞之志。”

今译

社会上浅陋而见识短的人，喜欢与不如自己的人为朋友，这样以满足自己的虚荣心而使自己的品德和能力一天天地减损，因此应以此为戒。这才是不应以一字而害一句之义，不应以一句而害其本意。如果以必定超过自己的人为朋友，那么超过自己的人也不会把我当朋友啊！

解析

《论语说》原本是在元丰三年（1080年）至元丰五年（1082年）之间，东坡先生作于黄州贬所，现仅存一百三十多条。本文是先生对《论语·子罕篇》“主忠信，毋友不如己者，过则勿惮改”原文的解释。孔子在这里说到“不己若者为友”，后之学者有不同的释义：有的注释为“不要去和不如自己的人交朋友。”侯叔琴整理的《名家批注论语》，其译文亦是：“不要去和不及自己的人交朋友”。新疆人民出版社古典文化编写组注释析《论语》的译文是：“不要结交与自己不同道的人。”以上三种解释，主要是受朱熹《四书集注》的影响。朱熹对其批注曰：“无，毋通，禁止辞也。友所以辅仁，不如己，则无益而有损。”朱熹的“无益”，可以解释为“因不如己而无有补益”。先生认为：把孔子“毋友不如己者”，理解为“不如自己的人”是“世之陋者”。在他看来，这种解释是“以文害辞”，“以辞害意”。王若虚在《滹（hū）南遗老集》卷四：“曰忠信不与己同者，不与为友，此正疑其害意而为之迁就也。”因为按这种解释理解，即“如必胜己而后友”，其结果是“胜己者亦不吾友矣”。这意思是说，你想与“必胜己者”为友，但“必胜己者”未必把你当朋友。先生决不以“必胜己而后友”的出发点去交友。他的一生中朋友遍天下，既有贤达重臣，又有渔樵贩夫；既有高古儒者，又有和尚道人，即使在“苏门六君子”中，既有与他诗坛齐名的黄庭坚，又有毕生不得志的晚生李廌（zhī）。所以先生在注释“毋友不如己者”时特别强调，不能“以文害辞”，“以辞害意”，错误地诠释孔子原文的意思。

语典

孔子曰："贫而乐，富而好礼。"夫贫而乐，虽欲谄不可得也[①]；富而好礼，虽欲骄亦不可得也。

——《论语说·学而篇》

（《三苏全书·经部》第三册，第168页）

注释

①虽欲谄不可得也：谄，奉承，巴结。不可得，佛学术语，"空"之异名。此指"不会如此"。

今译

孔子说："贫穷而感到安乐，富裕而好礼节。"贫穷而感到安乐，虽然想要谄媚也不会这么做；富裕好礼节，虽然想要骄横也不会这么做。

解析

《论语说》是于元丰三年（1080年）至元丰五年（1082年）之间，东坡先生作于黄州贬所，可是此书在明万历年间已经难觅了。经四川大学几位先生多年补录，如今仅存一百三十余条。本文是先生对《论语说·学而篇》"未若贫而乐，富而好礼者也"的解说。这是孔子和他的学生子贡，在讨论如何对待贫富问题时的对话。子贡提出君子应"贫而无谄，富而无骄"，即贫穷而不去巴结奉承，富裕却不骄横无礼。但是孔子回答更为高尚，他突出了"贫而乐"，富而"好礼"的人生境界。因为仅是"穷"未必能做到"无谄"，而只有贫而乐道方能"无谄"。即使富未必能做到"无骄"，而只有富而好礼才能从心底达到"无骄"的境界。因此，"乐"和"礼"才是"无谄"、"无骄"的思想基础。这就是作为古代伟大教育家、思想家的孔子，关于人生修养的基本思想。

语典

事[1]父能孝，故可以事君；谋身[2]必忠，而况于谋国[3]。

——《明君可与为忠言赋》

（《苏轼文集》卷一，第24页）

注释

①事：侍奉。

②谋身：为自身筹划。

③谋国：为国家利益谋划。

今译

侍奉父辈能守孝道，所以侍奉君王可以敬献忠诚。筹划自身的事必须忠厚，何况是谋划国家大事。

解析

此文摘于《明君可与为忠言赋》，是东坡先生在朝中任职时，以赋体的形式写的一篇策论。主要论述君与臣，上级与下级之间，“纳言”与“进言”的关系。先生在所选之文中进一步指出：“孝”以事父，方能“忠”以事君；“谋身”必忠厚，“谋国”必忠诚的道理。先生在文中还特别强调“孝”的重要性。因为一部《孝经》开宗明义就指出：“夫孝，德之本也。”更有甚者，大唐皇帝唐玄宗为了弘扬《孝经》思想，亲自为其注释、作序，还以俊逸的隶体书写并令人刻碑，以流传后世。这就是现存西安碑林“孝经亭”内的“石台孝经”。孝道，是人类一切美好道德情感之母，能孝者，方能言忠，担责任，讲奉献。否则，就是自欺欺人。

语典

丘山之憾[1]，一笑可散；芥蒂[2]之仇，千河不收。呜呼！宁我容汝[3]，岂汝不可，神之听之，终和而同[4]乎？

——《罪言[5]》

（《苏轼文集》卷六十四，第1982页）

注释

①丘山之憾：丘山，谓山丘，山岳。憾，与“恨”为同义词，都表示遗憾。

②芥蒂：指蒂芥，细小的梗塞物，引申为梗塞。此指积在心中的怨恨和不快。

③汝：你。

④终和而同：和，调和。语出《国语·郑语》：“今王弃高明昭显，而好谗慝（tè）暗昧；……去和而取同。”

⑤罪言：言不当其位而进言，自谦冒昧之意，实有罪，故作《罪言》。

今译

山岳般的怨恨，一笑可以驱散；如同芥蒂般的仇隙，千条河也不收容。啊！宁可我宽容你，岂能让你却不堪。神灵如果听见，终会和谐趋同。

解析

本文作年未详。从文意揣摸，或作于东坡先生两上皇帝书，献《进策》、《进论》各二十五篇时。神宗皇帝不予回复，先生疑自己是“不当位而言，实有罪”，故写下这篇《罪言》。本章句以“终和而同”为立意，旨在指出与王安石为首的新派人物之间，应该做到“匪才尚之，而量包之”。而且还应坦荡胸怀，“宁我容汝，岂汝不可。”从这一愿望出发，即使有“丘山之憾”、“芥蒂之仇”，也都会“一笑可散”、“千河不收”。这是一种与人为善、宏毅宽厚的君子胸怀。

语典

忠信[①]之心，天日[②]所照，既遂生[③]还，晚途际遇[④]，未可量也。

——《与王定国[⑤]四十一首》之十五

（《苏轼文集》卷五十二，第1521页）

注释

①忠信：忠诚信实。

②天日：指天空和太阳，亦喻天理或光明。

③遂生：犹养生。

④晚途际遇：晚途，亦作“晚涂”，指晚年，此指后来。际遇，遭遇或时运。

⑤王定国：王巩，字定国。东坡先生挚友，因受“乌台诗案”牵连，被贬至广西宾州（今广西宾州）监酒务。《宋史》有传。

今译

您的忠诚信实之心，天上的太阳照得清清楚楚，既活着回来，后来的时运不可估量。

解析

此信是东坡先生于元丰六年（1083年）冬作于黄州。对于友人王定国的被贬，先生常怀歉疚之心。多次在信中说：“君本无罪，为仆所累尔。”所以每次去信既告之以养生经，还不断鼓励他“万万保全自己”。如同本章句所言：你的“忠信之心，天日可照”。只要本心坦荡，上天有眼可照，坚持活着回来，前途一片光明。先生总是用这坚韧不拔的意志、永不放弃的精神激励着自己，鼓励着别人。

语典

仆闻有自知之明者，乃所以知人。有自达[1]之聪者，乃所以达物[2]。自知矣可以无疑矣，而徇人[3]则疑于人。自达矣可以无敝矣，而徇物[4]则敝于物。

——《与叶进叔书》

（《苏轼文集》卷四十九，第1421页）

注释

①自达：犹自我通达。

②达物：通达事物。

③徇人：徇，指曲从。徇人，曲从他人。

④徇物：追求身外之物。

今译

我听说有自知之明的人，才能够知人。有自我通达聪明的人，才能够通达事物。自知就可以不被迷惑，而曲从他人就会被别人迷惑；自我通达的就可以不会被迷惑，追求身外之物就是被事物所迷惑。

解析

嘉祐二年（1057年）四月，为丁母忧，东坡先生与弟子由在父带领下赴丧返川。这年秋天，先生给叶进叔（叶进叔生平未详）书，交谈的内容仍然是交友之道。先生认为，只有“自知”，才能“知人”。只有“自达”，才能“达物”。如果反其道而行之，即“徇人”就会“疑于人”；“徇物”，就会“敝于物”。老子说得好：“知人者智，自知者明。胜人者有力，自胜者强。”这意思是说，认识别人的是“智”，了解自己的才能算“明”。战胜别人的是有力量的表现，能战胜自己才算强者。

语典

仆行年五十[①]，始知作活，大要是悭尔[②]，而文以美名，谓之俭素[③]。然吾侪[④]为之，则不类欲人，真可谓淡而有味者。

——《与李公择[⑤]》

（《苏轼文集》卷五十一，第1499页）

注释

①仆行年五十：仆，旧谦称“我”。行年，经历的年岁，指当时的年龄。五十，东坡先生于景祐三年（1036年）十二月十九日出生。元丰六年（1083年）先生四十八岁，按虚岁以整数计为五十。

②悭尔：悭（qiān），本义为吝啬。尔，此为“罢了”。

③俭素：俭省朴素。

④吾侪：侪（chái），辈。吾侪，我辈。

⑤李公择：李常（1027—1090年），字公择，建昌县（今江西永修）人。皇祐元年（1049年）进士，官至御史丞。《宋史》有传。

今译

我年岁近五十，才开始懂得如何过日子，大概就是吝啬罢了。而换一个漂亮的名称修饰它，就称之为俭素。然我辈这样做，则不同于吝啬鬼，真可以说是淡而有味。

解析

该函是东坡先生于元丰六年（1083年）撰于黄州。是年先生年近五十，按古时讲已进入暮年阶段。五十年的人生经历，先生于穷苦困顿中悟出过日子的道理：俭素。此“悭尔”不同于“俗人”之吝啬，而讲究的是“淡而有味”的境界。让人生“淡而有味”，不仅是一种胸襟，更是一种智慧，同时也是一种审美人生的从容和生活的品位。于“淡”中见“雅致”，于“淡”中见“真性”，于“平淡”中见“神奇”。

语典

白发未成归隐[①]计，青衫傥有[②]济时心。

——《次韵子由送千之侄》

（《苏轼诗集》卷二十七，第1439页）

注释

①归隐：古时言辞官归家隐居。

②青衫傥有：青衫，谓小官。唐朝制度，文官八品、九品服以青衫。傥(tǎng)有，仍有。

今译

到老没有实现归家隐居的计划，官小位轻仍有匡时救世之心愿。

解析

本诗于元祐元年(1086年)三月作于汴京。"修身齐家治国平天下"，这是古代知识分子在儒家思想传统影响下尊崇的人生信条，几千年来，被无数知识分子视为最高理想。苏轼兄弟俩正是从小立下尊主泽民之志，故无论穷达出处，终生没有归隐，毕生心怀匡时济世之理想。

语典

人固有一死兮，处死[1]之为难。

——《屈原庙[2]赋》

（《苏轼文集》卷一，第5页）

注释

①处死：此指如何死得有价值。“处死者难”，语出《史记·蔺相如列传》：“太史公曰：‘知死必勇，非死者难也’。”

②屈原庙：在湖北秭归香炉坪，始建于唐元和年间（806—820年）。

今译

人本来就有一死，但难在死得有价值。

解析

此赋是东坡先生在嘉祐四年（1059年）十一月作于秭归。这年先生二十四岁，随父和弟子由经长江水路赴京，途经秭归“过楚屈原之祠，为赋以吊”。先生瞻仰先贤故里而忆其生平，充分表达了对中国第一代最伟大的爱国诗人的怀念和仰慕之情。要想理解这两句话的真正内涵，还必须对全赋有一定的了解。这篇赋给读者留下最深的印象有两点：其一，先生化身屈原，在“人固有一死兮，处死之为难”辞后，对“死”的痛苦抉择写得十分悲凉而壮烈。屈原放逐南迁离开家乡千里，活着无有归宿，沉江而死无葬身之地。他散着长发，面容忧郁憔悴，在汨罗江边独自徘徊，仰视“千仞之惊湍”，问自己，“隐居而深居”他做不到，活着“力争而强谏”而无效，只有用死“犹冀其感发”楚王改弦更张。他希望江神为他“告冤”，水神冯夷为他向天帝“上诉”，但是天帝表示“悲伤而不能救”。为此，他彻底绝望了，忧心忡忡地在江边踽踽独行。这时他想起自己在《九章·怀沙》绝命诗中的结尾，知道死已不可避免，愿将与舍生取义的君子为伴。其二，对屈原的“死”的评说。西汉著名学者扬雄在《法言·吾子》中说：“屈原像玉石一样永远晶莹发光。”东汉著名史学家、文学家班固在《离骚序》中认为：屈原“露才扬己”，“非明智之器”。而东坡先生认为，屈原连死都不顾，难道还怕后世的讥评吗？先生理直气壮地指出：“君子之道，岂必全兮？”“虽不适中，要以为贤兮。”对于君子之道，岂能苛求完美无缺？虽然屈原过于高洁，不太合于中庸之道，但他忠爱不二，生死不渝，堪称真正的贤人君子。年轻的东坡此次屈原庙的游历和感怀，确实影响了他的一生。故而先生在三次贬谪的苦难日子里，既没有像屈原以死明志，也没有像陶渊明那样真正地归隐。

博　学

博学而文，笃行而刚，信于为道，而敏于为政。

导读

我国古代伟大的教育家、儒家学说的创始人孔子，关于“博学”的论说可谓言近旨远，灿然在目。他说：“博学而笃志，切问而近思。”又说：“博学而不穷，笃行而不倦。”《大学》中曰：“博学之，审问之，慎思之，明辨之，笃行之。”《论语》中还有一句人人皆知的话：“学而时习之，不亦说乎？”

东坡先生指出：“自孔子圣人，其学必始于观书。”还说：“《易》韦三绝近犹然，如我当以犀革编。”孔子无数次地阅读《周易》，翻断了编联竹简的牛皮绳仍研读不辍，而我当用犀牛皮绳编联竹简不可。秦少游之弟秦少章曾说：“公尝言观书之乐，夜常以三鼓为率。虽大醉，归亦必披展，至倦而寝。”先生倡导：“博学而文，笃行而刚。”“博学而不乱，深思而不惑。”“博观而约取，厚积而薄发。”他终生“敏而好学”，曾说：“旧书不厌百回读，熟读深思子自知。”他一生“读破万卷”，认为“粗缯大布裹生涯，腹有诗书气自华”。他高才博学，有自己的读书方法，笔者总结为：“三一读书法”，即“一生日课”（每日必完成抄书的功课），“一书数过”（一书反复阅读），“一事专求”（每次对一个专题进行深度研究）。

“博学”之“学”，不仅仅局限于读书，所谓“学者”，要“适于用”，“有益于世”，并要做到“笃行而刚，信于为道”，且“达于从政”。书籍，是先生一生的寄托和慰藉，他在贬谪岭海期间，视陶渊明和柳宗元的诗文为“南行二友”。他读书有一种绝妙的“笨”办法：抄书。他把抄书的习惯传给了第三子苏过，视抄书为“穷儿暴富”之径。曾经在黄州亲眼见过东坡先生做抄书日课的朱载上感慨地对儿子说：“东坡尚如此，中人之性（指一般人），岂可不勤读书耶？”先生在《李氏山房藏书记》中曰：“昔之君子见书之难，而今之学者有书而不读为可惜也。”面对东坡先生之千古感叹，后世学人闻之当汗颜耳赤焉！

语典

博学而文[①]，笃行而刚[②]，信于为道[③]，而敏于为政[④]。

——《赵德麟字说》

（《苏轼文集》卷十，第336页）

注释

①博学而文：博学，广泛学习，知识渊博。文，这里指文雅，文质彬彬。

②笃行而刚：笃行，切实履行，专心实行。刚，坚定。

③信于为道：信，指崇奉。道，规律、法则。

④敏于为政：敏，思想敏锐，勤勉。政，治理国家事务。

今译

知识渊博，文质彬彬，笃定践行，坚定刚强，思想敏锐，勤勉政务。

解析

该文于元祐六年(1091年)十二月，东坡先生作于颍州(今安徽阜阳)。先生于该年二月罢杭州任，授翰林学士召还，至六月一日再入学士院。七月，贾易等御史上疏诽谤先生。八月四日，先生上书再乞外任，八月二十二日以龙图阁学士知颍州。赵德麟，时为颍州签判，先生为其改字曰德麟。通过共事交往，"得其为人"，故为其作字说。文中对赵德麟"博学"、"笃行"、"信守"、"敏达"等君子风节，给予了很高的褒奖。本章句语出《礼记·中庸》："博学之，审问之，慎思之，明辨之，笃行之。"要广泛地学习，详尽地探讨，慎重地思考，清楚地辨别，坚定地执行。《礼记·中庸》接着要求：不学则已，不学到通达晓畅绝对不能终止；不问则已，不问彻底明白绝对不能终止；不去思考则已，思考了没有得出结果不能终止；不辨别则已，辨别了没分辨明白绝对不能终止；不去做则已，做了没做到圆满绝对不能终止。别人学一次就会，我要学一百次；别人学十次就会，我要学一千次。果真能按这种方法去学，即使是愚笨的人也一定会聪明起来，即使是脆弱的人也一定会坚强起来。先生不倦地传承儒家这一治学精神，忠实地践行着这一卓绝的求学风尚，用夙兴夜寐、孜孜不倦的毅力，使自己成为古代最富魅力的文艺全才。

语典

博学而志不笃[①]，则大而无成。泛问而远思，则劳而无功。

——《论语说·子张篇》

（《三苏全书·经书》卷下，第三册，第 267 页）

注释

①笃：忠实，坚定，一心一意。

今译

广博地学习但意志不坚定，就会贪大求多而一无所成。泛泛地询问而又高远缥缈地思索，就会劳而无功。

解析

《论语说》是在元丰三年（1080 年）至元丰五年（1082 年）之间，东坡先生作于黄州贬所。本文是先生对《论语·子张》“博学而笃志，切问而近思，仁在其中矣”对话的阐释。先生针对子夏“博学”、“笃志”、“切问”、“近思”四者学问思辨之事，逆向思维，推论出“志不笃”，其结果是“大而无成”。“泛问”、“远思”，其结果是“劳而无功”。如此简明而深刻的阐释，让学者一目了然，触目警醒。这就是先生为文“未尝离事而言理”的治学态度。

语典

博学[1]而不乱，深思[2]而不惑。

——《孟子论》

（《苏轼文集》卷三，第96页）

注释

①博学：博，谓多，广。博学，学识渊博，知识丰富。

②深思：深入地思考。

今译

广博地学习而不混淆，深刻地思考而不迷惑。

解析

此论仍系嘉祐六年(1061年)，东坡先生应制科试时所呈的进卷之一。所选章句出自《中庸·二十章》："博学之，审问之，慎思之，明辨之，笃行之。"要广博地学习，要详细地询问，要慎重地思考，要清晰地辨别，要忠实地贯彻。这里讲的是为学的几个递进阶段。先生对于"博学"提出了"不乱"，即要辨别"真学"与"伪学"，"正说"与"邪说"，要"深思"而"不惑"。深思熟虑并能远虑，做到精细严密，三思而行。这对于当今学派纷呈、孰真孰假的学术环境，无疑有着极强的针对性和警醒性。

语典

虽天覆地载[①]，以圣不可知为神[②]；而日就月将[③]，以学而不厌为智[④]。

——《谢兼读表二首》其二

（《苏轼文集》卷二十三，第685页）

注释

①天覆地载：覆，盖。载，载受。天覆地载指像天覆盖万物，地承受一切一样，比喻范围极其广大。

②圣不可知为神：语出《孟子·尽心下》"圣而不可知之之谓神"。圣德博大高深到了不可揣测的境界，就叫做"神"。

③日就月将：语出《诗经·周颂·敬之》"日就月将，学有缉熙于光明"。就，靠近。将，将近。日就月将形容精进不止，日积月累。

④以学而不厌为智：语出《论语·述而篇》"学而不厌，诲人不倦"。"学而不厌"，谓勤求学问而不满足。

今译

虽然天覆万物地承载一切，但都以圣德博大高深到了不可揣测的境界为"神"。日积月累，都以刻苦学习从不满足为大"智"。

解析

该表于元祐六年（1091年）六月四日作于京师。当先生接到除授"翰林学士兼侍读"职位后，顿怀"宠至若惊，满溢之忧"。因为他考虑到他与"弟辙同登进士，并擢贤科，内外分掌于制书，先后迭居于翰苑"。如今先生兼为侍读，弟辙"以丞辖立朝"（副宰相职），故而"诚惶诚恐"。先生既为皇帝之师，所以他虔诚地"恭惟十六岁皇帝陛下"，必"以圣不可知为神"、"以学而不厌为智"。而他自己则衷诚思报，尚生死之不移。

语典

尚有读书清净业[1]，未容春睡敌千钟[2]。

——《次韵答子由》

（《苏轼诗集》卷二十，第1056页）

注释

①业：佛教语，业是行为或造作的意思，人的祸、福、穷、达，都是自身的业力所感。清净业，排除烦恼污染之净业。

②钟：古代量具名，容六斛四斗。

今译

还有不受外部干扰心境纯净的读书事，不只是春睡之美可敌千钟。

解析

此诗于元丰三年（1080年）六月东坡先生作于黄州。先生毕生视读书为一种生活方式，把读书当作调适心绪、提升境界的“清净业”。他在《东坡文集事略》中说：“书富如入海，百货皆有。”先生的恩师欧阳修说得好：“立身以立学为先，立学以读书为本。”一个民族具有热爱阅读的追求与渴望，这个民族就会充满智慧和希望。

语典

读书尝[1]闭户，客至不举头。

——《去年秋偶游宝山上方入小院》
（《苏轼诗集》卷十二，第575页）

非诗能穷人，穷者诗乃工。

——《僧惠勤初罢僧职》
（《苏轼诗集》卷十二，第577页）

注释

①尝：作"常"。

今译

读书常常关闭门窗，客人来了也忘记抬头。
不是诗歌让人穷困，而是穷困让诗歌精美新奇。

解析

本诗作年不详。闭户读书，甚至客来不抬头，是说读书须全神贯注，聚精会神。诗人只有经历过苦难，方能写出动人肺腑的诗篇。这是经验，亦是真理。

语典

退笔[①]如山未足珍，读书万卷始通神。

——《柳氏二外甥求笔迹二首》其一

（《苏轼诗集》卷十一，第542页）

注释

①退笔：即秃笔。据传隋朝智永善书法，取秃笔头埋之，号为笔冢。唐怀素好草书，弃笔堆积，埋于山下，亦号曰笔冢。

今译

用秃的笔堆积成了小山并不可惜，只有读够万卷书才能运笔如神。

解析

本诗于熙宁七年(1074年)正月东坡先生作于润州。先生提出写好书法的两个基本条件，一是要刻苦磨练狠下功夫，做到“退笔如山”，才能掌握书写之法度。二是多读书，积学深厚，学养丰富，方可明法透彻，去俗尚韵，让学问涵养之道渗入书法技艺之内，使书法从一种技巧升华为艺术审美境界。

语典

旧书不厌百回读，熟读深思子自知。

——《送安惇秀才失解西归①》
（《苏轼诗集》卷六，第 247 页）

注释

①“送安惇”句：安惇(dūn)，字处厚。北宋广安军(今四川广安县)人。《宋史》有传。失解，贡主未遂。唐制，进士由乡而贡曰解额。中乡榜者曰发解，不中者曰失解。

今译

读过的书即使再读百遍也不厌倦，书读至“熟”，且能深刻地思考，你就会明白自己获得了真正的知识和智慧。

解析

本诗于治平二年(1065 年)东坡先生凤翔任满还朝时作。安惇，字处厚，广安军(今四川广安市)人。当年屡试不第，苏轼送他回广安以赠诗。这两句诗被后人洞悉在心，广为流传，道出了通过读书获得知识的一个“笨”办法，那就是“不厌百读”。东坡先生毕生苦读，每日必读至子夜。他的“熟读”之义还包括抄书，把抄书当作他的“日课”作业。他被贬黄州后，每日凌晨起床抄写东汉班固所撰，凡八十万言的《汉书》。据传，此书他已抄了三遍。黄州好友朱载上惊异地问其故，东坡先生回答：“我读《汉书》，开始是读一段抄三字，第二遍抄二字，现在只抄一字。”朱载上取过抄的书随便念一个字，东坡先生应声背诵其文字，没有一字之差。朱载上十分佩服，回家对儿子说：“东坡尚且如此用功，平常人更应当勤奋读书啊！”其实东坡先生抄书实际是在做读书笔记。他用非凡的才学提取要领，勾其主旨，记下重点，反复背诵，从而化为自己的学识。

语典

别来十年学不厌，读破万卷诗愈美。

——《送任伋[1]通判黄州兼寄其兄孜》

（《苏轼诗集》卷六，第233页）

注释

①任伋：字师中，眉州眉山（今四川省眉山市）人，举进士，初为河南新息令，后曾通判黄州，神宗熙宁时知泸州。

今译

分别十年来学习从不厌倦，读破了万卷书，诗歌越写越好。

解析

此诗是熙宁二年（1069年），苏轼在京城殿中丞直史馆判官告院任时，送任伋赴黄州任通判时所写。诗中告诉友人自己长期坚持学习的心得体会，道出了读书与创作之间的关联。

语典

不敢轻用，以待其成。(略)博观[①]而约取，厚积[②]而薄发。

——《稼说》

(《苏轼文集》卷十，第340页)

注释

①博观：广泛地观察或观览。

②厚积：丰厚地积累。

今译

他们不敢轻易地用世，而要等待自己成熟之后。(略)广博地学习而汲取精华，厚实积累而谨慎地运用。

解析

此文于嘉祐八年(1063年)十一月东坡先生作于凤翔。先生以种庄稼为比喻，强调学有所成，是一个循序渐进的过程，欲速则不达。在治学过程中，他主张“博”和“厚”。要求广博地获取知识，丰厚地积累学养。所谓“约取”，是指慎取、精取，取其精华，弃其糟粕。真正做到观有所选，取有所择，有的放矢，唯真是取。所谓“薄发”，是在“厚积”的基础上，做到谨慎阐发。“薄”，不是单薄，而是凝练、精要、准确、深刻，做到“发”则中的，“发”则中肯。先生关于治学的主张与《中庸》中思孟学派关于“博学之，审问之，慎思之，明辨之，笃行之”的学习过程理论，均为学人读书治学一辈子应牢记的人生箴言。

语典

废兴古郡诗无数，寂寞闲窗易粗通[①]。

——《次韵乐著作[②]野步》

（《苏轼诗集》卷二十，第1038页）

注释

①易粗通：东坡先生谪居无事，潜心研读《易》、《论语》等经学，于是，在黄州初成“三传”，即《东坡易传》、《论语说》、《东坡书传》。

②乐著作：指乐京，荆南人，事母至孝，乡里称其行义，曾任著作佐郎。东坡贬黄，乐为监酒税官。

今译

小郡千古兴亡盛衰，其感慨无法诉说，孤独落寞之人在闲静的窗下，稍微知晓《周易》的深奥义理。

解析

本诗于元丰三年（1080年）三月东坡先生作于黄州。先生在谪居黄州期间，不仅与太守徐君猷情同手足，而且与监酒税乐著作（即乐京）、通判孟仰之、主簿吴亮、刘监仓等属吏交往密切。此诗正是他次韵乐著作，叙说自己年迈“眼晕见花”、“耳虚闻蚁”的老态，以及闲窗读《易》的自适情怀。

语典

粗缯[1]大布裹生涯，腹有诗书气自华。

——《和董传[2]留别》

（《苏轼诗集》卷五，第221页）

注释

①缯（zēng）：古代对丝织品的总称。

②董传：字至和，洛阳人，有诗名于世。

今译

虽然身穿粗劣土布度过人生，但只要满腹诗书，就能拥有高贵的气质。

解析

本诗于治平元年（1064年）十二月十七日东坡先生罢凤翔签判任，返京途中经长安与董传话别所作。苏轼在凤翔，董传曾与相从。与董传凤翔分别后，苏轼在京城写了这首离别诗。董传当时生活贫困，衣衫朴素，但他饱读诗书，满腹经纶，气质高雅。“腹有诗书气自华”这句经典名句，深刻地阐释了读书与人的修养的必然内在联系，千百年来为人们所传诵。

语典

黄鲁直[1]云："士大夫三日不读书，则义理[2]不交于胸中，对镜觉面目可憎，向人亦语言无味。"轼。

——《记黄鲁直语》

（《苏东坡全集》第六册，第3049页）

注释

①黄鲁直：黄庭坚，字鲁直，号山谷道人，洪州分宁(今江西修水县)人，北宋著名文学家、书法家。江西诗派开山之祖，"苏门四学士"之一。

②义理：是普通皆宜的道理，讲求经义、探求名理的学问。

今译

黄庭坚说："士大夫三天不读书，那么胸中就缺乏道义和事理，照镜子觉得面目可憎，与人交流沟通亦觉语言无味。"苏轼记。

解析

该文作年不详。苏辙在《东坡先生墓志铭》中评价其兄苏轼："幼而好书，老而不倦。"先生后来谪居岭海，视陶渊明文集、柳子厚诗文为"南行二友"。秦少游之弟秦少章曾说："公尝言观书之乐，夜常以三鼓为率。虽大醉，归亦必披展，至倦而寝。"先生记下黄庭坚读书之感，实际上也是先生自己的信条。南宋藏书家、诗人尤袤(mào)对南宋爱国诗人杨万里谈自己读书之感受，曰："饥读之以当肉，寒读之以当裘，孤寂而读之以当朋友，幽忧而读之以当金石琴瑟也。"清代金缨在其《格言联璧》中论读书之益云："古今来许多世家，无非积累；天地间第一人品，还是读书。"读天下好书，养人间正气，修完全人格，是人生安身立命之基。

语典

敏[1]而好学，达[2]于从政。

——《赐新除翰林学士朝请大夫知制诰许将[3]赴阙诏》

（《苏轼文集》卷四十，第1165页）

注释

①敏：勤敏。

②达：通晓事理。

③“赐新除”句：除，任命官职。许将（1037—1111年），字冲元，福州闽县（今福州）人。嘉祐八年（1063年）进士。累官门下侍郎平章事（宰相官衔），出知河南府。卒谥文恪。

今译

处事勤敏而又好学不倦，治理政务通晓事理。

解析

本敕令是东坡先生于元祐三年（1088年），任翰林学士、知制诰兼侍读时代皇帝草拟的诏书。“敏而好学”，语出《论语·公冶长篇》：“敏而好学，不耻下问。”“敏而好学”、“不耻下问”，这是孔子治学的一贯精神。孔子在《雍也篇》中还说：“知之者，不如好之者；好之者，不如乐之者。”孔子在这里将学习分为“知之”、“好之”、“乐之”三个阶段。所谓“好之者”，即对学习产生浓厚的兴趣。本章句之“好学”，正是学习进入“好之”，即乐此不疲的阶段。至于“从政”者，能进入通晓、通达境界，一定会收获良好的政绩。一则“好学”，二则“善政”，这是造就“能吏”的必由之路。

语典

我梦入小学[①]，自谓总角[②]时。
不记有白发，犹诵论语[③]辞。

——《和陶饮酒二十首》其十二
（《苏轼诗集》卷三十五，第1887页）

注释

①小学：古者贵族子弟八岁入小学，十五岁入大学。
②总角：古代男女成年前束发为两结，形状如角，故称总角。
③论语：孔子弟子记录先师言行思想之书。

今译

我做梦上小学，自以为回到儿时，忘记白发满头，仍然诵读论语章句。

解析

本诗是东坡先生于元祐七年(1092年)七月，作于扬州。清代政治家、文学家纪昀(yún)在其《纪评苏诗》卷三五中评曰："此全是本色。"清代学者王文诰在其《苏轼诗集》卷三五中评曰："一结入化，并忘其为作诗矣。"先生在半醉半醒的酒趣中，想起了昨夜一梦，梦见他束发总角的年少时，入小学诵读《论语》的情景。此时，他"呼儿具纸笔"，记下了他的醉语说梦，也记下了他天真烂漫的真性情。

语典

君子之为学，慎乎其始[①]。何则？其所先入者，重也[②]。

——《〈中庸〉论上》

（《苏轼文集》卷二，第60页）

注释

①“君子”二句：学，谓治学，指探究知识研究学问。慎，谨慎。

②“其所”二句：先入，先进入。重，重要。

今译

君子治学，起步阶段应极为谨慎。是什么原因呢？是因为先进入的(理念和思想)极为重要。

解析

所引章句收录于《〈中庸〉论上》，是嘉祐六年(1061年)八月，东坡先生二十六岁时应试之作。先生在这里特别强调“为学”之“始”，这个“始”就是“先入者”。因为“先入”，故很容易形成“先入为主”的弊端。“先入为主”的成语，出自《汉书·息夫躬传》：“唯陛下观览古今，反复参考，无以先入之语为主。”“先入之语”可为“先入之见”，成为听者最先获得的印象，并逐步占据主导地位，甚至对不同意见，容易产生排斥。其结果导致形成偏见，使治学造成重大损失，故而不得不“慎”之。

语典

自视汝与丘孰贤[①]，《易》韦三绝丘犹然[②]，如我当以犀革编[③]。

——《夜梦》

（《苏轼诗集》卷四十一，第 2252 页）

注释

①“自视”句：汝，谓你。丘，孔丘。孰，谁，哪个。

②“韦三绝”句：韦三绝，成语韦编三绝。韦，熟牛皮。有韦编一说，用熟牛皮绳把竹简编联起来。三，概数，表示多次。绝，断。犹然，尚且如此。

③犀革编：用犀牛皮把竹简编联起来。

今译

我与孔丘哪个更勤奋辛苦，孔子无数次地研读《周易》，翻断了编联竹简的牛皮绳仍研读不辍，而我当用犀牛皮绳编联竹简不可。

解析

《夜梦》这首诗，是东坡先生于绍圣四年（1097 年）七月十三日写于儋州。说来称奇，六十二岁的先生夜晚竟梦见小时候，被严父检查读书时，吓得“怛（dá，悲苦）然悸悟心不舒，起坐有如挂钩鱼”的情景。于是抒发自己一生读书的感慨。

春秋时期的书，主要是用一根根竹简编联而成。用丝线编联称为“丝编”；用麻绳编联称为“绳编”；用熟牛皮编联称为“韦编”。先生认为孔子用“韦编”尚且“三绝”，他当用“犀牛皮”编联方可，因为他“自视”自己读书似更加勤奋，用力更多。正因为先生“旧书不厌百回读”，才能成就为博古通今、满腹经纶之硕彦宏儒。

语典

顷岁孙莘老[①]，识欧阳文忠公[②]，尝乘间[③]以文字问之。云："无它术，唯勤读书而多为之，自工[④]。世人患作文字少，又懒读书，每一篇出，即求过人，如此，少有至者。疵病不必待人相擿[⑤]，多作自能见之。"

——《记欧阳公论文》

（《苏轼诗集》卷六十六，第2055页）

注释

①顷岁孙莘老：顷岁，指昔年。孙莘老，孙觉，字复明，号莘老，北宋高邮人，举进士，黄庭坚的岳父，秦观的老师，苏轼的好友。官至龙图阁直学士。

②欧阳文忠公：欧阳修，字永叔，号醉翁、六一居士。吉州永丰（今江西吉安市永丰县）人。官至翰林学士、枢密副使，参知政事，谥号文忠，世称欧阳忠公。

③乘间：趁空，利用机会。

④工：精巧，精致。

⑤"疵病"句：疵病，缺点，毛病。擿（tī）：此处为"挑出"。

今译

昔年孙莘老与欧阳文忠公相识，曾抽空向他询问文章的写作方法。欧阳文忠公说："没有其他的奥秘，只有勤奋苦读并多写作，这样自己就会写出好的作品。世上有些人担心文章写得少，又懒得读书，每写完一篇，就想超过别人。像这样，很少有写出最佳之作的。作品的毛病不必等待别人挑出，写多了自然自己就能发现。"

解析

本文作年不详。欧阳文忠公谢世于熙宁五年（1072年），熙宁七年（1074年）八月谥文忠。该文称欧阳文忠公，故应作于熙宁七年（1074年）之后。先生通过转述欧阳修论作文之法，阐明欲使文章质而不俚，决"无它术"，根本出路一是"勤读书"，二是"多为之"。唐代著名诗人杜甫说得透彻："读书破万卷，下笔如有神。"清代著名史学家，万斯同在《与钱汉臣书》中指出："必尽读天下之书，尽通古今之事，然后可以放笔为文。"苏辙之子苏籀（zhòu），在其《栾城先生遗言》中，论及东坡先生为文时说："前辈但看多做多而已。"清代著名散文家姚鼐（nài）在其《惜抱轩文集·与陈硕士书》中强调："学文之法无他，多读多作，以待其一日之成就，非可以人力速之也。"上述贤哲对作文之议论，归结为一句话："多作自能见之。"

语典

君子曰：术[①]之不慎，学之不至者然也，非师之罪。居士曰：圬墙画墁[②]，天下之贱工，而莫不有师。问之不下，思之不熟，与无师同。其师之不至，圬墙画墁之不苦也。不至，则欺其中[③]，亦以欺其外。欺其中者己穷[④]，欺其外者人穷。

——《梁工说》

（《苏轼全集》卷六十四，第1995页）

注释

①术：此指方法。

②圬墙画墁：圬（wū）墙，指抹（mǒ）墙。画墁（màn），谓在新粉刷的墙壁上乱画，比喻劳而无功。

②中：一定范围内部适中的位置。"居中"又可引申为"内心"。

③穷：此指窘困，引申为耽误。

今译

君子说：学习方法不谨慎，学习不会达到效果这是很自然的事情，并非老师的过错。东坡居士说：泥工抹墙粉刷，这是天下最简单的工作，也不能没有师傅传授。向老师请教不诚心，思考问题不成熟，这与没有老师一样。自己向老师学习不到家，抹墙粉刷这样的活儿也做不好。学习不彻底，不仅欺骗自己，也欺骗别人。欺骗自己使自己窘困，欺骗别人耽误别人。

解析

该文作年不详。先生在该文中讲述梁地的工匠，向茅山三峰来的方士学习炼金炼丹的故事。梁工"知其一不知其二"，还以为完全掌握了炼金炼丹术。结果连妻子儿女都变卖了，还是没有炼出黄金丹砂。然而这位梁工，"至老以死，终不悟"。对这件事，君子评论说，是梁工学习不谨慎，并非是老师没有教好。东坡先生评论说，梁工"学习不至"的根本原因是："问之不下，思之不熟。"从这里我们悟出了学习之道，一曰"问"，二曰"思"。常言道所谓"学问"，即一学二问。先生说"问之不下"，就是要不耻下问。所谓"思"就是深思熟虑。《中庸》对学习求进有一段名言："博学之，审问之，慎思之，明辨之，笃行之。"这其中强调了"问"和"思"，而且是"审问"，即详细地问，仔细地问。"慎思"，即谨慎地思考，周密地思考。梁工如果能悟出在学习中应做到"审问"、"慎思"，他就不会废败到"萧条褴褛，而其效不进"的境地。

语典

自孔子圣人，其学必始于观书。（略）而后生科举[1]之士，皆束书不观，游谈[2]无根，（略）昔之君子见书之难，而今之学者有书而不读为可惜也。

——《李氏山房藏书记》

（《苏轼文集》卷十一，第359页）

注释

①科举：从隋唐到清代的封建王朝分科考选文武官吏后备人员的制度。

②游谈：游说闲谈。

今译

自圣人孔子开始，那些学子要学习必定以读书为起步。（略）而那些年轻科举士子，却把书籍束之高阁不去阅读，游说闲谈却没有真学问，（略）过去的君子得到书籍十分困难，而如今的学子有书籍却不读，真是可惜！

解析

本文于熙宁九年（1076年）十一月一日作于密州。孔子“始于观书”，而成为万世师表、中国著名的大思想家、大教育家、政治家、儒家学派的创始人。李公择自少时起在庐山五老峰下白石庵读书三十余年，终于成为龙图阁直学士兼侍读。东坡先生读尽“平生五千卷”，且“旧书不厌百回读”，终于成为皇帝之师，及北宋时期的伟大文学家、思想家、哲学家、文化巨人。这是鲜活的历史告诉我们关于书籍感人至深的故事。然而，当代的中国有多少人读书？东坡先生千年前“有书而不读为可惜”的话语犹在耳旁，有志于学的人们应该有所警醒。

语典

但卑意欲少年为学者，每一书，皆作数过尽之。书富如入海，百货皆有之，人之精力，不能兼收尽取，但得其所欲求者耳。故愿学者，每次作一章求之。如欲求古人兴亡治乱圣贤作用，但作此意求之，勿生余念。又别作一次求事迹故实典章文物之类，亦如之。他皆仿此。此虽迂钝[①]，而他日学成，八面受敌[②]，与涉猎[③]者不可同日而语也。甚非速化之术。

——《与王庠[④]五首》之五

（《苏轼文集》卷六十，第1822页）

注释

①迂钝：迂拙迟钝。

②八面受敌：谓功力深厚，能应付各种情况。

③涉猎：粗略地阅读，浏览，不深入钻研。

④王庠(xiáng)：字周彦，荣州（今四川自贡市西十里贡井）人。庠卒，孝宗谥贤节。《宋史》有传。

今译

我个人认为少年求学的人，每一本书，都应反复读过多次。书的知识富如大海，无所不包，人的精力有限，不能什么都能掌握，只能得到你所需要的知识。因此愿意做学问的人，每次立一个专题探求。譬如想研究古人兴亡治乱的圣贤作用，就按照这个主题研究分析，不要把精力分散到其他方面。另外再探究掌故、事迹、典章、文物等时，也如此办理，其他都参照这个方法。这样虽然显得迂拙迟钝，而待以后学业有成，就能八面受敌，应付自如，与泛泛浏览的学习者不可同日而语。这确非速成之术。

解析

此书信是绍圣二年(1095年)，东坡先生作于惠州贬所。先生给王庠的信中，交流了自己的读书法："一书数过"，"一章求之"。大意是反复阅读，每次确立一个专题。笔者将先生的读书法总结为："三一读书法"，即"一生日课"（每日必完成抄书的功课），"一书数过"（一书反复阅读），"一事专求"（每次对一个专题进行深度研究）。这样深度阅读，他日必定有成，就能达到应付自如、胸有成竹、"八面受敌"、博学多能的境界。

语典

不持两鸱[①]酒，肯借一车书。(略)此书久已熟，救我今荒芜。

——《和陶赠羊长史并引》

(《苏轼诗集》卷四十一，第2282页)

注释

①鸱(chī)：猫头鹰一类的鸟。

今译

不用送两壶鸱酒，(却)肯借我一车书。(略)这些书早已熟记于心，疗救了我现今心中的荒凉与贫瘠。

解析

此诗是东坡先生于绍圣四年(1097年)十一月作于儋州。诗中所指“肯借一车书”的郑嘉会，是蜀党(苏轼)的重要成员。元祐年间，京都文人学士围绕在苏轼周围，拥他为文坛盟主。北宋驸马王诜(shēn)在自己的西园宅第，邀请苏轼、苏辙、黄庭坚、米芾、蔡肇、李之仪、李公麟、晁补之、张耒、秦观、刘泾、陈景元、王钦臣、郑嘉会、圆通大师十六人游园，史称“西园雅聚”，可与晋王羲之“兰亭雅聚”比美。从这里可以看出郑嘉会与东坡先生交往之渊源。此时，郑嘉会在惠州为官，先后两次委托广州道士何德顺经海运至儋州为先生送书，每次一车近千册。古时“借书馈酒一瓻(chī，陶制的酒壶)，还书亦馈酒一瓻”。先生说“不持两鸱酒，肯借一车书”，足见两人感情之深厚。先生曾将陶渊明、柳宗元两人的书视为“南迁二友”。看来，他在谪居儋州的三个年头孤寂的日子里，不仅仅只有“二友”陪伴他，更有郑嘉会隔海送来的两车书，帮助他消除了精神的“荒芜”，同时，“得知千载事，上赖古人书”，所借书籍为其“三传”(《东坡易传》、《东坡书传》、《论语说》)最后的定稿，提供了详实的史料。毕生以读书为“乐事”的东坡先生，故以此诗“以谢郑君”。

语典

此中枯寂[1]，殆非人世，然居之甚安。诸史满前，甚有与语者[2]也。借书，则日与小儿编排整齐之，以须异日归之左右[3]也。

——《与郑靖老[4]四首》之一

（《苏轼文集》卷五十六，第1674页）

注释

①枯寂：枯燥寂寞。

②与语者：与之对话。

③左右：借札亦常用以称呼对方。

④郑靖老：郑嘉会，字靖老，曾在惠州为官，早年是东坡先生的诗画文友。

今译

此中（指儋州新建的桄榔庵）的枯燥寂寞，大概不像是在人世间，然而我居住下来却感到倒也安稳。各种史书摆满桌前，有了许多对话的前贤。借了许多书，就每天与小儿子编排整齐，等待着来日归还给您。

解析

此书是元符元年（1098年）四月，东坡先生作于儋州贬所。说到郑嘉会与东坡先生的交往，不得不说中国历史上第二次盛大的文人雅集：西园雅集。元祐初年，东坡先生在京师开封为翰林学士，知制诰兼侍读。“苏门四学士”亦在京师阁馆任职。此时，宋英宗的女婿，北宋著名画家王诜（shēn）在府邸西园邀苏轼、苏辙、黄庭坚、米芾、李公麟、秦观、晁补之、张耒、刘泾、李之仪、蔡肇、陈景元、王钦臣、郑嘉会、圆通大师（日本僧）共十六位文人学士聚会游园。其间，请李公麟绘《西园雅集图》，又请米芾作《西园雅集园记》。名单中郑嘉会列于其中，可见此人当为北宋文坛声名显赫之人物。先生贬至儋外，郑嘉会时在惠州为官，两次由海运给先生送书，随船运书的是广州道士何德顺。后来郑嘉会移官雷州，因与先生往来而被罢官。正是在朋友们的帮助下，先生才在儋州得以完成“三传”（《东坡易传》、《东坡书传》、《论语说》）的定稿工作。

语典

儿子到此，抄得《唐书》[1]一部，又借得《前汉》[2]欲抄。若了此二书，便是穷儿暴富也。

——《与程秀才[3]三首》之三

（《苏轼文集》卷五十五，第1629页）

注释

①《唐书》：记载唐朝历史的传记史书。二百卷，共二百九十年的历史。作者刘昫（xù），字耀远，涿州归义（今属河北雄县）人，五代史学家，后晋政治家。

②《前汉》：起始于秦二世元年（209年），止于23年王莽灭亡，共记前后二百三十一年的历史。全书三十卷，十八万字左右。作者东汉末年著名学者荀悦，字仲豫，颍阳（今河南许昌）人。

③程秀才：名儒，程天侔子。

今译

儿子苏过到这里，已经抄完了一部《唐书》，又借了一部《前汉书》打算抄写。如果把这两部史书抄完，就算是穷人家的儿子暴富了。

解析

此书是元符二年（1099年）三月，东坡先生作于儋州贬所。俗语说，有其父必有其子。先生谪居黄州定惠院，就将抄写《汉书》作为他的日课。跟随父亲流浪的小儿子苏过，也像父亲一样以读书抄书为乐。他的《借书》诗云："借书如借田，主以岁月计。"借读而整部抄写，可见其勤奋苦学。苏过以父为师，不仅诗文写得好，他的竹石绘画与书法颇有其父之风。跟随父亲岭南的六年艰苦岁月，他不仅尽到了为子的孝道，也没有荒废自己的学业。尤其在文学水平上，被人称为"小坡"。东坡先生去世后，苏过依叔父苏辙居颍昌（今河南许昌），营湖阴地数亩，名为小斜川。苏过三度出仕，徽宗政和二年（1112年），监太原税。五年（1115年），任郾（yǎn）城知县（今属河南漯河市）。宣和五年（1123年），通判定州。无论在官还是居家，像他父亲一样不曾改变厌仕而慕陶的情怀。苏过晚年回到颍昌，时年五十岁，恰好与陶渊明居斜川时间同一甲子。故将家居之地命名为小斜川。其叔苏辙每称苏过孝道，以此训诫宗族，且言："吾兄远居海上，惟成就此儿能文也。"苏过有《斜川集》二十卷行世，何不为"暴富"耶！

语典

流转海外，如逃空谷，既无与晤语者，又书籍举[①]无有。惟陶渊明[②]一集、柳子厚[③]诗文数册，常置左右，且为二友。

——《与程全父[④]十二首》之十一

（《苏轼文集》卷五十五，第1627页）

注释

①举：全。

②陶渊明：字元亮，又名潜，私谥“靖节”，世称靖节先生。浔阳柴桑（今江西九江市西南）人。东晋末年伟大的诗人、辞赋家，曾任彭泽令等职，八十多天后辞官隐退。

③柳子厚：柳宗元，字子厚，河东（现山西运城永济一带）人，唐代文学家、哲学家、散文家。世称“柳河东”、“河东先生”，因官终柳州刺史，又称“柳柳州”。唐宋八大家之一，与韩愈并称“韩柳”。

④程全父：程天侔（móu），字全父，常州人，推官。

今译

我流放迁转海南，如同逃到荒山野谷，既没有可以交谈的人，而书籍全部没有。只有陶渊明诗一集、柳子厚诗文几本，经常放在身边，我把它们视为两个朋友。

解析

此书于元符二年（1099年）正月，东坡先生作于儋州。先生到达贬所后，这里几乎“举无所有”：“食无肉，病无药，居无室，出无友，冬无炭，夏无寒泉，洗澡无浴室，更无书籍和笔墨纸张。”惟有陶渊明与柳宗元二人的诗文集，被先生视为“南行二友”。谪居黄州、惠州，均有朋友千里送书，而如同“空谷”的天涯海角，乃“八无”之地，这对于视书如命、喜欢交友的东坡先生来说，无疑如坠入了黑暗的地狱。

语典

君年少气盛，但愿积学，不忧无人知。譬如农夫，是穮是蓘[①]，虽有饥馑[②]，必有丰年。

——《与张嘉父[③]七首》之四

（《苏轼文集》卷五十三，第1563页）

注释

①是穮是蓘：穮（biāo），除草。蓘（gǔn），用土培育苗。语出《左传·昭公元年》："譬如农夫是穮是蓘。"

②饥馑：五谷收成不好叫饥，蔬菜和野菜吃不上叫馑。

③张嘉父：张大亨，字嘉父，湖州（今浙江湖州）人。元丰八年（1085年）进士，官至直秘阁。

今译

阁下年少气盛，但愿你能够积累学问，不要怕没有人了解赏识。譬如农夫一样，只管除草培土育苗，虽然也会遇到饥荒，但早晚一定会有丰收年景。

解析

本书作年未详。东坡先生在该信中告诫晚学，要积学不倦，不忧虑别人不了解自己。诚如孔子曰："不患无位，患所以立；不患莫己知，求为可知也。"不要担忧没有职位，担忧的是自己没有胜任职位的才能。不愁自己没有人了解自己，应该谋求能使别人了解自己的真本事。先生以农夫为例，说明只要辛勤耕耘，就必定会有丰年的回报。

语典

温故[①]为君子之儒，多闻[②]为推益者之友。

——《答馆职启》

（《苏轼文集》卷四十七，第1371页）

注释

①温故：语出《中庸，第二十七章》“温故而知新，敦厚以崇礼”。温故，温习旧的知识。
②多闻：语出《论语·季氏篇》“友多闻，益矣”。指闻见广博。

今译

温习已学过的典籍可谓为读书人中的君子，见闻广博可推重为有益的朋友。

解析

元祐元年（1086年）八月，东坡先生授翰林学生知制诰。十月以翰林学士任主考，十一月二十九日召试学士院，十二月有十三人应试入等授馆职。这十三人给主考者苏轼呈谢后，先生作启以答。所谓职馆，指史馆、昭文馆、集贤院这三馆，凡以策论试于学士院，都授馆职，时以为荣。先生指出，“温故”、“多闻”是儒者君子的治学风范，亦是“馆职”之士“学本自得，道惟造深”的根本途径。“温故知新”、“多闻阙疑”，乃自古至今学者的基本品质，惟知“秉要执本”，方可“九转功成”。

语典

付八音于师旷，孰敢争能[1]；捐六辔于王良，坐将致远[2]。

——《贺韩丞相启[3]》

（《苏轼文集》卷四十七，第1343页）

注释

①“付八音于师旷”二句：八音，我国古代八种制造乐器的材料，通常为金、石、丝、竹、匏（páo）、土、革、木八种不同质材所制的乐器。师旷，春秋时期著名乐师，生而无目，博学多才，尤精音乐。孰，谁，哪个。

②“捐六辔于王良”二句：辔（pèi），缰绳。王良，春秋末年善于驾车的人。致远，到达远方。

③韩丞相启：韩丞相即韩绛，字子华，开封杞县人。仁宗庆历二年（1042年）进士甲科第三名（王安石为同科进士第四名），熙宁三年（1070年）拜参知政事。启，官信为启。

今译

将八音奏乐的事委于师旷，有谁敢与他争高下；把驾车的辔绳托付给王良，放心安坐就可以到达远方。

解析

熙宁三年（1070年），东坡先生以直史馆权开封府推官。适逢韩绛“首冠辅臣”，荣任参知政事（丞相），先生致启祝贺。本章句以师旷、王良故事，赞美韩绛出任宰辅，“四方耸观，万口同庆”。师旷、王良的故事，对人们的启示是：“闻道有先后，术业有专攻。”只有使自己成为某一专业的行家里手，才有底气“争能”，才有本事“致远”。

语典

有尽石，无已[①]求。生阴壑[②]，閟重湫[③]。得之艰，岂轻授。旌[④]苦学，畀长头[⑤]。

——《迨[⑥]砚铭》

（《苏轼文集》卷十九，第553页）

注释

①已：太，过。

②阴壑（hè）：阴暗的深沟，言砚之产地。

③閟重湫：閟（bì），闭门。湫（qiū），低洼，重湫，深潭。

④旌：表扬，旌表。

⑤畀长头：畀（bì），给予。长头，指苏迨。先生有《赠上天竺辩才师》云："我有长头儿，角颊峙犀玉，四岁不知行，抱负烦背腹。"

⑥迨（dài）：苏迨，字仲豫，苏轼次子。

今译

有被采尽的石头，没有能满足得了的欲求。它生长在阴暗的深谷，闭锁在重重的深潭之中。得到它十分艰难，怎么能轻易地送人？用它来表彰刻苦好学之人，于是送给我的长头儿苏迨。

解析

该铭创作年代不详。苏迨，初名叔寄、竺僧，字仲豫。宋承务郎、饶州太常博士、进士、朝汉大夫、参广东省政、朝散郎、尚书驾部员外郎。苏迨于元祐八年（1093年，此时苏轼知定州），以苏昺（bǐng）之名任饶州（今江西省鄱阳县）太常博士。元祐九年（1094年）以苏鼎之名考中哲宗绍圣元年（1094年）甲戌连科捷进士，授朝汉大夫，后因谏元祐学术，贬参广东省政，乐居番禺韦涌南边坊。钦宗靖康元年（1126年）卒，享年57岁。苏迨被称为北宋理学创始人之一的张载的高足弟子，"门人之秀"。张载晚年将他的重要著作《正蒙》授于苏迨。苏迨不孚众望，于元祐二年（1087年），效仿论语、孟子体例，编为十七篇而传世。朱熹表彰《正蒙》能"行于世"，当为苏迨之功。张载去世后，苏迨至晚年仍求学不已，又拜程颐为师。总之，苏迨一生追求学术研究，以倡明关学（以张载等创立的理学学派，因张载为关中人，故称"关学"）为己任。从上述情况可以看出，苏迨一生确如东坡先生所赞美的那样，是一个以"苦学"著称的儒士。常言道，"有其父必有其子"，苏迨这种"苦学"精神，受到其父深远影响。另外，尽管他的父亲苏轼的"蜀学"曾与"洛学"创始人之一的程颐，为司马光的丧礼在大庭广众之下发生过让程颐丢失颜面的争执。但苏迨却超越学派争锋、门户对立的影响，加入理学阵营，拜程颐为师。苏迨这种学术精神，连理学传人朱熹亦褒奖有加。

语典

其好学如饥渴之嗜饮食，于财利纷华[1]，如恶恶臭[2]，诚心自然，天下信之。

——《司马温公行状[3]》

（《苏轼文集》卷十六，第491页）

注释

①纷华：语出《史记·礼书》“出见纷华盛丽而说”。指繁华、富丽。

②恶恶臭：第一个“恶”，音wù，讨厌的意思，第二个“恶”，音è，很坏的意思。恶恶臭指要像厌恶臭气那样出于自然。

③行状：又称“行述”，也谓之“事略”。叙述死者世系、生平、籍贯、事迹的文章。

今译

他喜好学习，就像是饥饿口渴的人见到饮食，对钱财利诱锦绣富贵，就像是闻到腐烂恶臭。这些都是他出于诚心，秉于自然，故赢得天下人的信任。

解析

本文于元祐元年（1086年）九月作于开封。司马光，历仕仁宗、英宗、神宗、哲宗四朝。于元祐元年（1086年）九月一日去世。卒赠太师、温国公，谥文正，其人格堪称儒学教化下的典范。先生在文末说：“轼从公游二十年，知公生平为详，故录其大者为行状。”正因为先生了解司马温公，故而数千言行状，述说他伟大的一生。他不仅是一位伟大的政治家，而且还是一位伟大的史学家。中国第一部编年体通史，共294卷，历时19年完成，涵盖16朝1362年的历史，约300万字。由宋神宗赐名《资治通鉴》（“鉴于往事，有资于治道”）。虽说先生为“免役法”曾与司马温公发生过激烈的廷辩，但内心一直视司马温公为高德大贤。在行状中，先生用八个字高度评其一生：“忠信孝友，恭俭正直。”而上述行文，更是温国公懿行美德的体现。

语典

古之学者，其所亡与其所能[①]，皆可以一二数而日月见[②]也。如今世之学，其所亡者果[③]何物，而所能者果何事欤？

孔子曰："吾尝[④]终日不食，终夜不寝，以思，无益，不如学也。"由是观之，废学而徒[⑤]思者，孔子之所禁[⑥]，而今世之所尚也[⑦]。

——《盐官[⑧]大悲阁记》

（《苏轼文集》卷十二，第387页）

注释

①其所亡与其所说：亡，古同"无"，指自己不知道的知识。能，此指自己已经掌握的知识。

②一二数而日月见：意谓心中有数而日积月累。

③果：此指确实，真的。

④尝：曾经。

⑤徒：白白地。

⑥禁：不许，禁止。

⑦尚：时尚。

⑧ 盐官：宋为杭州属县，今为镇，属浙江省海宁市。

今译

古代的学者，对于自己不知道的和已经掌握的知识，都可以做到心中有数且日积月累。当今的学者，不清楚也尚不知道的是什么，所掌握的又是什么？

孔子说："我曾经整天不吃饭，整夜不睡觉去思索，这样做没有什么作用，不如去学习。"由此看来，放弃学习，而白白地冥思苦索，是孔子不提倡的，又恰恰是当今最时尚的。

解析

本文于元丰三年(1080年)九月十二日作于黄州。杭州盐官县安国寺大和尚居则，九岁出家，十年之后得恶疾差点死去。他面对佛祖立下誓言：终身恪守戒律，并建造千手千眼观音菩萨塑像，将佛祖的名字念诵千万遍。居则病愈，财力不足以还愿，于是他节衣缩食三十余年，终于建成高九仞的佛像，又建了四重高阁供奉此像。为此请东坡先生为盐官大悲阁作文记之。先生于熙宁八年(1075年)撰于密州(今山东诸城)任上。先生在该记中从今之学者"废学而徒思"，讲到为佛者"饱食而嬉"，认为这是"大以欺佛者也"。最后对居则和尚"笃志守节，老而不衰"的精神大加褒奖，以此劝讽当世学人。明代散文学家茅坤在其《苏文忠文钞》中评曰："无论学禅、学圣贤，均从笃行上下立足。"

语典

悦于人之耳目而适于用，用之而不弊[①]，取之而不竭[②]。贤与不肖[③]之所得，各因其才；仁智[④]之所见，各随其分[⑤]。才分[⑥]不同，而求无不获者，惟书乎！

——《李氏山房藏书记》

（《苏轼文集》卷十一，第359页）

注释

①弊：弊害。

②竭：尽，用尽。

③不肖(xiào)：不才，不贤。

④仁智：仁爱者与智慧者，比喻个体差异。

⑤分：此指天资。

⑥才分：聪明才智。

今译

能给人耳目以审美愉悦而且又实用，用之没有弊害，取之而无尽。有贤才的与没有才能的按各自才识，求其所取；仁者智者根据各自的见识、天分、才智去求索，没有不是大有收获的，不就只剩下书籍了吗？

解析

本文于熙宁九年(1076年)十一月一日作于密州。东坡先生的友人李常(1027—1090年)，字公择，南康建昌(今江西省永修县)人，皇祐进士，黄庭坚的舅父。因反对王安石青苗法落职。后仕至御史中丞，兼侍读又兼龙图阁直学士。李公择少时读书于庐山五老峰下白石庵之僧舍，凡三十余年。李公择离开庐山后，山中人将其所居号为“李氏山房”，藏书九千余卷供学人参读。先生称之为“此仁者之心也”。李公择求先生为其撰文以记。先生在记文中，对“用之而不弊，取之而不竭”的书籍大加赞美。先生的恩师欧阳修说得好：“立身以立学为先，立学以读书为本。”先生在少年时代曾立志：“发奋识遍天下字，立志读尽人间书。”先生不仅读尽人间书，而且还抄书。他在贬谪黄州的定惠院里通读一百二十卷，共八十余万字的《汉书》，据他告诉黄州府教授朱载：“迄今已抄过三遍。”朱惊讶不已，道：“先生，真谪仙也！”

语典

子曰："知之者，不如好之者①；好之者，不如乐之者。"（略）知之多而未能乐焉，则是不如不知之愈②也。

——《〈中庸〉论上》

（《苏轼文集》卷二，第60页）

注释

①"知之者"二句：知，懂得。好，喜爱。

②愈：更，越。

今译

孔子说："懂得学习的人比不上喜爱学习的人；喜爱学习的人比不上以此为乐的人。"（略）懂得学习但不能以此为乐，那么，还不如不懂得为更好。

解析

本文于嘉祐六年（1061年）八月，东坡先生应制科考试所作。先生把学习当作"快乐"，源于两千五百多年前的圣人孔子。先生秉承儒家的思想传统，进而说"知之多"，但"未能乐"，宁可"不知"。俗话说"兴趣是最好的老师"，而"乐"是求学问道的更高境界。这就是古代先贤为后人指明治学为业的三层境界：知、好、乐。

语典

东坡教人读《战国策》[1]，学说利害；读贾谊、晁错、赵充国章疏[2]，学论事；读《庄子》[3]，学论理性。又须熟读《论语》[4]、《孟子》[5]、《檀弓》[6]，读韩、柳，令记得数百篇，要知作文体面。

——《论作文》

（《苏轼文集》卷下，第2683页）

注释

①《战国策》：又称《国策》。记载了东周、西周及秦、齐、楚、赵、魏、韩、燕、宋、卫、中山各国之事，记事年代起于战国初年，止于秦灭六国，约有240年的历史。其道德哲学观多取道家，社会政治观接近法家，但与儒家抵牾不合，故为后世学者所诟病。作者并非一人，成书并非一时，西汉刘向编定，书名为刘向所拟。

②"读贾谊"句：贾谊，西汉初年著名政论家、文学家。晁错，西汉政治家、文学家。赵充国，西汉著名将领。章疏，古代大臣向皇上进呈的言事的文书。

③《庄子》：又名《南华经》，道家经文，是战国早期庄子及其后学所著。

④《论语》：中国春秋时期一部语录体散文集，由孔子弟子及再传弟子编纂而成。

⑤《孟子》：是中国儒家典籍中的一部，记录了战国时期孟子的治国思想和政治策略，是孟子和他的弟子记录并整理而成的。

⑥《檀弓》：檀公，战国时人，著有《檀弓篇》，是《礼记》中的一篇。《礼记》，是西汉礼学家戴德和他的侄子戴圣编定。戴德选编八十五篇本叫《大戴礼记》。戴圣选编的四十九篇本叫《小戴礼记》。记载和论述先秦的礼制、礼意，记录孔子和弟子等的问答，记述修身做人的准则。

今译

苏东坡指导学人应该通过读《战国策》，学习论说事物的利与弊；读贾谊、晁错、赵充国等人向皇帝进呈言事的文书，学习议论国事民情；读《庄子》，学习如何对认识思维和实践活动的主体事物进行哲学思辨。还要孰读《论语》、《孟子》、《檀弓》等经典，从而提高道德修养与人生志向及情趣。对韩愈、柳宗元的诗文，要能背诵数百篇，学习作文练字修饰，使文章更具情采且精美。

解析

本文作年不详。这应该算是东坡先生给读书人开列的读书目录。这份目录单基本涵盖了儒道两家的主要经典著作，包括了自春秋至汉唐重大历史事件、社会制度、礼仪规范和社会风貌；各家学派的政治主张、治国设想和政治统治模式；君子道德规范及人生修养；以及记事行文、论说答辩、诗词酬对等文章之道。既有理论立派，又有实践操作；既言明阅读内容"志趣正当"，又要求学人知守"作文体面"；既是先生一生读书博学的记录，又是给后学提出的读书治学的指南。现代人应认真读些国学经典，先生开列的读书目录给我们提供了启示。

语典

到黄州，无所用心，辄复覃思[①]于《易》、《论语》，端居[②]深念，若有所得，遂因先子[③]之学，作《易传》九卷，又自以意作《论语说》五卷。

——《黄州上文潞公[④]书》

(《苏轼文集》卷四十八，第1380页)

注释

①辄复覃思：辄，即“就”。覃(tán)思，深思。
②端居：静心正居。
③先子：先父。
④文潞公：文彦博。

今译

到达黄州，没有什么需要用心思考的，就只有反复对《易》、《论语》进行深入思考。静心深思，似有所得，于是继承先父之学，作《易传》九卷，又以自己的理解作《论语说》五卷。

解析

元丰五年(1082年)四月，东坡先生给老太师文彦博上书，感谢太师对他的“恩礼有加”，并将到黄州后“穷不忘道，老而能学”，相继作“三传”(《东坡易传》、《东坡书传》、《论语说》)的事予以禀报。考虑到他以“文字得罪”，担心“人必以为凶衰不祥之书，莫肯收藏”，故将《论语》五卷“献之明公”。遗憾的是人世沧桑，“三传”之作，独《论语说》失传，好不令人扼腕！

语典

某闲废无所用心，专治经书[①]。一二年间，欲了却《论语》、《书》、《易》，舍弟已了却《春秋》、《诗》。虽拙学[②]，然自谓颇正古今之误，粗有益于世，瞑目无憾也。

——《与滕达道[③]六十八首》之二十一

（《苏轼文集》卷五十一，第1482页）

注释

①经书：经典书籍。

②拙学：自谦之语，谓笨拙的学识。

③滕达道：滕元发（1020—1090年），字达道，东阳（今浙江东阳）人，皇祐五年（1053年）进士。《宋史》有传。

今译

我被贬闲居无所事事，专心研究经典。在一两年内，想完成《论语》、《书》、《易》的注释。家弟子由已经完成了《春秋》、《诗》的解读。虽然我笨拙学浅，但自认为颇能校正古今之误，如若略微有益于社会，死而无憾。

解析

东坡先生此信作于元丰三年（1080年）黄州贬所。大约与此同时，他在给文彦博《黄州上文潞公书》中也曾云"到黄州，无所用心，辄复覃思于《易》、《论语》"等语。先生对"三传"的注释，为建构东坡哲学思想体系打下基础，岂只"粗有益于世"，其哲学思想在中国古代哲学殿堂中应占有重要的地位。其"思想对于国人生命灵性的启沃，盖不在孟轲、庄周之下。而恐远在程颐、朱熹、王阳明等哲学巨匠之上"。

语典

某年六十五矣，体力毛发，正与年相称，(略)所喜者，海南了得《易》、《书》、《论语说》数十卷，似有益于骨朽后人耳目也。

——《答李端叔[1]十首》之三

(《苏轼文集》卷五十二，第1540页)

注释

①李端叔：李之仪，字端叔，号姑溪居士，沧州无棣(今山东无棣西北)人。登进士第。东坡先生知定州时，李端叔为幕僚。后为此受牵连，不允许任京官。徽宗初，提举河东常平。《宋史》有传。

今译

我年已六十五岁了，体力和鬓发，正好与年龄相对称，(略)所喜的是，我在海南完成了《易》、《书》、《论语说》数十卷，似乎对于我化为朽骨后的后人耳目有所补益。

解析

本书是元符三年(1100年)，东坡先生作于儋州。据清代学者王文诰《苏诗总案卷四五载》："合此数说观之，其《易》、《论语说》虽成于黄，实定于儋。"按苏辙《亡兄子瞻端明墓志铭》载："最后居海南，作《书传》。"还说："既成三书，抚之叹曰：'今世要未能信，后有君子当知我矣。'"由此可见，先生"老而好学"，且常念"有益于骨朽后人耳目"。

民 本

民者，天下之本。

导读

儒家经典之一的《尚书》，是我国上古时代最早的历史政事文献。其虞夏书之《五子之歌》曰："民可近，不可下，民惟邦本，本固邦宁。"这是关于"民"之"本"最早的立论。《老子》曰："圣人无常心，以百姓之心为心。"《孔子家语》曰："君者舟也，庶人者水也，水所以载舟，亦所以覆舟。"西汉文学家贾谊概而言之："国以民为本，君以民为本，吏以民为本。""民者，万世之本也。"

东坡先生自幼受儒家思想熏陶，树立了经世济民的用世志向，无论出处穷达，"民本思想"是他一生的政治主张。他在二十五岁应制科考试策问时，献《进策》、《进论》各二十五篇，系统地提出了治乱兴衰的看法和当前的政治策略。其中在《策别训兵旅二》中明确指出："民者，天下之本。"

他劝诫各级官吏"不忍鄙其民而欺之"，而应"以民为心，以民为师"，"志在师民，仁为己任"，"为政有方，以慰民望"。他在"八典名郡"的为政仕宦生涯中，深入民间，"入境问农，首见父老"，"但知奉法，不敢求名"。面对灾年穷民，他愧疚不已，认为"民穷吏宜羞"，"民劳吏无德"。在洪水、蝗灾面前，他总是身先士卒，为抗洪救灾，过家不入。望着成群结队的灾民，他悲愤地叹道："平生五千卷，一字不救饥。"他尤其是对与民夺利的"青苗法"表示了坚定的反对立场。他指出："位之存亡寄乎民，民之死生寄乎财，故夺民财者，害其生者也。"

元丰八年(1085年)十月，由司马光举荐，先生于黄州谪居五个年头之后重返政坛，告下以朝奉郎起知登州。尽管后因急召他还朝另任，在登州太守任上仅五天的时间，然而他通过社会调查、一连上两道奏章，为登州解决了长期难以解决的两大难题：治理水军和罢停榷盐。后来登州百姓为感恩先生的德政，在蓬莱阁上修建了苏公祠，祠内供奉着苏东坡像。从此，千百年来百姓盛赞道：五日登州府，千年苏公祠。

语典

惟适厥中①，以民为本。

——《谢卿材陕西转运使②》

（《苏轼文集》卷三十九，第1115页）

注释

①惟适厥中：惟，谓“只”。适，切合，适当，适度。厥，乃，于是。中，这里指不偏不倚，中正，适中。

②谢卿材陕西转运使：谢卿材，字仲适，临淄（今山东监淄）人。转运使，官名，中国唐代以后各王朝主管运输事务的中央或地方官职。

今译

只有适度乃中正，才可算是以百姓为根本。

解析

此敕文是东坡先生于元祐元年（1086年），在中书舍人任上代皇帝草拟的诏书。夏朝第二个君王夏启的儿子太康沉溺游乐、田猎，荒废政事，不理民情。有穷国君羿率领人民抵御太康返回，从而使太康失去帝位。太康的五个弟弟作了《五子歌》，表示对太康的指责和怨恨。其一曰：“民可近，不可下，民惟邦本，本固邦宁。”西汉政论家贾谊讲得更清楚，曰：“国以民为本，君以民为本，吏以民为本。”国家、君主、官吏等应以人民为根本。正因为要“以民为本”，故对百姓科赋税应适度，对待百姓要中正。也就是说，适度、中正地对待百姓，也就可以称为“以民为本”。

语典

志在斯[①]民，仁[②]为己任。

——《谢馆职启[③]》

（《苏轼文集》卷四十六，第1327页）

注释

①斯：假借为"此"。

②仁：中国古代一种含义极广的道德范畴，本指人与人之间相互亲爱。孔子把"仁"作为最高道德原则、道德标准和道德境界。

③馆职启：馆职，指直史馆，掌修国史。启，官信曰启。

今译

志在为民，以施行仁政为己任。

解析

治平二年（1065年），东坡先生时年三十岁，由凤翔签判任上届满回京。英宗素闻公名，想破格召入翰林院，授予知制诰（为皇帝起草诏书）的重任。但是时任宰相的韩琦，认为苏轼虽然确实是一个难得的人才，不过应该有一个实践的过程。后来通过考试，授官直史馆的清要之职。为此，他于这一年二月作《谢馆职启》，表达自己"遇宠知惧"，"欲报无缘"的诚意。春秋时期法家代表人物管子曰："政之所兴在顺民心，政之所废在逆民心。"南宋诗人辛弃疾在《美芹十论·观衅》中曰："自古天下离合之势常系民心。""志在斯民"者，必以"仁为己任"，做到行政"常顺民心"，执法"常系民心"。

语典

以天为心[①]，以民为师。

——《仁宗皇帝御书公布并叙》

（《苏轼文集》卷二十，第583页）

注释

①以天为心：天，中华文化信仰体系的一个核心概念。广义上指上天，即道、大自然、天然宇宙。天有神格化、人格化的概念，指最高之神，称为皇天，是至高无上的万物主宰。心，思想，如心量(志气，抱负)，心识(意识)。

今译

以天道运行，自强不息为心识，以人民大众为自己的老师。

解析

天禧年间(1017—1021年)，宋仁帝还是皇太子时，亲手写了“寅亮天地，弼余一人”，“日新其德”十二个字，赐给他的老师张文懿公。张公去世后，他的曾孙张钦臣，请东坡先生为这十二个字写篇颂辞。先生于元祐年间(1086—1094年)作于京城汴梁。先生在颂辞中赞颂仁宗皇帝“恭己无为，以天为心，以民为师”。通过该颂，借此也彰显了先生以民为本，以民为师的亲民、爱民思想。如今，与民为友，以民为师，已成为执政者的执政理念。这种民为本，民为师的儒家以德治国的思想，必将薪火相传，光照千秋。

语典

民物小康[①]。

——《赐观文殿大学士光禄大夫知永兴军韩缜三上表乞致仕不许断来章诏》
(《苏轼文集》卷四十，第 1162 页)

因时立政。

——《赐新除依前中大夫守中书侍郎刘挚辞免恩命》
(《苏轼文集》卷四十，第 1163 页)

注释

①民物小康：民物，泛指人民、万物。小康，儒家理想中所谓政教清明、人民富裕安乐之社会局面。

今译

民众生活安乐康泰。

根据实际情况制定政策。

解析

该敕令是东坡先生于元祐三年(1088 年)任翰林学士，知制诰兼侍读时，代皇帝草撰的诏书。“小康”，早在西周时期就曾经出现在《礼记》中。这是古代思想家描绘的诱人的社会理想，表达了普通百姓对宽裕、殷实的理想生活的追求。“因时立政”，先生之弟苏辙在《乞裁损浮费札子》中也曾提到。他还提出“因时施宜，无害于民”的主张。西汉刘向在《说苑·谈丛》中指出：“时不至不可强生也，事不究不可强成也。”“强生”、“强成”之政令，必定会造成民众之大患。“因时立政”、“因时施宜”，才是清明政治之举。

语典

保民以宽[1]。

——《奉议王续知太康县[2]》
（《苏轼文集》卷三十九，第1102页）

视民如伤[3]。

——《杨伋[4]落待制知黄州崔台符王孝先各降一官台符知相州孝先知濮州》
（《苏轼文集》卷三十九，第1103页）

注释

①宽：宽厚。

②奉议王续知太康县：奉议，指奉议郎，宋初为从六品上阶文散官。太康县，旧治在今河南太康。

③如伤：像自己身上的伤口，或像受伤的人。语出《左传·哀公元年》："臣闻国之兴也，视民如伤，是其福也。"

④杨伋：字潜古，晋江人。嘉祐二年（1057年）进士。杨伋因故落职知守黄州（今湖北省黄冈市）。

今译

以宽厚的思想保养百姓。

对待百姓像对待自己身上的伤痛一样。

解析

该制敕是东坡先生于元祐元年（1086年），在中书舍人任上代替皇帝草拟的诏书。所引章句说明各级官员对待百姓应抱的正确态度。《左传·哀公元年》载："臣闻国之兴也，视民如伤，是其福也；其亡也，以民为土芥，是其祸也。"对待百姓无非有两种鲜明的态度，一种是视民如伤，爱民如子；另一种是视如草芥，草菅人命。《孟子·离娄下》载："君之视臣如土芥，则臣视君如寇仇。"这里虽然说的是君与臣之间的关系，但君与民之间的关系亦如此。因为"君者，舟也；庶人者，水也。水则载舟，水则覆舟"。所以《左传》称"视民如伤"就是"福"，"视民为土芥"就是"祸"。西汉贾谊在《新书·大政上》说得更清楚："为人臣者，以富乐民为功，以贫苦民为罪。"正因为如此，各级官吏们就应该做到"保民以宽"，因为"宽则得众"。

语典

为政有方[①]。
以慰民望[②]。

——《张赴再任乾宁军[③]》
（《苏轼文集》卷三十九，第1115页）

注释

①方：此指规律，道理（即儒家伦理道德和学问）。
②民望：民众的希望、心愿。
③张赴再任乾宁军：张赴，生平未详。乾宁军，于沧州永安县置军，属河北东路。

今译

治理军政大事，能掌握其规律和方略，以此来满足百姓的心愿。

解析

此敕文是东坡先生于元祐元年（1086年），在中书舍人任上代皇帝起草的诏书。何谓百姓的心愿？说白了就是能吃饱肚子，说大一点就是安居乐业。故春秋时期法家代表人物管仲说："治国之道，必先富民。"司马迁在《史记·平津侯主父列传》中曰："治国之道，富民为始。"如何使民富，为政之"方"是什么？《孟子·尽心章句》（上）二十三章曰："薄其税敛，民可以使富也。"从这个意义上讲，"富民"，即是"为政之方"。

语典

师保[1]万民。

益修吏职[2]。

——《徐州谢执政奖谕启》

(《苏轼文集》卷四十六，第1329页)

注释

①师保：语出《周易·系辞下》“无有师保，如临父母”。此意指师长保护。又《尚书·周书·君阵》“昔周公师保万民”，意为周公在教诲安抚老百姓。

②益修吏职：益，谓更加。吏职，官吏的职责。

今译

教导安抚广大百姓。

更加勤修官吏的职责。

解析

熙宁十年(1077年)四月二十一日，东坡先生到徐州任。七月十七日黄河决口，八月二十一日，水及徐州城下，水位高达两丈八尺，超过城中平地一丈有余。先生抱定人在城在的决心，身披蓑衣，脚穿草鞋，拄着木杖，以汉代东郡太守王尊以身填堤的精神，率领全城军民奋战七十多天，终于使徐州城得到保全。朝廷为此向他发来奖谕，表彰他“汝亲率官吏，驱督兵夫，救护城壁，一城生齿并仓库庐舍，得免漂没之害”。“而民人保居，城郭增固，徒得汝以安也”。为此，先生于元丰元年(1078年)正月，向执政大臣们敬谢了奖谕启。他表示以“师保万民”为“守臣之职”，面对皇帝的奖谕，“反身自愧”。并深自“益修吏职”，以此上酬天造，以报皇恩。

语典

王事谁敢愬[1]，民穷吏宜羞。

——《和子由闻子瞻将如终南太平宫溪堂读书》

（《苏轼诗集》卷四，第 179 页）

注释

①愬（sè）：惊惧貌，此意为反对。

今译

皇上的圣旨谁敢反对，老百姓贫穷当官的应该感到羞愧。

解析

嘉祐八年（1063 年）三月，宋仁宗驾崩。朝廷传旨令凤翔府为修筑仁宗陵墓，急需从渭水输送大批木料。这一年凤翔遭受严重旱灾，河水干涸，役夫运料非常艰难。对此，苏轼深感为官者不为民解除痛苦，谋取福祉，实在是羞愧的事情。这种亲民的情感难能可贵，体现了苏轼的民本观念。

语典

入境问农[①]，首见父老。(略)推广上意[②]，惠康[③]小民。(略)上答圣知[④]，下慰民愿。(略)但知奉法，不敢求名。

——《登州谢上表二首》其二
(《苏轼文集》卷二十三，第660页)

注释

①问农：询问农事。
②上意：圣上的仁德。
③惠康：得惠安康。
④圣知：亦作圣智。

今译

进入境内就询问农事，首先拜访父老乡亲。(略)推广传递圣上的仁德，使百姓普惠安康。(略)向上报答皇上的圣智，向下抚慰百姓的心愿。(略)唯知奉公守法，决不敢贪求功名。

解析

就在东坡先生全家跋涉数千里，辗转来到常州安家的途中，元丰八年(1085年)三月五日，三十八岁的神宗皇帝驾崩。年仅九岁的皇太子赵煦(xù)即位，是为哲宗。神宗的母亲高太后垂帘听政。先生一家五月下旬至常州。六月，由司马光举荐，以朝奉郎起知登州。十月二十二日抵登州，即向哲宗、太皇太后呈《登州谢上表二首》。本篇所选章句摘自第二首。这四章句集中表达三重意思，其一，先生通过"坐受六年之谪"之后，虽"心已耗于多难"，但仍保持"入境问农，首见父老"的为政作风。其二，把"惠康小民"、"下慰民愿"，作为执政的方针。其三，感恩皇上，"起臣于散官永弃之地"，感激太皇太后，"擢臣于废久之中"。故，先生誓言"但知奉法，不敢求名"。

语典

不妨农时[1]，不夺民利，不尽民力[2]也。

——《东坡书传·无逸》

（《三苏全书·经部》卷十四，第二册，第155页）

注释

①农时：指适宜于从事耕种、收获的时节。

②民力：民众的人力、物力、财力。

今译

不能妨碍农业耕种的时节，不能掠夺百姓的利益，不能耗尽百姓的人力、物力和财力。

解析

《东坡书传》是在元丰三年（1080年）至元丰五年（1082年）之间，东坡先生初成于黄州贬所。本文是先生对《尚书·无逸》"君子所其无逸。先知稼穑之艰难，乃逸"语词的解说。本文的"所"指所居官。"逸"，逸乐。稼穑，农事的总称。春耕为稼，秋收为穑，即播种与收获，泛指农业劳动。大意是君子做官不可贪图安逸享乐。首先要了解耕种收获的艰难，然后才得以安逸快乐。孟子回答梁惠王治国的道理时说："不违农时，谷不可胜食也；数罟（gǔ，细而密的网）不入洿（wū，低洼的地方）池，鱼鳖不可胜食也；斧斤以时入山林，森林不可胜用也。（略）是使民养生丧死无憾也。养生丧死无憾，王道之始也。"不妨碍农业生产的时节，谷物就会多得吃不完。如果不用太细密的渔网到深水池塘里捕鱼，那么鱼类也会繁衍生长以至多得吃不完。如果砍伐树木选择好时机，木材也会取之不尽，用之不竭。（略）让老百姓对生养死葬都没有后顾之忧，这就表明王道已经开始盛行于世了。先生对"妨农时"、"夺民利"、"尽民力"说"不"，体现了儒家传统的"民本"思想。如果遵循先生所言的"三不"，那就是孟子所期盼的"使民养生丧死无憾也"。

语典

贵农时之不夺[①]，思患预备[②]，期岁计[③]之有余。

——《谢赐历日表二首》其一

（《苏轼文集》卷二十四，第694页）

注释

①夺：抢，强取。

②思患预备：想到会发生祸患，事先早有应急的准备。

③岁计：一年内收入和支出的计算。

今译

珍惜农时不强取占用。考虑到会发生祸患，事先早有应急准备，期望一年收支计算后会有所剩余。

解析

元祐六年（1091年）年末，朝廷向官员颁赐新年日历，东坡先生在颍州（今安徽阜新）任上给太皇太后上表称谢。中国古代是一个农业社会。农业社会除了对生产工具、耕作技术、水利工程、灌溉工具等重视以外，与气候变化、自然灾害、农耕季节等，也有紧密的关系。《孟子·梁惠王上》曰："不违农时，谷不可胜食也。"大意是要想吃饱肚子，就不应违背农耕季节。先秦左丘明著《左传》："书曰：'居安思危。思则有备，有备而无患。'"只要一则"农时不夺"，二则"思患预备"，就有希望达到"岁计之有余"。

语典

视其民如一家。

毋或鄙夷其民[①]。

——《祥符知县李之纪可广西提刑[②]》

（《苏轼文集》卷三十八，第 1064 页）

注释

①毋或鄙夷其民：毋(wú)，不可以，不要。或，稍微。鄙夷，指轻视，鄙薄，蔑视。

②“祥符知县”句：祥符，开封县旧称。李之纪，宋臣，生平不详。提刑，主管所属各州的司法、刑狱和监察，兼管农桑。

今译

把天下百姓看成是一家人。

不可以鄙薄轻视那些百姓。

解析

元祐元年(1086 年)三月，东坡先生晋升为中书舍人，担任起草诏书之职，参与机密，权力日重。所代皇帝的制敕，即诏令，表达了起草人的思想和人格。西汉文学家、政论家贾谊曰：“国以民为本，君以民为本，吏以民为本。”本章句即是对“民为本”儒家仁政思想的传承。此既是对李之纪的授意，亦是对天下官吏的基本要求。

语典

视民如子[①]，以国为家。

——《谢赐历日表二首》其一
（《苏轼文集》卷二十四，第694页）

注释

①视民如子：语出《左传·昭公三年》“吴光新得国，而亲其民，视民如子”。

今译

把百姓当成是自家的孩子，把国当成是自己的家庭。

解析

该表状于元祐六年（1091年）年末，东坡先生作于颍州（今安徽阜阳）。“视民如子”，这是中国古代从官员至皇帝宣称“爱民”的官箴。在专制的封建王朝能把人民当成是自家孩子确实不易，故百姓常称地方官员为“父母官”。新社会天翻地覆，人民的地位发生了变化，出现了“视民若父母”的新风尚。“视民若子”、“视民若父母”，其区别就在于“官本”与“民本”的分野。

语典

视国如家，忠臣可以忘老；视民如子[1]，君子可以忘劳。

——《赐观文殿学士正议大夫知河南府孙固乞致仕不允诏》

（《苏轼文集》卷四十，第1145页）

注释

①视民如子：语出《左传·昭公三年》“视民如子，辛苦同之。”把百姓看得像自己的孩子一样，形容爱民。

今译

把国事当作家事，忠诚的大臣就会忘记自己的衰老；把百姓当成自家的孩子，君子就可以忘记劳苦。

解析

该敕令是东坡先生于元祐二年（1087年），在翰林学士兼侍读任上，代皇帝起草的诏书。在古代封建王朝真正能做到“视国如家”、“视民如子”确实可嘉。许多忠臣义士，为此“鞠躬尽瘁，死而后已”。他们的功业与日月同辉，他的名字将永载史册。南宋著名诗人杨万里，用诗的语言道出了另一境界。他在《江西道院集送吉州太守朱子渊造朝二首》中咏叹道：“秋月满怀春满面，视民如子吏如奴。”当然，“民如子”、“吏如奴”，这只能在诗的情景里才会出现，在古代现实中大多情势下达到这一境地何其难哉！

语典

师表万民。
舍逸就劳。

——《赐太师文彦博乞致仕[1]不许批答》
（《苏轼文集》卷四十三，第1238页）

注释

①赐太师文彦博乞致仕：太师，官名，以太师、太傅、太保为“三师”，多为大官的加衔，无实际职权。文彦博(1006—1097年)，字宽夫，号伊叟，北宋著名政治家。致仕，退休。

今译

做万民的表率。舍弃安闲而身担劳苦。

解析

该敕文是东坡先生于元祐二年(1087年)，任翰林学士兼侍读时为皇帝草拟的诏书。古代圣贤论及“以民为本”的名言不可胜记。如老子的“圣人无常心，以百姓之心为心”。贾谊的“民者，万世之本”等。但是东坡先生在这里反过来向所谓的“父母官”们提出了要求：“师表万民。”其意义在于“教育者自己先受教育”(陶行知语)，要求别人做到的自己首先做到。果能如此，才能真正做到“以百姓之心为心”，也才能有为百姓办实事“舍逸就劳”的热望。

语典

若下有幸免[①]之吏，则必有不幸之民。

——《顾临直龙图阁河东[②]转运使唐义问河北转运副使》

（《苏轼文集》卷三十九，第 1105 页）

注释

①幸免：指侥幸得以避免罪责。

②顾临直龙图阁河东：顾临，字子敦，《宋史》有传。直龙图阁，凡久任馆阁者必入选直龙图阁。河东，山西西南部，今山东运城、临汾一带。

今译

如果地方上存在着侥幸逃脱罪责的奸吏，就一定有蒙受冤屈的民众。

解析

该制敕是东坡先生于元祐元年（1086 年），在中书舍人任上为皇帝草拟的诏书。本章句指明了一个事实，若有蒙受冤屈的百姓，必有奸诈狡猾的污吏。在封建专制人治的社会背景下，这是至信不疑的真理。

语典

尔德惟一，信道不回[1]。

庶几[2]天下复无冤民。

——《鲜于侁大理卿[3]》

（《苏轼文集》卷三十九，第1104页）

注释

①“尔德惟一”二句：尔，你。惟一，即唯一，独一无二，仅仅一个。信道，信奉正道。语出《论语·子张》：“执德不弘，信道不笃，焉能为有，焉能为亡。”

②庶几：或许可以。

③鲜于侁大理卿：鲜于侁，字子骏。大理卿，大理寺之长官，负责详断各地奏报案件。

今译

你把德政看得特别重要，信奉正道百折不回。

（这样）或许可以使天下不再有冤屈之民。

解析

该敕令是东坡先生于元祐元年（1086年），在中书舍人任上为皇帝起草的诏书。本章句指出，只有施以仁德之政治措施，建立爱民的政绩，并且坚持“信道不回”，就会使天下“复无冤民”。孔子曰：“道之以政，齐之以利，民免而无耻；道之以德，齐之以礼，有耻且格。”孔子的这段话是强调“为政以德”、“以德服人”。但是按照现代法制观念，要用德治来治本，要以法治来治标。只有本固枝荣，源清流洁，国家才有安定的局面，人民才有幸福的生活。

语典

霈一雨以咸周[①]，起三[②]农于既病。

——《集禧观洪福殿等处罢散谢雨道场青词[③]》

（《苏轼全集》第六集，第 2915 页）

注释

①霈一雨以咸周：霈，大雨，亦喻上天之恩泽。咸，普遍，都，全部。

②三：此指多数。

③青词：是道教举行斋醮时献给上天的奏章祝文。

今译

上天恩泽普降一场大雨滋润大地，将众多的农夫们从大旱灾情中拯救出来。

解析

此青词是元祐年间（1086—1094 年），东坡先生在京城任翰林学士、知制诰时，代朝廷为百姓祈雨的祝文，表达了对农民疾苦的关注。现今的“三农”一词，是否系从先生“三农”一词演化而来？我们不得而知，但这说明农民问题，乃古今最为紧要的社会问题。

语典

民心所欲，天[1]必从之。

——《杭州乞度牒开西湖状》
（《苏轼文集》卷三十，第 863 页）

苟[2]有志于民者，莫不以此为急。

——《申三省起请开湖六条状》
（《苏轼文集》卷三十，第 869 页）

注释

①天：此处指神格化、人格化的最高之神，称为皇天、昊天等。
②苟：如果，假使。

今译

民心所向，连上天也必定依从。
如果真正有志于民，没有不把百姓的事当成紧急大事的。

解析

上述两状，是东坡先生于元祐五年（1090 年）四、五两月，分别就治理西湖向朝廷上的奏状。在前状中，先生提出"杭州之有西湖，如人之有眉目，盖不可废"的主张。接着他列举了不可废的五大理由。后状是先生通过"访问民间疾苦"，对治理西湖的得失、具体方案以及财务预算等进行了详细分析，并附了一张示意图。由此可见，先生对于治理西湖，正如同他自己所言，做到了"尽力毕志"。东坡先生治理西湖，既整治了水患，解决了百姓饮水问题，又帮助百姓度过饥荒，如今成了天下闻名的旅游休闲风景区。杭州人民永远记住这位"有志于民"的太守，横卧湖中的"苏堤"，为他树立起了千古无字丰碑。

语典

易以理服，难以力胜[1]。

惟宽而明，民乃宜[2]之。

——《两浙转运副使孙昌龄[3]可秘阁校理知福州》

（《苏轼文集》卷三十八，第1065页）

注释

①“易以理服”二句：理服，指以理服人，用道理使人信服。力胜，以力胜人。力，指权势，武力，用强制手段压服别人。

②宜：适合，适当。

③两浙转运副使孙昌龄：转运使指宋朝的官职，由唐朝转运使演变而来，掌管一路(地区)的财政，还能监察地方州府官吏，当然还主管运输。孙昌龄，常州人，熙宁七年(1074年)知通州，元丰知江宁，后改两浙转运使。

今译

以理让人信服容易，以力压服人困难。

只有宽厚而且明智，百姓才感到适宜。

解析

元祐元年(1086年)三月，东坡先生时任中书舍人，代拟皇帝诏书。这里提出为政之道的“易”与“难”。“易”，在于以理让人信服；“难”，难在凭权力，用武力压服人。另外还特别强调在官应“惟宽”，在民才“乃宜”。宜者，在于朝廷宽容，宜者，在于与民方便。

语典

古之设官者，求以裕民[①]；今之设官者，求以胜[②]民。赋敛[③]有常限，而以先期为贤。出纳[④]有常数，而羡息[⑤]为能。

——《策别安万民一·敦教化》

（《苏轼文集》卷八，第255页）

注释

①裕民：富民。

②胜：此指欺压。

③敛：征收。

④出纳：此指收入。

⑤羡息：盈余。

今译

古代设置官员的目的，是为了帮助百姓富裕；如今设置官员的目的，却是为了欺侮压榨百姓。赋税的征收本有固定的期限，而朝廷却把提前完成任务当作贤能。收入有固定的数额，而朝廷却把超额征收当作大能耐。

解析

本文于嘉祐六年(1061年)应制科试上的进卷之一。如同清代学者徐乾学，在其《古文渊鉴》中评说："论敦教化，在朝廷示民信义，而指斥用兵增赋二者之非，所见者大。"对此，东坡先生在文中作了回答："小民不知其说，而惟贪之知。"老百姓不懂官员说教什么，但唯独知道谁贪与不贪。这意思分明是说："其身正，不令而行；其身不正，虽令不从。"

语典

以民力从王事[1]，当如饮酒，适于饥饱之度而已。若过于醉饱，则民不堪命，王不获没[2]矣。

——《记梦中论左传》

（《苏轼文集》卷六十六，第 2076 页）

注释

①王事：王命差遣的公事。

②获没：没，同殁，本义死于非命。获没，得以善终，寿终正寝。

今译

征用百姓之力来完成王命差遣的公事，就像饮酒一样，须按照饥饿的限度适可而止罢了。如果过度强求酒醉饭饱，那么百姓就承受不了如此的命运，君王也就不可能得以善终。

解析

本文是元祐六年（1091 年）十一月十九日，东坡先生作于颍州（今安徽阜阳市）。本章句典出《左传·昭公十二年》中的《祈招》诗。诗中诵曰："形民之力，而无醉饱之心。"诗中讲，从前周穆王希望他爱惜民力。老子曰："圣人无常心，以百姓之心为心。"无常心，即无私心。圣人没有主观成见，以百姓的心为心。荀子在《大略篇》中曰："天之生民，非为君也；天之立君，以为民也。"先生于梦中见数人议论《左传》之《祈招》诗。梦醒后，他记下了这段话。先生梦中能记住"民不堪命"，难怪他在知守州郡的政事当中，十分注意爱惜民力。同时，这也是他反对王安石变法的初心。

语典

早岁便怀齐物志①，微官敢有济时心。

——《次韵柳子玉②过陈绝粮二首》之二

（《苏轼诗集》卷六，第274页）

注释

①齐物志："齐物"源自《庄子》一书"齐物论"。认为世间一切矛盾对立的双方，如生与死、贵与贱、荣与辱、成与毁、大与小等，都是没有差别的。这虽然含有辩证法的因素，但容易陷入相对主义的泥淖。

②柳子玉：名瑾，丹徒（今江苏镇江市）人，庆历二年（1042年）进士，熙宁初官尚书郎。其子仲远与先生堂妹为婚。

今译

早年便怀有物我为一的志向，人微官小岂敢有拯救时世的雄心。

解析

本诗于熙宁四年（1071年）八月作于陈州（今河南省周口市淮阳县）。柳子玉被贬官寿春（今安徽寿县），东坡先生以诗见寄。意在劝勉友人，不要忘记早年立下的万物齐一、超然物外的志向。虽然官职卑微，岂能放弃经国济世的责任。东坡先生"刚毅有大节，常怀济世志"的胸襟跃然字间。

语典

惟有悯农心尚在，起占云汉[①]更茫然。

——《立秋日祷雨宿灵隐寺同周、徐二令》

（《苏轼诗集》卷十，第473页）

注释

①起占云汉：占，谓会意。从卜，从口，以口问卜。本意为推测吉凶，此为观测。云汉，银河。

今译

只有同情农民的良知还在，起身观测天象（无雨）更感失望。

解析

熙宁六年（1073年）六月二十五日（立秋），东坡先生通判杭州，与钱塘、仁和两位县令上天竺灵感观音院祈雨，夜晚宿灵隐寺而作。从该诗首句“百重堆案掣身闲”可知，他是从繁忙公事中偷闲抽身的，为的是时至立秋仍久旱渴雨，专来天竺灵感观音寺为农民求雨消灾。东坡先生“惟有悯农心尚在”，道出了他对百姓苦难的关注，堪称把百姓疾苦放在心头的好官良吏。

语典

农事安可忽，我仆既胼胝[1]。(略)
民病何时休，吏职不可越。

——《和赵郎中[2]捕蝗见寄次韵》
(《苏轼诗集》卷十四，第685页)

注释

①我仆既胼胝：仆，古时对自己的谦称。胼胝(piǎn zhī)，手掌脚底因长期劳动而生茧。
②赵郎中：赵成伯，熙宁八年(1075年)以尚书屯田郎中为密州通判。

今译

农事怎能粗心忽视，我们的手足已经长了厚茧。(略)百姓的痛苦何时休止，大小官员的职责不能丧失。

解析

本诗于熙宁九年(1076年)六月作于密州。东坡先生于熙宁七年(1074年)十一月三日，以太常博士直史馆权知密州军州事。当他进入密州境内，便和赵成伯通判一起投入蝗灾受害情况的调查。但是府内有一些僚吏认为蝗虫虽多，但还未构成大的灾害。还有那媚上邀宠之徒，无知地狂言什么“蝗虫能够除草”，这首诗记载了这段抗灾情况。先生指出“农事怎能粗心”，关心“农事”，关注“民病”，劳碌得手足生茧，这是“大小官员的职责”，永远“不能丧失”。

语典

拯民如救燔[1]。

——《用旧韵送鲁元翰知洺州[2]》

（《苏轼诗集》卷二十七，第1445页）

注释

①救燔（fán）：燔，焚烧。救燔，即救火。

②鲁元翰知洺州：鲁元翰，字有开。洺州，治所在今河北永年县东南。

今译

拯救百姓如同救火。

解析

本诗于元祐元年（1086年）四月作于京师。救民如救火，这是为政者对待百姓疾苦的仁爱之举。救民如救火的行动源于爱民，源于对民之疾苦感同身受。孟子曰："凶年饥岁，君之民，老弱转乎沟壑，壮者散而之四方者，几千人矣；而君之仓廪实，府库充，有司莫以告，是上慢而残下也。"孟子认为，灾荒年时，您的老百姓——老弱暴尸沟壑，年轻力壮者四处逃荒，这样的灾民达几千人；而您的谷仓中却堆满粮食，库房里满是财宝，而有关部门不予报告，这是为官者不作为而对百姓的残害，此乃儒家以民为本思想的精髓。

语典

作法何常[①]，视民所便[②]。

——《通其变使民不倦赋·通物之变民用无倦》

（《苏轼文集》卷一，第26页）

注释

①常：谓不变的。

②便：便利。

今译

制定法规哪有不变的，其原则是看是否让人民感到便利。

解析

此赋是哲宗元祐元年（1086年），东坡先生针对司马光尽废新法，重归旧制而作。成书于公元前239年的《吕氏春秋》指出："凡举事必审民心，然后可举。"即把顺民心作为"举事"的原则。东坡先生针对司马光尽废新法，而作《通其变使民不倦赋》。他主张因时通变，强调利民、便民。既不同于王安石一意孤行激进的骤变，也不苟同于司马光唯旧是宗的泥古不化。他的"视民所便"，是"民本"思想的具体阐释，具有重要的现实意义。

语典

军政虽简，民事为重。监郡[1]之职，专在养民[2]。

——《鞠承之可秦州通判[3]》

（《苏轼文集》卷三十八，第1091页）

注释

①监郡：监察郡县之官。

②养民：养育人民，让百姓休养生息。

③鞠承之可秦州通判：鞠承之，任秦州通判后又曾任永兴通判、两浙运判。秦州，今甘肃省天水市。通判，州府副长官，与太守共同处理政事，其主要职责掌管粮运、家田、水利和诉讼等事项。对州府长官有监察的责任。

今译

军政要务虽然简略，但百姓的事情乃是重点。通判监郡的职责，主要在于安养人民。

解析

该制敕是东坡先生在中书舍人任上，于元祐元年（1086年）代皇帝拟定的诏书。这里所说"专在养民"，虽然是通判的职责，其实也是州郡所有官吏的责任。《尚书·虞夏书·大禹谟》载："德惟善政，政在养民。"大意是所谓德政就是治理政事在于安养人民。安养人民就应做到民心为本，民意为先，民事为重，民生为大。墨子说得好："万民之所便利"、"则万民之亲可得之"。广大人民能得到便利，官员就可以得到广大人民的拥护，这就是为政之道的精髓。

语典

夫天下者，非君[1]有也，天下使君主[2]人耳。

——《御试制科策一道并策问》
（《苏轼文集》卷九，第299页）

注释

①君：国君。
②主：对事物有决定权力，主持，主宰。

今译

天下并不是国君私有的天下，只不过是让国君替百姓主持天下。

解析

本策问于嘉祐六年（1061年）八月二十五日，东坡先生应制科考试所呈的试卷之一。《孟子·尽心章句下》曰："民为贵，社稷次之，君为轻。是故得乎丘（众）民而为天子。"老百姓是最重要的，国家其次，国君为轻。得到民心的做天子。东坡先生正是尊奉儒家"民为贵"的思想，才大胆地劝谏仁宗皇帝，天下非你所有，只不过是人民委托你主持天下罢了。先生的劝谏，堪称"极谏"！

语典

才不究[1]于大用，命乃系于生民[2]。与时偕[3]进，不可则止。

——《贺赵大资少保致仕启[4]》

（《苏轼文集》卷四十七，第1347页）

注释

①究：究诘，穷究。

②生民：人民。

③偕：共同，一起。

④贺赵大资少保致仕启：赵大资(1008—1084年)，指赵抃(biàn)，字阅道，衢州西安(今属浙江)人，仁宗朝中进士乙科。神宗立，擢参知政事，后去位，复知成都等州。元丰二年(1079年)一月加太子少保致仕。

今译

才干不在于是否有大的任用，命运与民众联系在一起。伴随时势共同前进，如果行不通就停止。

解析

元丰二年(1079年)四月，东坡先生于徐州赴湖州任途经扬州，给赵抃以加太子少保致仕而呈贺启。“与时偕进”，语出《周易·损卦第四十一》：“损益盈虚，与时偕行。”大意指事物的减损增益，盈满亏虚，都是顺适其时而运行的。本章句“与时偕进”，与当今提出的“与时俱进”立意基本相同。由此可知，中华文化源远流长。

语典

谁知忧患中，方寸寓羲轩[①]。(略)
伫立[②]望原野，悲歌为黎元[③]。

——《正月十八日蔡州道上遇雪次子由韵二首》其二
(《苏轼诗集》卷二十，第 1020 页)

注释

①羲轩：伏羲、轩辕，均为传说中的远古帝王。
②伫立：长时间站立凝视。
③黎元：百姓。

今译

有谁知在忧愁患难之中，我的内心寄托着伏羲轩辕的悯农德行。(略) 我久久地凝视那悲凉的雪原，为苦难的百姓放声悲歌。

解析

元丰三年(1080 年) 正月十八日，东坡先生被押解至河南蔡州(今河南汝南县)时，他伫立在漫天飞雪的茫茫原野上，并没有去倾诉风雪途中的疾苦，而是首先从心底涌起一种“悲歌为黎元”的悯农情怀。其次，他道出了“晚岁益可羞，犯雪方南奔”的愧疚之心。这为他到黄州后，归诚佛僧，以道自遣，以求一新打下了思想基础。漫天飞雪时，他想到了百姓，冒雪南奔时，他羞愧自责。这就是以儒为宗、以民为本的苏东坡。

语典

宦游[①]无远近，民事要更尝[②]。

——《次韵子由送赵屼归觐钱塘遂赴永嘉》

（《苏轼诗集》卷十七，第858页）

注释

①宦游：宦，即官，宦游即做官。

②更尝：尝的本义为辨别滋味。更尝，指多亲身经历，实际体验。

今译

外出为官无论远近何方，要更多地关注和体验百姓的大小事情。

解析

东坡先生熙宁十年（1077年）四月二十一日到徐州任。七月十七日黄河决口，八月二十一日，水及徐州城下，为了确保古城不破，他身披蓑衣，脚穿草鞋，拄着木杖，身先士卒亲自指挥并参与抗洪抢险的艰苦战斗。为了稳定民心，他晚上住在城墙之上，几过家门而不入，坚定地向民众保证："只要有我在，水决不能败城！"经过七十多天的奋战，直到十月初五，洪水才渐渐消退，终于夺得了抗洪卫城的胜利。就在抗洪最初的七月，他写下了这首有感而发的诗篇，表达了誓与百姓共患难的决心。

语典

我来观政问风谣①，皆云"吠犬足生氂②"。

——《於潜令刁同年野翁亭》

（《苏轼诗集》卷九，第447页）

注释

①问风谣：采问风谣。

②氂(máo)：长毛。

今译

我来这里，通过采问风谣以考察政情，都说善于叫的狗脚下生了长毛。

解析

熙宁六年（1073年）三月，东坡先生通判杭州至於潜县考察，该县县令刁璹(shú)与东坡先生是同年进士。通过民风民谣考察政情是古代观政的途径之一。民间传颂着民谣对刁县令政绩予以评价，其中一句是"吠犬足生氂"，意为百姓安居乐业，无盗窃之忧。

语典

凡民之行[①]，以身先之，则不令而行；凡民之事，以身劳之，则虽勤[②]不怨。

——《论语说·子路篇》

（《三苏全书》卷下，第三册，第227页）

注释

①行：此指实行，进行。

②勤：此为劳倦，辛勤。

今译

凡是要群众实行的事，自己身先士卒带头实行，这样就会达到不需命令群众自觉实行；凡是群众的事情，亲身去努力做，这样群众虽然辛勤劳累但没有怨言。

解析

《论语说》是于元丰三年（1080年）至元丰五年（1082年）之间，东坡先生作于黄州贬所，但现佚存仅一百三十余条。本文是先生对《论语·子路篇》“子曰：‘先之，劳之。’请益，曰：‘无倦’”对话的诠释。子路向老师询问为政之道，孔子指出为政三原则，即“先”、“劳”和“无倦”。也就是说为政者要身先士卒，身体力行，以实践做出示范而不辞劳倦。先生尊崇孔子的教导，将孔子的为政之道进一步归纳为“民之行”而“身先之”，“民之事”而“身劳之”。这样做，群众会受到感染“不令而行”；为政者尽管为此付出辛劳，但“虽勤不怨”。群众能做到“不令而行”，为政者能做到“虽勤不怨”，如此上下协调和蔼，就会出现政治清明的景象。让“以身先之”、“以身劳之”作为一切管理者的“座右铭”，并忠实地实践，将会出现“不令而行”、“政通人和”的崭新局面。

语典

万方[①]何以报，得疾[②]为勤民[③]。

——《大行太皇太后高氏挽词二首》其二

（《苏轼诗集》卷三十六，第1978页）

注释

①万方：四方，普天下。
②疾：急速。
③勤民：尽心尽力为民忧劳。

今译

用什么报偿普天下百姓，应该尽快地为人民而辛劳。

解析

本诗是东坡先生于元祐八年（1093年）九月三日后，作于京城开封。虽然本章句是对太皇太后高氏逝世后的赞词，但也是古今好官良吏基本的优秀品质。说它“优秀”，在于一个“报”、一个“勤”。只有怀着对百姓“报偿”的爱民之心，就能有“尽心尽力，无所爱惜”的勤民之作为。

语典

民劳[1]吏无德，岁美[2]天有道。(略)
诏书宽积欠[3]，父老颜色好。

——《和陶饮酒二十首》其十一
(《苏轼诗集》卷三十五，第 1887 页)

注释

①民劳：赋税沉重，徭役繁多，百姓劳苦。
②岁美：谓年岁丰美。
③积欠：历年所欠款项。

今译

百姓劳苦是因为官员无爱民之德，年岁丰饶，是因为上天有作美之情。(略)朝廷颁诏宽缓农民历年积欠，乡村父老，脸上露出欢悦的喜色。

解析

本诗于元祐七年(1092 年)七月作于扬州。东坡先生于元祐七年(1092 年)二月，以龙图阁学士充淮南东路兵马钤辖知扬州军州事。从颍州到扬州的途中，他亲入村落访民疾苦，获知农民为积欠所困压的真实情况。同年五月十六日，先生依所见所闻，向朝廷呈《论积欠六事并乞检会应诏所论四事一处行下状》。后来又连续上《再论积欠六事四事搭子》。先生在上书中云："访闻淮浙积欠最多，累岁灾伤，流殍相属。今来淮南始获一麦，浙西未保丰凶。应淮南东西，浙西诸般欠负，不问新旧，有无官本，并特与权住催理一年。""使久困之民，稍知一饱之乐。"先生忽然从饮酒想到农民的积欠，并申言："民劳吏无德。"对此，清乾嘉年间学者温汝能，在其《和陶合笺》卷三中对先生所上的奏言评曰："观其忠君爱民之心，和蔼溢出于言表，虽古之大臣，亦无以过也。"

语典

古之善治者，未尝与民争，而听其自择，然后从而导[1]之。

——(《东坡易传·涣卦》卷六，第109页)

民之所思，思夫有德而争[2]民者也。

——(《东坡易传·涣卦[3]》卷六、第110页)

注释

①导：引导。
②争：争取。
③涣卦：《周易》第五十九卦，象征涣散、流散，寓意有正就会有反，有聚合就会有涣散。

今译

古代善于治理天下的人未曾与百姓争利，而是听其百姓自我选择，然后引导他们。
百姓所怀念的，是那些有仁德并且能够为民众争取利益的人。

解析

《东坡易传》是在元丰三年(1080年)至元丰五年(1082年)之间，东坡先生初成于黄州贬所。本文是先生分别对《涣卦·象传》及"六四""象传"爻辞的解说。并依此推演出民众怀念"有德而争民者"的哲理。不与民争利，是儒家治国之智慧。对此，董仲舒形象地譬喻："夫天亦有所分予，予之齿者去其角，傅其翼者两其足，是所受大者不得取小也。"其意是说，上天对动物有所分予，有牙齿无角，有角无牙齿。有翅膀仅两只足，无翅则四只足，这样使其互不争利。接着他应用到人事，说："故受禄人家，食禄而已，不与民争业，然后利可均布，而民可家足。此上天之理，而亦太古之道。"董仲舒言："不与民争业。"东坡先生言："善治者未尝与民争。"都是儒家"民本"思想的体现。先生说得好：让民"听其自择，然后从而导之"，此乃"民之所思"哉。

语典

位之存亡寄乎民，民之死生寄乎财，故夺民财者，害其生者也，害其生者，贱[1]其位者也，甚矣，斯[2]言之可畏也！以是[3]亡国者多矣！

——(《东坡易传·系辞传下[4]》卷八，第136页)

注释

①贱：伤害。

②斯：也。

③以是：因此。

④系辞传：总论《易经》大义，解释卦爻辞的意义及卦象爻位，所用的方法及揲蓍求卦的过程。

今译

君位是“存”是“亡”，寄托在百姓的身上，百姓的死生寄托在财产上，所以剥夺百姓的财产，就是谋害百姓的性命。谋害百姓性命，也就是危害自己的君位。太严重了！这论断多么令人畏惧啊！因为这个缘故而亡国的实在太多了。

解析

《东坡易传》是在元丰三年(1080年)至元丰五年(1082年)之间，东坡先生初成于黄州贬所。本文是先生对《系辞传下》“天地之大德曰生，圣人之大宝曰位，何以守位曰仁，何以聚人曰财，理财正辞，禁民为非曰义”之义辞的解说。《尚书·五子之歌》曰：“民可近，不可下，民惟邦本，本固邦宁。(略)予临兆民，懔乎若朽索之驭六马，为人上者，奈何不敬?”对待百姓，只可以亲近，不可以视为卑贱。只有百姓才是立国的根本，根本稳固了，国家才会安宁。(略)我们面对亿万人民，畏惧的心情就好像用腐朽的绳索架着六匹马车一样。地位在上的人，为什么不谨慎呢?记录距今四千多年前虞、夏、商、周政事的《尚书》，向当政的继承者们告诫：“民为邦本。”要以“若朽索之驭六马”，即如履薄冰，如临深渊般地小心谨慎地对待百姓。这如同先生在本文中曰：“甚矣，斯言之可畏也!”春秋时期的政治家，先秦诸子中法家的代表人物管子亦曰：“取于民有度，用之有止，国虽小必安；取于民无度，用之不止，国虽大必危。”对人民征收无度，用财无节制的，国大必危。有鉴如此，东坡先生为新法向皇帝上书中说：“失民而得财，明者不为。”明智者为何不敢为?因为“夺民财”、“害其生”，这样掠夺百姓，“忘国者多矣!”

语典

夫欲知其君[①]，则观其民，故我之生[②]，则君之所为也。知君之所为，则进退[③]决矣。

——(《东坡易传·观卦[④]》卷二，第39页)

注释

①君：此指君主。

②生：指生民。

③进退：前进和后退，知道取舍，做出选择，此指出仕和退隐。进，入朝为官。退，退役为民。

④观卦：《周易》第二十卦，意味着观察，且观察要仔细。

今译

想要了解君主的作为，就视察民众的反映，所以我之生民的生存状态，就是为君的所作所为的体现。知道君主的作为，那么，我的进退取舍也就容易决定了。

解析

《东坡易传》是东坡先生于元丰三年(1080年)至元丰五年(1082年)之间，作于黄州贬所。本文是《观卦》“六三”“观我生进退”爻辞的解说。“观我生”可以有两种解释：“一般认为是对自己的所作所为进行自我反观内省，以此来抉择动静进展。但更准确地讲，生是生民，是关注苍生百姓。”李择非的解释无疑是对的。从先生推演的义理看，“故我之生，则君之所为也”，“生”者，也应是生民之义。“观其民”而“知其君”；“知君所为”则“进退决矣”，这一义理符合儒家君子的进退观。子曰：“天下有道则见，无道则隐。”天下有道就出来行道，天下无道就隐居民间。这种知进退、辨荣耻的美德，是古代君子的操守和风骨。

语 典

孟子曰："以佚道使民，虽劳不怨；以生道杀民，虽死不怨杀者[①]。"使民知所以损我，凡以益我也，则信之矣[②]。

损者，下之所患[③]也，然且不顾而为之，则其利必有以轻其所患者矣。利不足以轻其所患，益不足以偿[④]其所损，则损且有咎[⑤]，是故可以无咎者，惟元吉[⑥]也。

——(《东坡易传·损卦[⑦]》卷四，第74页)

注 释

①"以佚道使民"四句：佚道，指安乐之道。生道，生存之道。杀，此为勒紧，严督。

②"使民知"三句：损，指损害。益，增益。

③患：忧虑。

④偿：补偿。

⑤咎：祸患。

⑥元吉：大吉。

⑦损卦：《周易》第四十一卦，寓意不能随便损失。

今 译

孟子说："用安乐的方法指使百姓，百姓虽然劳苦但不抱怨；以生的方式来严督百姓，百姓即使死去也不怨恨杀他们的人。让百姓知道之所以亏损我，都是为了增益我，那么，百姓就会信赖他了。"

亏损，是群众所担忧的，然而能够毫无顾虑地去做，那么其中必定让所忧虑的比所得的利益要轻。所得利益不足以使忧患减轻，利益不足以补偿其所损失，那么损害就会造成祸患，因此，不造成祸患，是因为大吉。

解 析

《东坡易传》是元丰三年(1080年)至元丰五年(1082年)之间，东坡先生初成于黄州贬所。本文是《损卦·彖辞》的解说。先生以该《彖辞》小结语"亏损的时候，心怀诚信，就会大吉，没有过错"爻辞之寓意，推演出"其利必有以轻其所患者"的处世义理。先生所言"利不足以轻其所患"，此为"因小失大"；先生所指"益不足以偿其所损"，此为"得不偿失"。凡"因小失大"、"得不偿失"的事，则为天下之患。还是孟子说得对，"以佚道使民"、"以生道杀民"、"虽劳"抑或"虽死"，都无怨恨，此堪称治世之"德政"。

语典

所谓三事[①]也，《春秋传》曰：民生厚而德正，用利而事节。正德[②]者，管子所谓："仓禀[③]实而知礼节，衣食足而知荣辱也。"利用[④]，利器用也；厚生，时使薄敛也[⑤]，使民之赖其生也者。

——《东坡书传·大禹谟[⑥]》

（《三苏全书·经书》卷三，第一册，第467页）

注释

①三事：指"正德，利用，厚生"。

②正德：使人们的道德行为正当。德，儒家指父慈、子孝、兄友、弟恭、夫义、妇听。

③仓禀：贮藏米谷的仓库。

④利用：为人民兴利除弊，交流财物，制作器用而不缺乏。

⑤"厚生"二句：厚生，指轻徭薄赋，不夺农时，使人民丰衣足食。薄敛，减轻赋税。

⑥大禹谟：大禹，舜的臣子，治理洪水，建立了大功，后人尊称为大禹。谟，谋。本篇首段记叙了大禹、伯益和舜谋划政事，所以叫《大禹谟》。

今译

所谓三件事，《春秋传》说：人民的生活厚实而道德端正，兴其利而民事节俭。使人民的道德端正，就如同管子所说："仓库粮食充足，百姓就自然懂礼节，衣服和粮食充足，百姓就自然知荣辱。""利用"，让器用不缺；"厚生"减轻徭役赋税，这样使人民赖以生存。

解析

《东坡书传》是东坡先生于元丰三年（1080年）至元丰五年（1082年）之间，初成于黄州贬所。本文是先生对《大禹谟》"正德利用厚生惟和"原文的阐释。《大禹谟》是舜帝与大臣禹、益、皋陶讨论政务的记录，三位大臣分别阐述了治国的见解。先生解释的原文，是禹在讨论中的执政主张，即"三事"。这三件事的内容是：端正人民的道德、便利人民的用物、富足人民的生活，并使这三件事配合实行。这三件事用今天的话说，就是"教民"、"便民"、"富民"。大禹是夏朝的第一位执政者，距今约4000年。也就是说，在约4000年前，我国古代先民部落的首领，就懂得以民为本的道理。他所倡导的执政"三事"，不仅成为了历朝历代贤君们效法的原典，即使在当今现代化社会，仍然是强国富民的根本韬略。

语典

民可近者，言民可亲近而不可疏[1]也，不可下者，言民可敬而不可贱。若自贤而愚人，以愚人视天下[2]，则一夫可以胜我矣。一人三失[3]者，失民则失天，失天则失国也。

——《东坡书传·五子之歌》

（《三苏全书·经部》卷六，第一册，第539页）

注释

①疏：违背。

②"若自贤"二句：前一"愚人"，愚弄人。后一"愚人"，愚昧。

③一人三失：一个人有许多失误。

今译

"民可近"，是说人民可亲近而不可以违背；"不可下"，是说人民可以尊敬而不可使之卑贱。如果自以为贤而愚弄人民，以愚昧的眼光看天下，那么一个人可能胜过我啊！一个人有许多失误，但失民就等于失天，失天就丧失国家。

解析

《东坡书传》是在元丰三年（1080年）至元丰五年（1082年）之间，东坡先生初成于黄州贬所。本文是先生对《尚书·五子之歌》的解说。该歌词前半部曰："五子咸怨，述大禹之戒以作歌。其一曰：'皇祖有训，民可近，不可下，民惟邦本，本固邦宁。予视天下愚夫愚妇一能胜予，一人三失，怨岂在明，不见是图。'"

《五子之歌》是讲夏启的儿子太康丧失帝位，他的五个弟弟在洛水北岸等待他回国，作此歌。语典中歌词的内容大意是：祖先大禹有训示，对待人民只可亲近，不可以认为他们是卑贱的。只有人民才是立国的根本，根本稳固了，国家才会安宁。我认为天下的愚人都能胜过我。一个人有许多失误、怨恨，难道要在明显的时候才去考虑吗？应该在还没有形成的时候就加以图谋。先生推重"民可近"、"不可下"的古训，并据此推演出"失民则失天，失天则失国"的经世哲理。然而后世的在上位者，他们视自己为"天子"，而视人民如"草芥"，哪里懂得"民可亲近而不可疏"、"民可敬而不可贱"之天理。故而天怒人怨，落得"败国而亡家"的下场。

语典

圣人以民心为存亡，一失其心，无动而非怨者。赏，则谓之私；罚，则谓之虐[①]；作，德则谓之伪；不作，则谓之漫[②]。令出而不信，无事而致谤，皆王之咎[③]也。

——《东坡书传·君牙[④]》

（《三苏全书·经部》卷十八，第二册，第218页）

注释

①虐：虐害（残害）。

②漫：轻漫，轻视。

③咎：过失。

④君牙：人名，引作"君雅"，周穆王时的大司徒（掌军国支计）。

今译

圣王把国家存亡系于民心，一旦失去民心，没有什么行动而不抱怨的。赏，就称之为徇私；罚，就称之为虐害；作，其德性称之为虚伪；不作，就称之为轻漫。政令发出而不信任，没有什么事不遭毁谤，这些都是君王的过失。

解析

《东坡书传》是在元丰三年（1080年）至元丰五年（1082年）之间，东坡先生初成于黄州贬所。本文是先生对《尚书·君牙》"尔身克正，罔敢弗正，民心罔中，惟尔之中"册书的解说。大意是：如果你自己能够端正，没有人敢不端正，民心不知道中正，希望你表现出中正。先生据此推演出"以心为存亡"的为政哲理。《管子·牧民》曰："政之所兴，在顺民心；政之所废，在逆民心。"这里强调国政之兴废，全在对民心顺逆之间。孟子曰："失其民者，失其心也。得天下有道：得其民，斯得天下矣。得其民有道：得其心，斯得民矣。得其心有道：所欲，与之、聚之；所恶，勿施尔也。"丧失老百姓拥戴的原因，是失去了民心。获得天下的方法：获得老百姓拥戴，这样就会获得天下。获得老百姓的方法：获得老百姓的人心，这样就会获得老百姓。获得民心的方法：百姓想要得到的，给予他们，并且积蓄起来更多地给予；人民所厌恶的，不要强加在他们头上，如此而已。孟子在这里不仅强调了"得天下"—"得其民"—"得其心"的逻辑结论，还指出得民心之道：给百姓之"所欲"，禁百姓之"所恶"。历代圣贤纵论"民心"之伟；历史成败铭刻着"民心"之重。民心，决定兴废；民心，左右存亡，此乃千古不易之理。

语典

邻里有异趣[1]。
数面自成亲。

——《次韵和王巩六首》其四
（《苏轼诗集》卷二十一，第1129页）

注释

①异趣：异乎寻常的情趣。

今译

邻里之间有着异乎寻常的情趣。多次见面自然成了亲戚。

解析

东坡先生谪居黄州五年间，与黄州乡亲建立了深厚的友谊。《记游定惠院》，真实地记录了他在元丰七年（1084年）三月三日这天，到黄州乡邻串门的情景。这天，他和参寥师、崔成老及二三友人，先在定惠院小山海棠树下饮过酒，接着去有着竹林花园的尚家，在他家的小板阁楼上醉卧休憩一会儿。稍醒，听从庐山来访的崔成老，以雷氏琴演奏的一曲《悲风晓月》。之后出城东买一可以注水浸泡瓜李的大木盆。后又沿着小沟岸到何圣可、韩毅甫竹园。并在何圣可竹荫下置酒欢饮。一会儿，黄州府主簿刘唐年送来了味道极美的馈油煎饼，东坡先生取名曰“为甚酥”。饮罢，东坡先生在何圣可苗圃里要了一棵橘树苗，准备移种雪堂西边。类似这样像走亲戚般的串门，他习以为常。他走哪里即可叩门饮茶解温饱。他把黄州人当成了亲戚，黄州人也把他视为了自家人。

语典

黄州今年大雪盈尺，吾方种麦东坡，得此，固我所喜。但舍外无薪米者，亦为之耿耿[1]不寐，悲夫。

——《书雪》

（《苏轼文集》卷七十一，第2259页）

注释

①耿耿：此指心中挂怀、不安的样子。

今译

黄州今年大雪有一尺多深，我刚种麦子于东坡，遇到这场大雪，固然是我所高兴的。但是屋外无柴无米的人，也会因此耿耿于怀而难以入睡，对此，我不禁感到悲哀啊！

解析

本文是东坡先生于元丰四年（1081年）十二月作于黄州贬所。元丰四年（1081年）是先生来黄州的第二年。这一年的二月，马梦得帮助先生申请以黄州东门外故营地数十亩，号曰东坡。为了全家人之温饱，先生率家人躬耕之中。古语云："瑞雪兆丰年。"先生为这场"盈尺"的大雪而喜不自禁。然而，此时他想起舍外无柴无米之人，他们该为这场大雪而"耿耿不寐"。故而先生慨然长叹："悲夫！"先生发自内心的感叹，充分体现了他那"雨顺风调百谷登，民不饥寒为上瑞"的爱民情怀。

语典

扬州芍药[①]为天下冠，蔡京[②]为守，始作万花会，用花十余万枝。既残圃园[③]，又吏因缘为奸，民大病[④]之。

予始至，问民疾苦，遂首罢之。万花会本洛阳故事，而人效之，以一笑乐为穷民之害。

——《以乐害民》

(《苏轼文集》卷七十二，第 2293 页)

注释

①芍药：多年生草本植物，夏初开大花，供观赏，根可入药。

②蔡京：字元长，北宋权相之一，官至太师。此人先后四次为相，共达十七年之久。北宋末，太学士陈东上书，称蔡京为“六贼之首”。宋钦宗即位后，蔡京被贬岭南，途中死于潭州(今湖南长沙)。蔡京曾任扬州知州，仿效洛阳办万花会。

③既残圃园：《仇池笔记》作“既困诸邑”。

④大病：病，此指祸害。大病指大的灾害。

今译

扬州的芍药为天下之冠，蔡京任太守时，始创万花会，用了芍药花十余万枝，把花农圃园的花都搬空了，同时经办的官吏借此作奸谋利，成为当地百姓一大灾祸。

我开始到扬州，通过访民问苦，知道万花会的危害，便首次禁止停办。万花会原来是洛阳从前的事，而人效仿，以图官员一笑而坑害了劳苦人民。

解析

本文是东坡先生元祐七年(1092 年)，在扬州任军州事时所作。仁宗天圣七年(1029 年)九月，时任洛阳太守钱惟演首创万花会。蔡京任扬州太守时，仿效洛阳万花会的盛事，在扬州亦开始大办万花会。东坡先生于元祐七年(1092 年)三月十六日到扬州任。通过“问民疾苦”，发现万花会有两大祸害：其一，官吏“因缘为奸”。其二，“民大病之”。其结论是：“以一笑乐为穷民之害。”即先生为本篇名：“以乐害民”。故而果断地罢停花会。信如斯言，官得“一笑乐”而民受“无穷害”，这样劳民伤财的奢靡之事，怎能不禁？正如宋·张邦基在《墨庄漫录》引中所评曰：“花会乃扬州大害，已罢之矣。虽杀风景，免造业也。”

语典

言可听而不行，事可行而功不可成，功可成而民不可安，是功未始①成也。

——《乃言底可绩》

（《苏轼文集》卷六，第165页）

注释

①未始：未必，不一定。

今译

言辞很好听但不执行，事情虽然执行但没有功效，虽然有其功绩但老百姓不能得到安定好处，的确未必算成功。

解析

本文系至和二年(1055年)三月，东坡先生与弟子由赴京秋试，途经成都拜会名人张方平所呈的文章之一。本文是对《尚书·舜典》“询事考言”，即考察人的言辞展开议论。本章句突出阐释什么是好的言辞和衡量言辞好坏的标准。那就是“民可安”。即把老百姓的感受，老百姓的福祉作为判断言行的唯一标准。明代学者吕坤说得好：“取天下，守天下，只在一种人上加意念，一个字上做功夫。一种人是哪个？曰民。一个字是什么？曰安。”从所选章句之旨意，足见先生以民为本思想的鲜明、坚定。一位封建时代的士大夫，能有如此之民本观实在是难能可贵。

语典

政拙年年祈水旱[①]，民劳处处避嘲讴[②]。(略)
此生岁月行飘忽，晚节功名亦谬悠[③]。

——《次韵周开祖长官见寄》
(《苏轼诗集》卷十九，第981页)

注释

①“政拙”句：政拙，不善为政。祈，向神求福。
② 嘲讴：嘲，讥笑。讴，歌唱、民歌。嘲讴，谣。
③ 谬悠：虚空修远，引申为荒诞无稽。

今译

因为不善为政，故年年祈神免灾，看到老百姓苦我到处躲避讽政的民谣。(略)
此生岁月行踪飘忽不定，晚年气节、功业和名声，将是荒诞而虚妄的。

解析

此诗为东坡先生于元丰二年(1079年)六月作湖州任上，即“乌台诗案”案发前两个月左右。他连续两次上书神宗皇帝，反对王安石变法。由此数年之间他辗转于杭州、密州、徐州、湖州，感叹自己疲于奔命，将老于道途。显然此诗确有对自己未蒙朝廷擢用的抱怨，但更多的是对自己未能实现经国济民的人生理想而感到的茫然和自责。在他看来，年年闹水旱，自己“政拙”难辞其咎，故而观风听政之民谣让他羞愧不已。一位从小立有报国之志的知识分子，那种不安于现状、渴望建立功业的心愿跃然纸上，让人感动。

语典

青衫[1]半作霜叶枯，遇民如儿吏如奴[2]。

吏民莫作官长看，我是识字耕田夫。

——《庆源宣义王丈[3]以累举得官，为洪雅主簿，雅州户掾。遇吏民如家人，人安乐之。既谢事，居眉之青神瑞草桥，放怀自得。有书来求红带，既以遗之，且作诗为戏，请黄鲁直、秦少游各为赋一首，为老人光华》

（《苏轼诗集》卷三十，第1581页）

注释

①青衫：按唐制官八品或九品者服青衫，言官职低微。

②“遇民”句：以民为儿女，以吏为仆人。

③王丈：苏东坡之叔丈王庆源，名群，字子众。曾任洪雅主簿，雅州户曹参军。

今译

青色衣衫差不多变成已枯的霜叶，待百姓如同儿女，视为官者如仆人。

属僚和百姓莫把我当长官看待，我只不过是能识字的种田人。

解析

本诗于元祐三年(1088年)夏作于汴京开封。东坡先生的叔丈王庆源，退休后回到眉山青神老家，以书求红带。他以王庆源的身份写了这首诗，赞颂叔丈为官本色。古时称地方官员为“父母官”，意应为百姓当家作主，视百姓为儿女亲人。不仅如此，他还提出对官员“莫作官长看”，应把官员视为百姓仆人，并真诚地把自己当作“识字耕田夫”。

语典

我愿天公怜赤子[1]，莫生尤物为疮痏[2]。
雨顺风调百谷登，民不饥寒为上瑞[3]。

——《荔枝叹》

（《苏轼诗集》卷三十九，第2127页）

注释

①赤子：指纯洁善良的百姓。
②“莫生”句：尤物，尤的意思指特别突出，此指珍贵物品。疮痏（chuāng wěi）：创伤、瘢痕。
③上瑞：极好的祥瑞。

今译

我愿老天同情老百姓，不要让宝物变为疮毒。
风调风顺粮食丰收，人民不饥饿寒冷，这才是最好的祥瑞。

解析

《荔枝叹》是东坡先生于绍圣二年（1095年）夏，作于惠州的著名诗篇。诗中揭露了唐明皇爱妃杨贵妃喜吃新鲜荔枝，而出现的“飞车跨山”向京城运送荔枝的情景。发出了“宫中美人一破颜，惊尘溅血流千载”的慨愤。更为深刻的是，先生在后八句诗中，对本朝“争新买宠”的“前丁”（宋真宗宰相丁谓）、“后蔡”（宋仁宗枢密院直学士蔡襄）、“洛阳相君”（历仕真宗、仁宗宰相的钱惟演），指名道姓披露其买宠行径。更为大胆的是，所谓“今年斗品充官茶”（“斗品”，是指参加比赛的高级茶；“充官茶”即充贡茶），无异于直接影射当朝皇帝宋哲宗。这就是“秉德直义”、“独立不惧”的苏学士，这就是苏东坡“使某不言，谁当言者”的坦荡胸襟。

语典

物不可久，势将自穷[1]。欲民生而无倦，在世变以能通[2]。

——《通其变使民不倦赋·通物之变民用无倦》

（《苏轼文集》卷一，第25页）

注释

①“物不可久”二句：久，长久，此指久远无变化。穷，穷尽，此指衰亡。

②“欲民生而无倦”二句：倦，疲乏，倦怠。通，通达，无阻碍。

今译

事物不可能长久没有变化，否则，势必走向衰亡。要想让百姓对生存抱有希望，就在于世事的变革以期通达无碍。

解析

此赋写作年代有两种意见，一种认为当作于仁宗嘉祐二年（1057年）二月，东坡先生在京城应进士省试时。另一种意见认为，哲宗元祐元年（1086年），是针对司马光尽废新法，重归旧制而作。提出此赋是先生应进士试考题时作，似乎不妥。因为先生应进士卷题目是《刑赏忠厚之至论》。该赋所拟之题，出自《周易·系辞下》：“通物之变民用无倦。”由此推断，该赋是先生因针对司马光尽废新法而作。所引之文，表明先生尽管对王安石新法持反对态度，但他认理不认人，决不赞同司马光的唯旧是宗，死守旧制而尽废新法。从根本上讲，先生与王安石在变革问题上的分歧不在目的，而在于方式、手段。他此生的政治理想，仍然坚持他在应贤良方正直言极谏策问时，所献二十五篇策论的政治主张。这种政治主张是：“涤荡振刷”、“动而不息”主张渐变，反对以“征诛”的方式，狠下猛药的骤变。

语典

夫三代[1]之君，惟[2]不忍鄙[3]其民而欺之，（略）以其民亲而爱之。

——《〈书〉论》

（《苏轼文集》卷二，第55页）

注释

①三代：是对中国历史上的夏、商、周三个朝代的合称。

②惟：此处相当于“在于”。

③鄙：轻蔑，看不起。

今译

夏、商、周三代的明君，在于不容忍轻视看不起自己的百姓并欺诈他们。

解析

本论及其他四论为于嘉祐五年（1060年）应制科考试前所预交的五十篇论策之一。根据《苏轼文集校注》（文集一）提示，《易论》、《书论》、《诗论》、《礼论》、《春秋论》五篇，载于《栾城应诏集》卷四，而不载于《东坡七集》，认为五篇文论均为苏辙而非苏轼所作，然前人于此皆无考。《苏轼文集校注》认为，东坡先生兄弟俩同应制科，按法定要求，每人须预交论、策五十篇。为此，兄弟俩必对论题进行过共商合拟，观其文风如出一人之手，故谓苏轼、苏辙合作亦未尝不可。先生认为三代之君皆为圣人，施行的是“圣王之道”。所谓王道，即以仁义治天下，德政安抚臣民的统治方法，常与以武力争胜的霸道相对称。先生在这里对以仁治国的王道作了明确的诠释，即对百姓不“鄙”而“欺”，要“亲”而“爱”。这种对百姓“亲而爱”的民本思想，难道不是为当今的公务员树立了一面自省的镜子吗？

语典

欲民之知信，则莫若务实真言[1]。欲民之知义，则莫若务去其贪[2]。

——《策别安万民一·敦[3]教化》

（《苏轼文集》卷八，第255页）

注释

①“欲民之知信”二句：信，诚信。莫若，不如，比不上。真言，真话。

②“欲民之知义”二句：义，公正合宜的举动。贪，贪婪。

③敦：督促。

今译

要想让民众知道诚信，就不如追求实际讲真话。要想让民众知道仁义，就不如务必消除贪婪。

解析

本策问于嘉祐五年（1060年）八月，为东坡先生应制科考试所呈策卷之一。先生把“敦教化”，列为安万民第一条。民众的道德教育主要抓两点：一是“信”，二是“义”。“信”、“义”是“五常”（儒家的人生规则）中的主要内容。“信”，是做人的根本，是兴业之道，治世之道。“义”，与仁并用为道德的代表，是一种人生观、价值观，更是人生的责任和奉献。先生还进一步作深入阐述，把讲真话当作诚信的主要标志；把不贪婪当作知仁义的第一要义。一个人如果在信、义两方面有修炼，其他仁（常与义联系在一起）、礼（是仪式）、智（是思想），就可以同步得到提升。

语典

人主之所恃[1]者，人心而已。人心之于人主也，如木之有根，如灯之有膏[2]，如鱼之有水，如农夫之有田，如商贾[3]之有财。木无根则槁[4]，灯无膏则灭，鱼无水则死，农夫无田则饥，商贾无财则贫，人主失人心则亡。

——《上神宗皇帝书》

（《苏轼文集》卷二十五，第730页）

注释

①恃：依赖，仗着。

②膏：脂油。

③商贾(gǔ)：古代对商人的称呼，释为行商坐贾，行走贩卖货物为商，住着出售货物为贾。二字连用，泛指做买卖的人。

④ 槁：枯干。

今译

君主所依恃的，是人心而已。人心对于君主而言，就如同树林有根，如灯有油脂，如鱼有水，如农夫有田，行商坐贾有财。树木没有根就会枯干，灯无油脂就会熄灭，鱼无水就会死去，农夫无田就会受饥饿，行商坐贾无财就会贫穷，君主失去人心就会灭亡。

解析

熙宁四年(1069年)二月，在神宗的鼓励下，东坡先生以七千余言的《上神宗皇帝书》，奉劝神宗"结人心，厚风俗，存纪纲"，并对新法展开了全面的批判。本章句论述"人主"与"人心"的依存关系，先生连续用了五个比喻："如木之有根，如灯之有膏，如鱼之有水，如农夫之有田，如商贾之有财。"说明"人心之于人主"的重要性。岂止是"人主"不能失"人心"，凡从政为官者，都要切记："人主失人心则亡"的千古教言。

语典

自古存亡之所寄[①]者，四人而已，一曰民，二曰军，三曰吏，四曰士，此四人者一失其心，则足以生变。

——《再上皇帝书》

（《苏轼文集》卷二十五，第749页）

注释

①自古存亡之所寄句：存亡，指国家的生存与灭亡。寄，托付。

今译

自古国家生存与灭亡所托付的，不过四种人而已，一是百姓，二是军队，三是官吏，四是士大夫，读书人。这四种人当中若失去一种人的支持，就足以发生动乱。

解析

该奏议作于熙宁四年(1071年)三月。先生敢于以直史馆权开封府推官的九品之微命，连续两次上书神宗皇帝，对新法展开全面批判，确实需要政治胆识。本章句提出的国之存亡寄于四类人的谏言，应是古今国是之恒言。而把“民”列为首位，这正是先生一贯的民本思想的体现。汉代贾谊曰：“民者，万世之本也。”《尚书》有言：“民惟邦本，本固邦宁。”而熙宁新法之“青苗法”、“市易法”等，后来成为新兴官僚集团敛财扰民的工具。所以先生不顾个人安危，一而再地上书诤谏，就不难理解了。

语典

惟爱身者为能爱民，惟知义者为能知利。以尔临事有守[①]，信道不回[②]，（略）政成民悦。

——《谢卿材可直秘阁福建转运使》

（《苏轼文集》卷三十八，第1067页）

注释

①守：操守，节操。

②信道不回：信道，指信奉正道。不回，正直，不行邪僻。

今译

只有重视自身的修养才能有热爱人民的品质，只有知晓道义的人才能知晓谋利。以你为官富有操守，信奉正道而不行邪僻，（略）就能使为政有成，让百姓欢悦。

解析

该制敕是东坡先生于元祐元年（1086年），在中书舍人任上所撰。先生指出了“爱身”与“爱民”、“知义”与“知利”的辩证关系。前者为因，后者为果。只有处理好这两者之间的关系，才会“临事有守”、“信道不回”。也只有做到“有守”与“不回”，才会有“政成民悦”，政通人和的局面。

语典

“自古皆有死，民无信不立。①”信之为德也，重于兵而急于食。

——《作周恭先作周孚先》

（《苏轼文集》卷六，第170页）

注释

①“自古”两句：语出《论语·颜渊篇》。

今译

自古以来，人总有一死，但是人如果不讲信用就不能在社会上立足。诚信是人的美德，它比军事武装重要，比吃饭还要重要。

解析

此文约于至和二年(1055年)，东坡先生时年二十岁作于成都。《作周恭先作周孚先》，语出《尚书·洛诰》。所谓“作周恭先”(“恭”，通法)，指作创立周法的先例。所谓“作周孚先”(“孚”，通郛，古代的外城)，指作修建治邑的先导，故曰作周郛先。简言之，周公之所以创立新法，建外城洛邑，成为后世的楷模，“不过于恭与信而已”，即不过笃守、恭敬和信用而已。故东坡先生秉承孔子之教，在该文最后点明要义：“信之为德也，重于兵而急于食。”把诚信之道，再一次提到道德的高地。

语典

万物自生自成，故天地设而已。圣人无能，因天下之已能，而遂成[1]之。故人为我谋之明，鬼为我谋之幽[2]，百姓之愚可使与知[3]焉。

——(《东坡易传·系辞传[4]下》卷八，第144页)

注释

①遂成：成就。

②鬼为我谋之幽：鬼，这里指的是预测吉凶的卜筮方法。先生在《说卦传》中曰："天地鬼神不能与人接也，故以蓍龟为之介绍。"

③与知：参与知道。

④系辞传：总论《圣经》大义，解释卦义辞的意义及卦象爻位，所用的方法及揲蓍(shé shī)求卦的过程。

今译

万物自己生成，所以天地按序安排而已。圣人没有能力，凭借天下已具备的各种能力而最终成就自己。所以人为我谋利明显的事物，卜筮为我谋划幽隐的事物，百姓虽然愚弱也能参与其中。

解析

《东坡易传》是在元丰三年(1080年)至元丰五年(1082年)之间，东坡先生初成黄州贬所。本文是先生对《系辞传》"天地设位，圣人成能，人谋鬼谋，百姓与能"文辞的解说。管子曰："明主不用其智，而任圣人之智；不用其力，而任众人之力。故以圣人之智思虑者，无不知心；以众人之力起事者，无不成也。能自去而因天下之智力起，则身逸而福多。"明主不用他自己的智慧，而依靠圣人的智慧；不用他自己的力量，而依靠众人的力量。所以，用圣人的智慧思考问题，没有不了解的问题；用众人的力量举办事业，没有不成功的事业。能做到个人放手而依靠天下人的智慧与力量推动国事，那就自身安逸而多得其福。管子的智慧在于："能自去而因天下之智力起。"所谓"自去"，自动去掉独断专行，一人包打天下的弊端。而放手相信"天下之智"去推动事业发展。荀子在《劝学》中说得更具体："假舆马者，非利足也，而致千里；假舟楫者，非能水也，而绝江河。君子生非异也，善假于物也。"这意思是说，利用车马远行的人，虽然自己的双脚并不比别人的便利，却能够到达千里之远的地方；凭借船和桨渡河的人，虽然自己并没有好水性却能够横渡江河。君子并不是生性与别人有什么不同，不过在于善于利用客观事物而已。荀子的智慧给我们的启示是：君子"善假于物"。无论是管子的"因天下之智"，还是荀子的"善假于物"，其依托的理论基础是："因天下之已能。"问题在于，作为主事者，要主动地去发现和依靠天下之"人谋"、"鬼谋"及"百姓与能"。唯有如此，方能"遂成之"。

语典

富者，治之极[①]也。

以治极致富，则其富可久，此之谓大吉。

——（《苏轼易传·家人卦[②]》卷四，第68-69页）

注释

①极：尽，达到极致，即最高程度。

②家人卦：《周易》中的第三十七卦，论述治家之道。

今译

富裕的人家，是因家庭治理达到极致。

以最高境界的治理之道而致富，那么这个家庭的富裕就可以长久，因此将这称为“大吉”。

解析

《东坡易传》是在元丰三年（1080年）至元丰五年（1082年）之间，东坡先生初成于黄州贬所。本文是《家人卦·象传》“使家庭富足，大为吉祥，说明顺守本分，当居正位”及“家庭治理有序，当然会使家庭富足，所以大吉”的寓意，推演出“富者，治之极”的治家义理。而西汉文学家桓宽有言：“家在术数，不在劳身，利在势居，不在刀耕。”大意是治家在于方法与谋略，而不在于劳己，是否得利在于家的位置，而不在于就地挖坑下种。所谓“不义而富”，“一夜骤富”，“无本暴富”等，终会招致“大咎”。惟先生所言：“治极致富”，既当“可久”，又谓“大吉”。

语典

力均[1]以德，德均以义，则知胜负矣。

——《东坡书传·泰誓上》

（《三苏·全书·经部》卷九，第二册，第64页）

注释

①力均：力，指力量，权威。均，调和。

今译

将权威调和以仁德，将仁德调和以公正合宜，这样就算懂得之所以胜与负的道理了。

解析

《东坡书传》是在元丰三年（1080年）至元丰五年（1082年）之间，东坡先生初成于黄州，重订于惠州，成于儋州。本章句是先生对《尚书·泰誓上》“同力度德，同德度义”文辞的解说。此为周武王在伐商大会诸侯誓师词中的两句誓言：“力量相等就比道德，道德相配就比仁义。”先生将此句中的“度”换成“均”字，一字之差，含义大有变化。前者讲的是“比”，后者强调的是“和”。（西汉）刘安《淮南子·氾论》曰：“天地之气，莫大于和。和者，阴阳调，日夜分，而生物。春分而生，秋分而成，生之与成，必得和之精。故圣人之道，宽而栗，严而温，柔而直，猛而仁。太刚则折，太柔则卷，圣人正在刚柔之间，乃得道之本。”刘安在这里讲的圣人治国原则是：宽松而又坚定，威严而又温和，柔软而又刚直，猛烈而又仁慈等辩证方法。先生所言“力”均以“德”，“德”均以“义”，正是这种刚柔相济、宽猛并重的辩证治国之道。

语典

上帝付耳目[①]于民者，以其众而无私也。民所喜怒，威福[②]行焉，自天子达[③]，不避贵贱，有土者[④]可不敬哉。

——《东坡书传·皋陶谟[⑤]》

（《三苏全书·经部》卷三，第一册，第480页）

注释

①耳目：指视听，审察，了解。基本含义为，监视人或为别人收集情报者。

②威福：语出《尚书·洪范》“惟辟作福，惟辟作威。”孔颖达疏：“惟君作福得专赏人也，惟君作威专罚人也。”指统治者的赏罚之权。

③达：通达。

④有土者：指国君。

⑤皋陶谟：皋陶，是舜帝的大臣，掌管刑法狱讼。谟，就是谋。

今译

上帝将耳目付给人民，是因为人民众多而且无私。依人民之喜怒，行使赏罚之权，天子自应通达，不选择贵贱，掌有国土的执政者不能不敬畏谨慎啊！

解析

《东坡书传》是东坡先生于元丰三年（1080年）至元丰五年（1082年）之间，初成于黄州贬所。本文是先生对《尚书·皋陶谟》“天聪明，自我聪明。天明畏，自我民明威。达于上下，敬哉有土”之皋陶与大禹一段对话的解说。皋陶这段对话的意思：老天听取意见，观察问题，是从臣民那里听取意见，观察问题中得来的。老天表彰好人，惩治坏人，是根据臣民的意见表彰和惩治的。老天的意旨和臣民的意见是相通的。先生依据上述文义，推演出为政者之义理，应效法上天“付耳目于民”，因为人民“众而无私”。依人民“喜怒”之感受，行使“威福”的权力。而且在返还人民权利时，应“不避贵贱”，这是所有有权柄的人不能不敬畏的。这就是先生借皋陶之语，对当朝执政者的进谏与告诫。

语典

驭民若朽索之驭马[①]，不已过乎，曰：天下皆有所恃，民恃有司以安其身[②]。有司恃天子之法以安其位。惟天子无所恃，恃民心而已。民心携，则天子为独夫，谓之朽索不亦宜乎[③]！

——《东坡书传·五子之歌》

（《三苏全书·经部》卷六，第一册，第539页）

注释

①驭民若朽索之驭马句：第一个“驭”，意为管理控制。第二个“驭”，为驾驶。

②“天下皆有所恃”二句：恃，指“依赖”。有司，指主管部门的官吏。古代设官分职，各有专司，故称有司。

③“民心携”三句：携，此指分离。独夫，最早指商纣王。后用来指称不得民心的暴君。朽索，腐朽的绳索。

今译

管理控制人民像腐朽的绳索驾驭六匹马一样，这样说是否有点过分呢？我说：天下都有所依赖，人民依赖官吏，官吏依赖天子之法规以安抚自己的位置。唯有天子没有什么依赖，只依赖民心而已。民心分离，那么天子就成为独夫，把这种局面称之为腐朽的绳索难道不合适吗？

解析

《东坡书传》是在元丰三年（1080年）至元丰五年（1082年）之间，东坡先生初成于黄州贬所。本文是先生对《五子之歌》“懔乎若朽索之驭六马，为人上者，奈何不敬”的解说。上述歌词的大意是：畏惧的心情就好像用腐朽的绳索驾着六匹马一样。地位在人之上的人，为什么不敬畏谨慎呢？先生据此展开议论，深刻地指出：“民恃有司”，“有司恃天子”，只有天子“恃民心而已”。好一个“天子恃民心”！《太公六韬》有言：“天下非一人之天下，乃天下人之天下也。同天下之利者则得天下，擅天下之利者则失天下。”先生在《御试制科策一道并策问》中亦说：“夫天下者，非君也，天下使君主人身。”这意思是说，君主的权力是人民给你的，你所依靠的是“民心”。如果你撕裂民心，你就是“独夫”，你就是暴君！如此这般，难道君主不应该“若朽索之驭马”那样战战兢兢、如履薄冰吗？这就是先生所言“惟天子所恃民心”的根本理由。

语典

上富而下贫，则不均矣；君臣相忌[①]，则不和矣；民不信其上，则不安。有无相通谓之均，君臣相悦[②]谓之和，上下相保[③]谓之安。

——《论语说·季氏篇》

(《三苏全书·经部》卷下，第三册，第251页)

注释

①忌：猜忌。

②悦：和悦。

③相保：相互保护。

今译

上层人物富裕下层百姓贫穷，就是不均衡；君王与臣子相互猜忌，就不和睦；民众对上层不信任，就不安宁。富有的与一无所有的相平衡称之为均，君王与臣子相和悦称之为和，上下相互保护称之为安。

解析

《论语说》是在元丰三年(1080年)至元丰五年(1082年)之间，东坡先生作于黄州贬所，现佚存仅一百三十余条。本文是先生对《论语·季氏篇》“不患寡而患不均，不患贫而患不安”等原文的释义。朱熹对此关键字注释为：“寡，谓民少。贫，谓财乏。均，谓各得其分。安，谓上下相安。”先生在此章句中，不仅说明了“不均”、“不和”、“不安”等问题的根本原因，同时还指出促成其“均”、“和”、“安”的条件和基础。他认为社会之“均”，应达成“有无相通”；君臣之“和”，应做到相互和悦；国家要确保安定，就应该做到“上下相保”。这些论说中，其中也有不少言论可引发我们的思考，应从中吸取符合当代价值观的有关内容，从而做到古为今用。

语典

呜呼，彼君子者，独何修而得此于民哉？岂非始之以至诚，中之以不欲速，而终之以不懈欤[1]？视民如视其身，待其至愚者如其至贤者[2]，是谓至诚。至诚无近效，要在于自信而不惑，谓不欲速。不欲速则能久，久则功成，功成则易懈，君子济[3]之以恭，是谓不懈。行此三者，所以得之于民也。

——《论语说·子路篇》

（《三苏全书·经部》卷下，第三册，第232页）

注释

①“岂非始之”三句：至诚，指极忠诚，极真诚。不欲速，不只想图快。不懈，不懈怠。

②“视民如视其身”二句：至愚，非常愚鲁。至贤，最为贤明。

③济：此为弥补。

今译

唉！那些君子，为何独修得如此得民心呢？难道不是开始时以其极真诚的态度，中间不图快速，最终从不懈怠吗？对待百姓像对待自己一样；对待最愚鲁的如同最贤明的人一样；这就可以称之为至诚。至诚并非讲求眼前的时效，而是要对自己充满自信而不感到困惑，这就可以称之为不欲速。不欲速就能持久，持久就能成功，功成就容易懈怠，这时，君子以恭敬予以弥补，这就称之为不懈。遵循“至诚”、“不欲速”、“不懈”三者，所以才能得到民众的拥护。

解析

《论语说》是在元丰三年（1080年）至元丰五年（1082年）之间，东坡先生作于黄州贬所。本文是先生对《论语·子路篇》“子曰：‘无欲速，无见小利。欲速则不达，见小利则大事不成’”的对话的诠释。子夏担任莒父（鲁邑名）的长官，向孔子问政，孔子回答说：“不要求快，不要只看到小利。求快反而不能达到目的，只看到小利就不能成就大事。”先生遵循孔子的教言，认为从政而得民心，君子要修炼三种品性，即“至诚”、“不欲速”、“不懈”。孔子第十世孙，西汉经学家孔安国在其《论语孔氏训解》中曰：“事不可以速成，而欲其速则不达矣。小利妨大，则大事不成。”朱熹在其《四书章句集注》中曰：“欲事之速成，则急遽无序，反而不达。见小者之为利，则所就者小，而所失者大矣。”上述二贤，是对孔子答子夏问政的复述。而先生抓住行政过程中“始—中—终”三个环节予以补遗。只有“始”以“至诚”，“中”以“不欲速”，“终”以“不懈”，才能真正“得之民”。先生的阐释既有理论性又有实践意义，能对子夏们的问政提出具有可操作性的指导。

语典

多事始知田舍好，凶年偏觉野蔬香。

——《景纯[①]见和复次韵赠之二首》其二
（《苏轼诗集》卷十，第540页）

说静故知犹有动，无闲底处更求忙。

——《柳子玉[②]亦见和因此送之兼寄其兄子璋道人》
（《苏轼诗集》卷十一，第540页）

注释

①景纯：刁景纯，名约，润州任，天圣八年（1030年）进士。曾知越州、扬州等，后挂冠归润州。

②柳子玉：名瑾，丹徒（今江苏镇江市）人，庆历二年（1042年）进士，其子仲远与先生堂妹为婚。

今译

多事之秋才懂得归隐乡村田园为好，灾荒之年特别感到山野蔬菜香甜。

要想静中求稳定，应知只有在动态中才是最好的静（平衡），没有闲暇的时候，愈加觉得忙碌。

解析

本诗于熙宁七年（1074年）正月作于润州（今江苏省镇江市区西南部）。这里讲的是“多事”与“田舍”，“凶年”与“野蔬”，“静”与“动”，“闲”与“忙”的辩证关系。从中可以体悟到古代文人当人生遇到失意时，就想归隐寂寞的乡村田舍。只有在穷年凶岁，方觉得山野蔬菜格外香甜可口。真正稳当的东西都处在动态之中，譬如陀螺，只有在不停的旋转中才能不倒，一旦停下来失去平衡，就顷刻倒下。动与静只是相对而言的，不是绝对真理。“静”的相对是“动”，“动”的相对是“静”。所以静寓于动，动寓于静。无闲则忙，忙者无闲，这些都是人生的深切感悟。

语典

救之无术，坐以自惭。惟有署置[①]之必均，姑使服劳[②]而无怨。

——《凤翔到任谢执政启[③]》

（《苏轼文集》卷四十六，第 1327 页）

注释

①署置：部署设置。

②服劳：服侍劳役。

③执政启：执政，宋代称参知政事、门下侍郎、中书侍郎、尚书左右丞、枢密使、枢密副使、知枢密院事、同知枢密院事等为执政官。启，官信曰启。

今译

解救民众病苦我有心无力，不免坐以感到惭愧。唯有在政务部署和官员设置等方面做到公平，姑且使辛劳的民众少有怨言。

解析

该文是东坡先生于嘉祐七年（1062 年）正月，凤翔签判任上向朝廷执政高官呈送的谢启。先生到任后发现“衙前”差役（运送官府所需物资），主要是砍伐终南山竹木，经渭河入黄河，再经三门峡运往汴京。由于途中水情奇险，服役人往往遇险遭受倾家荡产之灭顶凶灾。然而，虽经他努力对“署置”作了一些改善，但终不能解决“破荡民业”之苦。由此他情不自禁地发出“救之无术，坐以自惭”的哀叹，表达先生仁民爱物、勤政为民的人文情怀。

语典

今年粳稻[1]熟苦迟，庶[2]见霜风来几时。
霜风来时雨如泻，杷头出菌镰生衣[3]。
眼枯泪尽雨不尽，忍见黄穗卧青泥。(略)
卖牛纳税拆屋炊，虑浅不及明年饥。

——《吴中田妇叹》
(《苏轼诗集》卷八，第404页)

注释

①粳稻：稻谷的总称，有早、中、晚三季。
②庶：庶几，或许可以。
③杷头出菌镰生衣：杷，同耙。出菌，指发霉。镰生衣，镰刀生锈。

今译

今年的稻谷成熟得太迟，带霜的冷风估计差不多快要到来。霜风来时大雨如瓢泻，犁耙镰刀都生锈了。田妇眼睛哭瞎了，泪水流干了，但大雨仍然不停地降落，无奈痛心地看见快黄的谷穗倒伏在青乌的泥水中。(略)为了交纳青苗、免役税钱，无奈卖牛拆屋，只考虑眼前明年将何以为生呢?

解析

这首诗是熙宁五年(1072年)十二月，东坡先生作于湖州的感怀诗，诗中以吴中农妇的感受道出了灾民的疾苦。这种悲惨的景象，追其源是所谓王安石新法所致。《续资治通鉴长编》所载："青苗免役钱为害尤大"，"有折屋卖木以纳免役钱者"。清乾隆年间著名学者，曾任《四库全书》总编纂修官纪晓岚评"虑浅"句云："七字沉痛。"清代学者赵克宜在《角山楼苏诗评注汇钞》中曰："痛陈民隐，不嫌于尽。"全诗写得情真意切，表达了作者关心民瘼，同情农民悲苦命运的民本情怀。正因为东坡先生在诗歌中对"新法"进行了批评，导致了他的政敌们对他进行残酷的报复，于元丰二年(1079年)七月二十八日，御史台吏皇甫遵同他的儿子星火赶到湖州，以诽谤新政罪名拘捕苏轼，八月十八日押赴京师。

语典

秋禾[1]不满眼，宿麦[2]种亦稀。
永愧此邦人，芒刺[3]在肤肌。
平生五千卷，一字不救饥。

——《和孔郎中荆林马上见寄》
（《苏轼诗集》卷四十，第770页）

注释

①秋禾：秋熟的谷物。
②宿麦：隔年成熟的麦，即冬小麦。
③芒刺：草木上的小刺，形容愧疚不安。

今译

满眼难见秋熟的谷物，冬麦虽已种下但长势稀疏。永远愧疚这里的百姓，此种心情如同芒刺扎在肌肤。毕生虽熟读五千卷诗书，却无一字可以拯救百姓饥饿。

解析

这首诗作者于熙宁九年(1076年)十二月作于密州。这时，东坡先生已卸密州任，即将赴徐州任太守，孔子四十五代孙孔周翰接密州任。应该说，东坡先生在密州的两年时间里，为密州老百姓做了许多善事，如组织民众灭蝗抗旱，生产自救，抢救弃婴，救活了数以千计的儿童。坚决抵制让民不聊生的所谓“手实法”。但是，他在向新任太守交班时，对于旱蝗交攻的年景，无法解决灾民的生活疾苦事实感到十分愧疚。以一个“永愧此邦人”的良知，发出了“平生五千卷，一字不救饥”的耿耿浩叹。东坡先生这种体察民隐、宽政利民的民本情怀，给后世从政者树立了良好的楷模。

语典

洗盏拜马前，请寿使君公[①]。
前年无使君，鱼鳖化儿童[②]。(略)
水来非吾过，去亦非吾功。

——《罢徐州往南京马上走笔寄子由五首》
(《苏轼诗集》卷十八，第936页)

注释

①使君公：使君，指州郡长官。使君公，徐州父老对东坡先生的尊称。

②鱼鳖化儿童：指熙宁十年(1077年)七月黄河决口，八月水及徐州城下。东坡先生亲率军民抗洪，徐州得以保全，免使儿童化为鱼鳖。

今译

百姓捧着酒杯跪拜马前，为东坡先生请福添寿。前年洪灾若无太守领导，儿童们都会化为鱼鳖。(略)洪水泛滥不是我的过错，江水退去也并非是我的功劳。

解析

本诗于元丰二年(1079年)三月作于赴湖州途中。东坡先生率领徐州军民，夺取了历时七十多天抗洪抢险的胜利。第二年，他又筹划且实施了加固防水工程，徐州防洪大堤终于竣工了。神宗皇帝对他抗洪卫城的卓越表现十分赞赏，专门下诏予以嘉奖。一方面是皇上的表彰，另一方面是百姓感恩戴德。然而东坡先生表现得十分清醒与谦恭。他在罢徐州任的途中，马上走笔寄子由弟诗二首，表达了自己的淡定，其中一诗真诚地说“而我本无恩”。这种有劳而不自夸，有功而不自居的高尚品质，实为后世垂范。

语典

腰如箜篌首啄鸡[①]，筋烦骨殆声酸嘶[②]。
我有桐马[③]手自提，头尻[④]轩昂腹肋低。
背如覆瓦去角圭[⑤]，以我两足为四蹄。
耸踊滑汰如凫鹥[⑥]，纤纤束藁亦可赍[⑦]。
何用繁缨与月题[⑧]，却从畦[⑨]东走畦西。（略）
归来挂壁从高栖，了无刍秣饥不饿[⑨]。

——《秧马歌并引》
（《苏轼诗集》卷三十八，第2051页）

注释

①“腰如”句：箜篌，古老的弹拨乐器。首啄鸡，头像鸡在地下吸食。

②“筋烦”句：烦，疲劳。殆，懈怠。酸嘶，酸痛嘶哑。

③桐马：桐，落叶乔木。桐马指木马。

④“头尻”句：尻（kāo），古指臀部。轩昂，扬起貌。

⑤角圭：有棱角的玉圭。

⑥“耸踊”句：耸踊，因兴奋而跳跃。汰，音挞，过也。滑汰，滑行向前。凫鹥，凫（fú），野鸭。鹥（yī），鸥，指水鸟。

⑦“纤纤”句：纤纤，形容小巧细长而柔美。束藁（gǎo），指捆成把之秧苗。赍（jī），抱着。

⑧“何用”句：繁缨，马腹和马颈带子。月题，马额上的佩饰，其形似月。

⑨畦：田园中分成的小区，古代称田五十亩为一畦。

⑩“了无”句：了无，完全没有。刍秣（chú mò），牛马的饲料。

今译

腰像箜篌弯曲头如啄食之鸡，精疲力竭声音嘶哑。我有秧马用手可提，头和尾翘起胸腹降低。背部像翻过的瓦而没棱角，用我两只脚当作它的四蹄。起伏跳动向前滑行如水鸟，手抱着纤长成捆的秧把。不须用马腹颈带子和佩饰，却能从畦田东边走向畦田西。（略）回家后将它挂在墙壁上休息，完全不需要饲料它却从不为饥。

解析

元丰三年（1080年），东坡先生被贬黄州，待家眷稍安妥后，他常乘舟去对岸武昌（今鄂州市）与朋友聚会。其间他惊喜地发现，当地的农夫皆骑秧马插秧。于是，他亲绘图形在黄州推广，为革新农具，减轻农民辛劳作出了贡献。绍圣元年（1094年）被贬惠州途中过庐陵时，见宣德郎曾移忠辞官归居，此人著有《禾谱》，于是先生写了《秧马歌》并附图，以“农器”名入《禾谱》卷（此书今佚）。后来，他还将秧马在惠州农村推广。先生这种爱农、惜民的情怀，成为了千古佳话。

语典

闲居蓄百毒[①]，救彼跛与盲。
依山作陶穴[②]，掩此暴骨[③]横。

——《次韵定慧钦长老见寄八首(并引)》其六
(《苏轼诗集》卷三十九，第2117页)

注释

①百毒：即百药，指多种药物。毒，谓药之辛辣而苦。
②陶穴：本指窑洞，此指土坑，即土坟。
③暴骨：因战乱、天灾致死暴露荒野的尸骨。

今译

闲散居家积蓄多种药物，以救治跛脚和盲人。依据山势挖掘土坑，用以掩埋暴露在荒野横竖交错的尸骨。

解析

本诗于绍圣二年(1095年)三月作于惠州。东坡先生贬至惠州，朝廷诏令“不得签书公事”。然而他忧国忧民之心不死，仍然尽心尽力为州县官吏辅政。他和幼子苏过、侍妾朝云开辟药圃种植药材，为缺医少药的穷苦病家施医散药。他主动与僧道协力，收埋陈尸江边荒野的暴骨。为此，他还捐出钱来，并写了《惠州祭枯骨文》。文曰：“尔等暴骨于野，莫知何年，非兵则民，皆吾赤子。是用一新此宅，永安厥居。”先生虽已年过花甲，但仍然乐善好施、普济众生。充分表达了先生“位卑未敢忘忧民”爱国爱民的精神。

语 典

为难行之言，当有所必行。而可取之利，当有所不取。

——《策别安万民一·敦教化[1]》

(《苏轼文集》卷八，第255页)

注 释

① 敦教化：敦，督促。教化，儒家所提倡的，通过上行而化成以下，分文化和武化，两者相融合。

今 译

有难度兑现的承诺，一定要言必行，行必果。而可以获取的利益，应当有所不取而留有余地。

解 析

本文是东坡先生作于嘉祐六年(1061年)八月，应贤良方正直谏策问，所献的《进策》之一：《策别安万民一·敦教化》，其主旨是"敦教化"，然而东坡先生用大量篇幅批评朝廷想方设法搜刮民脂民膏。先生的意图在文中作了回答："小民不知其说，而惟贪之知。"老百姓不懂官员讲的大道理，但唯一对谁贪与不贪看得清楚。这意思分明是说："其身正，不令而行。"只有官员本身行得正，才有资格去"敦教化"。"言"必"行"，"利"有所不"取"，前者为"必"，后者为"不"，足见先生爱民之心诚。

语典

使其比间族党，各相亲爱，有急相赒，有喜相庆，死丧相恤，疾病相养[①]，是故其民安居无事，则往来欢欣，而狱讼[②]不生；有寇而战，则同仁并力，而缓急不离。

——《策别安万民二·劝亲睦》

（《苏轼文集》卷八，第256页）

注释

①“使其比闾”六句：比闾，古代户籍编制基本单位，五家为比，二十五家为一闾。族党，同族亲属。赒（zhōu），接济。恤（xù），怜悯。

② 狱讼：诉讼。

今译

使乡亲故友同族亲属相亲相爱，有了急难相互接济，有了喜事相互庆贺，有人死丧相互抚恤，有人重病互相赡养。所以那时百姓平安无事时，就往来欢聚娱乐，而诉讼没有发生；有敌人侵犯发生战争时，就同心协力，团结一致。

解析

本文是东坡先生作于嘉祐六年（1061年）八月，应贤良方正能言直谏策问，所献的《进策》之一。先生所进《策别安万民》策之二的主题：劝亲睦。就是劝导百姓，“比闾族党”，亲爱和睦。《孟子·滕文公上》说：“乡田同井，出入相友，守望相助，疾病相扶持，则百姓亲睦。”又如《逸周书·大聚解》也说：“以乡为闾，祸灾相恤。”“合族同亲，以敬为长，饮食相约……民乃有亲。”《荀子·荣辱篇》：“以相群居，以相持养，以相藩饰，以相安固耶。”这些都强调各相亲爱，相互扶助。先生传承夏、商、周“三代”时期“亲睦”思想，对北宋朝的安定开了剂良药。对于今天我们建设和谐社会，也应有着镜鉴作用。

语典

欲民之爱其身，则莫若[1]使其父子亲、兄弟和、妻子相好。夫民仰[2]以事父母，亲以睦兄弟，而俯以恤[3]妻子。则其所赖于生者重，而不忍以其身轻犯法。

——《策别安万民二·劝亲睦》

（《苏轼文集》卷八，第256页）

注释

①莫若：不如，比不上。

②仰：敬慕。

③俯以恤：俯，俯身。恤，怜悯。

今译

要想使民众爱重自身，就莫过于使他们父子相亲，兄弟和气，妻子和好。民众能够敬慕孝敬父母，亲近和睦兄弟，俯身体贴抚养妻子。这样依赖他生存的人多而责任重大，他就不忍心为身后无忧而贸然犯法。

解析

本文是东坡先生作于嘉祐六年(1061年)八月，应贤良方正能言直谏策问，所献的《进策》之一。东坡先生《劝亲睦》进策，一劝“比闾族党，各相亲爱”。二劝家庭内部，父慈子孝，兄友弟恭，夫义妻贤。这样中外和乐，百福成臻，必定使社会和谐，国家安定。

语典

昔者圣人之兴作[1]也，必因人之情，故易为功。必因时之势，故易为力。

——《策别安万民三·均户口》

（《苏轼文集》卷八，第259页）

注释

①兴作：兴造制作，兴建。

今译

以往圣人要想有什么重大项目兴建，一定要顺应民情，所以容易成功。一定要顺应时势，所以容易依托借力和调动群力促进事业成功。

解析

本文是东坡先生作于嘉祐六年(1061年)八月，应贤良方正能言直谏策问，所献的《进策》之一。《策别安万民之三·均户口》，主旨是召慕迁徙，合理分布人口。要实现这一国策，就应趋利避害，革除两大弊病，转化为两个有利因素。要做到这一点，就应实现两个“顺应”，即“顺应民情”、“顺应时势”。所谓“民情”，即包括百姓的基本状况，又包含他们的愿望和心理情绪。所谓“时势”，即时代的趋势，某一段时间的情势。既不能违背民情，又不能逆时势而动。有机地把两者结合起来，就有成功的可能。

语典

夫天子之势，蟠于天下而结于民心者甚厚，故其亡也，必有大隙焉，而日溃之①。其窥之甚难，其取之甚密，旷日持久，然后可得而间，盖非有一日卒然不救之患也②。

——《策断一》

（《苏轼文集》卷九，第281页）

注释

①“夫天子之势”五句：蟠，盘伏。结，系。厚，深厚。隙，裂痕。溃，以指散乱。

②“其窥之甚难”五句：窥，窥探，觉察。取，此指消去，取消。间，间隙、隔阂。卒然，突然。

今译

天子的大势，依托于天下而系于民心深厚。因此他的灭亡，一定与民心有大的隔阂，并一天天地崩溃。能够察觉这种隔阂特别困难，取消这种隔阂但又确实不易，天长日久，君民之间就形成间隙裂痕。当然这并不是在一日之内突然发生的不可挽救的祸患。

解析

该文系东坡先生作于嘉祐六年(1061年)八月。在《策断一》中，先生劝谏仁宗皇帝“二虏(西夏、契丹)为中国患，至深远也”。但是他认为“当今之患，除外之可畏”以外，“内之可畏者”，在于“天子之民也”。因为为了防御外患，必定“加赋于民”，并“暴取豪夺”。最终导致“天下一动，变生无方”。所以先生在这里特别强调“天子”，要“结于民者甚厚”。如果“卒然”发生“不救之患”，必定与民众之间“有大隙”，直至溃亡。当然造成这种崩溃局面，“积必有源”、“发必有门”。由于平常不易发现，“旷日持久”，酿成“不救之患”。先生这一番振聋发聩之言，六十六年后终于应验，积重难返的北宋朝廷，被摧枯拉朽的金人马队，冲得个稀巴烂。

语典

德之，必有以著其德之形[①]；教之，必有以显其教之之状[②]。德之之形，莫著于轻赋。教之之状，莫显于去杀[③]。

——《御试制科策一道并策问》

（《苏轼文集》卷九，第293页）

注释

①“德之”二句：德，仁德。著，显明，显出。形，表现。

②“教之”二句：教，教化。显，显现。教之之状，前一“之”为音节助词，虚用，无所指。后一“之”，为结构助词，表示领有、连属关系，相当于“的”。

③“德之之形”四句：赋，税。杀，指刑罚。

今译

以德治国的仁政，一定有明显的仁德表现；教化民众，一定要显现出教化的实际成效。仁德的具体表现，没有比减轻百姓赋税更容易被人感受到。教化民众成效，没有比减轻刑罚更得人心。

解析

该文系东坡先生作于嘉祐六年(1061年)八月。先生在致仁宗皇帝的面试制策中，认为德政与教化是治国的重要内容。先生认为，朝廷仁德不能算修美，教化还没有深入人心。所以他主张把“轻赋”当作德政的突出表现，把“去杀”当作教化的具体内容。元代文学家苏天爵在其《滋溪文稿》中赞曰：“忠君忧世之心，溢于文辞。或谓文忠天才有余，非由学力。”

语典

人既和而岁自丰，天不违而寿无极[1]。

——《上皇帝贺冬表》

（《苏轼文集》卷三十四，第714页）

注释

①天不违而寿无极：天不违，不违背大自然规律。无极，无穷尽。

今译

人既然和谐而年岁自然丰收，不违背大自然的规律即可长寿无穷尽。

解析

此表于元祐五年（1090年）十一月初作于杭州。东坡先生在贺冬表中，提示人们应知“天地之心”，以待“阴阳之定”。所谓“阴阳之定”，语出《礼记·月令》。训诫“君子齐戒，处必掩身，身欲宁，去声色，禁嗜欲，安形性，事欲静，以待阴阳之所定”。先生之“天不违”，即“阴阳之所定”的“七戒”，若不违这“七戒”即可“寿无极”。

语典

臣闻君以民为心体[①]，天用民为聪明[②]。未有心胖而体不纾[③]，民悦而天不应。故好生恶杀[④]，是为仁寿之基；捐利与民，斯[⑤]获丰年之庆。

——《贺坤成节表》

（《苏轼文集》卷二十四，第698页）

注释

①君以民为心体：语出《礼记·缁衣》“子曰：民以君为心，君以民为体……心以体全，亦以体伤；君以民存，亦以民亡。”

②天用民为聪明：语出《书·皋陶谟》“天聪明，自我民聪明。”聪，听力好，这里指听取意见。明，视力好，这里指观察问题。

③未有心胖而体不纾(shū)：语出《礼记·大学》“富润屋，德润身，心广体胖。”纾，宽舒。

④好生恶(wù)杀：爱惜生命，厌恶杀生。

⑤斯：乃，就。

今译

臣听说君王以人民为体，人民以君王为心。上天把人民当作听取意见、观察问题的渠道和标准。没有心胖而身体不宽舒的，人民欢悦而天不呼应的。所以爱惜生命，厌恶杀生，这是仁者长寿的根本。把利益让给人民，才能有丰年的欢庆。

解析

元祐七年(1092年)七月十六日，是太皇太后高氏的生日，称为“坤成节”。东坡先生约于六月底或七月初，向高太皇太后上贺表。应该说，自太皇太后元祐年间辅政以来，先生才有元祐年间“三入翰林、三除尚书、四忝侍读”的荣宠。所谓元祐党人旧臣们，也才有重被起用的机会。所以，先生在贺表中恭维太皇太后“恭俭一德”、“勤劳百为”、“必享无疆之福”。并且把“民为心体”、“民为聪明”，是“仁寿之基”的听闻，作为贺词敬献，也算是他身为翰林学士兼侍读所谨奉职守的“忠义之报”。

语典

时使薄敛[①]，思患预防。勤恤鳏孤[②]，幸[③]流亡之尽复。

——《谢赐历日表》

(《苏轼文集》卷二十四，第705页)

注释

①薄敛：敛，指征收，谓减轻赋税。

②勤恤鳏孤：恤(xù)，对别人表同情，怜悯。鳏(guān)，无妻或丧妻的男人。孤，幼年失去父亲或父母双亡。

③幸：希望。

今译

经常实行减轻赋税政策，时刻想到忧患并加以预防。勤勉地体恤鳏寡孤独之人，希望流亡在外的灾民尽快回来。

解析

此表于元祐八年(1093年)十二月，东坡先生作于定州任上。这一年的年末，朝廷例行向京师及各地州郡官员颁赐"历日表"，使"吏得承宣，民知早晚"。先生在"宠拜新书"之时，不仅独知"润以正时"，训以"农事"，还不忘"时使薄敛，思患预防"，"勤恤鳏孤"，召复"流亡"。

语典

自古及今，未有和易[①]同众而不安，刚果自用[②]而不危者也。

——《上神宗皇帝书》

（《苏轼文集》卷二十五，第730页）

注释

①和易：平易谦和，温和平易。

②刚果自用：刚愎行事，主观独断。

今译

从古至今，没有因温和平易与民众同心而不安定的，也没有因刚愎行事，主观独断而不危险的。

解析

该文系东坡先生作于熙宁四年（1071年）二月。本章句仍然是就“结人心”展开议论的。东坡先生认为：“和易同众”，因得“人心”而“安”；“刚果自用”，因失“人心”而“危”。一“安”一“危”，全在“人心”二字上。

语典

君子未论行事之是非，先观众心之向背①。

——《上神宗皇帝书》

(《苏轼文集》卷二十五，第730页)

注释

①向背：向，指归向，拥护。背，指背离，反对。向背这里指人民大众拥护或反对。

今译

君子在还未论及该事情的是与非之前，先应该了解民心对这件事情是拥护还是反对。

解析

东坡先生于熙宁四年(1071年)二月的《上神宗皇帝》，以七千余言奉劝神宗要“结人心，厚风俗，存纪纲”。所谓“结人心”，按照先生的意思，首先，要认识“人心”与“人主”之间关系的重要性。即“人心”在，“人主”在，“人心”失，“人主”亡。其次，落实到具体事情的成败上，还应先观“众心”之“向背”。这是经过数千年历史检验而且亘古不易的真理：人心如水，既能载舟，亦能覆舟。

语典

臣闻差役之法[①]，天下以为未便，独台谏[②]官数人者主其议，以为不可改，磨砺四顾[③]，以待言者，故人畏之而不敢发耳。（略）

民穷无告，监司[④]守令观望不言。（略）臣而不言，谁当言者？

——《大雪论差役不便札子》

（《苏轼文集》卷二十八，第807页）

注释

①差役之法：轮流派民户无偿地为官府服劳役，谓之差役。

②台谏：台官与谏官合称为台谏。台官的主要职能为纠弹官邪，是监督官吏的官员。谏官主要是侍从规谏，是讽谏君主的官员。至宋代台谏合一。

③磨砺四顾：磨砺手中刀笔，随时准备攻击主张雇役而反对差役的人。

④监司：监察州县之权的地方长官的简称。宋代转运使、提点刑狱、提举常平皆有监察辖区官吏责任。

今译

臣听说差役法，天下人都认为不够合理，唯独台谏的几个人主张此议，以为不能更改。这些人在磨砺刀笔，窥测四方，等待敢于直言的人，所以人们恐惧而不敢发声。（略）

百姓贫穷无处申告，监司守令观望不言。（略）臣如果不讲真话，谁应当讲真话？

解析

本文是东坡先生于元祐三年（1088年）二月九日作于开封。所谓“差役法”，是宋太宗太平兴国五年（980年）春二月开始实行的。该役法负担太重且劳役不均，“以身则鞭箠而无全身，以家则破荡而无余产”。王安石变法，决定废差役法为免役法（雇役法），改由民户交钱免役，由州县官府用此钱统一雇人应役。元祐元年（1086年），司马光为首席执政官，废除所有新法，其中含雇役法，恢复差役法，并限令五日内完成。东坡先生因在知密州、徐州任上，从实践中看到农民欢迎免役法，抱怨差役法许多不便。为此，先生与德高望重的司马光发生了激烈的廷辩。本奏状是先生借当时“大雪过常，暖气不敷，农夫失业，商旅不行”为契机，再次向二圣上书谏言，保留当年他曾经诟病的免役法，决不能恢复差役法。先生这样做，不考虑个人的面子，而是坚持“与民所便”的民本之道，这与司马光老宰相保守固执的做法相比，无疑是一种进步。

语典

民之于马，轻重不同。若官吏不得其人，人虽能言，上下隔绝，不能自许①，无异于马。马之饥瘦劳苦，则有斃踣奔逸②之忧；民之困穷无聊③，则有沟壑盗贼④之患。（略）若忠贤疏远⑤，谄佞⑥在傍，则民之疾苦，无由上达。

——《论边将隐匿败亡宪司休量不实札子》

（《苏轼文集》卷二十九，第835页）

注释

①自许：自己称许自己。

②“则有”句：斃踣（bì bó），犹倒毙。奔逸，奔逃。

③无聊：无有聊赖、依赖。

④沟壑盗贼：沟壑，指山沟，借指野死之处或困厄之境。盗贼，指偷窃、劫夺的人。

⑤疏远：疏离，冷淡。

⑥谄佞（chǎn nìng）：谄，指奉承，谄媚。佞，有才智，善辩。有口才而不正派的人。谄佞，指花言巧语，阿谀逢迎的人。

今译

老百姓与马相比，人更为贵重。如果官吏不称职，人虽然会说话，但上下若隔绝，不能保护自己，与马没有区别。马饥瘦劳苦，便有倒毙奔逃之忧虑；老百姓穷困百无聊赖，便有野死于山沟或被迫沦为偷窃的人。（略）如果疏远忠贤，让奸邪谄媚之人窃位，那么老百姓的疾苦，就无法上达。

解析

东坡先生于元祐三年（1088年）闰十二月四日，向哲宗皇帝上书，揭发上一年西夏侵犯边镇，所杀边民不可胜数，有的人说“至万余人”。可是边将却谎报：“野无所掠。”后来朝廷派员查访，查访者上奏死十余人。并且要求朝廷不予治罪。先生认为各路的官员是朝廷的耳目，如今“既行蒙蔽，又乞放罪”，岂不是视人命如草芥。在此，先生讲述了淳化二年（991年），宋太宗得知诸州牧监马匹有许多病死，于是在大殿庭下，亲自教监马官吏如何饲养和如何治疗马的疾病。于是，先生就“民之于马”大发感慨。西夏犯边，杀掠万人却只奏十余人，如此蒙蔽朝廷“此风渐不可长”。由此可以看出，只要是关乎百姓的事情，让先生闭嘴不言绝对办不到。因为他“自知受性刚褊（biǎn），黑白太明”，故而“辄复尽言”，希图“庶补万一”。在那些认为多事的人眼里，先生“难以处众”，他自己认为：“臣而不言，谁当言者？”

语典

事豫则立，不豫则废[①]，此古今不刊之语[②]也。至于救灾恤患[③]，尤当在早。若灾伤之民，救之于未饥，则用物约而所及广，（略）若救之于已饥，则用物博而所及微，至于耗散省仓，亏损课利[④]，官为一困，而已饥之民，终于死亡。

——《奏浙西灾伤第一状》

（《苏轼文集》卷三十一，第882页）

注释

①事豫则立，不豫则废：语出《礼记·中庸》。豫，预先。立，成功。废，败坏。意为凡事，在事前有准备就会成功，不做准备就会失败。

②不刊之语：刊，谓削去，古代把字写在竹简上，有错误就削去。指正确的，不可修改的言语。

③恤患：谓救济抚恤灾患中的人。

④课利：定额的赋税。

今译

凡事若事前有准备就会成功，不做准备就会失败，这是古今不可更移的言语。至于救助灾患，尤其应当及早动手。如果灾伤之民，在饥饿到来之前就给予救助，那么所用的财物就少而所救助的面就大，（略）如果已经发生饥荒才开始救助，那么所用的财物就多而救助面就小，以至于耗散省仓，亏损赋税，官家大受其困，而饥荒灾民，最终亦被饿死。

解析

该文是东坡先生知杭州军州事时，于元祐五年（1090年）七月十五日所进的奏状。先生指出，去年浙西几郡，先涝后旱，受灾程度不比熙宁年间低。但熙宁灾患正是当时的官吏事先不报告，结果造成严重饥荒，同时又引发了瘟疫，死亡达五十多万人。如今，朝廷预见浙西的灾害严重，于去年就采取赈灾，自正月开仓出售常平米，免除税务，又赏赐度牒，结果“遂无一人饿殍者”。由此，先生总结说：“事豫则立，不豫则废，其祸福相绝如此。”

语典

今年灾伤，实倍去年。但官吏上下，皆不乐检放[①]，讳言灾伤。(略)朝论必以臣为过当[②]。(略)

若来年人户元不阙[③]食，不须如此擘画[④]，则臣不合过当，张皇[⑤]之罪，所不敢辞。纵被诛谴[⑥]，终贤于[⑦]有灾无备，坐视人死而不能救也。

——《相度准备赈济[⑧]第二状》

(《苏轼文集》卷三十一，第895页)

注释

①检放：指验灾放赈。

②过当：超过实际情况。

③阙：古代用做“缺”字。

④擘(bó)画：谋划，经营。

⑤张皇：轻狂的意思。

⑥诛谴：诛杀贬谪。

⑦贤于：贤，谓“良”，指好于。

⑧相度准备赈济：相度，宋代公文用语，意为考虑、分析，观察估量。赈(zhèn)济：用财物救济。

今译

今年灾情损伤，实在是去年的几倍。但是上下官吏，都不喜欢验灾放赈，忌讳说到实情。(略)朝廷的议论必定以为我说得有些过分夸大。(略)

如果来年老百姓家庭不缺粮食，不用这样筹划，那么我夸大灾情张皇轻狂的罪责，决不敢推卸。纵使被诛杀贬谪，终究好于有灾而无备，坐视老百姓饿死而不救助要好得多。

解析

元祐四年(1089年)七月三日，东坡先生到杭州任。一到杭州，他发现这里年初即遭水灾，早稻无法下种，五六月份又闹旱灾，晚稻收成无望。至元祐五年(1090年)春，因粮食歉收，米价飞涨。他想起熙宁八年(1075年)这里曾发生过饥荒，饿死五十多万人。为了防止这类悲剧重演，先生向朝廷反复奏报，如实反映杭州的灾情，争取朝廷赈灾。他在第二奏状中表明，如果反映不实，“纵被诛谴，终贤于有灾无备，坐视人死而不能救也”。足以说明先生堪称视人命关天、百姓为大的好官良吏。

语典

今来亲见数州水灾如此，饥殍[①]之势，极可忧畏[②]。既忝[③]近侍，理合奏闻，岂敢为已去官，遗患后人，更不任责[④]。

——《再乞发运司应副浙西米状》

（《苏轼文集》卷三十三，第910页）

注释

①饥殍：殍(piǎo)，饿死的人。

②忧畏：忧虑畏怯。

③忝(tiǎn)：辱，有愧于，常用做谦辞。

④任责：任，指担当。任责指担当责任。

今译

最近臣亲眼目睹了各州水灾严重到了如此程度，饿死人的情势，令人极为忧虑畏惧。臣既有愧为陛下近侍，理应向上奏报。怎么能认为我是已调离的官员，便遗患于继任者，愈加不担当责任。

解析

元祐六年(1091年)正月，东坡先生授吏部尚书。二月，改翰林学士承旨召还。三月六日离杭，他沿途目睹水灾，民生乏食。三月二十三日，先生在赴京途中紧急向朝廷上书，乞请朝廷重视浙西路各州灾情。屈指算来，先生自元祐四年(1089年)七月三日到杭州任，至应诏离杭回京，在杭州任上仅一年零八个月的时间。这段时间恰逢杭州历史上罕见的水旱大灾。先生以熙宁年间杭州因灾饿死与因瘟疫病死达五十多万人事件为教训，在“访问民间疾苦”的前提下，他先后向朝廷连续上《奏浙西灾伤第一至四状》，两次就请求发还市易折纳产业，以及免除积欠的盐钱和酒税，连同民户所欠官府的买退绢钱等四件事，向朝廷上《应诏论四事状》。离任后在赴京途中又上《再乞发运司应副浙西米状》等。一反一般地方官员报喜不报忧的陋习，义不容辞地为民请命。在此期间，他还拨出公款，自己又捐赠黄金五十两，创建了我国第一所为民众服务的官办医院——安乐坊。在他的反复陈词下，朝廷终于采取措施，对浙西的灾民予以施救。使杭州的米价保持稳中有降，百姓平安地度过了灾年，避免了熙宁年间惨绝人寰悲剧的重演。更令人感动的是，在他离任后，仍然决不“遗患后人，更不任责”。这种敢于担当的责任感和仁者品格，足以成为当今为政者之楷模。

语典

臣在杭州日，亲见监司州县，例皆讳言[1]灾伤。只如今年苏、湖水灾，可为至甚，而台官贾易等犹欲根究[2]其事，行遣[3]言者。苏州积水未退尚土城门，而知州黄履已奏秋种有望。似此蒙蔽，习以成风。

——《乞赐度牒籴斛斗准备赈济[4]淮浙流民状》

（《苏轼文集》卷三十三，第950页）

注释

①讳言：因为有顾忌而隐讳不说。

②根究：寻根穷究，追问到底。

③行遣：处置，发落。

④“乞赐度牒”句：度牒，指度僧牒，是官府发给僧尼证明身份的凭证。出卖度牒成为弥补财政亏空或筹资的一种手段。籴（dí），买进粮食。斛（hú）斗，皆粮食量器名，指代粮食。赈济，用财物救济灾民。

今译

我在杭州的时候，亲眼见路、州、县官吏，照例都对灾情隐讳不报。譬如今年苏州、湖州地区水灾，可以说十分严重，而台谏官贾易等人还准备追究上报灾情一事，发落奏报的人。苏州积水尚未完全退去，城门下还堆着土堆挡水，可是知州黄履却向朝廷上奏秋播已经有希望了。像这样蒙蔽朝廷的做法，沿袭已成风气。

解析

该文是东坡先生于元祐六年（1091年）十二月二十五日，在知颍州任上所作奏状的摘录。先生近日在城中市场视察，不时发现一些拖儿带女形迹像逃荒一样的人，通过询问说是从寿州逃荒来的灾民。先生考虑浙西和江东地区歉收，饥民势必向北流浪，这样颍州受害首当其冲。为此，请求圣上赐给度牒，为赈济灾民提前做好准备。先生自言，所报灾情“皆有本末，非是风传道路之言”。他反对某些州县官员“讳言灾伤”，报喜不报忧的做法。而御史台官，却对如实上奏者处置发落。这些人只考虑一己之私利，哪里管百姓之死活。

语典

保国犹保身，药石不如养气[1]；御[2]民犹御马，鞭箠[3]不如轻车。故兴利以富民，不如省事而民自富；广求[4]以丰国，不如节用而国自丰。

——《李之纯户部侍郎[5]》

（《苏轼文集》卷三十九，第1108页）

注释

①药石不如养气：药石，指药剂和砭石，泛指药物。养气，道家讲保养元气。此句指培养品德，涵养元气。

②御：指驾驭车马。封建社会指上对下的治理、统治。

③鞭箠：鞭打，比喻督促，控制。

④广求：广泛地寻求。

⑤李之纯户部侍郎：李之纯，字端白。《宋史》有传。户部侍郎，户部的副长官，相当于现在的财政部副部长。

今译

保卫国家如同保养身体，凭借药物不如颐养浩然之气；管理民众好比驾驭马匹，用鞭子抽打不如套上轻车。所以大兴徭役以图富民，不如少兴工役百姓自然会富起来；广泛搜刮财货使国库充盈，不如节俭开支，国库会自然丰足起来。

解析

该敕文是东坡先生于元祐元年(1086年)，在中书舍人任上为皇帝起草的诏书。本章句阐发的是道家“无为而治”的思想，即“兴利”不如“省事”，“广求”不如“节用”。熙宁变法，就是打着“兴利以富民”的旗号，实质上是“广求以丰国”。国库虽时充足，百姓却家徒四壁。结果民穷国富，百姓苦不堪言。

语典

且天下未尝无贪暴之吏，惟幸其上之明而可以诉，是以犹有所恃①。今民怯而不敢诉，其诉者又不见省幸②，而获省幸，指目以为凶民③，阴中④其祸。

——《上知府王龙图书》

（《苏轼文集》卷四十八，第1389页）

注释

①恃：依赖，仗着。

②省幸：此指"巡查"，省察。

③凶民：凶顽之民。

④阴中：暗中。

今译

况且天下未曾没有贪污残暴的官吏，唯有幸运地遇到开明的上级鼓励上诉，所以老百姓就有所依仗。如今百姓胆怯而不敢上诉，如果有人上诉了又不见立案审查，偶尔能够审查，则把上诉者当作凶顽之民，暗中遭祸。

解析

嘉祐四年（1059年），东坡先生与弟子由在家为母服丧。其间给成都太守王素（以龙图阁学士知成都）上书，赞其治蜀让民"释其重荷，而出之于陷阱之中"。本章句揭露了"天下未尝无贪暴之吏"的现实，直言民虽有冤情，但"民怯而不敢诉"，如果获诉，却污为"凶民"，使其"阴中其祸"的悲惨情景。这就是年仅二十四岁，还未登上政治舞台的年轻士子的忧民情怀。

语典

今又行手实之法[①]，虽其条目委曲不一，然大抵恃告讦耳[②]。(略)

而今之法，揭赏以求人过者，十常八九。夫告讦之人，未有非凶奸无良者。(略)今乃以厚赏招而用之，岂吾君敦化[③]，相公[④]行道之本意欤?

——《上韩丞相[⑤]论灾伤手实书》

(《苏轼文集》卷四十八，第1396页)

注释

①手实之法：新法之一

②然大抵恃告讦耳：大抵(dǐ)，指大多，表示总括一般的情况。告讦(jié)，责人过失或揭人隐私。

③敦化：敦厚化物。

④相公：此指宰相。

⑤韩丞相：指韩绛(1012—1088年)，字子华，开封雍丘(今河南杞县)人，庆历进士，熙宁七年(1074年)四月代王安石为相。《宋史》有传。

今译

如今朝廷又推手实法，此法条目繁多，曲折细密，然而大多是依靠检举揭发。(略)

而今这条法令，十有八九是为了获得赏钱而揭发人的所谓罪过。这些揭人隐私的人，没有不是凶恶奸淫之徒。(略)眼下以厚赏招用这帮人，这岂是君王敦厚化物之风俗，是宰相您推行仁政的本意吗?

解析

熙宁七年(1074年)十一月三日，东坡先生到密州太守任。到任不久，他连续上书，如实反映密州旱蝗的严重灾情，请求朝廷免除本州秋税，或暂停回收青苗贷款，以此救助灾民。当时王安石最为倚重的变法派人物吕惠卿为参知政事(副宰相)。此人私自制定手实法，规定老百姓如实自报财产，官府据此分摊各户应纳的役钱。为了防止少报，采用悬赏告密者的做法，使社会风气更为败坏。东坡先生以"因法以便民"为准绳，拒绝在密州推行此法，甚至为此与新法使者当面争论。实践证明，手实法百弊而无一利，不久即被取消。从这件事可以看出，作为一郡之守的苏东坡，表现出关心民瘼，为民请命，敢于同"擅自立法"的副宰相吕惠卿分庭抗礼的做法。这种上交不谄、守正不阿的刚直品格，实在令人感佩!

语典

(免除积年欠账)今诏书且已许之，而三司之曹吏[①]独不许，是犹可忍邪？(略)

伏惟明公[②]独断而力行之，使此二百二十五家皆得归安其藜糗[③]，养其老幼，日晏[④]而起，吏不至门，以歌咏明公之德，亦使赦书不为空言而无信者。

——《上蔡省主[⑤]论放欠书》

(《苏轼文集》卷四十八，第1406页)

注释

①三司曹吏：北宋称盐铁、户部、度支为“三司”。曹吏，属下吏员。

②明公：旧时对有名位者的尊称。

③藜糗(lí qiǔ)：藜，草名，嫩叶可吃。糗，冷粥。藜糗指贫者所食粗劣之食物。

④日晏：天色已晚，日暮。

⑤蔡省主：指蔡襄，时为三司使。省主，即三司使之称。

今译

(免除积年欠账)如今皇帝诏出允许放免，而三司属吏独不允许，这是可以忍的吗？(略)

敬请明公决断坚决执行，使这二百二十五家都能回家安稳地吃粗劣的菜粥，赡养他的老少，日暮而起，官吏再不上门催逼，从此歌颂明公您的大德，同时也使皇帝的赦书不至于成为一纸空文而失信于民。

解析

该书大约写于嘉祐七年(1062年)夏秋之间，时东坡先生在凤翔任签书判官，当时“实掌理欠”。按照诏令郡吏应往属县减决囚禁事宜。先生受命出府，至宝鸡等四县审理积欠案件。照理讲，官衙大小官吏，都知他们无罪，但限于法律条款，不敢释放他们。唯有先生孰不可忍！于是，置“流俗人之议”于不顾，“干冒威重”，向三司省主蔡襄大人上书。从所选章句字里行间可以感受到，先生面对“鞭箠锁系”的小民忧心如焚，痛心入骨，表现出视民如伤的悲悯情怀。

语典

除日[①]当早归，官事乃见留。

执笔对之泣，哀此系中囚[②]。（略）

我亦恋薄禄[③]，因循[④]失归休。

不须论贤愚，均是为食谋。（略）

——《都厅题壁》

（《苏轼文集》卷三十二，第1723页）

注释

①除日：农历年最后一天，俗称“年三十”，又称“除日”、“除夕”。

②“执笔”二句：熙宁年间，杭州每年关押贩卖私盐犯一万七千多人。时任通判的东坡先生批录囚犯案卷，以至于执笔流涕。

③薄禄：菲薄的俸禄。

④因循：遵守、沿袭旧例。

今译

除夕本应早点回家，但官事压身仍然留在郡衙。提笔定案对之而泣，哀叹关押在牢狱中的囚徒。我也是留恋这菲薄的俸禄，按照惯例不能行休。不要评论谁贤谁愚，都是为了谋生糊口。

解析

熙宁四年（1071年）四月，东坡先生通判杭州。当时正推行新法之青苗、免役、市易、水利盐法等。尤其是严禁私自贩盐，违者处以重罪。先生奉行“法以便民”的原则，故对系囚产生同情，提笔定案涕泗横流。最令人感动的是，他将自己和因贩盐糊口而拘禁的囚徒进行对比，认为没什么贤愚的差别，都是为了谋生糊口。故而对自己留恋薄禄而感到愧疚自责，这种悯民、爱民的品格，实在难能可贵。如果司法者都有先生这般品格和情感，冤假错案定能避免发生。

语典

臣顷知杭州，又知颍州，今知扬州，亲见两浙、京西、淮南三路之民，皆为积欠[①]所压，日就穷蹙[②]，死亡过半。（略）

臣闻之孔子曰："苛政猛于虎[③]。"昔常不信其言，以今观之，殆[④]有甚者。水旱杀人，百倍于虎，而人畏催欠，乃甚于水旱。

——《论积欠六事并乞检会应诏所论四事一处行下状》

（《苏轼文集》卷三十四，第958页）

注释

①积欠：指积累下来的债款，欠款。

②穷蹙（cù）：窘迫，困厄。

③苛政猛于虎：语出《礼记·檀弓下》，意为统治者的暴政比吃人的老虎更加可怕。

④殆：几乎。

今译

前不久我任杭州知州，又任颍州知州，现在又任扬州知州。亲眼目睹两浙、京西、淮南三路的百姓，都被积欠所压迫，日益穷困，死亡过半。（略）

我听说孔子说过："苛政猛于虎。"往常我不相信这种说法，以现在的情况看，几乎更为厉害。水灾旱灾杀人，是老虎的百倍，而人畏惧催还欠债，又比水旱灾害严重得多。

解析

元祐七年（1092年）三月十六日，东坡先生到扬州任。在途中他发现正值麦收季节，麦地里却冷冷清清。为了查明真相，他屏去吏卒，亲入村落，访问父老。原来农民怕官府催还欠债而不敢返乡。为此，他写了一篇长达七千余言的奏状，用详细的事实请求朝廷宽免农民积欠。昔年，他不太信"苛政猛于虎"之说，"以今观之，殆有甚者"。他还指出："每州催欠吏卒不下五百人，以天下言之，是常有二十余万虎狼，散在民间，百姓何由安生，朝廷仁政何由得成乎？"奏言之大胆，唯东坡敢为。奏状寄发之后，朝廷很快批准，暂停催收。先生在诗中赞曰："诏书宽积欠，父老颜色好。"

语典

以物与人，物尽而止；以法活人，法行无穷。

——《乞免五谷力胜税钱[①]札子》

（《苏轼文集》卷三十五，第991页）

注释

①五谷力胜税钱：北宋前期，商船不论载货与否，均按载重量收税，称“力胜钱”，唯贩运粮食不收。神宗时，各州均为增加商税收入，对贩粮船也征税，称“五谷力胜税”。朝廷屡令禁征而无效。

今译

给人以财物，财物完了善行也就终止了。运用法制救助人，法制畅行其善行没有止境。

解析

该文是东坡先生于元祐七年（1092年）十一月初七日，在京师撰写的奏议。先生认为，过去朝廷每当民间遇到灾年，大多是以“捐金帛，散仓廪”，即“以物与人”的方式予以救助。虽然“所费款千万石，而饿殍流亡，不为少衰”。所以他认为“与其官私费耗，为害如此，何此削去近日所立五谷力胜税钱一条”，因为“以法活人，法行无穷”。先生自元祐四年（1089年）七月三日到杭州任起，至元祐七年（1092年）九月离扬州任，以兵部尚书兼差充南郊卤簿使召还进京，在近三年时间内，为乞请朝廷赈灾和免除积欠等，所写的奏议近十八份之多。先生指出，“废百王不刊之令典，而行自古所无之弊法”，其结果是“使商贾不行，农末皆病”。也就是与其年复一年地乞请朝廷赈灾和免除积欠，不如以一法而救万民。“以物与人”，是利在眼前为治标，“以法活人”是利在长远为治本。

语典

上好礼则民莫敢不恭[①]，上好义则民莫敢不服，上好信则民莫敢不用情[②]。夫如是，则四方之民襁负其子[③]而至矣。(略)君子以信一天下之惑，使作于中者必形于外，循其名者必得其实，则夫空言不是以课[④]者又非所忧也。此三者足以成德矣。

——《论语说·子路篇》

(《三苏全书·经部》卷下，第三册，第229页)

注释

①恭：恭敬。

②情：此指真情。

③襁负其子：襁，指包婴儿的被、毯等。襁负其子指背着自己的孩子。

④课：验核，课试，考核。

今译

"上级领导爱好礼节，群众没有谁敢不恭敬；上级领导讲究仁义，群众没有谁敢不服从；上级领导讲诚信，群众没有谁敢不用真情。如果做到这样，四方的群众就会背着孩子投奔而来啊！"(略)君子以诚信一扫天下之疑惑，使内心与外表一致，名实相符，空话不足以检试而无须忧虑。这三样(礼、义、信)足以完善道德修养。

解析

《论语说》是在元丰三年(1080年)至元丰五年(1082年)之间，东坡先生作于黄州贬所，但现佚存仅一百三十多条。本文是先生对《论语·子路篇》"上好礼，则民莫敢不敬；上好义，则民莫敢不服；上好信，则民莫敢不用情。夫如是，则四方之民襁负其子而至矣"语典的解释。这是樊迟请学稼，孔子回答的内容。先生对孔子关于道德的三重境界"礼"、"义"、"信"给予充分肯定。同时他用三句话诠释了这"三德"的社会作用与功能。他说："君子以礼治天下之分"(以礼定名分)；"君子以义处天下之宜"(以义处忧患)；"君子以信一天下之惑"(以信去惑)。从而使礼、义、信成为全社会的道德追求。

语典

某岂晓土功[1]水利者乎？职事[2]所迫，不得不尔，每自笑也。(略)

惟念此一城生聚[3]，必不忍弃为鱼鳖也。

——《与刘贡父[4]七首》之四

(《苏轼文集》卷五十，第1466页)

注释

①土功：指治水、筑城。

②职事：职务内的事情。

③生聚：指人民生命财产。

④刘贡父：刘攽(1023—1089年)，字贡父，号公非，新喻(今江西新余)人，庆历六年(1046年)进士。官至中书舍人，助司马光修《资治通鉴》，专职汉史。《宋史》有传。

今译

我怎么是懂得治水筑城的人呢？但这是职内之事，迫于此不得不学着干，每当想到这些自己觉得可笑。(略)

唯有心念徐州全城百姓的生命财产安全，必定不能让其化为鱼鳖。

解析

元丰元年(1078年)正月，东坡先生为免洪水后患，就徐州防洪修筑石岸工程的费用问题，给时为中书舍人的刘贡父去信，请求在朝廷代为说明，“力荐一言”。后世学者均赞誉先生为“水利专家”，其实他是“职事所迫，不得不尔”。何以成为“家”，因心念徐州百姓，不忍心让其化为鱼鳖。其他如所谓“美食家”、“医学家”等，都是迫于当时的时势不得不为之。因为他博学睿智，又喜标新立异，故任何事经他出手都能“化腐朽为神奇”。诚哉！谁叫他是苏东坡呢！

语典

君为狱吏，人命至重，愿深加意。大寒大暑，囚人[①]求死不获，及病者多，为吏卒所不视，有非病而致死者。仆[②]为郡守，未尝不躬亲按视[③]。若能留意于此，远到之福也。

——《与张嘉文[④]七首》之三

（《苏轼文集》卷五十三，第1562页）

注释

①囚人：囚犯。

②仆：旧谦称“我”。

③躬亲按视：指亲自察看。

④张嘉父：张大亨，字嘉父，湖州（今浙江湖州）人。元丰八年（1085年）进士，官至直秘阁。

今译

您担任狱吏，人命至关重要，希望能特别留意。大寒大暑的季节，囚犯求死都得不到，得病的人很多，狱吏们都不管不问，有无病而死的。我当郡守，无不亲身察看。您如果能在这方面留意，一定会有深远的福分啊！

解析

本书信是东坡先生于元祐七年（1092年）作于扬州。先生在本书信中提到“仆为郡守”事，即元丰二年（1079年）正月，先生在徐州曾作《乞医疗病囚状》。先生在该状中反映：“囚以掠笞死者法甚重，惟病死者无法，官吏上下莫有任其责者。苟以时言上，检视无他，故虽累百人不坐。其饮食失时，药不当病而死者，何可胜数。”先生在十三年前任徐州郡守，就亲自关注因饮食失时、用药不当而致犯人死亡不可胜数的情况。因此他希望身为狱吏的张嘉父，在“大寒大暑”的天气里，要特别留意犯人“非病而致死”的情况。这样做不仅为当地老百姓带来福气，也给自己增添福分。

语典

狱者，民命之所系也。(略)

狱囚不因病死，及不给医药饮食，以至非理惨疟[①]，或谋害致死，自有逐一条贯[②]。(略)

每有病囚，则人人用心，若疗治其家人，缘此得活者必众。(略)而可以全活无辜之人，至不可胜数，感人心，合天意，无善于此者矣。

——《乞医疗病囚状》

(《苏轼文集》卷二十六，第764页)

注释

①疟：此指疟害(残害)。

②条贯：宋代公文用语，条例。

今译

监狱管理，关系着人民的性命。(略)

监狱囚徒不是因为疾病而死亡，以及不提供医药和饮食，以至无理残酷疟待，或者谋害致死，这些情况自有逐一具体的惩治条例。(略)

每当有病囚，就会人人用心，就像治疗自己的家人一样，因此救活的病囚一定很多。(略)这样可以救活无辜人的性命，以至不可胜数，其感动人心，合乎天意，没有比这更好的办法了。

解析

该奏议是东坡先生于元丰二年(1079年)正月作于徐州任上。熙宁六年(1073年)，先生在杭州任通判，朝廷派遣专人督导两浙盐务，严刑重罚，厉行盐法，一时之间，犯法入狱的人不计其数。作为通判，每日过着"朝推囚，暮决狱"的日子，先生曾用《都厅题壁》诗记录了自己沉痛的感受："执笔对之泣，哀此系中囚。"正是这种人文情怀，才有了《乞医疗病囚状》。按照《宋刑统》卷三十"监临官捶迫人致死"条："诸监临之官，因公事自以杖捶人致死及恐迫人致死者，各从过失杀人法。"凡狱官使用杖刑或逼供导致狱囚死亡，狱官当按过失杀人罪处置。先生一生"八典名郡"，都是这样"重惜人命，哀矜庶狱"，真可谓"感人心，合天意"之仁政善举。

清　廉

功废于贪，行成于廉。

导　读

早在尧舜禹上古时期，被奉为中国司法鼻祖的皋陶，就制定了昏、墨、贼等罪名，即“己恶而掠人美为昏，贪以败官为墨，杀人不忌为贼”。犯此三罪处以死刑。战国时期法家代表人物李悝，制定的我国历史上比较完整的法典——《法经·杂法》。《法经·杂法》中规定，六禁之一的“金禁”，就有惩罚受贿行为的规定。《周礼·天官冢宰》关于如何考察官吏政绩有六条标准：“一曰廉善，二曰廉能，三曰廉政，四曰廉正，五曰廉法，六曰廉辨。”“廉”成为为官从政之本和考察的主要内容。孟子认为：“(不义之财)可以无取，取伤廉。”在秦律中借公款“与盗同法”。汉文帝采用严刑治贪，甚至规定上级官吏吃下级官吏一顿饭，免！唐代规定七品官受财枉法，赃达月俸禄收入总数一半以上者处以极刑。以上阐明了中国历朝历代，对廉与贪的道德价值取向。

东坡先生积四十年仕宦生涯，表现出为政清廉的人格文化特征。这种人格文化特征，集中表现为政治家情怀和诗人风采的高度融合。在他三十六岁时先后两次《上神宗皇帝书》的二十五篇策论中，及五十一岁后在朝授翰林学士，知制诰重任时为皇帝起草的诏书里，系统地记录了他对清廉官德的重视和传承。他认为：“惟廉与慎，乃克有终。”“一官为贫，更无可择。”他指出：“廉贞故为君子，贪狼故为小人。”无数官吏的仕宦生涯表明：“功废于贪，行成于廉。”而且他们堕落行径留给人们的警示是：“人必先腐也，而后生虫之；人必先疑也，而后谗人之。”“贪得而不戒，故始于小过，终于大咎。”“小过”演变成“大咎”的贪腐过程，表明一个残酷的事实：“利在耳目之前，而患在岁月之后者，”即由“贪利”而深陷“祸患”的犯罪轨迹。

为此，先生强调：“君子之所重，名节也。”无论大小官吏，“位天下之责者，无自营之私”。在任何物欲面前，要为自己设立一条底线：“天地之间，物各有主，苟非吾之所有，虽一毫而莫取。”在声色犬马的诱惑之下要给自己树立一个警示牌，曰：“笙歌丛里抽身出，云水光中洗眼来。”

先生如此立言，也是如此做事。元祐初年，先生在京为皇帝近臣，一位朋友派专人送来黄金五两，白银一百五十两。他辞谢不受，在征得友人的同意后，以友人的名义捐赠给杭州安乐药坊。元祐三年(1088年)正月，先生领贡举主考官。这期间他的弟子，也是应举考生的李方叔托人给他送来贵重的金丝猴皮等礼物。他为了避嫌，秉公办事，毅然连装金丝猴皮的竹篓子也没打开，就托来人“完璧归赵”。元符三年(1100年)八月，先生北归经过广西合浦石康县，该县县令以馈赠表达敬意。先生以“一路俱不受”为理由婉言谢绝。他还说如果一路“照单全收”，岂不成了贪得无厌、利欲熏心的怪兽饕餮。先生拒绝馈赠的行动表明，他真乃“穷不失义，达不失道”，表现出了清廉贤明的高尚节操。

语典

功废于贪，行成于廉[1]。

——《六事廉为本赋》
（《苏轼文集》卷一，第28页）

注释

①“功废于”二句：废，毁败。行，德行，品行。

今译

功业毁败于贪婪，德行成就于清廉。

解析

本文作年未详。可能系嘉祐二年（1057年），先生应科举考试之习作。此章句择于《六事廉为本赋》。前句指明有人因堕于贪欲，让毕生功业毁于一旦。也就是说，曾经有过显赫功业的人，只因跨不过贪欲这道坎，最终为一己私利毁了一世英名。诚如韩非子在《解老》中曰：“有欲甚，则邪心胜。”先生的恩师欧阳修说得好：“奢靡之始，危亡之渐。”开始过分追求享受，就会逐渐走向危亡。一个“始”，道出了“奢靡”与“危亡”的因果关系。一个“渐”字，点破了“危亡”乃“冰冻三尺，非一日之寒”之隐秘。

语典

一官为贫，更无可择。

——《与王定国[①]四十一首》之四十

（《苏轼文集》卷五十二，第 1531 页）

注释

①王定国：王巩(约 1048—1117 年)，字定国，莘县(今属山东)人，北宋著名诗人、画家。跌荡傲世，好议时政，因受东坡先生“乌台诗案”牵连，被贬广西宾州监酒务。

今译

一旦为官，就只能是贫穷，再也没有可选择的余地了。

解析

本书是东坡先生于绍圣二年(1095 年)六月，于惠州贬所给王定国的回信，交流自己为官之体悟。先生认为“一官为贫，更无可择”。想做官吗？就要守穷，这是别无选择的事情。孟子与他的高足弟子万章讨论为官之道，孟子曰：“仕非为贫也。”大意是，做官并不是为了摆脱贫穷。东汉伟大的天文学家、文学家张衡认为：“愚竭力以守义兮，虽贫穷而不改。”南宋诗人、道学家吕本中在其《官箴言》中指出：“当官之法，唯有三事：曰清、曰慎、曰勤。”悬于河南内乡县衙内的一副楹联，曰：“廉不言贫，勤不言苦。”清官必清廉，清廉必清贫，清贫必清正，清正必有清名。此乃古今为官者之至德至理。

语典

惟廉与慎[1]，乃克有终[2]。

——《潮州澄海第六指挥使谢皋可三班供职[3]》

（《苏轼文集》卷三十八，第1075页）

注释

①廉与慎：廉政与慎政。

②乃克有终：乃，此为“竟”。克，能够。有终，始终一贯。

③“潮州澄海”句：谢皋，开封人。为镇抚司统制官。谢皋在镇守虢（guó）州时，李成攻陷虢州，欲降之，谢皋指腹示曰：“此吾君赤心也。”自剖其心以死。三班供职，低级武臣之阶官，无职掌。

今译

唯有廉政与慎政，竟能够始终如一。

解析

该制敕是东坡先生在元祐年间，任中书舍人时代皇帝草拟的诏书。古代一位官员，能做到廉洁已属不易，同时还能立住一个“慎”字，即做到慎欲、慎言、慎独、慎终、慎骄、慎初等，那就更是难能可贵了。这位自剖其腹，以证赤诚的谢皋，真的是“惟廉与慎”，始终一贯的廉慎良吏。

语典

廉贞[1]故为君子，贪狼[2]故为小人。

——《续养生论》

（《苏轼文集》卷六十四，第1983页）

注释

①廉贞：廉洁坚贞。

②贪狼：语出《史记·项羽本纪》中的“猛如虎，狠如羊，贪如狼”。贪如狼，贪婪如狼。

今译

廉洁坚贞堪称君子，贪婪如狼是为小人。

解析

本文约作于先生被贬儋州昌化军时（元符初年1098—1100年）。“君子”一词，广见于先秦典籍，孔子为“君子”一词赋予了道德的含义，指人格高尚、道德品德兼优之人，并成了较完善的人格典型。小人，通常指儒家定义的“君子”的反义词，即指人格卑下，喜欢搬弄是非、利欲熏心、贪得无厌之类的人。先生在本章句中，以“廉贞”论君子，以“贪婪”论小人，这是有其深意的。在他认为，尤其是为仕者，廉洁坚贞是最重要的人格操行。贪婪，且是如狼地贪婪，是小人一切恶行的源头。因为贪婪，故贪赃枉法，贪财受贿，徇私渎职，无恶不作。先生之箴言，当为世人之戒。

语典

且夫[1]天地之间，物各有主，苟[2]非吾之所有，虽一毫而莫取。

——《赤壁赋》

（《苏轼文集》卷一，第6页）

注释

①且夫：表示下文是更进一步的议论。

②苟：如果。

今译

天地之间，万物各自有其主人，如果不是属于我的，哪怕是一丝一毫都不能伸手去碰。

解析

此赋是东坡先生谪居黄州三年后，于元丰五年(1082年)七月十八日作，此段文字是《赤壁赋》的第四段。先生针对客人之人生无常的感慨，陈述自己的人生见解。首先从变与不变的角度观察事物，不应有“吾生之须臾”之哀叹。表明作者在身处逆境中超脱豁达、随缘自适的人生胸襟。继而又以理性的态度指出：“苟非吾之所有，虽一毫而莫取。”体现作者穷不失义、纤尘不染的高风亮节。先生明确无误地告诉我们，应从名利物欲的陷阱中解脱出来，走向“江上清风”、“山间明月”等“取之无禁，用之不竭”，有着无尽宝藏的大自然中，去享受心旷神怡、兴会淋漓的审美人生。

语典

笙歌丛里抽身出，云水光中洗眼来。

——《九日，寻臻阇①黎，遂泛小舟至勤师院，二首》其二
（《苏轼诗集》卷十，第 506 页）

注释

① 阇(dū)：城门上的台。

今译

从灯红酒绿的欢乐场中抽身出来，到云淡水清的自然中洗净欲眼。

解析

东坡先生在熙宁四年(1070 年)通判杭州期间，与高僧交往密切，目的是“独求僧榻寄须臾”，“且赴僧窗半日闲”。作者从热闹场中抽身，在僧榻僧窗前享受一个“闲”字，并走向大自然，去净化自己的心灵。能做这一点，需要自醒，更需要自律。

语典

汝于官下[1]宜守廉，何得买官下物。吾在官所除饮食外，不曾买一物，汝可视此为戒也。

——《跋欧阳家书[2]》

（《苏轼文集》卷六十九，第 2185 页）

注释

①汝于官下：汝，你。官下，做官的处所或下属场所。

②欧阳家书：此为欧阳文忠公与其弟侄的家书。

今译

你在任上要严守清廉，怎么能购买你所管辖下的物品？我在任上除饮食外，从没有买过一样物品，你应以这封家书作为鉴戒。

解析

本文是元丰二年(1079 年)四月十二日，东坡先生作于赴湖州任的途中。先生为恩师欧阳修家书作跋，意在推崇恩师在官守廉，决不购买管辖范围内的物品，以避以权谋私、以职谋利之嫌。后世为官者，亦应“观此为戒”！

语典

物必先腐也，而后虫生之；人必先疑也，而后谗[1]人之。

——《论项羽范增》

（《苏轼文集》卷五，第163页）

注释

①谗：谗言，陷害。

今译

物质必定先腐烂，然后才会生虫；人一定先猜疑忌恨别人，而后遭人谗言陷害。

解析

本论系嘉祐六年(1061年)应制科试时所上进卷之一。南宋末年著名的爱国诗人谢枋得在其《文章轨范》中曰："此是东坡海外文字，一字一句增减不得。句句有法，字字尽心。后生只熟读暗记此篇，义理融明，音律谐和，下笔作文，必警世绝俗。"汉高祖采用陈平的计策，离间疏远楚国的君臣关系，项羽怀疑范增与汉高祖有私下交易，就逐渐剥夺他的权力。范增终于离去，诸侯们背叛了项羽，项羽最后兵败垓下，至乌江边自刎而死。先生由此引出上述醒世恒言："人必先疑也，而后谗人之。"

语典

贪得而不戒[①]，故始于小过，终于大咎[②]。

——(《东坡易传·噬嗑卦[③]》卷三，第41页)

注释

①戒："警也。"此指戒慎。

②咎：过失，罪过。

③噬嗑(shì kè)卦：《周易》第二十一卦。噬嗑，意谓上下颚咬合，咀嚼。噬嗑卦，阐释刑罚的原则，寓意要重视法治，知法守法。

今译

贪得无厌而毫不戒慎，因此开始是出现小的过错，最终导致大的罪过。

解析

《东坡易传》是东坡先生于元丰三年(1080年)至元丰五年(1082年)之间，作于黄州贬所。本文是《噬嗑卦·象传》"雷电噬嗑，先王以明罚敕法"爻辞的解说。该卦《象传》爻辞的解析是："雷电交击，象征咬合。先辈君王效法此象严明刑罚轻重，端正法律。"另外"古人把'噬嗑'当作咬住要案大案不放，明刑断狱，铁面无私的'噬嗑'——依法办事的'法德'的象征"。先生据此推演出上述章句之义理。确实如此，那些"贪得而不戒"的大小贪官们，哪个不是"始于小过，终于大咎"？记住他们的教训，只有"戒"绝"小过"，方可免于"大咎"。先生之言，无疑是一剂防贪拒腐的清醒剂。

语典

违天不祥，必有大咎[①]。
极盛必衰，骤胜故败[②]。

——(《东坡易传·复卦[③]》卷三，第 45-46 页)

注释

①“违天”二句：天，此指自然规律。咎，过失，灾难。
②“极盛”二句：极盛，非常强盛。骤，此谓“突然”。
③复卦：《周易》第二十四卦，寓意周而复始，循环再生。

今译

违背自然规律不吉祥，必定有大的灾难。
非常强盛或必衰败，骤然获胜因此失败。

解析

《东坡易传》是东坡先生于元丰三年(1080 年)至元丰五年(1082 年)之间，作于黄州贬所。本文是《复卦》“利有攸往”句及“上六”两爻辞的解析。《复卦》之“复”象征复归，亨通顺利。但返转复归必遵循一定的规律。故先生依此之寓意，推演出“违天大咎”的义理。“上六”《象传》说：“迷途不返，有凶险。”先生据此爻辞，推理出“极盛必衰”之义理。“违天大咎”的事例古今屡见不鲜。如 20 世纪初，美国西部落基山脉的凯巴伯森林，原先有四千余只鹿。1906 年，美国总统西奥多·罗斯福，为了鹿的安全组织了一场除狼行动。结果 6000 多只无辜的狼被杀得干干净净。于是鹿在那里无忧无患“无计划”地生育，很快繁殖超过十万余头，然而森林中一切能吃的绿色植物都被鹿啃食而光。接着更大的灾难出现，其中六万只逐渐退化了的鹿在冬天陷入饥寒与疾病的困境而不断死去。到 1942 年，这座森林只剩下八千只病鹿，兴旺一时的鹿家族急剧走向衰败。人们从噩梦中醒来，认识到事与愿违，原来狼竟然有助于鹿种的“优胜劣汰”，是森林和鹿群的“功臣”。这说明生态“舞台”上每一种生物都有自己的角色地位，破坏生物链，必遭大的灾难。至于“盛极必衰”的历史教训更是让人警醒。如暴秦必亡、盛唐必衰、康乾中落等，历史的惊人相似，几乎成了历史的怪圈现象。其原因是：“盛”滋生了骄横、腐败；“盛”掩盖着动乱、危机。于是沉湎于盛世的虚假表象的王朝，一个个从极盛的顶峰迅速滑落。“极盛必衰，骤胜故败”的历史事实，给后世留下几多思考！

语典

利心[1]不动，则外物感而不应也。（略）用之于身，则冲和而不竭[2]。

——《上皇帝书》

（《苏轼文集》卷三十七，第1040页）

注释

①利心：利欲之心。

②冲和而不竭：冲和，指淡泊平和。语出《老子·四十二章》："万物负阴而抱阳，冲气以为和。"不竭，不尽。

今译

利欲之心不躁动，那么面对外物的诱惑就不会感应心动。（略）此理用之于自身，淡泊平和之气质就会永葆不竭。

解析

本文是东坡先生于治平元年（1064年）十一月五日，作于凤翔签判任上。先生《上皇帝书》，是这年给英宗皇帝就冬至之日的贺表。此文的主旨，在于强调治国要"安静而不劳"。从这一理念出发，故"利心不动"、"用之于国，则安静而不劳"、"用之于身，则冲和而不竭"。这里强调的"利心不动"，是宣扬道家"无为而治"的治国理念。所谓"无为而治"，不是什么也不做，而是顺其自然，力求做到无为而无所不为。"利心不动"，对今人颇有教益，只有如此，才能不受外物的诱惑而误入歧途。

语典

有作犹天圣[1]，无私乃是天。

——《大行太皇太后高氏挽词二首》其一

（《苏轼文集》卷三十六，第1977页）

注释

①有作犹天圣：语出《庄子·知北游》中"是故至人无为，大圣不作，观于天地之谓也"一说。大意为，至人顺任自然，大圣不妄自造作，这是取法于天地的缘故。作，指作为。犹，如同。天圣，最高的圣贤。

今译

有所作为如同圣贤，没有私心譬若皇天。

解析

本挽词是东坡先生于元祐八年（1093年）九月三日后，作于京城开封。此挽词的"有作"，是指太皇太后高氏组织指挥击退契丹侵扰。"无私"，是指太皇太后高氏策立哲宗承继神宗皇位，为国不念其家，没有乘机安插高姓之人。因此"有作"才是"圣"，"无私"方为"天"。这两句挽词给我们的启示是："有作"而"无私"，才堪称有圣贤之美德和上天宽广的襟怀。

语典

道无私载[①]，公生至明[②]。

——《谢宣召再入学士院二首》其二
（《苏轼文集》卷二十三，第682页）

注释

①私载：谓负载有所偏私。
②至明：极贤明。

今译

大道决无偏私负载，公正才能极其贤明。

解析

本文于元祐六年（1091年）六月一日作于开封。《礼记·孔子闲居》："子夏曰：'敢问何谓三无私？'孔子曰：'天无私覆，地无私载，日月无私照。'"《吕氏春秋·去私》在"三无私"后复加曰："四时无私行，行其德而万物得遂长焉。"又谓："尧有子十人，不与其子而授舜；舜有子九人，不与其子而授禹，至公也。""道"是万物的宗主，它不仅生育万物，而且促使万物生长，最后又给万物提供一个安息归宿的场所。故"道无私载"。《荀子·不苟》中的"公生明，偏生暗"，指的是公正能明察事理。"公生明"，作为官场箴规广为传播。古代州县衙大堂前面正中竖有一石，南向面刻有"公生明"三字。北向面刻有"尔俸尔禄，民膏民脂，下民易虐，上天难欺"十六字。东坡先生于元祐六年（1091年）六月一日再入学士院，撰写了这首谢宣召状。这两句话既是对高太皇太后的赞颂，又是先生对自己再入学士院的警示。

语典

正[①]则安，不正则危，弃安即危非人情，故不正者必有天灾。

——(《东坡易传·无妄卦[②]》卷三，第47页)

注释

①正：中正，正直，正派等含义。

②无妄卦：无妄卦乃《周易》第二十五卦，寓意不胡作非为，依正轨正道行事。

今译

坚守正道就会安全，不行正道就会导致危险。抛弃安全接近危险，这不是人之常情，因此不行正道的人，一定会遭受上天的惩罚。

解析

《东坡易传》是东坡先生于元丰三年(1080年)至元丰五年(1082年)之间，作于黄州贬所。该文是先生对《无妄卦·象传》"无妄之往，何之矣？天命不祐，行矣哉"爻辞的解说。该爻辞寓意：不守正道则有灾祸，没有上天教命的保佑帮助，怎么可行。先生据此推演出"不正者必有天灾"的义理。不行正道，必遭天谴，这是历史的规律。古往今来有多少亡命之徒，竟冒天下之大不韪而遭到灭顶之灾。春秋时期的小国息国，竟然自不量力于公元前712年向邻国郑国挑起战争，后来被强楚灭掉。后人在评论息国败亡时说，息君犯"五不韪"大忌而一意孤行，故自取灭亡。在现实生活中，"不正者必有天灾"的事例屈指可数。那些智令利昏的大小贪官之流，恰是因其"不正"而遭至罪罚。"正则安，不正则危"，实乃警世恒言。

语典

不贪为我宝，安步当君车①。

——《无题》

（《苏轼诗集》，第 2073 页）

注释

① 安步当君车：安，指安详，从容，不慌忙。安步，缓缓步行。君车，官车。

今译

我以不贪为无价之宝，从容步行就当乘官车一般。

解析

这首《无题》诗，东坡先生作于绍圣元年（1094 年）十二月。这年十二月十九日，先生满五十九周岁而进入“六秩”。其时他谪居惠州约两个半月，此诗是他对即将开始“六秩”的纪念。他引用《左传·襄公十五年》一典明志：春秋时期宋国有人得一宝玉，献给宋国位列六卿的贤臣子罕，子罕拒收。献宝者曰：“我献的是宝玉，故敢献之。”子罕曰：“我以不贪为宝，尔以玉为宝，若以与我，皆丧宝也，不若人各有其宝。”我把不贪财视为珍宝，你把玉视作珍宝。如果给我，我们双方都会丧失珍宝，还不如各人持有自己的珍宝。东坡先生晚年一贫如洗，常向官民借米度日。但他以清廉的子罕为榜样，把“不贪我为宝，安步当君车”作为座右铭，表达了先生守贫乐道的君子风骨。

语 典

利在耳目之前[①]，而患[②]在岁月之后者，小人不知也。君子安于德义，如小人安于居处；君子安于法度，如小人之安惠利[③]。心之所安一也，所以用心不同耳。

——《论语说·里仁篇》

（《三苏全书·经部》卷上，第三册，第185页）

注 释

①耳目之前：即日常口语“眼前”。

②患：祸患。

③“君子安于德义”四句：德义，指道德信义。居处，安置。法度，法令制度。惠利，恩惠小利。

今 译

贪图私利在眼前，而祸患却在今后的日子里，小人不知这个道理。君子所安在于道德信义；而小人所安在于日常安置；君子所安在于法令制度，而小人所安在于恩惠小利。君子与小人虽然心中都各系一物，但所使用的心思却大不相同罢了。

解 析

《论语说》是在元丰三年（1080年）至元丰五年（1082年）之间，东坡先生作于黄州贬所。由于年代久远，该书“卒轶不传”，现存“辑佚补苴（jū）”仅一百三十余条。本章句是先生对《论语·里仁篇》“君子怀德，小人怀土；君子怀刑，小人怀惠”对话的解说。先生认为“君子安其所必安，小人之所安有不安者矣”。所谓君子“所安”，乃安于“德义”、“法度”；所谓小人“所安”，亦安于“居处”、“惠利”。君子与小人内心各系“一物”，但其所用心则大有差别。这种差别就在君子怀“德”，小人怀“利”而已。

语典

饮酒，人情之所不免，禁而绝之，虽圣人有所不能。故独戒其沉湎①之祸，而开其德饮②之乐，则其法不废。

——《东坡书传·酒诰③》

（《三苏全书·经部》卷十二，第二册，第121页）

注释

①沉湎：沉溺。深深迷恋着，无法自拔。

②德饮：不违背道德规范的饮酒。

③酒诰：诰，帝王任命或封赠的文书。酒诰，尚书中的篇章，是中国最早的禁酒令。

今译

饮酒这件事，从人情角度讲难以免去，绝对地禁止，虽然是圣人也有所不能。因此，特别对沉溺于酒而引起祸端的行为加以警戒。而对于不违背道德规范的饮酒予以放开，这样使《酒诰》之法规也不会废弃。

解析

《东坡书传》是在元丰三年（1080年）至元丰五年（1082年）之间，先生初成于黄州，重订于惠州，书成于儋州。本文是先生对《尚书·洪范》“不腆于酒”语词的解说。先生的解说可谓既入情又入理。他认为，“饮酒”是人之常情，想要把它禁绝“虽圣人有所不能”。但是，对于“沉湎之祸”，他又主张“独戒”。他倡导“德饮之乐”，即使“其法不废”，又不违背“人情”。在当前全社会禁止奢靡请吃风的治理情况下，“德饮之乐”还是应该允许的。因为“饮酒，人情之所不能免”。

语典

禁之难行者，莫若酒。周公[①]忧之深矣，故卒[②]告之曰：汝[③]既常听用，我所畏惧者，又当专建一司[④]，以察沉湎[⑤]，若以泛责群吏，而不辩其司禁[⑥]必不行矣。

或曰，自汉武帝以来至于今，皆有酒禁，刑者有至流赏，或不赀未赏[⑦]，以少纵而私酿[⑧]，终不能绝也。周公独何以禁之，曰，周公无所利于酒也，以正民德而已。

——《东坡书传·酒诰》

（《三苏全书·经部》卷十二，第二册，第125页）

注释

①周公：姬姓名旦，是周文王姬昌第四子，周武王姬发的弟弟，曾两次辅佐周武王东伐纣王，并制作礼乐。因其采邑在周，爵为上公，故称周公。周公是西周初期杰出的政治家、军事家、思想家、教育家，被尊为“元圣”和儒学先驱、奠基人。

②卒：终于。

③汝：你。

④司：主管机构。

⑤沉湎：深深迷恋着，无法自拔。形容陷入不良的生活习惯难以自拔，表达消极的感情色彩。

⑥辩其司禁：辩，此指“使”。司禁，专管部门的禁令。

⑦“刑者有至”二句：刑者，执行处罚的人。流赏，流于赏罚。不赀，无从计量。

⑧少纵而私酿：少纵，指稍微一放松。私酿，私自酿造。

今译

禁绝难以实行，没有像禁酒这样难。周公对此有深深的忧虑，所以终于告诉官吏们说：你们既然经常饮酒，我所以也担忧这件事，于是专门设置一管理机关，以监察沉湎于酒的人。如果泛泛地追责所有的官吏，而不使用专司禁酒的机构来监督犯禁者，必定是不行的。

有人说，自汉武帝以来至今，都有禁酒令，但执行处罚的官员以至于渎职于赏罚，或是无从计量无从赏罚。以至于稍有松懈出现私自酿酒，终究不能禁绝。唯独周公何以能禁止呢？回答说，周公并不打算在酒中有所图利，而是借以正民风民德而已。

解析

《东坡书传》是元丰三年（1080年）至元丰五年（1082年）之间，东坡先生初成于黄州贬所。本文是先生对《尚书·酒诰》“汝典听朕毖，勿辩乃司民湎于酒”的解说，文中的“毖”为告诫。辩，此谓“使”。司民，指治民的官员。大意是：你要经常听从我的告诫，不要使你的官民沉湎在酒中。《酒诰》，就是周公命令康叔在卫国宣布戒酒的诰词。“诰”，即“告”。古用此字，今则用“告”字。此“诰”为上告下之字，古代帝王对臣子的命令。在中国古代历史上，禹可能是最早提出禁酒的帝王。夏、商两代末君，都因沉湎于酒而国破家亡。尤其殷末风气奢华，酗酒乱德。纣王建造酒池肉林，放纵淫乐。结果“牧野之战”大败，纣王逃回朝歌，登上鹿台自焚而死。周览于此，发布了中国最早的禁酒令《酒诰》。其中规定：王公诸侯不准非礼饮酒，只有祭祀时方能饮酒；民众聚饮，押解京城处以死刑；不照禁令行事的官员，即所谓“犯禁者”，按令处以死罪。

语典

仁之可好，甚于美色；不仁之可恶，甚于恶臭①。而人终不知所趋避②者，物欲蔽塞③之也。解其蔽，达其塞，不用力可乎？故又曰："自胜④者强。"又曰："克己复礼⑤为仁。"

——《论语说·里仁篇》

（《三苏全书·经部》第三册，第182页）

注释

①恶(wù)臭：厌恶臭气。

②趋避：躲避，规避。

③蔽塞：蔽，指遮。塞，堵。蔽塞，闭塞。

④自胜：战胜自己，超越自我。

⑤克己复礼：约束自己，使言行符合于礼。

今译

仁德实在美好，好过美貌女色；不讲仁德实在可恶，比厌恶臭气还厉害。然而人们终究不知如何去规避它，原因就在于被外物的诱惑所遮蔽和阻塞。要想化解其遮蔽，通达其阻塞，不下一定的力气可以吗？所以又说："战胜自己的人才算强者。"还说："约束自己，使言行符合于礼。"

解析

《论语说》是元丰三年(1080年)至元丰五年(1082年)之间，东坡先生作于黄州贬所。由于年代久远，该书现存仅一百三十余条。本文是先生对《论语·里仁篇》"子曰：'我未见好仁者，恶不仁者'"之对话的解说。先生对孔子关于"仁"和"不仁"的对话提出自己的见解。他认为人们其所以始终不知对"不仁"之趋避，是因为"物欲蔽塞"的原因。故先生提出要下大力气"解其蔽，达其塞"。朱熹对先生"不用力可乎"提出异议。他认为"为仁者亦用力乎?"这是与朱熹关于"性即天理即善"的人性论思想所决定的。实际上，人的修身进德是一场完善自己、超越自我的自我陶冶，没有崇高的人生理想和坚定的意志品质。是难以达到君子境界的。所以先生认为做个"自胜者强"、"克己复礼"的君子，"不用力可乎?"

语典

仁人之馈[①]，固当捧领。但以离海南，儋人争致赡遗[②]，受之则若饕餮[③]然，所以一路俱不受。若至此独拜宠赐，则见罪必众。谨令驰纳[④]，千万恕察。

——《与欧阳晦夫[⑤]二首》之二

（《苏轼文集》卷五十八，第1756页）

注释

①馈：泛指赠送。

②赡(shàn)遗：指接济赠送的财物。

③饕餮(tāo tiè)：古代汉族神话传说中的一种神秘怪兽。杜预注："贪食曰饕，贪财曰餮。"

④驰纳：驰，指驱使。纳，此指缴付。

⑤欧阳晦夫：欧阳阀，字晦夫，桂州灵川（今属广西）人，从学于梅尧臣。元祐六年（1091年）进士及第。官石康（今广西合浦东北）令。

今译

您的馈赠，本应欣然接受。但我自从离开海南，儋州人便纷纷争着给我接济赠送财物。我如果接受就像饕餮贪婪的样子，所以一路上都拒不领受。如果到了这里单独收下您的馈赠，那就得罪了大家。因此派人立即送还，请您千万宽恕体察。

解析

此书信是元符三年（1100年）八月，东坡先生作于北归途中。先生北归，经过广西合浦东北的石康县境，该县县令欧阳晦夫为了表达朋友之情，向先生馈赠礼物。先生以"一路俱不受"为理由，婉言谢绝。他认为如果对于众人的"赡遗"全单照收，他就成了贪得无厌、利欲熏心的怪兽饕餮。清代学者王文浩在其《苏诗总案》中指出："公一生清节在此书中，可见其孑(jié)然一身归。"应该说先生此时一贫如洗，正是需要有人资助的时候。然而先生"穷不失义，达不失道"，表现出清心寡欲、修身洁行的高尚节操。

语典

惠示狨皮[1]等物，皆所不敢当。礼曹[2]之传，盖妄[3]也。信罨[4]元不发，却付来人。盖近日亲知[5]所寄惠，一切辞之，非独于左右[6]。千万恕察[7]。知非久入京，见访，幸甚。

——《答李方叔[8]十七首》之七

（《苏轼文集》卷五十三，第1578页）

注释

①狨皮：狨（róng），即金丝猴，又称猱，像猴但比猴大，毛很长，金黄色。狨皮可制成鞍垫，称为狨座。文臣两制，武臣节度使以上许用。狨鞍垫取数十片缝成一座，价值钱百千。

②礼曹：即礼部。元祐七年（1092年）十一月，东坡先生自兵部尚书改任礼部尚书。

③妄：虚妄，极不真实。

④罨（yǎn）：编得较密的篾篓。

⑤亲知：亲戚朋友。

⑥左右：古代对人不直呼其名，只称左右，以表示尊敬。信札亦常用以称呼对方。

⑦恕察：宽恕体察。

⑧李方叔：李廌（zhì），字方叔，华州（今陕西华县）人，元祐三年（1088年）东坡先生知贡举，然李方叔落第。中年绝意仕进，定居颍昌府（今许昌市），《宋史》有传。

今译

您惠赠的金丝猴皮等礼物，我都不敢收下。礼部的传闻，也是虚妄靠不住的。篓子根本没有打开，退还来人带回。近来亲友所寄赠的礼物，统统都谢绝了，不只是对先生您这样。请千万宽恕谅察。知道您不久要进京到我这里来，非常荣幸。

解析

元祐三年（1088年），先生任翰林学士，知制诰兼侍读。正月二十一日，领贡举事，黄庭坚、张耒等为参详点检试卷等官。其间，先生的弟子李方叔托专人进京，为先生送来贵重的金丝猴皮等礼物。常言"一日为师终生为父"，如父辈的老师收下学生的礼物，似乎情在理中。然而先生以为身为贡举主考官，关键时期收入考生的礼物多有嫌疑。不管是不是这个理由，总之先生"皆所不敢当"，连装金丝猴皮的竹篓子也没打开，就托来人"完璧归赵"。这样做是否有点寡情？不！这正是先生一贯的作风，他一辈子不仅在"名实"上不欺于世，而且在物质诱惑面前，更是抱朴寡欲，木人石心。

语典

不须以物见惠[①]也。惠香八十罐，却托还之。已领厚意，与收留无异。实为他相识所惠皆不留故也。(其四)

只为自来不受非亲旧[②]之馈。(其五)

——《与通长老[③]九首》之四、之五

(《苏轼文集》卷六十一，第 1877 页)

注释

①见惠：谢人馈赠的谦词。

②亲旧：亲戚和故交旧友。

③通长老：苏州虎丘寺僧。

今译

不必要以物品相赠。送来的八十罐香，托来人还给您。我已领受到了您的厚意，与同收留物品没有区别，实在是因为其他相识的朋友所赠都不收留的缘故。

只因为我从来不接受非至亲旧友的馈赠。

解析

本书信是熙宁七年(1074 年)十二月，东坡先生作于密州(今山东诸城)。先生给通长老的这封短信，公开宣示了他收受馈赠的原则立场，即“自来、不受非亲旧之馈”。这个原则于情于理都讲得过去，否则，既有贿赂之嫌，又给人留下口实。譬如先生与王定国、陈季常之流，因情同手足，故先生常主动开口代为寻购丹砂等类品。如果亲旧相识一刀两断，既不符合先生的个性，也有不尽情理的官场作秀之弊。

语典

蒙遣人致金五两、银一百五十两为赆[①]。轼自黄迁汝，亦蒙公厚饷[②]。当时邻于寒殍[③]，尚且辞避，今忝[④]近臣，尚有余沥[⑤]，未即枯竭，岂可冒受。又恐数逆盛意，非朋友之义，辄[⑥]已移杭州，作公意舍之病坊[⑦]。此盖某在杭日所置，今已成伦理[⑧]。岁收租米千斛[⑨]，所活不赀[⑩]。故用助买田，以养天民之穷者。此公家家法，故推而行之，以资公之福寿，某亦与有荣焉。

——《与某宣德[⑪]书一首》

(《苏东坡全集》第五集，第2861页)

注释

①赆(jìn)：临别时赠送的财物。

②饷：饷馈。

③寒殍：殍(piǎo)，指饿死的人。寒殍，天寒地冻饿死的人。

④忝：字义为辱，有愧于，常用做谦辞。

⑤余沥：本指酒的余滴，剩酒，今多喻剩余的点滴财物。

⑥辄(zhé)：就。

⑦病坊：东坡知杭州时拨出公款二千缗，自己又捐赠黄金五十两，在杭州众安桥创置的一座我国第一所面向民众的官办医院——安乐坊。

⑧伦理：此指事物的条理。

⑨斛(hú)：古代旧量器名，一斛本为十斗，后来改为五斗。

⑩赀(zī)：计算物品的价格或数量。

⑪某宣德：不详。

今译

承蒙您派人送来黄金五两、银一百五十两的财物。我从黄州迁贬汝州，也曾承蒙您赠送厚礼。当时我真如濒临冬天路边快要饿死的人，尚且辞谢不受。如今我愧为皇帝近臣、尚有杯酒，还未枯竭，怎么能够贸然接受。我恐多次拂逆您的深情厚意，不合交友之道义，就把您赠送的金银财物转运至杭州，当作您的主意施舍给安乐坊。这个病坊是我在知守杭州时创置的，如今已经营运有序。每年公田所收的租米千担，救活的人无法计算。所以也把您的施舍用来买公田，以此来养育求助天下穷困的百姓。这也是您家的家风，所以我推想您也会同意这样办，不仅可以借以增加您的福寿，我也同样感到荣幸。

解析

本书信约元祐初年，东坡先生在朝廷任翰林学士、知制诰兼侍读时所作。“某宣德”不详，当是先生之友人。元丰七年(1084年)四月，先生自黄移汝(河南汝州)时宣德曾想给予先生一笔馈赠，但虽身处投闲散置、居穷守约的处境，却婉言“辞避”。如今他身为朝廷近臣，既不需也不敢收下宣德的金银。先生对于这笔赠款的处置很有智慧，很近人情。以宣德的名义捐赠安乐坊，正大名分。以“此公家家法”为释解点，既规避了受贿之嫌，又保全了宣德的颜面。真正达到了“各美其美，美人之美”(费孝通语)，两全其美，彼此安心的满意结果。

语典

辱手教①，仍以茶簟为贶①，契义③之重，理无可辞。但北归以来，故人所饷④皆辞之。敬受茶一袋以拜意。此陆宣公故事⑤，想不讶也。

——《与刘壮舆⑥六首》之四

（《苏轼文集》卷五十三，第582页）

注释

①辱手教：手教，即手书，对来信的敬称，意谓承蒙来信。

②茶簟为贶：簟（diàn），竹席。贶（kuàng），赠，赐。

③契义：友谊，情义。

④饷（xiǎng）：“饷，馈也。”此为“送”义。

⑤陆宣公故事：陆贽，字敬舆，苏州嘉兴人，年十八岁登进士第，以博学宏词登科，授华州郑县尉。罢官东归辞刺吏重金仅受新茶的故事。

⑥刘壮舆：刘羲仲，字壮舆，筠州高安（今江西高安市）人，北宋藏书家。以父刘恕助修《资治通鉴》有功，得官郊社齐郎，官至宣教郎。

今译

承蒙您来信，又赠送茶叶和竹席，情义之重，按理说不应该推辞。但自从北归以来，老朋友们所赠送的东西都谢绝了。所以我只能接受一袋茶叶以领受您的情义。这好比是陆宣公所行的故事，想必您是不会见怪的。

解析

该书是东坡先生于建中靖国元年（1101年）四月作于南康郡（郡治今江西星子县）。先生北归经江西筠州高安，北宋藏书家刘藏仲（字壮舆）呈书并赠送茶叶与竹席。先生奉行“故人所饷皆辞之”的原则，并行唐代宰相陆贽（别称陆宣公）的故事，只收下茶叶以表情义。陆贽任华州郑县县尉，罢官后，东归省母路经寿州（今安徽省六安市寿县境内）拜谒刺史张鉴。张鉴原并不熟悉陆贽。经叙谈三日对陆贽大为赞赏，并请结为忘年之契。陆贽临行，张鉴赠钱百万，曰：“愿备太夫人一日之膳。”陆贽谢而不纳，唯新茶一串而已。元祐三年（1088年），东坡先生任翰林学士、知制诰兼侍读。后又领贡举主考官职，“苏门六君子”之一的李方叔赠送的金丝猴皮，“却付来人”退辞。这说明“故人所饷”、“一切辞之”，此乃先生毕生穷不失义，防意如城之狷介风节。

语典

人生一世，如屈伸肘[①]。何者为贫？何者为富？何者为美？何者为陋？（略）较丰约于梦寐[②]，卒同归于一朽[③]。

——《后杞菊赋并叙》

（《苏轼文集》卷一，第5页）

注释

①如屈伸肘：指人生就像屈伸臂肘一样，有屈有伸。

②较丰约于梦寐：在做梦睡觉中比较谁大谁小。丰，指盛、大、富。约，指衰、小、贫。

③卒同归于一朽：卒，终了。最后同归于死亡和腐朽。

今译

人生一世，就像屈伸臂肘一样，有伸有屈，什么是贫富，什么是美陋？（略）在睡梦中比较谁大谁小，最终同归于死亡和腐朽。

解析

该赋是东坡先生在熙宁八年（1075年）秋，知密州（今山东诸城）时所作。若知先生为何借枸杞、菊花，阐发上述议论，须读罢该赋的序言方明白一二："（略）余仕宦十有九年，家日益贫，衣食之奉，殆不如昔者。及移守胶西（汉郡名，此指密州），意且一饱，而斋厨索然，不堪其忧。日与通守刘君廷式循古城废圃，求杞菊食之，扪腹而笑（略）。"这段序言告诉我们两方面信息：其一，从"扪腹而笑"看，先生是一种自嘲，矛头对准的是新法。因新法之后，朝廷对地方官员的招待费有所削减，先生言"衣食之奉，殆不如昔"，借此小发牢骚，表示对新法的不以为然。其实与刘廷式通守到城关废圃采摘枸杞、菊花为食，这只能算是一次郊游罢了。其二，先生说"家日益贫"、"不堪其忧"确是实情。因为先生二十余口之家，来往宾客众多，颇有捉襟见肘之难。但如同先生在赋中称"何者为贫？何者为富？何者为美？何者为陋？"他都视之为"如屈伸肘"，物我两忘，美恶在我，随缘自适，安贫乐道。尤其是先生告诉世人，何苦要"较丰约于梦寐"？因为无论你是贫富、美陋、"卒同归于一朽"，都要离开人世，同归于自然。先生之言，何等令人警醒！

语典

且事有决[①]不可欺者，吏受贿枉法，人必谓之赃[②]；非其有而取之，人必谓之盗[③]。苟[④]有其实，不敢辞其名。

——《拟进士对御试策并引状问》
（《苏轼文集》卷九，第303页）

注释

①决：决断。
②赃：指贪污受贿或偷盗所得的财物。
③盗：偷窃、劫掠。
④苟：如果，假使。

今译

事实已有决断岂能欺骗世人，官吏收取贿赂徇私枉法，人们必定说他是贪赃枉法的官吏；不是自己的财物而盗取它，人们必定说他是盗贼。如果自己有了贪赃盗窃的事实，岂能摆脱应得的恶名。

解析

本文于熙宁三年（1070年）三月，东坡先生作于京师。新法的推行者辩解，“使农民举息”、“与商贾争利”的青苗法，是为春荒不济的农民排难解忧。实际情况是，以20%的年利率贷给农民（当年借款随夏秋两税归还，每期取息二分，实际有重达三四分的）。更有甚者，地方官员强行派贷，且随意提高利息，青苗法就变质为官府辗转放高利贷、收取利息的苛政。百姓苦不堪言，直至元祐元年（1086年）才停止执行。“青苗法”究竟是“为民”、“为利”？新法的推行者们虽自我辩解，但终究民心不服。

语典

凡人为善，不自誉[①]而人誉之；为恶，不自毁[②]而人毁之。

——《拟进士对御试策并引状问》

（《苏轼文集》卷九，第303页）

注释

①誉：称扬，赞美。

②毁：损害。

今译

凡是有人做了善事，不用自夸而人们会赞美他；做了恶事，自己不说而人们会指责他。

解析

本文于熙宁三年(1070年)三月，东坡先生作于京师。所选章句，仍然是针对“青苗法”的“善”与“恶”展开议论的。推行新法的人辩解说，“青苗法”决不是朝廷放高利贷。东坡先生批驳说：“今青苗有二分之息，而不谓放债取利，可乎?”青苗法的放贷以半年为限，取息20%，一年期两季为40%，受贷者须结保或抵当。名义上“惠及小民”，实则是贪婪成性的胥吏，对农民的刁难、敲诈和盘剥。难怪先生说“为恶”者，“不自毁而人毁之”。

语典

夫君子之所重，名节[①]也。故有"舍生取义"、"杀身成仁"、"可杀不可辱"之语[②]。而爵位利禄[③]，盖古者有志之士所谓鸿毛敝屣[④]也。

——《乞将台谏官章疏降付有司根治札子》
（《苏轼文集》卷二十九，第838页）

注释

①名节：名誉与操守。

②"故有'舍生取义'"三句："舍生取义"，语出《孟子·告子上》中的"生，亦我所欲也；义，亦我所欲也；二者不可得兼，舍生而取义也"一说。"杀身成仁"，语出《论语·卫灵公篇》："志士仁人，无求生以害仁，有杀身以成仁"。"可杀不可辱"，语出《礼记·儒行》："可杀而不可辱也。"

③爵位利禄：爵位，表示身份等级与权位高低。古代爵分五等：公、侯、伯、子、男。利禄，指爵位俸禄。

④鸿毛敝屣（xǐ）：鸿毛，比喻极轻，微不足道。敝屣，破鞋子，比喻非常轻视。

今译

君子所看重的是名誉和操守。所以自古便有"舍生取义"、"杀身成仁"、"可杀不可辱"这样一些名言。而所谓爵位俸禄，古代有志之士把它当成鸿毛和破鞋子一样不值得重视的东西。

解析

该奏议是东坡先生于元祐四年（1089年）四月十七日，在杭州任太守时所作。先生是针对御史官章疏的诬告所说的一番话。一则表明章疏所告，"元无一事"。二则"空受诬蔑"，损坏了自己的名节。故先生在该文最后，用古者"舍生取义"等名言，表明自己对章疏无耻行径的切肤之痛。

语典

夫[①]任天下之责者，无自营[②]之私；蒙国士之知者[③]，有非常[④]之报。

——《赐观文殿大学士光禄大夫知永兴军韩缜[⑤]三上表乞致仕不许断来章诏[⑤]》

（《苏轼文集》卷四十，第1162页）

注释

①夫：文言发语词。

②自营：指为自己打算。

③蒙国士之知者：蒙，蒙受。国士，指国中才能出众的人。知，赏识。

④非常：异乎寻常。

⑤“赐观文殿大学士光禄大夫知永兴军韩缜”句：光禄大夫，相当于旧寄禄官尚书左、右丞，从二品文散官。永兴军，治所在今陕西西安。韩缜，字玉汝，开封人，庆历二年（1042年）及进士第，哲宗朝以太子太保致仕，封崇国公。

今译

肩负着治理天下重任的官吏，就不应有为自己经营私利的念头；蒙受国士赏识的人，就应有异乎寻常的报偿。

解析

该敕文是东坡先生在京任翰林学士，知制诰兼侍读，于元祐三年（1088年）四月七日代皇帝起草的诏书。本章句对于位于国家重要职位的官员有两条基本要求：第一，“无自营之私”；第二，“有非常之报”。对他们提出这种要求并非苛刻，因为他们是“享天下之利”、“居天下之乐”的特殊群体。他们享有“国士”之誉，他们肩负着“天下之责”。所以理应对国家、对人民“有非常之报”，此乃天经地义。

语典

位不期[1]骄，禄不期侈[2]。允蹈[3]忠信，力行礼义，以身先之。

——《赐皇伯的祖宗晟[4]辞免起复恩命不允诏四首》其一

（《苏轼文集》卷四十，第1159页）

注释

①期：盼望，期盼。

②禄不期侈：禄，古代官吏的俸禄。侈，用财过度，奢靡。

③允蹈：允，答应，应允。蹈，遵循，意为恪守、遵循。

④赐皇仁祖宗晟：宗晟，赵宗晟，英宗之兄，故哲宗称之“伯祖”。

今译

爵位不期盼骄矜，俸禄不期望奢靡。恪守忠诚信用，竭力执行礼义，以自身率先垂范。

解析

该敕文是东坡先生于元祐三年（1088年），在京任翰林学士知制诰兼侍读时，代皇帝起草的诏书。本章句是对宗亲伯祖宗晟的嘉赞，也是古代对官吏的基本要求。首先不奢求名利，其次恪守忠、信、礼、义等道德规范，并以身垂范。以上官德，乃古今治吏之通则矣！

语典

夫享天下之利者，任[①]天下之患；居[②]天下之乐者，同天下之忧。

——《赐新除中大夫守尚书右丞王存[③]辞免恩命不允诏》

（《苏轼文集》卷四十，第1150页）

注释

①任：担当。

②居：处于，占。

③赐新除中大夫守尚书右丞王存：除，任命官职，除授。中大夫，官名，从四品的文散官。尚书右丞，为宰相佐贰，正二品。王存，字正仲。

今译

享有天下利益的人，应该担当天下的忧患；处于天下享乐的人，同天下人一样应经受忧苦。

解析

该敕令是东坡先生于元祐二年（1087年），在翰林学士兼侍读任上代皇帝起草的诏书。本章句显然是针对“享天下之利”、“居天下之乐”的士大夫们讲的。既然“享利”，就应该“担忧”；既然“居乐”，就应该“同忧”，此乃公平正义的要求。而北宋名臣范仲淹在其《岳阳楼记》中提出“先天下之忧而忧，后天下之乐而乐”的思想，其意义在于“先忧”、“后乐”的思想境界。这种境界反映了孟子“民为贵，社稷次之，君为轻”，“以为民本”的人文情怀。

语典

抚疲瘵之俗[1]，察贪暴之吏。无纵诡随[2]，以谨无良[3]。

——《李之纯可集贤殿修撰河北都转运使[4]》

（《苏轼文集》卷三十九，第1111页）

注释

①疲瘵之俗：疲瘵（pí zhài），谓凋敝。俗，一般人，百姓。

②诡随：欺诈虚伪。语出《诗经·大雅·民劳》："无纵诡随，以谨缱绻。"

③以谨无良：谨，指慎重，小心。无良，不善，不好。

④李之纯可集贤殿修撰河北都转运使：李之纯，字端白，《宋史》有传。集贤殿修撰，官名，掌刊辑经籍。都转运使，官名，各路长官，五品以上。

今译

抚慰凋敝的民众，审察贪婪残暴的奸吏。决不放纵狡诈的恶行，以防止不良之徒继续害民。

解析

此敕令是东坡先生于元祐元年（1086年），在中书舍人任上代皇帝拟定的诏书。"疲瘵之民"与"贪暴之吏"，自古为一对尖锐而不可调和的矛盾。西汉大儒董仲舒在《度制》中曰："故贫民常衣牛马之衣，而食犬彘之食，重以贪暴之吏，刑戮妄加，民愁亡聊，亡逃山林，转为盗贼，赭衣半道，断狱岁以千万数。"贫苦的百姓穿的是牛马穿的衣服，吃的是狗猪吃的食物，加之贪婪残暴的官吏，无故施以刑罚或处死，民众愁苦无依，逃亡到山林，无奈转为盗贼，穿囚服的人挤满了道路，每年有千万人妄受牢狱之灾。百姓"常衣牛马之衣"，常食"犬彘之食"，这就是"疲瘵之俗"；"刑戮妄加"，"断狱岁以千万数"，这就是"贪暴之吏"。故敕令曰："无纵诡随。"

语典

夜光之珠，明月之璧①，无因而至前，(略)此天之所以厚于我乎，抑天之祸余也。故虽有大功，而不忘戒惧②。

——《士燮③论》

(《苏轼文集》卷三，第89页)

注释

①“夜光之珠”二句：夜光之珠，即隋侯珠，其珠光明照夜。璧，平圆形中间有孔的玉，一般指美玉的通称。

②“此天之所以”四句：厚，谓重视，推崇。抑，文言连词，相当于或是。余，我。戒惧，指警惕和畏惧。

③士燮(xiè)：春秋时期晋国大夫。

今译

夜光宝珠，明月玉璧，无缘无故地来到面前，(略)这是上天特别厚待我呢，还是上天降祸于我呢？所以虽然有大功，却不忘警惕和畏惧。

解析

熙宁五年(1072年)，王安石派大将王韶领兵出战，一举收复熙河地区(今甘肃、临洮一带)。但随后相继发生的辽宋边境争端和交趾侵宋事件，以及熙河路羌、蕃部族的反宋战争打乱了这一军事部署的继续实行，宋神宗被迫停止了西征的脚步。先生对王安石兴师用兵持反对态度，故用《士燮论》表达自己的主张：“虽有大功，而不忘戒惧”。因为“兵之胜负，不足以为国之强弱，而足以为治乱之兆”。

语典

穷天下之嗜欲[①]，不足以易其乐；尽天下之玩好，不足以解其忧，而岂以灯为悦者哉。(略)皆谓陛下以其耳目不急之玩，而夺其口体必用之资。(略)

(陛下当)割爱为民。(略)惟当痛自刻损[②]，以身先之。(略)非惟省费，亦且弭怨[③]。

——《谏罚浙灯状》

(《苏轼文集》卷二十五，第727页)

注释

①嗜欲：指肉体感官上追求享受的要求。

②刻损：犹节俭。

③弭怨：弭(mǐ)，平息。怨，不满意，责备，抱怨。

今译

穷尽天下嗜好欲念，不足以替代陛下自我的快乐；穷尽天下玩好之物，不足以解除陛下的忧虑，而怎么会以灯为乐事呢？(略)都说陛下以其耳目之乐而购买不急用的玩物，而实际是夺取我们安身糊口的必用资财。(略)

(陛下当)不惜割舍所偏爱。(略)惟有痛切地自我节俭，以身作则。这不仅只是减省费用，而且还能消除百姓的抱怨。

解析

东坡先生于熙宁二年(1069年)二月还朝。王安石时为参知政事，将先生安置在殿中丞直史馆判官告院(负责颁发官吏授官凭证的机构)。后干脆让他远离皇帝的视线，以直史馆权开封府推官，试图以"多事困之"。先生在继二月上《议学校贡举状》后，十二月又上《谏买浙灯状》，批评内史以贱价收购四千余盏浙灯，认为"此事至小，体则甚大"。神宗阅后从善如流，立即制止了这年正月十五元宵节宫中举行的大型灯会。先生这种犯颜敢谏、寸心不昧的磊落胸怀，实在让人佩服。

语典

以为凡学之难者，难于无私。无私之难者，难于通万物之理[①]。故不通乎万物之理，虽欲无私，不可得也。

——《上曾丞相书[②]》

（《苏轼文集》卷四十八，第1397页）

注释

①万物之理：语出《庄子·天下》"判天地之美，析万物之理"。大意为评判天地的美好，分析万物的道理。

②曾丞相：曾公亮（999—1078年），仁宗朝仕至同中书门下平章事（即宰相），以太傅致仕，谥宣靖。

今译

认为所有学习最难的，莫难于无私。无私之难的原因，难于通达万事万物的情理。所以不通万事万物之情理，虽然想无私却难以做到。

解析

此书是东坡先生于嘉祐六年（1061年）作于京郊怀远驿。先生时年二十六岁，给曾公亮丞相上书，目的是推介自己的政治主张，以求得到执政者的关注。先生在这里发出"无私之难"的浩叹，是因为人"难于通万物之理"。"万物之理"是什么呢？《老子·七章》曰："天长地久。天地所以能长且久者，以其不自生，故能长生。是以圣人后其身而身先；外其身而身存。非以其无私邪？故能成其私。"大意是说，天地之所以能够长久，是因为它们的一切运作都不为自己，所以能够天长地久。因此圣人把自己放在最后，反而占先；把自己置于度外，反而能够保全生命，不正是由于他不自私吗？反而能成就自己。天地"不自生，或能长生"；圣人"非以其无私邪？故能成其私"，这就是"万物之理"。

语典

君子之知人，务相勉[1]于道，不务相引[2]于利也。

——《与李方叔书》

(《苏轼文集》卷四十九，第 1402 页)

注释

①相勉：相互勉励。
②相引：相互引诱。

今译

君子与人结交，务必相互以道义勉励，一定不应以利益相互引诱。

解析

元祐三年(1088 年)东坡先生在京任翰林学士、知制诰兼侍读。正月，权知礼部贡举，二十一日领贡举事，黄庭坚、张耒等为参详点检试卷等官。这一年号称“苏门六君子”之一的李廌(字方叔)应试。元丰年间，李方叔到黄州拜谒东坡先生，先生对他文章评价赞道：“笔墨翻澜，有飞沙走石之势”、“子之才，万人敌也，抗之以高节，莫之能御矣”。故以李方叔之才学，友人都认定此次考试志在必得，但结果落第。李方叔落第后受到极大打击，在书信中对自己的恩师、本次贡举主考官的东坡先生屡有怨望。这年七月，先生就此给李方叔致书。应该说先生与李方叔的父亲李敦同年举进士，按年齿和师生辈分，先生为长辈。但在书信中竟以“顿首方叔先辈足下”相称(应科举者相互间之敬称)。其次，先生晓之以情、喻之以理对李方叔进行劝诫。先生指出君子之道有三：第一，君子之交在于“相勉于道”，而不能“相引于利”。第二，做“实至则名随之”的“礼义君子”，不做“丰于才而廉于德”的人。第三，“信道自守，当不求自至，若不深自重，恐丧失所有”。只要信奉道义，自守节操，功名会不求自到。如果不深加自重，恐会丧失自己的名声。先生还强调自己，虽位为主考，但自己“孤立言轻，未偿独荐人”，“而欲责于轼，可乎”？最后先生告诉他，“轼与足下非爱之深期之远，定不及此，犹能察其意否”？呜呼！好一个“爱之深，期之远”也！科举考试结束后，李方叔来先生府第辞行，当时“苏门四学士”均在场。先生除了临别嘱言外，还送给李方叔十四匹绢、一百两丝，作为安家之费。又将朝廷恩赐给自己的一匹宝马送给他作为代步。这就是先生对弟子“爱之深，期之远”的具体表现。元祐六年(1091 年)，李方叔再次应试，再次落第，只得作诗自苦自怨。从此，李方叔绝意仕进，致力于撰书著书。东坡先生去世后，李方叔感其知遇之恩，而悲怆痛哭，并作祭文曰：“道大不容，才高为累。皇天后土，鉴平生忠义之心；名山大川，还万古英灵之气。”

语典

烂者非一日之故，而不可反者也[①]。

不革则秽[②]。

权以济物[③]。

——(《东坡易传·说卦传[④]》卷九，第151-153页)

注释

①“烂者非一日之故”二句：烂，指腐朽。反，此指“往返”。

②秽(huì)：肮脏。

③权以济物：权，此指权变，灵活应付随时变化的情况。济，指救助。物，此指公众，救助公众。

④说卦传：记述八经卦所象征的事物，以及阐述六十四卦卦序排列原理和各卦的属性意义。

今译

腐朽并非是一朝一夕的原因，也是不可能返回到原来的状态。

不进行改革就是肮脏污垢的。

只有灵活应付随机变化，以求助公众。

解析

《东坡易传》是于元丰三年(1080年)至元丰五年(1082年)之间，东坡先生初成于黄州贬所。本文是先生分别对“剥烂也，复反也”、“井道不可不革，故受之以革”，以及“有过物者必济”等文辞的解说。人类社会发展的历史，就是一个不断革故鼎新的过程。有宋以降，政治经济、社会人生，较之前代，莫不有变。学术思想亦如艺术，亦均随时代有所变化。虽然自宋仁宗的“庆历新政”及宋神宗的“熙宁变法”，都先后不得而终，然而，执政者与变革者们，对“不革则秽”的道理是共通的。先生在嘉祐六年(1061年)八月，应贤良方正直言极谏策问所献的《进策》、《进论》各二十五篇，系统地提出了他对前代治乱兴衰的看法和当前政治的革新主张。他在献策中大声疾呼：“方今之世，苟不能涤荡振刷而卓然有所立，未见其可也。”他反对“畏期月之劳而忘千载之患”，极力主张政治变革。“当然(王安石)变法与(苏轼)变革是两个既有联系又有区别的概念，变革的含义比变法广泛得多。”“苏轼反对下猛药，他所主张的变革是渐进的变革”，于是，“苏轼同王安石就分道扬镳了”。总之，“不革则秽”、“权以济物”，是苏东坡先生一生不变的政治主张。

语典

我守吾正[1]。

故知戒于危，然后其吉可以无咎[2]。

——(《东坡易传·晋卦[3]》卷四，第65-66页)

注释

①正：正道。

②“故知戒于危”两句：戒于危，指对危险的警戒。咎，过失，祸患。

③晋卦：《周易》第三十五卦，寓意前进上升。

今译

我要坚守我的正道。

因此，知道对于危险的戒备，然后才吉利，可以没有祸患。

解析

《东坡易传》于东坡先生于元丰三年(1080年)至元丰五年(1082年)之间，初成于黄州贬所。本文是先生对《晋卦》“六二”“上九”爻辞的解说。先生从“六二”“只要保持贞正的晋德，就能获吉”的寓意，推理出“我守吾正”的人生义理。从“上九”“厉吉无咎。贞吝”的寓意，推演出：“戒于危”，然后“其吉可以无咎”的人生道理。值得注意的是，“晋”的本义求解，即“如何处理与上级的关系，如何对待升级机遇的道德规范”。为此应培养自己的“晋德”，其一，“守吾正”。其二，“戒于危”。唯有如此，才能实现晋升的梦想。

语典

在家者能孝而恭[1]，在官者能廉而慎[2]。临[3]之以患难而能不变，邀[4]之以宠利而不能回[5]。

——《谢制科启[6]二首》

（《苏轼文集》卷四十六，第1323页）

注释

①孝而恭：孝顺而恭敬。

②廉而慎：廉洁而谨慎。

③临：遭遇，碰到。

④邀：约请。

⑤回：掉转，此指回转动心。

⑥制科启：制科，皇帝的命令为制，由皇帝主持的殿试称为制举。启，官信曰启。如启帖，陈述情况的帖子。

今译

在家里能孝顺而恭敬，在官场能廉洁而谨慎。面临患难而不改变志向，对待荣宠和贪贿而决不动心。

解析

嘉祐六年（1061年）八月二十五日，仁宗在崇政殿，主持了贤良方正直言极谏策问。时年二十六岁的苏轼，在这次特殊的考试中，献《进策》、《进论》各二十五篇，系统地提出了自己的治国方略和主张，力劝仁宗改革弊政，励精图治。此次应策荣获唯一的三等（一、二等历来空缺），子由收入四等。此启，是东坡先生入选后，给秘阁考试诸官的公函。因为是官信一类，故多用谦辞，表达他“取之甚愧，得而益惭”，“误占久虚之等”的一种礼节和谢意。本章句中，先生以在家“孝而恭”、在官“廉而慎”、临患“能不变”，邀宠“不能回”等士子大节，赞美了仁宗御试取士“如此之密”，让“不肖者安得而容”。

语典

凡人勉强于外[1]，何所不至？惟考之其私，乃见真伪。

——《跋欧阳修家书[2]》

（《苏轼文集》卷六十九，第2185页）

注释

①勉强于外：极力于外在的表现。
②欧阳修家书：欧阳文忠公与其弟侄的家书。

今译

所有的人都会勉强做外在的表现工作，这有什么做不到？只有将他的私事进行考察，就可以发现真假。

解析

本文于元丰二年(1079年)四月十二日，东坡先生作于赴湖州任途中。先生为恩师欧阳修家书作跋，意在赞颂欧阳文忠公，襟怀坦白、一秉至公、正直无私、两袖清风的高风亮节。欧阳公指出，“考之其私，乃见真伪”，此乃一针见血，抓住要害。

语典

士人历官一任，得外无官谤[①]，中无所愧于心，释肩[②]而去，如大热远行，虽未到家，得清凉馆舍，一解衣漱濯[③]，已足乐矣。况于致仕[④]而归，脱冠佩[⑤]，访林泉[⑥]，顾平生一无可恨者，其乐岂可胜言[⑦]哉！

——《跋欧阳文忠公[⑧]书》

（《苏轼文集》卷六十九，第2204页）

注释

①官谤：因居官不称职而受到责难和非议。
②释肩：从肩上卸下重担。
③漱濯：洗涤。
④致仕：古代官员正常退休。
⑤冠佩：指古代官吏的冠和佩饰。
⑥林泉：山林与泉石。
⑦胜言：不能用言语表达。
⑧欧阳文忠公：欧阳修（1007—1072年），谥号文忠，故世称欧阳文忠公。

今译

读书人为官一任，能够做到外不受别人的非议，内不受良心谴责，当卸下肩上重担而离开，就像暑天远行，虽然还未到家，寻到一清凉的馆舍，一旦解衣洗漱，已经足以快乐了。何况是退休而归，脱去冠服，寻访林泉，回顾一生没有任何遗憾，那种快乐难以用言语表达。

解析

本文作年不详。东坡先生自言“出入文忠公门最久”，所以对于恩师想卸任归田的心愿，他了解得极为清楚。别人有的是借口，文忠公则是出于真心，为此先生大发感慨。他认为，为官一任，“释肩而去”，“外无官谤，中无所愧于心”，这是人生最大的快乐。直至退休，“顾平生一无可恨”，其快乐更不可胜言。如今为官者，岂不言“外无官谤”，有多少人能真正做到一“无所愧于心”，二“平生一无可恨”？让我们的良知，作出诚实的回答。

语典

无贪于得，而无惧于失，无羡于功名，而无畏于博学，是其果无间[①]而可入也?

——《上富丞相[②]书》

(《苏轼文集》卷四十八，第 1376 页)

注释

①无间：没有空隙。

②富丞相：指富弼(1004—1083 年)，字彦国，洛阳人，北宋名相。

今译

不贪求得到什么，不怕失去什么，不贪慕功名利禄，敢于广博地学习，这是让别人没有空隙可钻的结果。

解析

嘉祐六年(1061 年)八月，东坡先生与弟子由同举制科，此时，父子三人寓居怀远驿。先生向仁宗皇帝上《进策》、《进论》各二十五篇，系统地提出了他对前代治乱兴衰的看法和当前的政治主张，力劝仁宗改革弊政，励精图治。先生致书富弼丞相，希望丞相对自己所进策论“观其大略”，借此，以收毛遂自荐之效。

语典

天下有不幸而诉其冤，如诉之于天。有不得已而谒[①]其所欲，如谒之于鬼神。(略)

故凡贿赂先至者，朝请而夕得，徒手而来者，终年而不获。至于故常[②]之事，人之所当得而无疑者，莫不务为留滞[③]，以得请属[④]。举天下一毫之事，非金钱无以行之。

——《策别课百官三·决壅蔽[⑤]》

(《苏轼文集》卷八，第245页)

注释

①谒(yè)：拜见，请托。

②故常：惯例。

③留滞：停留，搁置。

④请属：犹请托(走后门)。

⑤壅蔽：隔绝，蒙蔽。

今译

天下人有冤屈要申诉的，如同向上天申诉那样难。有迫不得已而求人办事，就像是求鬼神那样难。(略)

这样一来，凡是先有贿赂的事，早晨有请求晚上就办到了；空着双手来办事的，一年也得不到答复。甚至于例行的公事，人们照理应当无疑问可得到的，没有一件不是故意搁置不办，以等待别人送礼来。全天下一丝一毫的小事，没有金钱就什么事也办不成。

解析

本文是东坡先生于嘉祐六年(1061年)，应贤良方正直言极谏策问试所上的进策。先生在该文中对北宋朝官场之壅蔽的描写，可谓入木三分。在封建官僚体制下"诉其冤"如同登天；有事万不得已而走后门，如同叩拜鬼神。何其深刻！何其辛辣！一句"举天下一毫之事，非金钱无以行之"的揭露，让有良知之人读后，心中无比酸楚！在现实生活中，普通百姓想求办一件小事，门难进，脸难看，话难听，事难办。没有想到当今官场的这些弊病，竟然其劣根可以挖到千年前的官府衙门。先生"决壅蔽"之策，可谓给治衙门官僚之风开了一剂良药。

语典

"言利者，必小人也。"听其言必行其事，行其事必近其人，小人日近，君子日疏，求国无危，不可得也。

凡言苟[①]出于利，虽中[②]，小人也，况不中乎。苟出于德，虽失，犹[③]君子也，况不失乎。由此观之，听不主[④]于德者，非聪也。

——《视远惟明听德惟聪》

(《苏轼文集》卷六，第167页)

注释

①苟：假使。

②中(zhòng)：恰好合上。

③犹：仍然，还。

④主：决定，主张。

今译

"专讲私利的人，一定是小人。"听到某种言论主张，必定按此行事，做这种事必定接近这种人。小人一天天地亲近，君子就一天天地疏远，像这样要求国家没有危机是绝不可能的。

假如言论都是出于私利，即使说对了，也仍然是小人，况且这种言论不符合大道呢。假使言论出于公德，虽然有所失误，也仍然是君子，况且这种言论往往符合大道呢。由此可以看出，倾听不以仁德为主导，这就不叫聪慧。

解析

东坡先生在文中对"小人"、"君子"作了界定。"言利者"，必定是"小人"；"出于德者"，必定为"君子"。像先生在《墅谗说殄行》一文中所举的齐国佞臣竖刁、易牙、开方三人，是古代历史上臭名昭著的小人。听信这类小人的谗言，"求国无危，不可得也"。先生议论的另一个话题"听"。听其言论不必苛求"中"否，而要考察此人是"出于利"还是"出于德"。用"利"和"德"来衡量他的"言"，就能作出较为准确的判断。记住一个真理："聪"者，"听"必"主于德也"。

语典

孔子之言常中弟子之过。(略)曰："务民之义，敬鬼神而远之。"教之以专修人事[①]，而不求侥幸[②]之福也。(略)曰："仁者先难而后获。"教之以修德进业[③]，而不贪无故之利也。

——《论语说·雍也篇》

(《三苏全书·经部》卷上，第三册，第196页)

注释

①人事：人情事理。

②侥幸：由于偶然的原因而获得利益或免去不幸。

③修德进业：提高道德修养，扩大功业建树。

今译

孔子的教言经常指出弟子的错误。(略)他说："致力于民众的事，尊敬鬼神而又远离它。"教育弟子专修人情事理，而不去乞求侥幸之福。(略)他说："仁爱之人应先经受苦难而后问收获。"教导弟子修养道德推进功业，而不要贪求无缘无故的利益。

解析

《论语说》是于元丰三年(1080年)至元丰五年(1082年)之间，东坡先生作于黄州贬所。本文是先生对《论语·雍也篇》"务民之义，敬鬼神而远之，可谓知矣"的解说，问仁，曰"仁者先难而后获，可谓仁矣"等对话的解说。孔子的教言，把智、仁等重大问题作为教育弟子的主要内容。先生的解说，抓住现实的社会问题、人生问题并加以推展。尤其是他通过注释强调，以"不求侥幸之福"为"智"；以"不贪无故之利"为"仁"。先生的解说，把儒家的修身养性理念，落实到了人生的日常生活中。

语典

以爵禄[1]而至者，贪利之人也，利尽则逝矣。以刑罚[2]而用者，畏威之人也，威之所不及，则解矣[3]。故莫若以礼[4]。礼者，君臣之大义也，无时而已也。

——《君使臣以礼》

（《苏轼文集》卷六，第175页）

注释

①爵禄：官爵和俸禄。

②刑罚：刑指肉刑、死刑。罚指以金钱赎罪。后泛指依照法律对违法者实行强制处分。

③“畏威之”三句：威，凭借势力威胁。解，古词“懈”，松弛，懈怠。

④礼：本义是敬神，引申为敬意。后指社会生活中的仪节、行为准则和道德规范。

今译

以官位利禄为目的来的人，是贪图私利的人，无利可图他们就离开了。靠强制处罚而驱使的人，是畏惧权势的人，当权威没有管住他时，他就懈怠了。所以，这些手段比不上礼。礼，是调节上下级关系的大道理，无时无刻不在发挥作用。

解析

本文《君使臣以礼》，语出《论语·八佾》(佾 yì，古代乐舞的行列)。原文是：“君使臣以礼，臣事君以忠。”主旨是如何处理好君臣关系。用现在的话说是如何处理好上下级关系。东坡先生对“礼”的释义为：“礼以钦为主。”所谓“钦”，即“敬”。上级用“礼”处理下级关系，要义在于一个“敬”字。就是尊重人才、尊重知识、尊重人格。正是看似“近于弱”的“礼”(“敬”)，然而却有以柔克刚的力量，用先生的话说“服暴”。那些怕软不怕硬的“大眼睛”，在“礼”者面前他们“服”了，融合了。“礼”者，理也。上下级关系处理不好，矛盾的主要方面在上级。学会用“礼”(“敬”)对待下级，这是为“上”者终生须补的一课。

语典

得之非艰[①]，守之惟艰[②]。

——《士暇右班殿直[③]》

（《苏轼文集》卷三十八，第1078页）

注释

①艰：困难。
②守之惟艰：守，指保持，守成。惟，此为副词，意为“独”，指“特别”。
③士暇右班殿直：士暇，赵士暇，太宗五世孙。右班殿直，武臣阶官名。

今译

得到虽然不难，但守成却特别难。

解析

该敕令是东坡先生于元祐元年（1086年），在中书舍人任上代皇帝所撰的诰文。本章句讲的是帝王创业与守成的道理。唐太宗问房玄龄和魏徵：“创业与守成孰难？”房玄龄曰：“开创国家之初，与群雄起兵较量，经过拼死争夺，才取得天下，创业难啊！”魏徵说：“自古以来帝王没有不在艰难的时候取得天下，而在安逸的时候失掉天下的，守成难啊！”唐太宗说：“玄龄和我一起取得天下，故知创业难。魏徵协同我一起安定天下，所以知道守成难。但是创业艰难已经过去，守成的艰难正需要大家谨慎对待。”东坡先生所谓“得之非艰”，因为“得之”已成过去。“守之惟艰”，乃当今务必慎重对待“守成”。国当此理，家当此理，人亦此理。

语典

人必贪财也，而后人疑其盗[1]。人必好色也，而后人疑其淫[2]。

——《上神宗皇帝》

（《苏轼文集》卷二十五，第731页）

注释

①盗：偷窃，用不正当的手段营私或谋取。

②淫：在男女关系上态度或行为不正当，淫荡，放纵。

今译

人一定是贪财成性，而后人们会怀疑他偷窃。人一定是好色成性，而后人们怀疑他淫荡放纵。

解析

该文作于嘉祐六年(1061年)八月，东坡先生应贤良方正直言极谏科所上的策论。先生就王安石设“三司条例司”提出批评，认为这是“无故又创一司”，使谤言四起，谓“万乘之主而言利”，“天子之宰而治财”，于是有人辩解：“我无其事。”先生指出：“疑似则有以致谤。”理由是，因为“人必”，故而“人疑”。即先“贪财”成性，则后有“人疑成盗”。先有“好色”成性，则后有“人疑其淫”，其主旨仍然讲的“结人心”的道理。

语典

上以孝取人，则勇者割股[①]，怯者庐墓[②]。上以廉取人，则弊车羸马[③]，恶衣菲食[④]。凡可以中上意[⑤]，无所不至矣。

——《议学校贡举状》

（《苏轼文集》卷二十五，第724页）

注释

①勇者割股：指自割股肉供父母食用以疗疾。股，大腿，自胯至膝盖的部分。
②庐墓：在父母墓旁搭小屋居住，守护坟墓。
③弊车羸马：弊，指破。羸(léi)，指瘦，弱。弊车羸马指破车瘦马。
④恶衣菲食：恶，指破旧或粗衣。菲，薄。恶衣菲食指粗衣劣食。
⑤上意：圣上的意图。

今译

圣上若以孝道选用人才，就会有勇敢的人割股孝敬父母，胆怯的人在父母坟墓旁搭小屋守坟。圣上以清廉选用人才，就有人坐破车骑瘦马，穿粗衣吃劣食。凡是为了能迎合圣上的意图，没有什么事情做不出来。

解析

熙宁二年(1069年)五月，东坡先生遵旨就学校贡举废兴问题，向皇帝上奏状提出反对意见。先生认为“贡举之法，行之百年”，“选举养才，亦必有道矣”。而王安石的废贡举兴学校的改革，是以“中上意”为目的。昔者“楚王好细腰，臣有黧(lí)黑之色”；“晋文好恶衣，臣皆牂(zāng)羊之裘”；“越王好勇士，蹈火而死至百人”。今者“上以孝取人”，下有“勇者割股，怯者庐墓”；“上以廉取人”，臣子们争着坐破车骑瘦马，穿粗衣吃劣食。总之，为投其所好，下者“无所不至矣”。

语典

玩人[①]则人不我敬，故丧德；玩物[②]则志以物移，故丧志。志丧则中乱[③]，故志以道宁[④]，德丧则人离，故言以道接[⑤]。

——《东坡书传·旅獒》

（《三苏全书·经部》卷十一，第二册，第93页）

注释

①玩人：玩弄人。

②玩物：谓以游戏态度对待事物，犹玩世。

③中乱：中，指心。中乱指心中混乱。

④道宁：道，指一种准则。宁，安。

⑤道接：接，指酬应。道接指以道酬应。

今译

玩弄人的人，就会被人唾弃，所以丧失了德行；玩世不恭的人，就被外物诱惑而丧失抱负，所以丧失了志向。志向丧失就内心混乱，所以志向依靠道才能安宁；道德丧失追随者就离去，所以要用正道应接别人的责言。

解析

《东坡书传》于元丰三年（1080年）至元丰五年（1082年）之间，东坡先生初成于黄州贬所。本文是先生对《尚书·旅獒》"玩人丧德，玩物丧志，志以道宁，言以接物"谏言的解说。上述谏言是太保召公对周武王的劝谏，指出玩弄人会丧失德行，玩物会丧失抱负。自己的志向依靠道德才能安定，别人的言谈依靠道才能应酬。先生在解说中明确指出，"玩人"为何"丧德"，是因为"人不我敬"；"玩物"何以"丧志"，是因为"志以物移"。"丧志"和"丧德"的后果是，"中乱"和"人离"。因此，先生强调要以道凝志，以道接言。

语典

不羡千金买歌舞，一篇珠玉是生涯[①]。

——《绝句》

（《苏轼诗集》卷三十二，第1710页）

注释

①“一篇”句：珠玉，喻诗文之美。生涯，指从事某种活动或职业的生活。

今译

不羡慕用千金买得醉歌艳舞之欢，享受一篇美好如玉的诗文，是此生的至善生涯。

解析

本诗于元祐五年(1090年)秋作于杭州。孔子曾对儿子说：“人而不为《周志》、《召南》，其犹正墙面而立也。”不学诗歌(《周南》、《召南》等)，人就像面对着墙站着。面墙而立，心灵自我封闭，其精神世界如春蚕自缚。心存“珠玉”之篇，内心获得艺术审美。艺术活动装扮审美生涯，从而获得一种生命追求无限、追求永恒、追求至善的超越情感体验，故对于“千金买欢”而“不羡”。

语典

赋才[①]有巨细，无异斛与斗[②]。
胡不安其分[③]，但听物所诱。

——《林子中以诗寄文与可及余与可既殁追和其韵》
（《苏轼诗集》卷十九，第984页）

注释

①赋才：天赋和才能。

②斛与斗：斛（湖），古代旧量器名，一斛为十斗，后来改为五斗。斗，古代旧量器名，十升为一斗，十斗为一石。

③分：名位、职责、权力的限度。

今译

人的天赋和才能有大有小，就像那斛与斗的差别。为什么不安守自己的本分，而听任外物的诱惑。

解析

这首诗是东坡先生于元丰二年（1079年）作于湖州。诗中所指的林子中，名希，福州福清人，嘉祐二年（1057年）进士。元丰元年（1080年）三月遣使高丽（今朝鲜），他惧形于色，神宗发怒，责监杭州楼店务。因为同在杭州为官，故东坡先生追和其韵。东坡先生的这几句诗，不仅对林子中的现在是一种坦诚的劝慰，对他的未来也是一种警示。果不出所料，此人在章惇为相时一时得势，任中书舍人，对元祐老臣大加杀伐，他的小人嘴脸被众人所愤叹唾弃。直至徽宗立，方降职地方为官。这个被物欲所诱，极不安分的林子中，不幸被东坡先生所言中。

语典

古人谁不死，何必较考折[①]。
名声实无穷，富贵亦暂热。

——《屈原塔》
（《苏轼诗集》第一册，第23页）

注释

① 考折：推究其终命与夭折。

今译

古人哪个不死亡，无须去比较谁终其寿考谁半途夭折。好坏名声可以传得久远，富贵只是暂时的红火。

解析

本诗是嘉祐四年(1059年)十月，时年二十四岁的苏轼同弟子由随父乘舟还朝，途经忠州，即今重庆市忠县，参观屈原塔有感而作。他对屈原殉死报国的名节尤为钦慕，对人世间的富贵看得十分淡泊。

语典

人生本无事，苦为世味[1]诱。
富贵耀吾前，贫贱独难守。

——《夜泊牛口》
（《苏轼诗集》第一集，第 10 页）

注释

① 世味：社会炎凉，人世滋味。

今译

一个人生来原本很单纯，但进入社会后受人间世态所诱惑而困扰。在富贵面前眼花缭乱，处贫贱之时难以独守。

解析

嘉祐三年(1059 年)，东坡先生年二十四岁，丁母忧后除服，随父偕弟乘舟起程还朝。父子三人途中诗文辑为《南行集》，该诗为夜泊牛口渚时所写。沿途美丽的山川风景和敦厚质朴的民风使他受到感染，由此不禁嘲笑自己何苦受世味所诱，为仕途、富贵而跋涉奔走。先生还未入仕，就有这种淡泊超逸的感慨，内心就有几许厌倦仕宦的心念，这为他晚年心慕陶渊明的归隐找到了注脚。

语典

物固有以安而生变兮，亦有以用危而求安[①]。得吾说而推之兮，亦足以知物理之固然[②]。

——《滟滪堆赋并叙》

（《苏轼文集》卷一，第 2 页）

注释

①“物固有”二句：安而生变，谓平安却发生变故。危而求安，危险却求得平安。

②“得吾说”二句：得吾说，领会了我说的这个道理。知物理之固然，知道事物的必然规律。固然，本来就如此。

今译

事物原本以为平安无事但却突然发生变故，也有的敢冒风险却赢得了平安。领悟并掌握我说的这个道理，并推而广之地应用于实际，就完全可以认识事物的必然规律。

解析

这篇赋是嘉祐四年（1059 年）十一月，时年二十四岁的东坡先生，同父和弟赴京求职，途径三峡瞿塘峡滟滪堆有感而作。先生所指“安而生变”、“危而求安”当出于《老子》“祸兮福之所倚，福兮祸之所伏”句。祸福互倚，得失无常，此乃自古至今极为著名的哲学命题。先生讲的“安”与“危”，与老子论的“福”与“祸”同出一理，都论述的是矛盾对立统一的规律。说明相反的事物可以互相转化，即“安”可以转为“危”，“正”可以转为“邪”，“善”可以转为“恶”，“美”可以转为“丑”等，反之亦然。古之得道者，处于逆境而不丧志，处于顺境而不骄奢。东坡先生一生能够做到临危不乱，宠辱不惊，正是深谙事物相互转化的基本规律，而表现出政治上历练的人生智慧。

语典

夫同利者[1]不交而欢，同患者[2]不约而信。

——(《东坡易传·坎卦[3]》卷三，第55页)

注释

①同利者：有着共同利益、共同目标的人。

②同患者：能共处患难的人。

③坎卦：《周易》第二十九卦，寓意前有险阻，但要克服困难，勇于前进。

今译

凡是有着共同利益和目标的人，不用相互结交而相互融洽；凡能共处患难的人，不须订立盟约而能够彼此信任。

解析

《东坡易传》是东坡先生于元丰三年(1080年)至元丰五年(1082年)之间，初成于黄州贬所。本文是《坎卦·象传》爻辞的解说。先生所阐发的这一人生义理，在历史与现实中不乏其例。西汉前期发动吴楚七国之乱的罪魁祸首吴王刘濞，他凭借山海之利，苦心经营三十余年，最后打着"清君侧"的旗号发动了叛乱。但是，此人错误地估计了形势，也错误地估计了自己，在短短的三个月时间内，叛乱集团土崩瓦解，一代枭雄刘濞没有逃脱灭亡的命运。而刘濞的中大夫应高，却正是以"同恶相助，同好相留，同情相成，同欲相趋，同利相死"的言辞，去煽动蛊惑胶西王的。由此看来，"利"相同，"患"共处者，真可谓"同恶相助"、"同欲相趋"。

语典

夫[①]必其所耕而后获，必其所菑而后畬[②]（略）。

所恶[③]于不耕而获者，恶富之为害也，如取之不失其正[④]，虽欲富可得乎，故曰：不耕获，未富也。

——（《东坡易传·无妄卦[⑤]》卷三，第47页）

注释

①夫：文言发语词。

②菑而不后畬：菑（zī），除草。畬（shē），焚烧田地里的草木，用草木灰做肥料的耕作方法，这样耕种的田地叫畬田。

③恶（wù）：讨厌。

④正：正道。

⑤无妄卦：寓意无妄必有获，必可致福。

今译

必定通过自己劳动耕种而后才有收获，必定是自己经过除草后焚烧做肥才培育出成熟的耕地。（略）

之所以讨厌不劳而获，是因为讨厌富有会潜藏祸害。如果所获得的都遵循正道，想富有即可得到。因此说，不劳而获，不会富有的。

解析

《东坡易传》是东坡先生于元丰三年（1080年）至元丰五年（1082年）之间，初成于黄州贬所。本文是《无妄卦》“六二”爻辞的解析。先生依据“六二”《象传》“不耕获，未富也”推演出“所恶于不耕而获者”之义理。东坡先生的恩师欧阳修在其《送唐生》诗中曰：“勉之期不止，多获由于耘。”希望你永远都不要止于攀登，丰硕的成果是努力耕耘获得的。19世纪著名法国作家维克多·雨果曾说过一句名言：“未来将属于两种人：思想的人和劳动的人。实际这两种人是一种人，因为思想也是劳动。”先生“耕而后获”与欧阳修“多获由于耘”的思想是一脉相承的。这两位先后雄踞北宋文坛的伟大盟主，正是因其耕耘不辍，才最终被历史拥上文化巨人的宝座。

语典

天道[①]不容伪。
有应[②]而相求。

——(《东坡易·中孚卦[③]》卷六，第112-113页)

注释

①天道：字面含义是天的运动变化规律，即万物的规律、万物的道理，犹天理、天意等。
②应：应允，应承，引申承诺。
③中孚卦：《周易》第六十一卦，寓意诚实、忠实。

今译

天道不容许欺骗。
有承诺必有求应。

解析

《东坡易传》是于元丰三年(1080年)至元丰五年(1082年)之间，东坡先生初成于黄州贬所。本章句分别是《中孚卦·象传》及“初九”《象传》爻辞的解说，并依此推演出上述义理。《中庸》曰：“天地之道，可一言而尽也：其为物不贰，则其生物不测。天地之道：博也，厚也，高也，明也，悠也，久也。”天地的道理，可以用一句话概括：它自身诚一不二，而化生万物，形形色色，难以测知其中奥秘。天地的道理就在于广博、深厚、高妙、精明、悠远、长久。又曰：“诚者，天之道也；诚之者，人之道也。”诚实守信是天道的法则，做到诚实守信是人道的法则。平日常言“有求必应”，这里“求”在前，“应”在后，即只要有要求，就可以得到满足。所谓“有应必相求”，而是应承、承诺在前，或言诚信在前，这样才使别人愿意“相求”于你。前一章句说的“天道”不容许“伪”；后一章句说的“人道”，即人与人之间“相求”，建立在“诚”上。《中庸》讲得明白，天道、人道，落实在一个“诚”字上。由此可知，本章句符合“中孚”卦修德守信的卦义。

语典

天下莫大之福[①]，不测之祸，皆萃于我而求决焉[②]，其济[③]不济，间不容发[④]，是以终日乾乾[⑤]，至于夕而犹惕然[⑥]，虽危而无咎[⑦]也。

——(《东坡易传·乾卦》卷一，第3页)

注释

①莫大之福：最大的福。

②皆萃于我而求决焉：萃，指聚集。求决，需要抉择。焉，文言助词，相当于"矣"、"呢"。

③济：成，可以。

④间不容发：间，指中间，中间容不下一根头发。比喻与灾祸相距极近或情势危急到极点。

⑤乾乾：勤勉不息。

⑥夕而犹惕然：夕，指晚上。惕然，警惕的样子。

⑦无咎：咎，指过失，灾祸。无咎就是没有灾祸。

今译

天下最大的福，不可预测的灾祸，都聚集于我一身而需要抉择，是成功还是失败，情势危急到了极点，所以整天勤勉不息，以至于到了晚上也还是警惕的样子，这样，虽然有危机但不会遭受祸患。

解析

《东坡易传》于元丰三年(1080年)至元丰五年(1082年)之间，东坡先生初成于黄州贬所。该文是东坡先生对《周易·乾卦》九三爻辞的注释。乾卦，象征天。易学专家对"乾"字，在《象传》中作了高度概括："天行健，君子以自强不息。""乾卦的六爻辞都为阳爻，是纯阳之作，具有一切刚健雄强、光明正大的纯阳的秉性和功德。"九三爻辞给人的警示是，君子应该保持勤勉不息、精进不止的自强精神。乃至于晚上还要戒惧警醒，不可蹉跎自误，以免半途而废，功亏一篑。如果能做到时刻谨慎戒备，即使发生危机状况，也不会遭受灭顶之灾。

语典

居上[①]不骄，在下不忧，反复皆道[②]也。

——(《东坡易传·乾卦》卷一，第5页)

注释

①居上：这里可以理解为上层。
②道：此指道义，即道德义理。

今译

居于上级不骄奢淫逸，居于下层不忧戚抑郁，一反一复都应符合道德义理。

解析

东坡先生于元丰三年(1080年)至元丰五年(1082年)之间，在黄州贬所初成《东坡易传》。本文是为“上九”“潜龙勿用”句爻辞所作的解说。本章句给我们的启示是：身居显赫高位而不骄纵，屈居人下也不应忧愁焦虑。古人有言：“既知退而知进，亦能刚而能柔。”为人处世要懂得进退，办事既要有原则，又要灵活。欲向前进一步，就应向后退一步；既能表现刚强，也应刚中有柔。做到知退知进，能上能下，能屈能伸，不卑不亢，这是为人处世之大道理。

语典

不有君子，其能国乎，君子道消，虽有国与无同矣。

——(《东坡易传·否[1]卦》卷二，第26页)

注释

①否(pǐ)：表示坏，恶，不顺利。

今译

没有君子，还能称其为国家吗？君子之道消亡，虽然国家存在，与没有国家的情况差不多。

解析

东坡先生于元丰三年(1080年)至元丰五年(1082年)之间，于黄州贬所初成《东坡易传》。本文是对其中《否卦·象传》之文辞所作的解说。《象传》曰："否卦卦象内阴柔外阳刚，内柔顺而外刚健，内为小人而外是君子。"先生根据该《象传》文辞推论出"不有君子，其能国乎"的义理。这一推论是儒家"以德治国"思想的体现。儒家认为每个人都有相同的天性，但是由于客观和主观的原因，在现实社会中君子与小人并存。儒家对小人的定义是一种人格有缺陷的人，是一种不择手段追求私利，对上谄媚对下欺凌、歪曲事实、无中生有、联络朋党、陷害异己之人。如西汉之王莽，北宋权臣蔡京，南宋奸臣秦桧等之流。这等小人篡权，其国能安乎？故曰："不有君子，其能国乎！"

语典

凡物之有敝[1]者，必自其方盛而虑之，迨其衰则无及[2]矣。

——(《东坡易传·归妹卦[3]》卷五，第100页)

注释

①敝：衰败，凋敝。
②迨其衰则无及：迨，指等到。无及，形容事态发展已没有挽回的余地，来不及。
③归妹卦：《周易》第五十六卦，象征男婚女嫁，寓意夫妇之道。

今译

诸凡事物出现衰败凋敝时，必定要在那正当极盛的时候及时考虑补救，等到它已衰败时就来不及了。

解析

《东坡易传》是于元丰三年(1080年)至元丰五年(1082年)之间，东坡先生初成于黄州贬所。本文是先生对《归妹卦·象传》中水泽上雷声震响，象征婚嫁。君子体察这种现象，长久不渝终守正道，知道男女恒定婚姻关系被破坏的弊端，从而不断补正使之能够永终爻辞的解说，并依此推演出"有敝者，必直其方而虑之"的处世哲理。有道是"盛极必衰，月盈必亏"，这是事物发展的规律。故而先生提醒世人，应"方盛而虑"，做到居安思危，有时思无。等到衰势已成，那就"无及"了。

语典

进以正，可以正邦①。不求之人而求之身②，虽服天下可也。

——(《东坡易传·渐卦③》卷五，第100页)

注释

①“进以正”二句：前一“正”，指正道。后一“正”，指整治、治理。邦，国。
②身：自身。
③渐卦：《周易》第五十三卦，寓意循序渐进，不偏不躁。

今译

以正道推动进步与发展，这样可以治理好国家。不求于人而求于己，即使让天下人信服也做得到。

解析

《东坡易传》是于元丰三年(1080年)至元丰五年(1082年)之间，东坡先生初成于黄州贬所。本文是先生依据“九五”《象传》爻辞的寓意，推演出“不求人而求之身”的人生义理。老子曰：“胜人者有力，自胜者强。”老子强调克服自己弱点的才算是强大。荀子曰：“君子敬其在己者，而不慕其天者，是以日进。”君子看重的是自己的努力，而不指望上天的恩赐，所以天天进步。荀子强调人能“日进”，不靠天，而“在己者”。“进以正”、“不求之人而求己”，此乃人生之至理。

语典

故孔子曰："德薄而位尊，知小而谋大，力少而任重，鲜[①]不及矣。"方其[②]未及也，必有告之者而不信，及其已信则无知之何[③]矣。

——(《东坡易传·鼎卦[④]》卷五，第94页)

注释

①鲜：非常少。

②方其：当他。

③无知之何：没有何种办法。

④鼎卦：《周易》第五十卦，象征国家政权。

今译

所以孔子说："道德品质差而地位却尊贵，智慧少而谋划的事情重大，能力小而所负的任务却繁重，很少有不赶上灾祸的。"当他还没有赶上灾祸的时候，必定有人告诉他，但他却不相信，等到他最终相信，却没有何种办法可想了。

解析

《东坡易传》是元丰三年(1080年)至元丰五年(1082年)之间，东坡先生初成于黄州。本文是先生对《鼎卦·象传》爻辞的解说，并依此推理出对于人生"三戒"("德薄"、"知小"、"力少")，"必有告之者而不信"的人生警示。庄子引老子的话说："名，公器也，不可多取。仁义，先王之蘧庐也，止可以一宿而不可久处。"名声，是天下共用的，不能贪求。仁义，是古代先王的施舍，只可以停留一宿而不可久居。白居易《感兴诗》亦云："名为公器无多取，利是身灾合少求。"然而，古今世上漠视"三戒"之流，他们"德薄"、"知小"、"力少"，却贪占着名利之位。这些人虽说活着也许荣耀一时，但死后必定臭名昭彰。

语典

君子之于禄利[①]，欲其在人，德业[②]欲其在己。孔子曰："修辞立其诚，所以居业也[③]。"（略）故君子以施禄，不以居德[④]。

——（《东坡易传·夬卦[⑤]》卷五，第81页）

注释

①禄利：爵禄之利，此指物质利益。
②德业：美德功业。
③"修辞立其诚"二句：修辞，指修饰文辞。居业，保有功业。
④"故君子"二句：施禄，指广施恩泽。居德，自认为有恩于人。
⑤夬（guài）卦：《周易》第四十三卦。寓意要和平，不要冒险采用武力。

今译

君子对于物质利益，希望把它推让在他人身上，而对于修养道德的美业，希望放在自己身上。孔子说："讲究自己的言辞而树立诚信，这是保有功业的途径。"（略）所以君子以这种儒家精神广施恩泽，却不自认为有恩于他人。

解析

《东坡易传》是于元丰三年（1080年）至元丰五年（1082年）之间，东坡先生初成于黄州贬所。本文是先生对于《夬卦·象传》"君子以施禄及下，居德则忌"爻辞的解说。并推演出君子的修养之道是"禄利在人"、"德业在己"。孔子曰："君子以当仁不让。"孔子强调在仁德修养方面是不能谦让的。唐代柳宗元在其《吏商》中说："君子谋道不谋富。"这里强调的是"为道"之重要。南朝大臣王通在其《中说·魏相篇》中曰："夫能遗其身，然后能无私；无私，然后能至公，至公，然后以天下为心矣。"人能抛弃自己的私利，才能无私心；只有无私心，才能做到至公。有了公心，就能以天下的事为己任。这里道出了"公"与"私"的道德指向。北宋文学家欧阳修说："不修其身，虽君子而为小人。"这里强调的是君子修身之重。以上贤者之言，都证实了一个举世公认的修身之道："德者，欲其在己。"

语典

人知声色[1]之害己者，然终好之；知药石之寿己也，然终恶之[2]。岂好死而恶生哉？私欲[3]胜也。夫惟少私寡欲者，为能受责而不责人[4]，是以难也。

——《东坡书传·泰誓》

（《三苏全书·经部》卷十二，第二册，第241页）

注释

①声色：指淫声女色。

②“知药石”二句：药石，指药剂和砭石，泛指药物。恶（wù），厌恶。

③私欲：私人不正当的欲念。

④受责而不责人：受到别人责备而不责备别人。

今译

人们都知道淫声女色危害自己，然而始终喜好它；都知道药物可以让自己健康长寿，然而始终厌恶它。难道是人喜好死亡而厌恶长生吗？（这）是个人不正当的欲念打败了自己。只有减少偏私和欲念，能在受到责备时而不责备别人，这是难以做到的事情。

解析

《东坡书传》是于元丰三年（1080年）至元丰五年（1082年）之间，东坡先生初成于黄州，修订于惠州，成书于儋州。本文是先生对《尚书·泰誓》中“民讫自若，是多盘。责人斯无难，惟受责俾如流，是惟艰哉”誓词的解说。其大意是：人都随心所欲，就会偏邪不正。责备别人不是难事，被别人责备顺心接受，这就困难了啊！先生据此将其解说得更明白。他将“声色之害己”与“药石之寿己”进行对比，发现人们虽然从“知”上懂得二者的利弊，但在“行”上却走上反面。竟然对“害己者”选择“好之”；对“寿己者”选择“恶之”。面对如此荒唐的举动，先生发问：“岂好死而恶生哉？”不！先生给出了答案：“私欲胜也。”可怕可恶的“私欲”，却把人从“寿己”之路，引向了“害己”之绝路。先生的剖析还未停止，他指出“好死恶生”此乃“私欲”作怪，但是“少私寡欲”就像“能受责而不责人”那样，是一件特别难的事情。本章句给我们的启示是，禁绝“声色之害”，从“少私寡欲”开刀。

语典

不安其分而奋于上[①]，欲求有功而非其时矣，故凶[②]。

——(《东坡易传·恒卦[③]》卷四，第62页)

注释

①不安其分而奋于上：分，本分，自己所处的位置与地位。奋，奋力。

②凶：不吉利。

③恒卦：《周易》第三十二卦，寓意坚守正道，趋善避恶。

今译

不安守自己的本分，而一心奋力想往上攀爬，想力求建立功劳，却没有考虑现在时机还未成熟，因此是不吉利的。

解析

《东坡易传》是东坡先生于元丰三年(1080年)至元丰五年(1082年)之间，初成于黄州贬所。本文是《恒卦·象传》的解说。先生依据该《象传》"振恒在上，大无功也"，即振摇晃动恒久之道，又高居上位，这样做一点功劳也不会有"的爻辞寓意，推理"不安其分而奋于上"，"故凶"的人生义理。"安分守己"实际上和"奉公守法"一样，有"规矩老实"的意思。"守分"即安于本分，不胡作非为，然而，这里指的却是"不安分"。"不安分"的人，大多表现为思想和行为不稳定，或者称之为"不安于现状"的人。这种人如果保有"常德"，且能抓住时机，因势利导，奋力拼搏，或许能改变现状，取得人生新的突破，这种思想和作为应该受到肯定。先生所指"不安分"之人，却"欲求有功而非其时"。这里指的"非其时"，一种是客观条件，外部环境，另一种是指主观条件，自我表现。内外两种条件缺一不可，否则，"凶"也。

语典

君看此廉泉[①]，五色烂摩尼[②]。
廉者为我廉，何以[③]此名为。
有廉则有贪，有慧则有痴。(略)
纷然立名字，此水了不知。
毁誉有时尽，不知无尽时。(略)

——《廉泉》

(《苏轼诗集》卷三十八，第 2054 页)

注释

①廉泉：廉泉在虔州(今江西赣州)闸市区市一中校园内。据传，南北朝刘宋元嘉年间(424—435 年)，一夕霹雳，地裂泉涌。时郡太守以"廉"名，故命名为廉泉。

②五色烂摩尼：五色，指青、黄、赤、白、黑。烂，明，灿烂。摩尼，梵语宝珠的译音。

③何以：乃以。

今译

您看这廉泉，像摩尼宝珠般五色斑斓。廉洁的人本应清廉，(但)为何要以"廉"标榜呢？有廉洁就有贪腐，有聪慧就有痴呆。匆促给泉起个"廉"名，泉水根本并不知情。给泉或毁损或赞誉毕竟终有消失之日，而水则不去理会仍然长流不尽。

解析

绍圣元年(1094 年)八月，东坡先生南贬惠州途中经赣州，友人邀他观赏了廉泉和泉边的碑文，于是有感而赋诗。此诗给我们的启示是：自然中的"水"与人的品格没有关联。《三字经》中有"知廉耻，识礼义"句，劝诫人们不能贪而无耻。古人曰："廉耻，立人之大节，盖不廉，则无所不取；不耻，则无所不为。"一个人如果连廉耻都不顾，就没有什么不敢做的了。全诗中诗人连用数典言志说：东晋新任的广州刺史吴隐之，走马上任路过贪泉时，有人告诉他，传说饮了此水必贪。吴隐之不信邪，挹泉而饮，还放歌言志："古人云此水，一饮怀千金；试使夷齐饮，终当不移心。"古传饮此水便有贪千金之念；如果让伯夷、叔齐两位贤者饮此水，终当不会改变廉洁之志。事实正是如此，饮了贪泉水的吴隐之，尽管在广州刺史这个肥缺上，却能始终保持不贪不腐的清白操行。东坡先生认为，人的贪、廉不在于饮什么样的水，关键在于自我约束。作为从政者，没有自律自控的大修养，没有一种不以物喜、不以己悲的大襟怀，就不可能成为"知廉耻"的清官良吏。

语典

我凿西湖[1]还旧观，一眼已尽西南碧。（略）
坐陈三策[2]本人谋，惟留一诺[3]待我画。（略）
从来自笑画蛇足[4]，此事何殊食鸡肋[5]。

——《与叶浮老、侯敦夫、张秉道同相视新河，（略）》其二
（《苏轼诗集》卷三十三，第1754页）

注释

①我凿西湖：指疏竣西湖，以湖泥筑长堤以通南北，跨六桥、立三塔。堤成遍植杨柳、芙蓉以固堤址。杭人名之苏公堤。

②三策：东坡先生守杭时，主持兴修三项水利工程，皆采纳众人之议，故谓"坐陈三策"。

③一诺：东坡守杭，承诺凿通运河，疏浚西湖，给杭州人一湖碧水。

④画蛇足：画蛇添足，喻多此一举。

⑤食鸡肋：比喻做无多大意义又不忍舍弃的事情。

今译

我治理西湖还原唐代旧貌，竣工后一眼可尽收西南碧波。（略）
临湖观察得三策皆众人谋划，唯有一句承诺等我兑现。（略）
一向自笑画蛇添足，开凿西湖何异于吃那鸡肋。

解析

元祐五年（1090年）东坡先生主持治理杭州西湖，此乃千秋民生工程。他在《申三省起请开湖六条状》中说："西湖之利，上自运河，下及民田，亿万生聚，饮食所资，非止为游观之美也。"然而对于这项工程，当年有人竟污蔑是为太守一人游乐而动工。先生在上述六条奏状中对此予以批驳，并阐明自己从来不做画蛇添足、多此一举的蠢事，也不把凿湖筑堤之事当作守杭的功业。一句"此事何殊食鸡肋"，表明他并不认为此事有多大功劳，只不过不忍舍弃罢了。

语典

莫叹倦游无驷马①，要将老健敌千钟②。

——《送鲜于都曹归蜀灌口旧居》

（《苏轼诗集》卷四十四，第2388页）

注释

①“莫叹”句：倦游，疲倦之游历，谓厌倦仕途而思退休。驷马，指显贵达人者所乘的四匹马拉的高车。

②“要将”句：老健，年老身健。千钟，古以六斛四斗为一钟，一说八斛为一钟，又称十斛为一钟。千钟，指优厚的俸禄，即高官厚禄。

今译

不要哀叹倦游没有四匹马拉的轩车，年老体健胜过千钟俸禄。

解析

此诗是元符三年(1100年)九月，东坡先生北归经滕州(今广西藤县东北)，为送友人鲜于都曹(不详待考)回蜀灌口，即四川都江堰而作。这既是对友人的慰藉，也是自述其志。先生在诗中常吟叹“富贵良非愿”，“不踏利名场”等，都是对安贫乐道、清简寡欲人格的坚守。

语典

凡厥正人，既富方穀，汝弗能使有好于而家，时人斯其辜[①]。于其无好德，汝虽锡之福，其作汝用咎[②]。

——《论好德锡福》

（《苏轼文集》卷三，第66页）

注释

①“凡厥正人”四句：厥（jué），那个。方，正当。穀（gǔ），谷的繁体字，粟的别称，指官俸，古代常以谷物计俸。汝，你。弗，不。斯，就。辜，罪。

②“汝虽”二句：锡，谓赏赐。咎，灾祸。

今译

凡是做官的那个人，既然富有正当的俸禄，假如你不能对国家作出贡献，人们就要问罪你。对于没有好德行的人，你虽然赐给他幸福，那他还会给你带灾祸。

解析

本文论作年未详。东坡先生在这段文论中，主要阐述为官者的“德”与“福”（俸禄）之间的关系。在他看来，如果为官者，享受了正当的俸禄而不能为国家作出贡献，就应该受到人民的拷问。如果给缺德的为官者以赐福，就会纵容他们为害，从而给国家带来灾祸。孔子在《论语·卫灵公》中早已说过，为官者应“敬其事而后其食”。其大意是，要把敬守职责放在首位，把俸禄的事放在后面。他还说：“君子谋道不谋食。”“君子忧道不忧贫”。君子致力于追求大道，不追求衣食。君子忧虑的是自己没有坚守道义，不忧虑贫困。先生关于“德”与“福”的为官之道与人生理念，正是源于孔子的“谋道不谋食”，“忧道不忧贫”的人生理念。对于当今的从政者，无疑有着很大的启示意义。

语典

古之君子，其处己也厚[①]，其取名也廉[②]，是以实浮[③]于名，而世诵其美不厌。

——《醉白堂记》

（《苏轼文集》卷十一，第 345 页）

注释

①其处己也厚：处己，谓修身正己。厚，重视。

②廉：此指低。

③实浮：实，实际情况。浮，呈现。

今译

古代的君子，他们对待自己修身十分重视，他们对待名利看得很轻，因此他们的实际情况高于名声，世上的人传诵他们的美德从不厌倦。

解析

本记于熙宁八年（1075 年）十一月，应韩琦之子忠彦之请作于密州。东坡先生在该文中，列举了几位"名浮于实"的人物。如春秋时期鲁国大臣藏武仲，认为自己是圣人；战国时期的商人白圭，认为自己的能力可与大禹相提并论；西汉辞赋家司马相如，认为不亚于蔺相如；西汉文学家扬雄，认为自己与孟子不相上下；北魏谋臣崔浩，认为自己贤于张良。而为相十载、辅佐三朝，人称"韩范"的韩魏公韩琦，严于"处己"，做到"实浮于名"，所以"世诵其美不厌"。韩琦逝世，宋神宗为他"素服哭苑中"，为其御撰墓碑："两朝顾命定策元勋。"并谥忠献，赠尚书令，配享宋英宗庙庭，备极盛荣。

语典

君子之于善也，如好好色；其于不善也，如恶恶臭[①]。岂复临事而后思，计议[②]其美恶，而避就[③]之哉！

——《思堂记》

（《苏轼文集》卷十一，第363页）

注释

①“君子之于善也”四句：语出《大学》中“所谓诚其意者，毋自欺也。如恶恶臭，如好好色，此之谓自谦。故君子必慎其独也”一词“好好色”，前一个“好”(hào)字是动词，喜好、喜爱的意思。后一个“好”(hǎo)字是形容词，就是美好的意思，意为美丽。色，指女色，女子。“恶恶臭”，前一个“恶”(wù)字是动词，厌恶的意思，所以发第四声。后一个“恶”(è)，“恶臭”，是形容词，就是难闻的气味。

②计议：计划，商议。

③避就：即躲避，靠拢的意思。“避祸就福”之省称。

今译

君子对于美好的事物，如同喜好美色；对于丑陋的行为，就如同厌恶腐臭。难道还要等到事到临头再去盘算，掂量它是好是坏，从而决定是躲避还是靠拢吗？

解析

该文是元丰元年(1078年)一月二十四，东坡先生作于徐州。先生在该文的前面，称自己为“天下之无思虑者”，故而他“遇事则发，不暇思也”。这不仅是个性使然，更是一种道德修养。《大学》曰：“所谓诚其意者，毋自欺也。如恶恶臭，如好好色。”这里有一个关键词“诚其意”，即使自己的意念诚实，不要欺骗自己，做到如同厌恶污秽的气味那样厌恶邪恶，如同喜爱美丽女子那样喜爱善良。如此自然而然，坦坦荡荡，磊落光明，表里如一，何须“未发而思之”，抑或“临事而后思”？无须“计议”，显其心地坦荡，不刻意“避就”，显示出为人正直。

语典

驱鹰犬而赴林薮[①]，语人曰："我非猎也，不如放鹰犬而兽自驯[②]。操网罟[③]而入江湖，语人曰，我非渔也，不如捐[④]网罟而人自信。"

——《上神宗皇帝》

(《苏轼文集》卷二十五，第731页)

注释

①林薮(sǒu)：山林与泽薮。泽，水积聚的地方。薮，湖泽的通称。

②驯：使顺从。

③网罟(gǔ)：捕鱼及捕鸟兽的工具。

④捐：舍弃。

今译

把鹰和犬驱赶至山林，却对别人说："我不是为了打猎，倒不如放弃使用鹰和犬让兽类自己驯服。操持渔网进入江河湖泊，却对人说，我不是为了捕鱼，倒不如舍弃渔网而让人们自己相信。"

解析

本文是东坡先生于熙宁四年(1071年)二月作于京师汴梁。先生劝谏神宗要"结人心，厚风俗，存纪纲"。目的是揭露新法的弊端，反对新法的推行。王安石为了为朝廷敛财，新设了"三司条例司"机构。朝中大臣批其是与民争利，搜括民财。王安石手下一批"新进"们却矢口否认。先生对他们口是心非的做法予以揭露，奉劝神宗皇帝为了取信于民，应该改"驱"为"放"，变"操"为"捐"，用实际行动达到"复人心而安国本"的目的。

语典

凡为天下国家，当爱惜名器[①]，慎重刑罚。若爱惜名器，则斗升之禄[②]足以鼓舞豪杰。慎重刑罚，则笞杖之法足以震詟顽狡[③]。若不爱惜慎重，则虽日拜卿相[④]，而人不动，动行诛戮[⑤]，而人不惧。此安危之机，人主之操术也。

——《转对条上三事状》

（《苏轼文集》卷二十九，第820页）

注释

①名器：表示等级的称号，与车服仪制等，用以区别尊卑贵贱的等级。

②斗升之禄：斗升，古代容量单位。禄，官员的俸给。斗升之禄指微薄的薪俸。

③"则笞杖之法"句：笞杖，指用小荆条或小竹板抽打臂部、腿或背部的刑罚。震詟(zhé)，谓震惊畏惧。震詟顽狡，震慑狡诈的凶顽。

④卿相：古代高级长官或爵位的称谓。卿有六卿、九卿之分。相，指辅佐的人，宰相。

⑤诛戮(lù)：杀害，杀戮。

今译

凡是天下国家的管理者，应当爱惜等级名分，慎用刑罚。如果珍视等级名分激励，那么即使是斗升微薄的薪俸，也足以使英雄豪杰受到鼓舞。如果慎用刑罚，那么即使是笞杖之刑法也足以震慑狡诈的凶顽。如果不爱惜名器且慎用刑罚，那么虽每天封卿拜相，人们也不会动心。动辄行使诛杀，人们也不会惧怕。这是安危的转机，君主治世的主张和方略。

解析

该状是东坡先生于元祐三年(1088年)五月一日作于京都开封。按照朝廷的法规，在京文班朝臣及翰林学士，每五日以次序上殿面奏有关重大国事，此状就是上朝面奏陛下的奏状。先生面请哲宗皇帝，应该恢复祖宗惯例，开辟兼听博闻的渠道，避免专断堵塞的嫌疑。作为一国之主，用现代语说，要善于运用好正反两种激励。所谓正激励就是"爱惜名器"；所谓反激励就是"慎重刑罚"，即一赏一罚。诚如《诸葛亮论赏罚》所言："赏以兴功、罚以禁奸"、"赏赐知其所施，则勇士知其所死；刑罚知其所加，则邪恶知其所畏"。此乃"安危之机，人主之操术也"。

语典

居贫贱而有闻[①]见，处富贵而无过难。

——《仲暹可遥郡防御使[②]》

（《苏轼文集》卷三十八，第1081页）

注释

①有闻：为人称道。

②"仲暹"（xiān）句：赵仲暹，宋宗室，太宗四世孙，封嘉国公，生平未详。遥郡防御史，宋各州防御使不带阶官者为正任，带阶官者为遥郡，遥郡低于正任。

今译

处在贫贱之中有人称道容易做到，处在富贵之中而没有过失却很难。

解析

该敕令是东坡先生于元祐元年（1086年），在中书舍人任上为皇帝起草的诏书。本章句阐释"处贫贱易，处富贵难"的要义。孟子有言："富贵不能淫，贫贱不能移。"教导世人不要受富贵的诱惑，不要为贫贱动摇。处贫贱易，是因为环境让你不敢有奢望。处富贵难，是因为环境变化诱惑太多，欲望太多。从古到今，这样的例子举不胜举，值得人们深思。

语典

言之于无事①，救之于未失②。

——《御史中丞刘挚兼侍读③》

（《苏轼文集》卷三十九，第1117页）

注释

①无事：没有变故，多指没有战事、灾异等。

②未失：失，指错误、失误、失策。未失，没有发生失误。

③刘挚兼侍读：刘挚（公元1030—1098年），字莘老，《宋史》有传。侍读，陪侍帝王读书论学或为皇子等授书讲学。

今译

在还未发生变故之前就进言，在还未产生失误前就予以补救。

解析

该敕文是东坡先生于元祐元年（1086年），在中书舍人任上代皇帝草拟的诏书。言官救弊，这是御史中丞的职责。在为官行政过程中，何尝又不是这个道理。“言之于无事”，就应做到如《中庸》的第二十章“治国”中强调的：“言前定则不跲，事前定，则不困；行前定，则不疚；道前定，则不穷。”汉代王充所说的“高瞻远瞩”。《诗经》中所诵的“未雨绸缪”。北宋文学家欧阳修在其《准诏言事上书》中有言：“善治病者，必医其受病之处；善救弊者，必塞其弊之源。”这里强调的是“救”其“源”，也就是先生所说的“未失”之源头。

语典

夫小人以位为宠[①]，求之而不可得；君子以宠为忧，推[②]之而莫能去。

——《赐新除中大夫守尚书右丞胡宗愈辞免恩命不允诏》

（《苏轼文集》卷四十，第1166页）

注释

①以位为宠：位，指官阶地位。宠，宠信，荣耀。

②推：指辞让。

今译

小人以官位高为荣誉，千方百计追逐而得不到；君子以荣宠为忧虑，虽推辞却推不掉。

解析

该敕令是东坡先生于元祐三年（1088年）在京任翰林学士、知制诰兼侍读时，代皇帝草拟的诏书。孔子有句名言："君子坦荡荡，小人长戚戚。"君子心胸平坦宽广，小人经常忧愁悲伤。为什么两者有如此大的区别？因为君子是有道德、有学养的人，能够做到不以物喜、不以己悲。小人则斤斤计较个人名利得失，为一得一失，心神不安。先生正是继承了儒家的君子观，才在面对"官位"、"荣宠"的问题上，指出了君子与小人有如此明显的区别。俗话说，想得到总得不到，不想得到却找上门。一句俗语却道出"求之而不可得"、"推之而莫能去"的哲理。妙哉！妙哉！

语典

圣人①以天下为忧，未闻以位号②为乐也。损己裕物③，畏天检身④。

——《题太师文彦博⑤等请太皇太后受册第二表不许批答》

（《苏轼文集》卷四十三，第1243页）

注释

①圣人：在中国传统文化中，指“才德全尽谓之圣人”。

②位号：爵位与名号。

③裕物：裕，富裕。裕物，使物充裕。

④检身：检点自身。

⑤文彦博：字宽夫（1006—1097年），号伊叟，汾州介休（今山西介休）人，北宋时期著名政治家。神宗时，反对王安石变法外任，元祐元年（1086年），因司马光推荐，拜平章军国重事（相当于宰相），元祐五年（1090年）致仕，谥号忠烈。

今译

圣人把天下的忧患当作自己的忧患，没有听说把爵位名号当作乐事。宁可减损自己使物充裕，敬畏上天而检点自身。

解析

该敕文是东坡先生于元祐二年（1087年），在翰林学士兼侍读任上代皇帝起草的诏书。君子“以天下为忧”，是“以天下为己任”的具体表现。司马迁在《报任少卿书》中坦露心志：“常思奋不顾身，而殉国家之急。”唐代著名诗人李白曰：“国耻未雪，何由成名。”唐代著名诗人杜甫歌曰：“安得广厦千万家，大庇天下寒士俱欢颜。”明代思想家顾炎武说：“天下兴亡，匹夫有责。”“以天下为忧”者，必视名利如草芥，视金钱如粪土。何以如此？清代诗人叶存亡歌咏：“头顶三尺有神明，不畏人知畏己知。”国人常言：“人在做，天在看。”因为“举头三尺有青天，人可欺，天不可欺”。这就是东坡先生所言“畏天检身”的道理。

语典

用贤之功，必要之久远。日计不足，岁计有余①。

——《赐宰相吕公著乞退不许批答二首》之二

（《苏轼文集》卷四十三，第1239页）

注释

①日计不足，岁计有余：语出《庄子·庚桑楚》"今吾日计之而不足，岁计之而有余"。大意是每天算下来没有多少，一年算下来就很多了。比喻持之以恒必有收效。

今译

运用贤才之道，一定要观察长远。以短时不足以考量，以岁计观人可留有余地。

解析

本敕令是东坡先生于元祐二年（1087年），在翰林学士兼侍读任上代皇帝草拟的诏书。本章句阐释的是用贤之道，强调不能急于求成，急功近利。孔子曰："无欲速，无见小利。欲速，则不达；见小利，则大事不成。"子夏做了莒父（鲁邑）的邑长，向孔子询问有关管理政务的方法。孔子告诉他：不要图快，不要只顾小利。图快，就不能达到目的；贪图小利，就办不成大事。这就是"欲速则不达"的本义，也是先生所谓"要之久远"主张的出处。

语典

虽曰功名[①]富贵所由之途，亦为毁誉得丧[②]必争之地。名重则于实难副[③]，论高则与世常疏。

——《谢馆职启[④]》

（《苏轼文集》卷四十六，第1326页）

注释

①功名：功业和名声，旧指科举称号或官职名位。

②毁誉得丧：毁誉，指诋毁与赞誉。得丧，得与失。

③副：此指相配、相称。

④馆职启：馆职，指直史馆。宋以史馆与昭文馆、集贤院为三馆，其官员并称馆职，常修国史。启，官信曰启。

今译

虽说功名富贵是人生所希望走的道路，但也是诋毁与赞誉，得到与失去的必争之地。名声太大则与实际难以相称，论调太高则与世常有距离。

解析

该文是治平二年（1065年）二月，英宗闻轼名，召轼入学士院，后韩琦不可，得直史馆。东坡先生于是作《谢馆职启》。既然名为谢启，故多有“腼颜就列，抚己若惊”等谦辞。本章句指出“功名富贵”与“毁誉得丧”两者相交相攻，道出了仕途之崎岖与隐患。“名重”或“难副”，“论高”或“常疏”，此为自古至今常有的现象，当为学人之警醒。

语典

举[1]大体而不论小事，务[2]实效而不为虚名。

——《贺杨龙图启[3]》

（《苏轼文集》卷四十七，第 1351 页）

注释

①举：兴起，推举。

②务：务求，务须。

③杨龙图启：杨龙图（1007—1062 年），指杨畋（tián），字乐道，新泰（今山东新泰县）人。举进士，官累进龙图阁直学士知谏院。

今译

识大体而不去议论小事，务求实效而不追逐虚名。

解析

嘉祐六年（1061 年）夏，东坡先生在陕西凤翔府任签判。杨畋（tián）出身于将门，但尤喜学问，为士大夫所称颂。苏轼兄弟与他交往时间虽短但情谊颇深。杨畋受龙图阁直学士复知谏院，先生致启祝贺。本章句给我们的启示是：凡只关注小事末节的人，必定忽视大局。凡是图取虚名的人，必定哗众取宠，弄虚作假。在“大体”与“小事”，“实效”与“虚名”之间，可以判断一个人的人品和价值观。

语典

履[①]信体仁，秉[②]德直义。才无施而不可，道得时而愈隆。

——《贺正启[③]四首》

（《苏轼文集》卷四十七，第1354页）

注释

①履：实行。

②秉：持。

③贺正启：正，指正旦，亦称元旦，即农历正月初一。宋承前代之制，正旦将临，臣僚向宰执、监司等上贺表、贺启致贺。

今译

履行诚信坚守仁政，秉持德操奉行正义。才干用在哪里无不获得成效，所奉行的主张恰逢其时而政绩愈显兴隆。

解析

本文约于元祐年间知杭州、颍州、定州时，东坡先生在元旦之日，给当朝的执政官员上的贺启。总结出执政之美德，即“履信”、“体仁”、“秉德”、“直义”。信者，“民不求其所欲而得之谓之信”。仁者，“上下相亲谓之仁”。德者，本性善，本我无，便成德。义者，公正合宜的道德、道理或行为谓义。如果具备了这四种美德，就可达到“才无施而不可”的境界。进而又能“得时”，其美政必定“愈隆”。

语典

进不谋安，昔既以身徇[①]义；退犹忧国，今推所学以及[②]人。

——《答范端明启[③]》

（《苏轼文集》卷四十七，第1349页）

注释

①徇：为实现某一目标而献出生命。

②及：达到。

③范端明启：范端明，指范镇(1007—1088年)，字景仁，成都华阳(今四川成都市)人。神宗朝为翰林学士，因反对新法遂致仕。哲宗立，起为端明殿学士，固辞不拜。累封蜀郡公，卒，八十一岁，谥文忠。启，官信曰启。

今译

身居高位不考虑个人的安危，过去已经以身殉义；退休后还不忘为国担忧，如今又以自己的所学惠及他人。

解析

元祐三年(1088年)十二月，东坡先生在京任翰林学士、知制诰兼侍读。因范镇所进新乐已成，有书来，故先生答启以贺。“进不谋安”、“退犹忧国”，既是先生对范镇的赞美，也是古今官员在“进”与“退”时，应该具有的基本品质。这种品质表现在一私一公之间，在私，不为己利，在公，为国担忧。

语典

廉而天下不以为介[①]，直而天下不以讦[②]，刚健而不为强[③]，敦厚而不为弱[④]。

——《上富丞相[⑤]书》

（《苏轼文集》卷四十八，第1377页）

注释

①介：介僻，高傲孤僻。

②讦(jié)：揭发别人的隐私或攻击别人的短处，攻讦。

③强：此指硬性地，强悍。

④弱：懦弱。

⑤富丞相：富弼(1004—1083年)，字彦国，洛阳人，北宋名相。

今译

廉正而天下不认为高傲孤僻，直率而天下不认为好揭人之隐私，刚健而不认为强悍，敦厚而不认为懦弱。

解析

嘉祐六年(1061年)，东坡先生时年二十六岁，八月应制科考试，向仁宗皇帝上《进策》、《进论》各二十五篇，全面而系统地阐述自己的政治主张，并劝谏仁宗励精图治，革除弊政。先生按照儒家文化传统，赞美富弼丞相具有“廉”而不“介”，“直”而不“讦”，“刚”而不“强”，“敦”而不“弱”的君子品格。这种道德修养符合中庸之道，“中和”之道，即不过多，也不过少，不趋于极端。然而在现实生活中，我们常常在“廉”、“直”、“刚”、“敦”道德修为上，矫枉过正，好走极端。其实过犹不及，所谓“介”、“讦”、“强”、“弱”，使人的道德修养产生了质的嬗变，走向“善”的对立面，即“恶”的误区。

语 典

士之得道[①]者，视死生祸福，如寒暑昼夜，不知所择，而况膏粱脱粟文绣布褐[②]之间哉！如是者，天地不能使之寿夭[③]，人主不能使之贵贱，不得道而能若是[④]乎，吾其敢以恭俭[⑤]名之。

——《跋司马温公布衾铭[⑥]后》

（《苏轼文集》卷六十六，第 2065 页）

注 释

①得道：顺应自然，与天合一的境界。

②膏粱脱粟文绣布褐：膏粱，泛指肥美的食物。脱粟，粗粮，只脱去谷皮的粗米。文绣，刺绣华美的丝织品衣服。布褐（bù hè），粗布衣。

③寿夭：长命与夭折。

④若是：如此，这样。

⑤恭俭：恭谨谦逊。

⑥跋司马温公布衾铭：跋，是附在正文之后的一种文体，即后序。司马温公，司马光（1019—1086 年）。布衾铭，写在布制之被子上的铭文。

今 译

能够顺应自然，达到天人合一境界的知识分子，他们把死生祸福视如寒暑昼夜自然平常，不须区别选择，更何况富贵贫穷之间呢？像这样的人，天地不能主宰他们的命运，君主不能左右他们声名，没有达到天人合一的境界能够像这样吗？我斗胆用恭谨谦逊来评价司马温公。

解 析

此文约于元祐元年（1086 年）九月司马光卒后，东坡先生作于开封。所谓《布衾铭》为范祖禹（曾协助司马光撰《资治通鉴》）所作。司马光取而书于布衾之首。元祐元年（1086 年）九月司马光去世，遵温公之嘱将其覆盖其遗体。《布衾铭》歌颂司马光以藜藿（粗粮）之为甘，以绨布（粗布衣）之为温，以名教之为乐，以德义之为尊，“求之孔易，享之常安”的高尚品格。先生在其铭后作跋，指出司马光其所以有如此的美德，“不得道而能若是乎”，意为不是达到了顺应自然、天人合一的境界能够做到这样吗？在跋后先生用“恭俭”二字予以嘉评。从唐代文学家刘禹锡的《陋室铭》，到宋代史学家司马光的《布衾铭》，表达了古代仕者以恭俭为德，清简寡欲，甘于清贫，修身洁行的优秀中华传统官德。上述词美意深的二铭，当应作为行政者之座右铭。

语典

士如良金美玉，市有定价，岂可以爱憎口舌贵贱之欤[①]？

——《太息一章送秦少章[②]秀才》

（《苏轼文集》卷六十四，第1979页）

注释

①欤（yú）：文言助词，表示反诘的语气。

② 太息一章送秦少章：“太”通“叹”，太息就是叹息。秦少章，秦少游之弟。

今译

贤士好比良金美玉，世上自有公论，怎么能因个人好恶，以三寸口舌就能随便抬高或贬低他的价值呢？

解析

此文是元祐五年（1090年）正月二十五日，东坡先生知守杭州时所作。先生就当今士人“聚而见讪”，对张文潜、秦少游“超逸绝尘之士”的文辞所吓倒，所以纷纷扬扬提出了许多异议。甚至还“常及吾与二子”，意为常常把先生与张、秦二弟子的交往，作为他们议论的话题。有鉴于如此，先生嗟叹曰：“英伟奇逸之士不容于世俗也久矣！”于是慨然有“士如良金美玉”愤世嫉俗之言。

语典

君子之为善，非特以适己自便而已[①]。其取于人也，必度其人之可以与我也[②]。其予人也，必度其人之可以受于我也。我可以取之，而其人不可予我，君子不取。我可以予之，而其人不可受，君子不予。既为己虑[③]之，又为人谋[④]之，取之必可予，予之必可受。

——《刘恺丁鸿孰贤》

（《苏轼文集》卷二，第44页）

注释

①“君子之为善”二句：君子，指人格高尚、道德品行兼善之人。特，单单，特地。适己，犹自得。自便，按自己的意志行动。而已，罢了。

②“其予人也”二句：予谓“给”。度，推测，估计。

③虑：思考。

④谋：考虑。

今译

君子行善心办善事，不是单单按自己的意志行事罢了。他想从别人那里得到什么，必须应估计这个人是否能够给予我。他想给予别人，必定估计这个人是否愿意接受我的给予。我想获取，而这个人不可能给予我，君子决不收受。我可以给予，而那个人不愿意接受，君子就不应给予。既要为自己思考，又要为别人考虑，做到获取必须以能予为前提，给予必须以对方愿意接受为基础。

解析

此篇文论是嘉祐六年(1061年)八月十七日，东坡先生应制科试作于汴京(开封)。从题目看，该论以刘恺、丁鸿两人辞封爵而让其弟的事例为论题，就君子之“取”、“予”之道阐发作者的看法。刘恺，东汉宗室大臣。丁鸿，东汉名儒。两人按礼制本应世袭受封，但均上书礼让，愿辞爵让其弟。照说这两人颇有伯夷、季札“能以国让，仁孰大焉”之春秋大义。但是丁鸿的友人鲍骏认为，“不因家事废王事”，对丁鸿的做法持反对态度。先生的观点是：“非特以适己自便”才堪称“君子之为善”。否则，用现今的话说，是故作姿态的矫情。

语典

士之贤与不肖[①]，见于面颜而发泄于辞气[②]，卓然[③]其有以存乎耳目之间。而必曰久居而后察，则亦名相士[④]者之过矣。

——《上王兵部[⑤]收》

（《苏轼文集》卷四十八，第1384页）

注释

①不肖：指不才、不贤。

②见于面颜而发泄于辞气：面颜，指相貌，面孔。辞气，言辞、谈吐。

③卓然：高超出众的样子。

④相士：旧时以谈命相为职业的人。

⑤王兵部：时知荆州，名字失考。

今译

士人的贤与不肖，表现在他的面部神态和谈吐上，明显地存在他的耳目之间。而要说久居才能看出高下，那也是名声很大相士的缺陷。

解析

嘉祐四年（1059年）九月，东坡与弟子由守母孝期满，十月起程在父亲苏洵的带领下，出三峡走水路还朝。途经荆州，给荆州太守王兵部上书，表达对这位“威动千里肃，恩宽行客留”（苏辙诗句）前辈的敬慕。“士之贤与不肖”，确实“存乎耳目之间”。观其“面颜”，听其“辞气”，即可略知此人如何。因为先生曾咏诵过“腹有诗书气自华”。不过把“久居而后察”，当成是“名相士”观人之过，是否算偏颇之言。《史记·范雎蔡泽列传》有言：“人固不易知，知人亦不易也。”白居易《放言》诗说得好：“试玉要烧三日满，辨才须待七年期。”为何“须待七年期”？因为“知人之难，莫难于别真伪”（语出《傅子·阙题》）。

语典

人各有能，我官其任。人各有德，我目其行①。是故分为六事，悉本廉而作程②，用启庶官，俾厉节而为政③。

——《六事廉为本赋》

（《苏轼文集》卷一，第28页）

注释

①“我官其任”三句：任，任用，委任不同官职。行，具体行动。

②“是故分为”二句：六事，官吏应具备的六种素养，善（善良）、能（能干）、敬（恭敬）、正（正直）、法（守法）、辨（明察）。悉，尽，全部。程，规矩。

③“用启庶官”二句：启，谓启发。庶，众多。俾，使。厉，作励，激励节操。

今译

人各有不同的才能，我因其才能委以不同的职务。人各有不同的品质和道德，我观察他的实际行动。因此官吏的素养分为六事，全部以清廉为根本制定规范，用以启发教育百官，使他们砥砺节操而履行政务。

解析

此赋大约在元祐年间作于汴京。东坡先生在此期间在朝曾先后授翰林学士，知制诰、吏部尚书等职，故有吏治文章留世。在这段文字中，除了表达先生尚贤使能观点外，重点阐明了“以廉为本”、“厉节为政”的主张。

语典

事有六者[①]，本归一焉。各以廉而为首[②]，盖尚德[③]以求全。（略）皆清慎[④]以居先。

——《六事廉为本赋·先圣之贵廉也如此》

（《苏轼文集》卷一，第28页）

注释

①事有六者：六事，善（善良）、能（能干）、敬（恭敬）、正（正直）、法（守法）、辨（明察）"。此为官吏应具备的六项素质和应有的六项表现。

②各以廉而为首：把清廉看作是"六事"的根本，即廉善、廉能、廉法、廉敬、廉正、廉辨，各皆以"廉"为首字，此处"廉"理解为考察。

③尚德：崇尚道德。

④清慎：清廉谨慎。

今译

官吏的素质有六个方面，其根本归于一条。分别把清廉当作"六事"之首要，在崇尚道德的前提下，然后才要求其他诸方面素质。（略）都要把清廉谨慎放在首位。

解析

上述章句是从《六事廉为本赋》中摘录的，该赋大约是东坡先生作于任职朝中时期。我国最早的上古历史文献《尚书·皋陶谟》，规范检验官吏的行为有"九德"，其中第一次提出"简而廉"的官德标准。《左传·桓公二年》更是明白无误地指出："国家之政，由官邪也。官之失德，宠赂章也。"《管子》强调："四维（礼义廉耻）不张，国乃灭亡。""礼义"乃"治人之大法"，"廉耻"乃"立人之大节"。自汉以降，把"孝"和"廉"作为选拔官员的科目。东坡先生提出"举其要会，廉一贯之"的主张，作为"六事"之首，这就是先生有别于他的先贤们廉本观的高明之处。

语典

今夫世之人，自谓智足以周身[①]，而不知祸藏于所伏[②]者，几何[③]不见卖于哭者哉？其或不知周身之术，而以愚触死，则其为智，犹不若乌之始虚于弹[④]。

——《乌说》

（《苏轼文集》卷六十四，第1992页）

注释

①周身：保全自身。

②伏：隐藏。

③几何：多少。

④虚于弹：躲避弹弓。

今译

如今世上的人，自以为智慧足以保全自身，却不知道祸患隐藏在自己的身边，有多少人能够不上佯装哭祭人的当呢？有的人不懂得保全自身的方法，而以愚忠触犯死罪，他们的智慧，还不如乌鸦懂得躲避弹弓。

解析

本文作年不详。东坡先生在《乌说》中说，乌鸦本来对人非常狡猾，即使飞快的弹弓也无法得以施展。然而它的这种习惯被闽中地方人所掌握，便以假装在坟前哭祭的人，抛洒纸钱，留下饭粒以图伺机捕获。结果狡猾的乌鸦还是误进了罗网。对于乌鸦因贪利而丧失警惕葬送性命的故事，先生以物及人发出感慨："自误智足以周身，而不知祸藏于所伏者"，其智"犹不若乌"。接着后文先生举例说道：韩非写了《说难》死在秦国，天下人哀叹他因为智慧而杀身。楚国辩士不知《说难》，却去游说项羽，骂项羽沐猴而冠，结果被杀，天下人哀叹他因愚昧而致死亡。韩非、楚国辩士，他们都是"自谓智足"者，但是其"周身之术"，"犹不若乌"。而春秋时期卫国大夫宁武子，却能做到"邦有道则智，邦无道则愚，观时而动，祸可及哉！"这种人，才能真正堪称为"智足以周身"的高人。

吏　治

因能以任职，因职以任事。

导 读

“上古结绳而治，后世圣人易之以书契，百官以治，万民以察，盖取诸夬。”（《周易·系辞下》）这是中国吏治文化在典籍中的最早记录。夏朝时期的吏治以礼为治，商朝厉行德教为主，以刑为辅。商王成汤首创了“官刑”，禁止“三风十愆”（三风指巫风、淫风、乱风，十愆指十种罪）。儒家以“为政以德”作为立身从政的准则，强调人格道义在国家政治中的作用和价值。从先秦时期法家主张“治国必先治吏”，到清代的“治民必先治官”，不难看出，我国古代把吏治（包括选官、监督、考课、惩贪等）作为治国的重要方略。

东坡先生有关吏治的思想，主要集中在元祐初年，先生作为翰林学士，兼知制诰为皇帝起草诏书的政事史料中。他指出：“治事不若治人，治人不若治法。”选择官吏，应“因能以任职，因职以任事”，而且强调“从来天下之患，无过官冗”。“养猫所以去鼠，不可以无鼠而养不捕之猫。”着重强调“自古用人必须历试。虽有卓异之器，必有已成之功。”在人才使用上，应该明白：“人各有才，才各有大小，大者安其大，而无忽其小。小者示其小，而无慕于大，是以各适其中，而不丧其所长。”

对于官吏的监督、考核，他主张：“莫如使吏六考以上，（略）参之以其才器之优劣而定其等。”并力图做到“劳能之赏，不计日月，爵禄之报，必视首功”。务必杜绝“所用之人无常责，而所发之政无成效”的懒散现象。要求各级官吏加强修养，做到“笃学好礼，敏于从政”，“艺于从政”。“少私寡欲”，“从事而不造事，无成而代有终”。努力使自己成为“学足以通古，才足以御今，智足以应变，强足以守官”的好官良吏。

语典

因能以任职[①]，因职以任事而已。官有常守[②]谓之职，施有先后谓之序[③]。

——《拟进士对御试策并引状问》

（《苏轼文集》卷九，第 302 页）

注释

①职：职务，职位。

②守：官吏的职责、职守。

③“施有”句：施，实行，此指施政。序，次序、顺序。

今译

根据官吏的能力任命职务，根据职务安排他应负责的事务。每个官员有他既定的工作目标，这就叫做职，施政有先有后，这就叫做序。

解析

该文是东坡先生在熙宁三年（1070 年）三月作于京师。这年三月礼部考试，吕惠卿任主考官，东坡先生任编排官。他亲眼目睹了科场阿谀奉承、谄媚时君的不良风气，便模拟一道答卷献上。这篇名为《拟进士对御试策》的文章，“借拟士对，以讽谏当时之政”。《尚书·周书》里记载：周成王即位以后，奉承周德，严于立政，提出“不惟其官，惟其人”。设立官职不追求官员的多少，只想任用适合的能人。并告诫卿士们：“举能其官，惟尔之能。称（举）匪（不）其人、惟尔不任。”选拔的官员称职，是你们的才能；选拔的官员不称职，是你们不能胜任。先生正是奉行先贤立政之道，提出“因能任职”、“因职任事”的主张，由此建立官吏管理的“职”与“序”。

语典

因能[1]而任。

——《林邵太仆丞何琬鸿胪丞[2]》

（《苏轼文集》卷三十九，第1106页）

临宠[3]而惧。

——《高公绘公纪并防御使[4]》

（《苏轼文集》卷三十九，第1107页）

注释

①能：指才干、本事。

②“林邵太仆丞”句：林邵，字才中，长乐（今福建长乐）人，嘉祐四年（1059年）进士。太仆丞，掌车辂、厩牧之政。何琬，字子温，皇祐间进士。鸿胪丞，掌少数民族及外国朝贡。

③宠：宠信、纵容、偏爱。

④“高公绘公纪”句：高公绘，宣仁皇后弟高士林之长子。公纪，高公纪，高公绘之弟。防御使，无职掌，无定员，仅为武臣之寄禄官。

今译

根据不同人的才能而任用。

面对荣宠而应保持谨慎。

解析

该制敕是东坡先生于元祐元年（1086年），在中书舍人任上代皇帝草拟的诏书。《旧唐书·食货志上》：“设官分职、选贤任能，得其人则有益于国家，非其才则贻患于黎庶。”“选贤任能”，“因能而任”，重在“得其人”，这是关系到“国家”和“黎庶”的大事。关于面对“荣宠”的态度，《周易》有许多议论。如《周易·谦卦》中：“劳谦，君子有终，吉。”有功劳而又谦虚，君子就能把事情办到底，这就有好的结果。“有大而能谦必豫。”有了一定的知识、名望、地位或财富等，而能够谦逊，必然能有安逸处境。《老子》亦云：“功成而弗居。夫唯弗据，是以不去。”有了功绩以后不应居功自傲，只有不居功自傲，功绩才会保持。

语典

夫任贤使能，天下之公义[①]；而辞大就小，君子之自守[②]也。

——《赐新除尚书左仆射兼门下侍郎吕大防上第二表(略)》其二

(《苏轼文集》卷四十三，第1253页)

注释

①公义：公平正义。

②自守：自律坚守。

今译

任用贤才，使用能吏，这是天下公平正义的事情；而辞高官就任低职，这是君子自己应有的操守。

解析

本敕令是东坡先生于元祐三年(1088年)在京任翰林学士，知制诰兼侍读时，为皇帝草拟的诏书。“任贤使能”，这是古代贤哲共同关注的话题。作为春秋末墨学家派的创始人墨子，在《尚贤上》中指出：“古者圣王之为政，列德而尚贤。”“以德就列，以官服事，以劳殿赏，量功而分禄。故官无常贵而民无终贱。有能则举之，无能则下之。”“夫尚贤者，为政之本。”“任贤使能”，确乎“为政之本”。《礼记·大学》曰：“一言偾事，一人定国。”《史记·赵世家》云：“千羊之皮，不如一狐之裘。”这些都是说明人才，乃“国之重器”。故唐代诗人陈子昂在《重任贤科》中强调：“天下之政，非贤不理，天下之业，非贤不成。”在国家提倡“任贤使能”的国策之下，对于自己而言，正确的态度是坚持“自守”。“自守”，是君子不伐其功，谦恭虚己，持盈保泰，临深履薄的气度与节操。上有“任贤”，下有“自守”，这就可以营造出“天下之公义”的用人环境。

语典

得人之道，在于知人[①]，知人之法，在于责实[②]。

——《议学校贡举[③]状》
（《苏轼文集》卷二十五，第723页）

注释

①知人：善于认识和了解人的品德和才能。

②责实：责，指要求，责求。实，求实，符合实效。

③贡举：贡，指"贡士"。举，指乡举里选。古代地方官府向朝廷荐举人才，有乡里选举贡士之制。明清则泛指科举制度，即通过考试选拔官吏。

今译

得到人才的方法，在于认识和了解人的品德和才能；认识人的方法，在于考察人的实际办事能力与效果。

解析

熙宁二年（1069年）五月，王安石欲对"行之百年"的科举之法进行改革，废去诗赋明经诸科，以经义论策取士，逐步以学校代科举。神宗对此颇为犹豫，诏令馆阁学士参与讨论。东坡先生时年三十四岁，任殿中丞、直史馆的职衔，差判官诰院（负责颁发官吏授官凭证的机构），立即写了这道奏议，对此表示坚决反对。他认为学校与贡举，均为培养、选拔人才。选拔人才，必有"得人之道"。先生在这里提出知人之法则——"责实"。责实者，讲求实效也。按照现代管理科学理论，管理的目的是提高组织的效率，管理的本质就是追求效率。故，先生之"责实"法则，古今皆为通法。

语典

治事不若治人，治人不若治法，治法不若治时。时者，国之所以存亡，天下之所最重也。(略)

夫时者，岂其所自为邪？王公大人[①]实为之。(略)诸公之所好，天下莫不好。诸公之所恶，天下莫不恶。故轼敢以今之所患二者，告于下执事[②]。其一曰：用法太严而不求情。其二曰：好名太高而不适实。此二者，时之大患也。

——《应制举上两制[③]书》

(《苏轼文集》卷四十八，第1391页)

注释

①王公大人：泛指高官贵人。

②执事：指朝廷执政高官。

③应制举上两制：制举，即制科，由皇帝亲自策问应举之士。两制，谓内制与外制。宋时翰林学士兼知制诰者为内制。他官兼知制诰者为外制。

今译

治理政务不如先管理好人，管理人不如先治理好法，治法不如先治理好“时”。时者，关乎国家的生死存亡，是天下最重要的大事。(略)

时者，岂是时势所自为？乃王公大人权贵们造成的。(略)诸公所喜好的，天下没有不喜好的，诸公所厌恶的，天下没有不厌恶的。所以我斗胆将今之两大忧患，敬告于执事高官。其一是用法过严而不近人情。其二是好名太高而不务实。这两者，就是“时”的大祸患。

解析

嘉祐六年(1061年)正月，东坡先生与弟子由，为准备制策考试，移居京城怀远驿。为应制科策问，他给两制高官上书，阐释自己的政治主张和治世之道。本章句对“治事”、“治人”、“治法”、“治时”之间的关系，阐述得十分透彻和准确。在连续递增三个“不若”之后，把关节点定格在“时”上。先生所说的“时者”，就是“王公大人”们推动“时势”的“所好”。他们“好”什么？一好“用法太严”，二为“好名太高”。正是这“太严”与“太高”，最终能影响国之“存亡”，所以把“时”，看成“天下之所最重”。

语典

省事莫如任人[①]，厉精莫如自上率之[②]。

——《策别课百官三·决壅蔽[③]》

（《苏轼文集》卷八，第247页）

注释

①任人：选择，任用人。

②“厉精”句：厉精，即振奋精神。上，上级，上层。率，带领，带头。

③壅蔽：隔绝，蒙蔽。

今译

减少事物不如慎重选择任用官吏，振奋精神不如从最上层带头做出表率。

解析

本文是东坡先生于嘉祐六年（1061年）八月，应贤良方正直言极谏策问试所进的策论之一。所引章句简明扼要地说明了要杜绝官场官僚主义弊病，一是把好“任人”关。二是要上层做出表率。然而千载之弊病至今仍未根除，可见其病之愚顽恶劣。

语典

为吏莫不欲威而明[①]。威不可立也，惟公则威。明不可作也，惟虚[②]则明。郡无大小，民无刚柔[③]，事无繁简，政无难易，惟公而虚，无适[④]而不治。

——《王彭知婺州孙昌龄知苏州岑象求知果州[⑤]》

（《苏轼文集》·卷三十八·第1089页）

注释

①威而明：威严和清明。

②虚：不自满，虚怀若谷。不自私，无欲无为。

③刚柔：此指刚猛柔弱。

④适：此指适应，适合。

⑤“王彭知婺州”句：王彭，字大年，太原人。婺州，今浙江省金华市。孙昌龄，常州人。岑象求，字岩起，果州(今四川省南充市东北)人。

今译

为官者没有一个不想树立威信做到清明。但是威信不是自己树立的，只有做到秉公执政才会有威信。清明不是靠炒作可得，只有做到虚怀无欲才会清明。不论州郡大小，不论百姓刚猛柔弱，不论政事繁杂简易，不论治理困难和容易，只要大公无私，无论任何地方没有不适应而治理不好的。

解析

此敕文是东坡先生任中书舍人，于元祐元年(1086年)代皇帝所撰的诏书。本章句所引的“十句官训”，堪称古今吏治之训词。该训词四十三字，其核心内容只一字：公。公者，乃君子之至德。屈原在《桔颂》里赞道“秉德无私，参天地兮”，意为心中无私，就能顶天立地。诸葛亮在《后出师表》中说的“鞠躬尽瘁，死而后已”，成为后世从政者之座右铭。隋朝著名教育家、思想家王通在其《魏相篇》中曰：“能遗其身，然后能无私，无私然后能至公。”这里强调的是忘我无私才能至公。至公者，“先天下之忧而忧，后天下之乐而乐”。“宁公而贫，不私而富；宁让而损己，不觉而损人。”这里指出为官者宁公不私。“吏不畏严而畏吾廉，民不服吾而服吾公。廉则吏不敢欺，公则民不敢慢，公生明，廉生威。”善哉！“惟公则威，惟虚则明”，此乃为政者之镜鉴。

语典

学足以通古[①]，才足以御今[②]，智足以应变[③]，强足以守官[④]。

——《鲜于侁可太常少卿[⑤]》

（《苏轼文集》卷三十八，第1069页）

注释

①通古：通晓古文。

②御今：御，指治理。御今指治理当今。

③应变：指因应变化。

④守官：坚守为官之操守。

⑤鲜于侁(shēn)可太常少卿：鲜于侁，字子骏。太常少卿，官名，掌礼乐、郊庙、社稷、陵寝诸事。

今译

博学足以通晓古代，才干足能治理当今，智慧足以因应变化，自强不息能保持为官之操守。

解析

该制敕是东坡先生于元祐元年(1086年)，在中书舍人任上所撰的诏书。先生在此提出为官之"四足以"修养，即"学"、"才"、"智"、"强"。一位从政者既能通晓古代经典，又能把握当今，既善于因势变化，又能坚守自己的操守，一定会是一位好官良吏。

语典

量[1]足以容物，智[2]足以知人，强足以济艰难[3]，勇[4]足以断取舍。

——《贺韩丞相再入启[5]》

（《苏轼文集》卷四十七，第1344页）

注释

①量：此指能容纳、禁受的限度，如气量、度量。
②智：智慧，见识。
③强足以济艰难：强，谓刚强。济，渡过。
④勇：指勇略。
⑤韩丞相启再入启：韩丞相，指韩绛（1012—1088年）。启，官信为启。

今译

气量足以容纳万物，智慧足以了解人，刚强足以度过艰难，勇略足以决断取舍。

解析

熙宁七年（1074年）四月，东坡先生任杭州通判。是时，韩绛拜昭文相，以本官知邓州（今河南邓州市）。先生致启拜贺。本章句称韩绛有容人之“量”，知人之“智”，克难之“强”意志，断取舍之“勇”毅的方略。实际上，“量”、“智”、“强”、“勇”乃为官者应具备的素养。特别将“容物”和“知人”作为前两项。足以说明“容人”和“知人”是作为领导者的最基本素质。

语典

笃学好礼[①]，敏于从政[②]。

——《张恕将作监丞[③]》

（《苏轼文集》卷三十八，第1084页）

注释

①笃学好礼：笃，意为踏实，一心一意，笃志。礼，本义是仪礼、仪节和符合社会整体利益的行为准则。

②敏于从政：敏，指机敏干练。政，政体事务。

③张恕将作监丞：张恕，字忠甫，一字厚之，张方平之子。将作监丞，官名，监掌官室、城郭、桥梁、舟车营缮之事。

今译

踏实不倦地学习，崇尚礼义，从事政务机敏干练。

解析

本敕令是东坡先生任中书舍人，于元祐元年（1086年）代皇帝所撰的诏书。该诏书是皇帝授名臣张方平之子张恕“将作监丞”一职。期待他孜孜不倦地学习，崇尚礼节礼仪和社会规范，在办理政务中，做到机智敏捷、通达干练。概括起来就是笃学、崇礼、躬行三要求。一名政务人员，能做到这三条也就称善了。

语典

临政以简[1]。

——《刘霆知陈留县》
（《苏轼文集》卷三十九，第 1112 页）

爱民奉[2]法。

——《皇城使裴景知慈州庄宅副使(略)》
（《苏轼文集》卷三十九，第 1113 页）

注释

①简：简便。
②奉：遵守。

今译

处理政务要简便。
爱护民众遵守法令。

解析

本敕令是东坡先生于元祐元年(1086 年)，在中书舍人任上代皇帝起草的诏书。以爱民之心，行简政之道，是自古以来政府和官吏们议论的老话题。《旧唐书·崔瓘传》主张："政在简肃，恭守礼法。"东坡先生的弟子秦观，在《越州请立程祠状》中亦强调："政尚简肃，不为苟且。"然而"政"其"简"，何其难矣！官员们为了强化其位尊，化"简"为"繁"，衙门作风的痼疾，至今仍难根治。

语典

艺[①]于从政，敏[②]而有功。

——《蒋之奇天章阁待制知潭州[③]》

（《苏轼文集》卷三十八，第1090页）

注释

①艺：基本字义指才能、技能、技术、工艺、技艺、文艺、艺术等。这里指富有创造性的方式、方法和审美意境。

②敏：指敏捷、敏睿、灵活、敏达。

③“蒋之奇天章阁”句：蒋之奇，字颖叔，嘉祐二年（1057年）进士。天章阁，宋宫中藏书阁名。潭州，今湖南长沙市。

今译

悉心研究从政之道，敏睿练达而颇有建树。

解析

本敕文是东坡先生于元祐元年（1086年），在中书舍人任上，代皇帝草拟的诏书。在诏书中对蒋之奇长于理财，治漕运，以干练著称等政绩给予了“艺于从政，敏而有功”的评价。从政讲“艺”，始于孔子。在《论语·雍也篇》中记载：鲁国的正卿季康子向孔子请教，子路、子贡和冉求是否可以从政。孔子分别对三个人的特点作了分析，他们分别是“果”、“达”、“艺”，即果敢、通达、才艺。实际上这三个人的特点加在一起，才是一位从政者应具备的修养与素质。这里讲的“艺”，应包括艺术修养，如诗词、书画、古琴、茶道、音乐等人文修养。这对于从政者自我调节身心，升华人生境界，完善自我人格都有着不可替代的作用。

语典

德为世范[①]，言为士则[②]。(略)不求而名自章[③]，不言而人自信。

——《父池[④]赠太师追封温国公》

(《苏轼文集》卷三十八，第1083页)

注释

①世范：世人的典范。

②士则：士人的楷模、榜样。

③章：古同“彰”，彰显。

④父池：即司马池，司马光之父。真宗景德二年(1005年)进士，历知同州、杭州、晋州等地。仁宗康定二年(1041年)卒，年六十二岁。

今译

道德为世人的模范，言论为士人的准则。(略)无所奢求而声名自然彰显，不必表白而人深信不疑。

解析

该敕文是东坡先生任中书舍人，于元祐元年(1086年)代皇帝撰写的诏书。遵照宋代职官制度，封赠之典按官阶高下封赠。司马光为宰相，因此封赠三代。此敕文是对司马光父亲司马池封赠的敕令。所选章句意在阐释，凡是“德为世范，言为士则”者，就能达到“不求而名自章，不言而人自信”。前者是后者的基石，后者是前者的效应。

语典

上无惰吏[1]，下无冤民。

——《鲍耆年京东运判[2]张峋京西运判》
（《苏轼文集》卷三十八，第1074页）

注释

①惰吏：懒惰懈怠的官吏。
②运判：古代官名。宋代始于转运使、发运使下设判官，职位略低于副使，称转运判官。

今译

上面没有怠惰的官吏，下面就没有冤屈的黎民。

解析

该敕文是东坡先生于元祐元年（1086年），在中书舍人任上代皇帝草拟的诏令。本章句阐明了“吏”与“民”的因果关联。百姓之所以受“冤”，是因为号称为“父母官”的当事人之“惰”造成的。惰者懒也，由懒生怠，由怠生慢，怠慢则淡漠，淡漠则不恭敬，不恭敬则失职。失职于民，民何不冤？

语典

吏恶[1]数易。

安官乐职。

——《邓义叔主客郎中王谔水部郎中[2]》

(《苏轼文集》卷三十九，第1116页)

注释

①恶(wū)：古同“乌”，疑问词，哪，何。

②“邓义叔”句：邓义叔，生平未详。主客郎中，官名，掌管接待朝贡入使、宴设、赐予等事。王谔，曾任西京左藏库副使、知济州(今济宁)。水部郎中，官名，掌洪洫、津梁、舟楫、漕运之事。

今译

官吏最厌恶频繁调动。安于政务乐于职守。

解析

本敕令是东坡先生于元祐元年(1086年)，在中书舍人任上代皇帝草拟的诏书。安官乐职，用现代语言就是敬业。“敬，肃也。”在貌为恭，在心为敬。从内心对从事的职业产生敬畏之心。《论语·子路篇》曰：“居处恭，执事敬，与人忠。”这里强调日常生活要恭敬，对事业应有敬肃的态度，对人要忠诚恳切。所谓“安官”，“安”，对工作感觉满足合适心安。“安”从何来？因“敬”生“安”，只有对从事的事业有敬畏感，内心才会感到心安。“乐职”之“乐”，意为对自己的工作心甘情愿，乐此不倦，故而产生愉悦。“吏恶数易”，其“恶”在“数易”，即频繁地调动。只有那些这山望着那山高、为心中的小算盘跳槽的人，才乐于“数易”其职。应该说相对的稳定，才可“安官”与“乐职”。但从总体上说，主体对职业慎始而敬终，才是“乐职”之本。

语典

不患不己知[①]，求为可知者[②]。

——《罗适知开封县程之邵知祥符县[③]》
（《苏轼文集》卷三十九，第1112页）

注释

①不患不己知：患，指忧虑，担心。不己知，“不知己”的倒装句，不了解自己。

②求为可知者：求，谓追求。可知，被别人知道。

③罗适知开封县程之邵知祥符县：罗适，字正之，宁海（今浙江宁海）人，治平二年（1065年）进士，官至西北路提刑。程之邵，字懿叔，眉山人，元祐中，任熙河都转运使。

今译

不要担忧别人不了解自己，用自身的追求让别人认识自己。

解析

此敕令是东坡先生于元祐元年（1086年），在中书舍人任上代皇帝撰写的诏书。本章句语出《论语·里仁篇》：“不患莫己知，求为可知也。”两者的语意基本一致，第一，要相信自己，树立自信、自尊的人生态度。第二，要通过正道去追求自身的价值，用自己的行动让别人认识了解自己。这里的“求”是关键词，一个心中有崇高目标的人，应该做到求己不求人，求正不求邪，求实不求虚。用真功夫真本事，去赢得别人的信任和尊重。

语典

非才之难，所以自用者难。惜乎贾生王者之佐[①]，而不能自用其才[②]也。(略)

若贾生者，非汉文之不用生，生之不能用汉文也。

——《贾谊论》

(《苏轼文集》卷四，第105页)

注释

①"惜乎"句：贾生，即贾谊(前200—前168年)。西汉初年著名政治家、文学家，世称贾生。贾生少有才名，文帝时任博士，迁太中大夫。后受大臣周勃、灌婴排挤，谪为长沙王太傅。三年后被召回长安，为梁怀王太傅。梁怀王坠马而死，贾谊深自歉疚，抑郁而亡；时仅33岁。王者，指君主或帝王。佐，辅佐，具有非凡的治国才干。

②自用其才：发挥出自身的才能。

今译

并非有才能困难，如何把自己的才能发挥出来，才是困难的。可惜贾谊本是辅佐帝王的大才，却不能发挥出自己的才能。(略)

像贾谊这样的人，并非汉文帝不重用他，是他自己不能被汉文帝所重用。

解析

该文论系嘉祐五年(1060年)，东坡先生为应制科试前呈上的进卷之一。司马迁对屈原、贾谊不被重用都寄予同情，故将二人合为一传，后世因而把屈原、贾谊并称"屈贾"。先生不认同将贾谊混同于屈原的评价。他认为："愚观贾生之论"，"然则是天下无尧舜，终不可以有所为耶"？难道天下没有尧舜那样的明君，就终生不能用吗？就连"仲尼圣人，历试于天下"，"孟子去齐，三宿而后出昼"，一个"洛阳之少年"，岂能让汉文帝"一朝之间"，废弃旧政而按贾谊之谋改用新政，这岂不太难了吗？故先生认为："非汉文之不用生，生之不能用汉文也。"

语典

所用之人无常责，而所发之政无成效，此犹适千里不斋粮而假丐于涂人[1]；治病不知其所当用之药，而百药皆试，以侥幸于一物之中[2]。

——《思治论》

（《苏轼文集》卷四，第117页）

注释

①“此犹适”句：犹，如同。适，往。斋粮，供僧道用的食粮，此指准备干粮。假，借用。丐（gài），乞求。涂，同“途”。

②“治病不知”三句：当，合宜。中，适于。

今译

所运用的人没有固定的职责，而所颁发的政令没有成效，这如同去千里远的地方不准备干粮，却向路人讨借一样；如同治病不知道应当用什么药，而各种各样的药都试一试，希望能碰巧有一种药合适一样。

解析

本文论于嘉祐八年（1063年）作于凤翔府签判任上。被誉为“圣人之师”、“法家先驱”的春秋齐国号称为“华夏第一相”的管子曰：“不作无补之功，不为无益之事。”简言之，无补益之事不作不为。东坡先生在这里所指的“人无常责”、“政无成效”，正是先贤所说的“无补”、“无益”之事。因为“无常责”，因为不计“成效”，所以才有“犹适千里”而“假丐于涂人”；治疗疾病不知运用“所当之药”，而以侥幸心理试“百药”于一“中”，这是治国和治吏之大忌矣！

语典

天下之所以不大治者，失在于任人，而非法制之罪①也。(略)

夫有人而不用，与用而不行其言，行其言而不尽其心，其失一也。

——《策略三》

(《苏轼文集》卷八，第232页)

注释

①罪：此指过失。

今译

天下之所以没有达到大治的局面，失误在于人才的任用，而并不是法律制度的过失。(略)

有人才而不运用，或者运用而不采纳他的主张，或虽然采纳他的主张而不全力去推行，这三者的失误是一样的。

解析

东坡先生与弟子由于熙宁二年(1069年)二月还朝。面对王安石暴风骤雨般的变法运动，先生感到不安。如同王水照、崔铭先生在《苏轼传》中所言："当改革真正来临的时候，动荡多变的政局又激发了他思想的另一面，他开始鼓吹清静无为，对改革的前景顾虑重重，害怕变革过度。"因此，先生的《进策》指向熙宁时政与变法，是不争的事实。先生在本章句阐述的主张与王安石相左，他认为"当今之患"，在于"任人"，而"非法制之罪"。由此，他与王安石拉开了全面论战的序幕。

语典

夫[①]人各有才，才各有小大。大者安其大，而无忽于小。小者乐其小，而无慕于大，是以各适其用，而不丧其所长。

及至后世，上失其道，而天下之士，皆有侈心[②]，耻以一艺自名，而欲尽天下之能事。是故丧其所长，而至于无用。

——《应制举上两制书》
（《苏轼文集》卷四十八，第1392页）

注释

①夫：文言发语词。
②侈心：谓浮夸之意。

今译

人各有才，才各有大小。大才安心做大事，而不应蔑视小才。小才乐于做小事，不要贪慕大才，这样做到适才适用，而不丧失自己的长处。

到了后世，在上者丧失正道，而天下之士人，都有浮躁夸饰之心态，以名于一艺为耻，而贪想包揽天下之大小事。所以丧失了自己的长处，以至于成为无用之人。

解析

嘉祐六年(1061年)，时年二十六岁的东坡先生，与弟子由准备应制科考试，移居于京城怀远驿站。此间，他给朝廷内外两制官员上书，宣传自己的政治见解与主张。先生在本章句中主张“人各有才”，应做到“各适其用”。王安石在《委任》中亦说：“一人之身，才有长短，取其长则不问其短。”司马光在《资治通鉴·唐纪》中指出：“人不可以求备，必舍其所短，取其所长。”清代申涵煜在《省心短语》中说得很形象：“马不可以服重，牛不可以追速，铁不可以为舟，木不可以为釜。”这些都是在讲“各适其用”的道理。如果“丧其所长”，其结果必定是“无用”。

语典

夫有乌获[①]之力，然后可以付千钧；有和、扁[②]之功，然后可以寄死生。

——《赐新除守尚书右仆射兼中书侍郎范(略)》其一

(《苏轼文集》卷四十三，第1252页)

注释

①乌获：战国秦武王时著名力士，能举千钧。语出《孟子·告子下》："然则举乌获之任，是亦为乌获而已矣。"

②和、扁：医和与扁鹊，二人皆古代良医。医和为春秋秦国良医，扁鹊为战国时良医。

今译

具有秦国大力士乌获的力气，才可以把千钧重担交给他；具有医和、扁鹊之神功，才可以把生死寄托在他的身上。

解析

本敕令是东坡先生于元祐三年(1088年)，在翰林学士、知制诰兼侍读任时，为皇帝草拟的诏书。唐代文学家柳宗元在《梓人传》中曰："择天下之士，使称其职；居天下之人，使安其业。"唐代史学家吴兢在其《贞观政·择官》中亦云："因其材以取之，审其能以任之。"这些都是强调"因才适用"、"用之于其所适"。东晋道教学者葛洪在《抱朴子·务正》中形象而风趣地说："剑戟不长于缝缉，锥钻不可以击断，牛马不能吠守，鸡犬不任驾乘。"利剑和长戟它们的长处不在缝补，锥和钻不可以用来当斧子砍断；牛和马不能看守门户，鸡和狗不宜驾车乘骑。就如先生所说的"乌获"，不能"寄死生"；而"和、扁"也不能"付千金"一样，用人之道贵在因人而异，适才适用，扬长避短，各得其所。

语典

士能用其长，以自表见[①]者。(略)要之必观其始终，然后能决其进退[②]。

——《穆衍金部员外郎[③]》

(《苏轼文集》卷三十九，第1108页)

注释

①表见：显示，显现，指显示出的某种才能、本领等。

②进退：取舍。

③穆衍金部员外郎：穆衍，字昌叔，河内人，举进士，累官至直龙图阁，先后知庆州、奉州等。金部员外郎，官名，掌勾考市舶、商税、茶、盐、香等岁入之数，颁布度量衡法式等。

今译

读书人能以自己的所长，来显现自己的本领。(略)重要的是考察他任职的全过程，然后才能决定他是提拔还是斥退。

解析

此敕文是东坡先生于元祐元年(1086年)，在中书舍人任上代皇帝撰写的诏书。用其所长，避其所短，这是自古以来用人之原则。《老子·二十七章》曰："圣人常善救人，故无弃人；常善救物，故无弃物。"圣人总是善于挽救人，所以没有根本无用的人；圣人总是善于拯救万物，所以没有根本无用的物。北宋著名文学家欧阳修在其《三朝名臣言行录》中亦曰："凡人材性不一，用其所长，事无不举；强其所短，势必不逮。"用士之"长"，此是否为"长"？答案是考其"始终"。《老子·六十四章》曰："慎终如始，则无败事。"对待结束像开始一样的慎重，就不会使事情失败。"用其长"、"观其始终"，确乎为用人之善策。

语典

天之降材，千夫[①]一人。人之逢时，千载一君。

——《故龙图阁学士滕公墓志铭代张文定公作》

（《苏轼文集》卷十五，第 466 页）

注释

①千夫：指很多的人。

今译

上天降下的栋梁之材，千人之中得此一人。人能遇到时机，千年难逢一代圣君。

解析

滕达道，即滕甫，改名元发，字达道。历任通判，同修起居注，知州、御史中丞、龙图阁学士等职。曾因反对新法被贬，后任湖州太守。东坡先生谪居黄州期间，二人往来书信较多。元祐六年（1090 年）十月，滕公去世，先生经过南都（今河南商丘）拜访张方平，张方平嘱代为藤元发撰墓志铭。于是先生于元祐六年（1091 年）五月作于南部。《明史》曰："贤才，国之宝也。"《史记·赵世家》载："千羊之皮，不如一狐之裘。"先生在此既言人才难得，"千夫一人"，又认为"人之逢时，千载一君"。先生之意，如同韩愈之感叹："千里马常有，而伯乐不常有。"先生在本铭之中论述了"人才"与"时机"之间的关系，感叹"千人之中得此一人"，"千年难逢一代圣君"。历史证明，无论何等人才，必在有利的"时势"乘载下，在开明的"伯乐"托举下，才能有机会用于世。西汉东方朔在《答客难》中说得好："用之则为虎，不用则为鼠。"

语 典

为国不患[1]于无人，有人而不用之为患；事君非难于辞宠[2]，居宠而无愧之为难。

——《赐新除中大夫守尚书右丞王存辞免恩命不允断来章批答二首[3]》其二

（《苏轼文集》卷四十三，第1244页）

注 释

①患：忧患。

②辞宠：辞谢宠幸。

③王存：字正仲，丹阳（今属江苏）人。北宋庆历六年（1046年）进士。官至吏部尚书，绍圣初，以右正议大夫致仕，建中靖国元年（1101年）卒，享年七十九岁。

今 译

治理国家不担忧没有人才，有了人才而不能任用才是真正值得忧虑的事情；侍奉君王辞谢恩宠并非难事，处于荣宠之位而无愧疚才是真正的难事。

解 析

该敕文是东坡先生于元祐二年（1087年），任翰林学士兼侍读时为皇帝代撰的诏书。先生曾在《策别二十》中云："天下未尝无才，患所以求才之道不至。"他的恩师欧阳修在《范文度模本兰亭序》中曰："时不乏人而患知之不博。"明代学者庄元臣在其《叔苴子·外篇》中有言："天下岂乏贤才哉？顾沉埋之中，识之者难耳。"先生所谓"不患于无人，有人而不用之为患"，确为古今用人之通病。"辞宠"易，因为姿态人人会摆，"愧宠"难，心安理得，躺在功劳簿上得意忘形，以至堕落为荒淫无耻的罪人，古今大有人在。呜呼！"居宠"有"愧"难，先生一语如晨钟暮鼓，让人警觉醒悟。

语典

然而养猫所以去鼠，不可无鼠而养不捕之猫。畜狗所以防奸，不可以无奸而畜不吠[1]之狗。

——《上神宗皇帝书》

（《苏轼文集》卷二十五，第740页）

注释

①吠：狗叫。

今译

然而养猫为的是灭鼠，不可以没有老鼠而去养不捕老鼠的猫。养狗是为了防盗，不可以无盗而去养不叫的狗。

解析

熙宁四年（1071年）二月，东坡先生用《上神宗皇帝书》，劝谏神宗"结人心，厚风俗，存纪纲"。先生认为圣上应"上念祖宗设此官之意，下为子孙立万一之防"，这就是朝廷最大的"纪纲"。所谓纪纲，就是朝廷的法度。"养不捕之猫"、"畜不吠之狗"，因人设事，机构臃肿，这就毁坏了朝纪朝纲。

语典

从来天下之患，无过官冗[①]。人人能言其弊，而不能去其害。(略)

流弊之根，至于今日，一官之阙[②]，率四五人守之，争夺纷纭，到官之后，求取渔利[③]，靡所不为[④]，而民病矣。今日之弊，譬如羸病[⑤]之人，负千钧之重，纵未能分减，岂忍更添？

——《贡院札子四首——论特奏名[⑥]》

(《苏轼文集》卷二十八，第810页)

注释

①官冗：冗(rǒng)，谓多余的。官冗，指闲散无用的官吏。

②阙：同“缺”，指职位、官位的空缺。

③渔利：渔，这里指谋取、侵占，用不正当的手段谋取利益。

④靡所不为：靡(mí)，指“无”，没有。靡所不为指没有不干的事，什么坏事都干。

⑤羸病：羸(léi)，衰弱。羸病，衰弱多病。

⑥特奏名：宋朝制度规定，凡举子多次应试不第而年老者，考官当特奏其名于圣上，朝廷赐以相应出身。

今译

历来天下之患，没有超过官员多余的问题。人人都能说出它的弊端，但是却不能消除它的危害。(略)

沿袭下来的弊端已到了极点，至于今日，一官之空缺，大概四五个人等着补充，彼此争夺不休，廉耻丧尽。那些中等才识的小官，过去离朝廷远生活贫困，到官之后，就采用各种手段掠夺，什么坏事都干，给百姓带来灾难。今日官冗之弊病，譬如衰弱多病之人，背负千钧的重担，纵然不能减少，又怎么能忍再去增添呢？

解析

该文是东坡先生于元祐三年(1088年)二月二十九日作于开封。时先生在朝任翰林学士知制诰兼侍读。中国古代冗官问题，已成为社会沉重负担，而北宋时期尤为严重。嘉祐六年(1061年)，年仅二十六岁的苏轼，在应制科考试的《进策》之《厚货财》中就主张裁减冗官。据载，唐代每届取进士三四十人，至宋代动辄四五百人。太宗淳化二年(991年)，朝廷取士总计竟达一万七千三百人。其他优容受官，得荫补官，每年成千上万人涌入官僚队伍。宋仁宗时期朝廷内外属官已超过一万七千人。机构臃肿是溃烂的开始，吏治腐败，使北宋王朝积贫积弱。先生于二十七年之后，又一次向朝廷谏言治冗，并深刻地指出：“今日之弊，譬如羸病之人，负千钧之重。”先生对官冗弊端的认识，可谓鞭辟入里，切中要害。

语典

国家自近岁以来，吏多而阙[①]少，率一官而三人共之，（略）使天下可以岁月必得，甚可惜也。

方今之便，莫若使吏六考以上，（略）参之以其才器[②]之优劣而定其等。（略）

则天下之吏，不敢有必得之心，将自奋厉磨淬[③]，以求闻于时，而向之[④]所谓用人之大弊者，将不劳[⑤]而自去。

——《策别课百官二·抑侥幸》

（《苏轼文集》卷八，第244页）

注释

①阙：古代用做“缺”字，空缺。

②才器：才能和器识。器，人的度量、才干。

③奋厉磨淬：奋厉，谓激励、振奋。磨淬，磨砺，锻炼。

④向之：从开始到现在。

⑤不劳：不费力气。

今译

国家自近年以来，官吏众多而职位有限，时常一个职位而有三个人谋求它，（略）使天下的官吏凭着混够规定的年限而得到官位，这实在是太可惜了。

当今便捷的做法，不如使官吏经过六次考核以上，（略）参考他们的才能和器识的优劣而定出等级。（略）

那么天下的官吏，谁也不敢存有必定获得晋升的心愿，将会自身激励振奋，磨砺锻炼，以求得闻名于当世。而以前所说用人的种种弊病，将会不费力气地自行消失。

解析

该文是东坡先生于元祐三年（1088年）二月二十九日作于开封。本篇课百官之“抑侥幸”，其主旨是：使“天下之吏”，不能侥幸“以岁月必得”；不能“率一官而三人共之”；“不能有必得之心”。他提出要“使六考以上”，并“参之以其才器之优劣而定其等”的主张。其目的在于使官吏不得存侥幸之心，“将自奋厉磨淬，以求闻于时”。东坡先生这些对官吏考核录用的谏言，不愧为“课百官”的良言善策，即使对今天公务员的管理也有着一定的借鉴价值。

语典

官冗[①]之患，所从来尚[②]矣。流弊[③]之极，实萃[④]于今。（略）上有久闲失职之吏，则下有受害无告之民。（略）苟非裁损入流[⑤]之数，无以澄清取士之源。

——《太皇太后赐门下手诏二首》

（《苏轼文集》卷四十，第1138页）

注释

①冗：闲散的，多余无用的。

②尚：古，久远。

③流弊：指某事引起的不好的影响，也指相沿下来的弊端。

④萃：引申为聚集。

⑤入流：古代官制，官阶在九品以内者为流内，九品以外者为流外。官阶由九品以外登入九品以内为入流。

今译

官吏中闲散、多余无用的弊病，由来久远。这种流弊已登峰造极，在今天实在是聚集越来越多。（略）上面有长久闲散失职之官吏，那么下面就有受到冤屈无处申诉的百姓。（略）如果不裁减“入流”之人数，就无法澄清求取贤才的源头。

解析

该敕文是东坡先生于元祐三年（1088年），在翰林学士知制诰兼侍读任上代皇帝起草的诏令。元祐元年（1086年）十一月，先生曾上《论冗官札子》。这次借敕文进一步阐明“官冗之患”的弊端。其弊端最为恶劣地表现为：“上有久闲失职之吏，则下有受害无告之民。”在“人治”的封建社会，“失职之吏”与“无告之民”，就是这样灾难性地关联在一起。如何铲除这一“流弊”，先生开出了一个方子——“裁损入流之数”。显然，这不是根本办法。因为官冗之弊并不全是“入流”者造成的。真正的祸根在所谓“流内”，即那些闲散、极不称职、无所事事的这批人。故需要“裁损”的不仅在“入流”，而更在“流内”。

语典

事少而员多，人轻而权重。夫人轻而权重，则人多不服，或致侮慢以兴争[1]。事少而员多，则无以为功，必须生事以塞责[2]。

——《上神宗皇帝书》

（《苏轼文集》卷二十五，第732页）

注释

①侮慢以兴争：侮慢，欺侮怠惰。兴争，兴起纷争。

②塞责：做事不认真，敷衍了事。

今译

事情少而人员多，人的素质差而权责过重。人员素质差而权责过重，就让人们多不信服，或以至于欺侮怠惰而引起争斗。事情少而人员多，就不能提高工作效率，必定会无事生非、敷衍了事。

解析

熙宁二年（1069年）二月，王安石任参知政事，在神宗皇帝的全力支持下开始变法，为此设置了"三司条例司"专门机构。这个新设机构，"使六七少年日夜讲求于内，使者四十余辈，分行营干于外，造端宏大，民实惊疑，创法新奇，吏皆惶惑"。针对此弊端，先生在文中用了很大的篇幅进行批驳。这种"事少而员多，人轻而权重"，必然导致"侮慢以兴争"、"生事以塞责"。其结果是"人多不服"、"无以为功"。当今的机关事业部门，何尝不是"事少而员多，人轻而权重"的现状呢？喊了几十年的精简机构，仍然是重床叠屋，冗不见治。看来机构臃肿、人员冗繁，真乃千古沉疴痼疾。

语典

臣伏见近日言者，以吏部员多阙[①]少，欲清入仕之源，救官冗[②]之弊。(略)

臣窃谓[③]此数者，行之则人情不悦，不行则积弊不去，要当求其分义[④]，务适厥中[⑤]。使国有去弊之实，人无失职之叹，然后为得也。

——《论冗官札子[⑥]》

(《苏轼文集》卷二十七，第787页)

注释

①阙：古代用做“缺”字。空缺。

②官冗：冗，指闲散的。官冗，多余无用的闲散官员。

③窃谓：是一种谦虚地表达自己观点的方式。“窃”是谦词，“窃谓”，私下里认为。

④分义：遵守名分为所宜为。

⑤厥中：厥，谓“乃”、“于是”。中，中正平和。

⑥札子：古代的一种公文，多用上奏。

今译

臣近日看到上言的人认为，因为吏部人员多缺额少，要求清理进入仕途之源头，从根本上解决官冗之弊。(略)

臣私下里认为，上述几个问题，如果按要求执行就会使一些人不满意，如果不执行官冗积弊就难以解决。重要的是遵守名分所宜，务必适度且中正。使国家有去弊的实效，使个人没有失业之叹息，然后才可以说是处置得当。

解析

元祐元年(1086年)十月二十日，东坡先生授翰林学士，知制诰的重任，从官员上书的奏言中了解到吏部员多阙少的问题，于是写了《论冗官札子》。据《续资治通鉴长编》载先生上书言：“京官自承务郎至朝议大夫，凡二千八百余人，选人一万余人，大使臣二千五百余人，小使臣一万三千余人。举天下之员阙，不足以充入仕之数。(略)冗官费财，月增岁积，若有司姑息而不敢议论，朝廷因袭而不思裁损，则将来之弊，无时而已也。”这说明给皇帝上札子言冗官事，是经过充分调查研究而得出的结论。难能可贵的是，先生对裁减冗员，治理官冗，一则表达了鲜明的立场，另一方面在处置冗员的过程中，又特别富有人情味。他认为既“使国有去弊之实”，又要使“人无失职之叹”。只有“务适厥中”，才算处置得当。这种既坚持原则，又要讲求适中，是执守“中庸之道”的具体体现。

语典

观唐虞夏商[①]之政，而知为国不在官多，而在得人[②]，故官不必备[③]也。

——《东坡书传·周官》

（《三苏全书·经部》卷十六，第二册，第188页）

注释

①唐虞夏商：指唐尧、虞舜、夏、商四个朝代。
②得人：得到合适的人才。
③备：完备。

今译

考察唐尧、虞舜、夏朝、商朝的行政管理制度，而认识到治理国家不在于官员众多，而在于任用德才兼备合适的人才，因此设立官职不必架屋叠床重复完备。

解析

《东坡书传》是在元丰三年（1080年）至元丰五年（1082年）之间，东坡先生初成于黄州贬所。本文是先生对《尚书·周官》"明王立政，不惟其官，惟其人"的解说。英明的君王设立官职，不在于官员多少，只有任用合适的人才。故周公要求成王"继自今后立政，其惟克用常人"。继位的君王设立官职，必须任用贤能善良的人才。据有关资料表明：唐尧、虞舜官员不到60人。殷商增加到240人。到周朝一下增加到63670余人。西汉更是增加到130285人（包括外郡县官）。到了唐朝仍然有18805人。北宋仁宗朝中央政府官员17000多人。先生曾在制策考试的策论中，对北宋朝的"冗官"、"冗兵"、"冗费"等弊端，向仁宗皇帝多次谏言，而"冗官"之弊无从根除。"为国不在官多，而在得人"，此立政设官原则在当今政府体制改革中，仍然有着极大的现实意义。

语典

天下之事，古略而今详①；天下之官，古寡而今众。（略）
圣人不以官之众寡论治乱②者，以为治乱在德，而不在官之众寡。

——《唐虞稽古建官惟百夏商官倍亦克用乂》
（《苏轼文集》卷六，第172页）

注释

①古略而今详：略，简单，简略。详，细密，详备。
②治乱：安定与动乱。

今译

天下的事情，古代简略而今天详细完备；天下的官吏，古代少而今天多。（略）
圣人不以官吏多少评价治理天下的好坏，是以为治理好坏关键在于德政，而不在于官吏的多少。

解析

本文标题语出《尚书·周书》。原文是“唐虞稽古，建官惟百”，“夏商官倍，亦克用乂”。大意是尧、舜考核古代的典制，设立了上百个官职。夏商二朝，官职增加一倍，也能够治事。东坡先生译释该文，意在以周代官制的沿革，阐释“先王之法亦简矣，先王任人而不任法”的治乱之道。并借此批驳王安石任法而不择人的变法之弊。

语典

宠之以位，位极则贱。顺之以恩，恩竭则慢。吾今威之以法，法行则知恩。限之以爵①，爵加则知荣。恩荣并济，上下有节②，为治之要也。

——《转对条上三事状》

（《苏轼文集》卷二十九，第821页）

注释

①爵：古代君主国家贵族封号爵位，分为公、侯、伯、子、男五等。

②有节：有节度，有节制。

今译

用官位来宠幸他，官位到了极限就不尊贵了。顺着人意施以恩惠，恩情枯竭就会轻慢。如果我用威严来施以法规，法规力行才知道荣宠。恩惠与荣宠并用，从上至下都有节制，此为治国之要义。

解析

该状是东坡先生于元祐三年(1088年)五月一日作于京师开封。先生在上朝面奏时政急务时，依据诸葛亮论治道之名言，劝谏哲宗皇帝“恩荣并济”，即做到“威之以法”、“限之以爵”，且能“上下有节”，就基本掌握了治国之要义。诚哉！“恩荣并济”，千古治世之正道。

语典

国以求贤[1]为事，士以得时[2]为急。士既难进而易退，时亦难得而易失。日月逝矣，岁不我与[3]。古人之叹，复见于今。

——《刘庠赠大中大夫[4]》

（《苏轼文集》卷三十八，第 1079 页）

注释

①求贤：寻求贤能人才。

②得时：适时，时机适当。

③岁不我与：语出《论语·阳货》“日月逝矣，岁不我与”。意为时不我待，年岁是不等人的。

④刘庠赠大中大夫：刘庠（xiáng），字希道，彭城（今江苏省徐州市）人，嘉祐二年（1057 年）进士。王安石欲见之，竟不往。奏论新法，不附和安石。后拜枢密直学士，知谓州（今甘肃陇西东南）。大中大夫，宋为文散官第八阶，从四品上。

今译

国家把寻求德才兼备的人才视为大事，读书人以抓住机遇为当务之急。读书人难以进用而易于辞退，时机难于把握而容易失去。日月交替，时不我待。古人的感慨，在今天可以看到。

解析

该敕令是东坡先生，在元祐元年（1086 年）中书舍人任上为皇帝代书的诏书。本章句意在表明：时机难得，时不我待。这种日月易逝、岁月如梭的感叹古人多有。譬如西汉著名政论家贾谊曰：“时难得而易失。”东晋著名诗人陶渊明《杂诗》八首之一：“盛年不重来，一日难再晨。及时当勉励，岁月不待人。”更是被后人传诵的励志诗。

语典

劳能[①]之赏，不计日月。爵禄[②]之报，必视首功[③]。

——《黄宪章获贼可承事郎[④]》

（《苏轼文集》卷三十九，第1116页）

注释

①劳能：酬劳贤能。
②爵禄：官爵和俸禄。
③首功：以斩获敌首计功。另指第一等功劳。
④“黄宪章”句：黄宪章生平未详。承事郎，相当于旧寄禄官大理评事。

今译

酬劳贤能之吏的奖赏，不能单凭日月的积累。官爵和俸禄的报偿，一定要看他的功绩。

解析

此敕文是东坡先生于元祐元年（1086年），在中书舍人任上代皇帝草拟的诏书。赏功罚罪，古今定法。战国末期著名思想家荀子曰：“无功不赏，无罪不罚。”西汉刘向曰：“赏必加于有功，刑必断于有罪。”这些都是主张赏能罚罪。北宋哲学家李觏（gòu）在其《官人》中说：“不求功实，而以日月为限，三年而迁一官，则人无死，孰不可公卿者乎？”不讲求功劳实绩，而以资历为依据，三年升一次官，那么人如果不死，岂不是可以成为公卿一类的大官吗？东坡先生在本章句中特别指出，不能以日积月累的年限计赏。这就为熬日月、混年头、摆老资格的人堵塞了“后门”。“不计日月”，且“必视首功”，这是“劳能之赏”的正道。

语典

从事而不造事①，无成而代有终②。

——(《东坡易传·坤卦③》卷一，第9页)

注释

①从事而不造事：从事，此指将某类事情当作大事去做。造事，发动事变，生造是非。
②无成而代有终：无成，指没有成就功劳。代，代替。有终，有好的结果。
③坤卦：《易经》六十四卦之第二卦。坤为地，乾是天。坤德表现出柔顺坚贞的品质。

今译

认真办事而不生造是非，虽然自己没有功劳而承担责任的事情一定有好的结果。

解析

东坡先生于元丰三年(1080年)至元丰五年(1082年)之间，在黄州贬所初成《东坡易传》。本文是对其中《坤卦》“六三”爻辞所作的解说。“六三”《象传》曰：“含章可贞，以时发也，或从王事，知光大也。”《象传》说：“蕴涵美好的内涵，可以守持正固”，要把握时机发挥作用。“若能辅助君王的事业”，指智慧的光明远大，知道自己如何将才能发挥。先生从《象传》关于“含章可贞”、“无成有终”的文辞指出，所谓“含章可贞”(章，即彰，指文采。贞，纯正)，强调要“从事而不造事”，不要太在意个人的“成”，而要关切所承担责任之“终”。因为只有所承担责任能获得善“终”，才有个人之大“成”。

语典

惟少私寡欲，则民自靖[1]。惟奉法循理[2]，则吏自畏。

——《萧士元知隰州赵永宁知永静军[3]》

（《苏轼文集》卷三十九，第1122页）

注释

①靖：此指平安。

②循理：依照道理或遵循规律。

③萧士元知隰州赵永宁知永静军：萧士元，生卒年未详，曾知石州（今山西省吕梁市离石区）。隰（xí）州：旧治在今山西隰县。赵永宁，生平未详。永静军，旧制在今河北东光。

今译

只有官吏无私少欲，那么百姓自会平安无事。只有奉行法纪遵循道义，那么官吏就自会畏怯。

解析

该敕令是东坡先生于元祐元年（1086年）在中书舍人任上代皇帝起草的诏书。本章句讲了两条结论：其一，官吏“少私”，百姓“自靖”；其二，上级主管部门“奉法”，下级官吏“自畏”。孔子曰：“凡上者，民之表也，表正则何物不正?”在古代“上”对“下”的决定作用是不可置疑的。所谓“民自靖”，“吏自畏”，均取决于“上”的修为与作为。

语典

雅望[1]在人，既非一日之积；历试而用，亦自群言[2]之公。

——《赐新除中大夫守尚书右丞胡宗愈[3]辞免恩命不允诏》

（《苏轼文集》卷四十，第1163页）

注释

①雅望：清高之名望。

②群言：众人的言论。

③胡宗愈：字完夫，常州晋陵人，嘉祐进士。因反对王安石用李定为御史，出通判真州（旧治在今江苏仪征市真州镇）。

今译

清高的名望在众人中流传，这绝不是一朝一夕所能达到的；多次试职而得到重用，也是来自百官公正的舆论。

解析

该敕令是东坡先生于元祐三年（1088年），任翰林学士知制诰兼侍读时为皇帝草拟的诏书。我国战国时期著名思想家荀子，在其《劝学》中云："积土成山，风雨兴焉。积水成渊，蛟龙生焉。积善成德，而神明自得，圣心备焉。"土堆积起来成了山，流水汇集起来成了渊，积小善而成大德。这些都讲的是"为之而后成，积之而后高"的道理。本章句中"既非一日之积"的"积"，乃"积"平日之善，"积""群言"之誉，方能获"雅望在人"的美誉。总之，好学问是靠下功夫一点一点积累起来的；好名声是靠做善事一点一点积累起来的；好的家世也是靠勤俭持家一点一点积累起来的。日积月累，持之以恒，何愁"雅望"不至？何患"群言"不公？

语典

欲试良玉[①]须猛火，（略）
人生不信长轗轲[②]。

——《送蔡冠卿知饶州》
（《苏轼诗集》卷六，第252页）

注释

①欲试良玉：语出白乐天《放言》诗"试玉要烧三日满"。
②轗轲（kǎn kē）：不得志的样子。

今译

想要测试玉的良莠须大火烧炼，（略）不信人生会长久地坎坷不幸。

解析

本诗于熙宁三年（1070年）秋作于汴京开封。东坡先生的好友蔡冠卿，字元辅，时任大理寺（朝廷最高审判机关）少卿（大理寺主官之助理，正四品）。因为与副宰相王安石不合，遂被外派出知饶州（州治为今鄱阳县），于是写了这首《送蔡冠卿知饶州》诗送行。其中这两句是对好友的劝慰：一是提示好友，对一个人的了解需要长期观察（这显然是有所指的）；二是鼓励好友，人生路上决不会总是坎坷不平，困顿不得志。自己的命运操之在己，对前途永远要充满希望和信心。

语典

夜光[1]不自献，天骥[2]良难知。

从来一狐腋[3]，或出五羖皮[4]。

——《送程之邵签判赴阙》

（《苏轼诗集》卷三十二，第1717页）

注释

①夜光：珠名，即夜光之珠。

②天骥：千里马。

③狐腋：狐狸腋下之皮。

④五羖皮：羖(gǔ)，黑色公羊。五羖皮，五张羊皮。《史记·秦本纪》记载：楚国百姓捉住了被当作陪嫁家奴，七十多岁的百里奚，秦穆公听说此人有才，用五张黑色公羊皮赎回。经考查后，穆公委托其为上大夫，把国家政事交给他，因五张皮赎回，故号称“五羖大夫”。

今译

夜光珠不会自己出现，千里马很难辨别。从来一狐之腋皮，胜过五张黑色公羊皮。

解析

此诗于元祐五年(1090年)冬作于杭州。夜光珠难觅，千里马难寻，此喻人才之难得。故有“人才之难，自古而然”(辛弃疾《祭陈同甫文》)之语。故有“得地千里，不若得一贤人”(《吕氏春秋》)，“千羊之皮，不如一狐之腋”(《史记·赵世家》之叹。人才难得，才为国宝，治天下者，以人为本，此乃贤者德政之至言。

语典

天下之吏，自一命[1]以上，其莅[2]官临民苟有罪，皆书于其所谓历[3]者。

——《策别课百官一·厉法禁》

（《苏轼文集》卷八，第24页）

注释

①命：任命。

②莅(lì)：到，莅任。

③历：履历。

今译

天下的官吏，自从一经任命上台，他为官治民如果有罪过，都要记载在他的履历上。

解析

本文于嘉祐五年(1060年)东坡先生应贤良方正能直言极谏制科考试前所进策论。古代皇帝的日常起居言行，由专职史官或起居郎详细记载。官吏的功罪，也都载入个人履历档案。这些吏治的规矩一直保持到现在，对于官吏的管理和教育起到了重要作用。

语典

自古用人，必须历试。虽有卓异之器[1]，必有已成之功。一则使其更变而知难，事不轻作，一则待其功高而望重[2]，人自无辞[3]。

——《上神宗皇帝书》

（《苏轼文集》卷二十五，第738页）

注释

①卓异之器：卓异，谓杰出、卓越，高出于一般。器，人的度量、才干。卓异之器，指卓越出众的气度与才干。

②望重：声望高，名气大。

③无辞：不辞让，不推辞。

今译

自古用人，必须经过多次具体实际的锻炼和考察。虽然有卓越出众的度量和才干，必定也应有已见成效的功绩。这样一方面使他经历事情的变化而知道成事之难，养成做事不草率的习惯；另一方面，待他建立功劳使其声望提高后，这样人们就会信服而不推辞他。

解析

本章句选自东坡先生熙宁四年(1071年)二月，撰写的《上神宗皇帝书》，是先生劝谏神宗应“结人心，厚风俗，存纪纲”中关于“厚风俗”的谏言。先生强调“用人”务必坚持“历试”，这样做的目的，一方面是让他“知难”，另一方面帮助他提高威信。先生的言外之意，认为跻身新法阵营的“新进通锐之人”，他们希冀“多开骤进之门，使有意外之得”，幻想“跬步可图”，“以图一切速成之效”。先生希望神宗“以清净为心，使奸无所缘”，使“民德归厚”，社会风俗淳朴而清正。

语典

才全而德备，积厚而施博。明亮笃诚[①]，坐屈[②]群策。

——《赐宰相吕公著[③]乞退不许批答》
（《苏轼文集》卷四十三，第1239页）

注释

①笃诚：忠厚诚实。
②坐屈：坐，此指坐思。屈，此指治理，收拾。
③吕公著：字晦叔（1018—1089年），寿州（今安徽凤台）人，北宋著名政治家，宋仁宗时名相。

今译

德才兼备，厚积文道，施以广博的德政。光明磊落，坐思治理，以胜群言良策。

解析

该敕文是东坡先生于元祐二年（1087年），在翰林学士兼侍读任上代皇帝草拟的诏书。本章句是对名相吕公著的褒奖。吕公著早年与欧阳修结为讲学之友，因反对新法而外任颍州（今安徽阜阳市）知州。哲宗即位，高太后临朝，他首上十事疏，以“学”为重，与司马光同心辅政。元祐四年（1089年）吕公著逝世，哲宗亲临致祭，赠太师、申国公，谥正献。在宋代学术史上，他开启了吕学端绪。先生在此用“积厚而施博”、“坐屈群策”颂扬他的德政与仁道，实乃当之无愧。

语典

今若以口舌捷给[①]而取士，以应对迟钝而退人，以虚诞[②]无实为能文，以矫激[③]不仕为有德，则先王不泽[④]，遂将散微[⑤]。

——《上神宗皇帝书》

（《苏轼文集》卷二十五，第738页）

注释

①口舌捷给：口舌，说话的器官。捷给，应对敏捷。口舌捷给指说话投机、应对敏捷。

②虚诞：荒诞无稽。

③矫激：矫情偏激，违逆常情。

④泽：此指恩惠、恩泽。

⑤遂将散微：遂，谓于是，就。散微，散失消微。

今译

如今若以说话投机应对敏捷选拔运用人才，以对答迟钝而淘汰人，以荒诞无稽空话连篇当成善于文辞，以矫情偏激退隐不仕当成是道德高妙，这样，先辈圣王的恩泽，就会慢慢地散失和消微。

解析

此文是东坡先生于熙宁四年（1071年）二月所撰《上神宗皇帝书》中的一段关于“厚风俗”的谏言。针对王安石新建的“三司条例司”机构所运用的“新进”人员，先生劝谏神宗决不能以“口舌捷给”、“虚诞无实”为“取士”的标准。事实证明，北宋熙宁、元丰年间，活跃在御史台及王安石周围的那批“锐进之士”，他们果真是“成事不足，败事有余”。他们甚至到后来对道德文章堪称第一的“荆国公”王安石，也采取卑鄙的排挤手段，让这位熙宁变法的老宰相，不得不远离朝廷退隐钟山之麓的“半山园”。

语典

所用之人，有邪有正。所作之事，有是有非。是非邪正，两言而足。正则用之，邪则去之，是则行之，非则破之。此理甚明，犹饥之必食，渴之必饮，岂有别生义理①，曲加粉饰②，而能欺天下哉！

——《再上皇帝书》

（《苏轼文集》卷二十五，第748页）

注释

①义理：合于一定的伦理道德的行事准则。

②曲加粉饰：曲，指多方面，详尽。粉饰，涂饰表面，弄虚作假。

今译

陛下所运用的人，有邪恶的，有正直的。他们所做的事情，有正确的，有错误的。对的与错的，邪的与正的，两句话足以说清楚。正直的人就任用，邪恶的人就罢免，对的事情就继续实行，错误的事情就破除它。这个道理非常明了，就像饥饿了一定要吃食物，口渴了一定要饮水一样，哪里还有什么特别新鲜的大道理，不厌其烦地加以粉饰，而能够欺骗天下的呢？

解析

熙宁四年（1071年）二月《上神宗皇帝书》呈递之后，一个月过去了，东坡先生没有得到朝廷的任何回应。面对“所行新政，皆不与治同道。立条例司，遣青苗使，敛助役钱，行均输法，四海骚动，行路怨咨，自宰相以下，皆知其非而不敢争”。于是，先生不避忌讳，在迫不及待的情况下，又于熙宁四年（1071年）三月，撰写了《再上皇帝书》，以更加激烈的言辞攻击新法。批评仍以“三司条例司”、“所用之人”为重点。先生认为，“所用之人”的“所作之事”，其“是非邪正”，用两句话即可作出判断，怎么能听信他们“曲加粉饰”，而让他们“欺天下哉”？在这里，先生又风趣地引喻论理，他借用孟子所言说，明知哥哥的臂膀不能弯曲，却还要劝说他慢慢弯曲；明知道邻居的鸡不能偷，却还要每月偷一只鸡。他执问道：“帝王改过，岂如是哉？”这样的语言只能出自先生之口，未免是“呵佛骂祖”，口出大言。这样冲撞的诤谏也能听得进、忍得住，这也只有宽仁大度的神宗大帝，如此的爱贤惜才，雅量高致。

语典

有其德而无其位，故厉[①]而后吉。无位而得众者，必以身犯难[②]，然后众与[③]之也。

——(《东坡易传·颐卦[④]》卷三，第51-52页)

注释

①厉：此为磨砺。

②以身犯难：亲身克难。

③与：跟随，相信。

④颐卦：《周易》第二十七卦，寓意颐神养志，怡情养性。

今译

具有相应的品德而没有对应的位置，所以先经磨砺而后有吉利。没有位置而想得到群众拥护的人，必定要亲身克难攻险，而后群众才会相信他。

解析

《东坡易传》是东坡先生于元丰三年(1080年)至元丰五年(1082年)之间，初成于黄州贬所。本文是以《配卦·象传》"经历过危险可以获得吉祥，利于涉越大江巨流"爻辞的寓意，推演出"以身犯难，然后众与之也"的人生义理。18世纪英国诗人蒲柏说得好："人就像藤萝，他的生存靠别的东西支持。他拥抱别人，就从拥抱中得到力量。"同样道理，只有自己以实际行动克难奋进创造成果，用以证明自己"有其德而无其位"，那么，群众就会拥戴你。请相信"有其德"必"有其位"，因为这是经过检验的真理。

语典

古之圣人，不恃其有可畏之资[①]，而恃其有可爱之实[②]；不恃其有不可拔之势[③]，而恃其有不忍叛[④]之心。

——《策略五》

（《苏轼文集》卷八，第237页）

注释

①“不恃其有”句：恃，依赖。资，此指出身和经历。

②实：此指真诚，真情。

③势：权力，威力。

④叛：此指变节。

今译

古代的圣人，不依赖他们有显赫可怕的出身和经历，而是依靠他们令人可爱的真诚与真情；不依赖他们不可一世的权势与威力，而依靠他们有使别人不忍变节的魅力。

解析

《策略五》的主题在文章开篇处即已点明："深结天下之心。"这是东坡先生于嘉祐六年（1061年）八月作为制科试卷，向仁宗皇帝进献的治国安邦之策略。先生在分析天子的处境时指出："寄之乎巍巍之上"，"运之乎茫茫之中"，"安而为太山，危而为累卵"，观乎情势，"其间不容毫厘"。天子身居万民之上，巍巍乎可畏，他的一颗忐忑的心在广阔空旷的大地没着落。说他平安像泰山，说他危险就像是鸡蛋重叠在一起般危急。"一旦有急"，"岂不悲哉"！为此，先生提出对策："结人心。"通过什么广结人心？一是"可爱之实"，二是"不忍叛之心"。前者是"可爱"，后者是"不忍"，其情何堪？前者是"实"（真情），后者是"心"（诚心），其心可感！如此这般，必有"不忍叛之心"！

语典

夫成事在理不在势[①]，服人以诚不以言。理之所在，以为则成，以禁则止，以赏则劝[②]，以言则信。

——《拟进士对御试策并引状词》
（《苏轼文集》卷九，第 303 页）

注释

①“夫成事”句：理，客观事物的规律，道理。势，权势。
②劝：说服和勉励的意思。

今译

成就事业在于遵循客观规律而不在权势，让人信服要靠诚心诚意而不靠口头言语。做事合情合理，按照这样做就成功，按照这样指挥就能令行禁止，按照这样奖赏就能收到劝勉的目的，按照这样发布政令百姓就会信任。

解析

该文是东坡先生在熙宁三年(1070 年)三月作于汴京。先生向仁宗皇帝进此策，显然是针对熙宁年间王安石变法而言的。为了推行新法，王安石提出著名的“三不足”论断，即“天变不足惧，人言不足恤，祖宗之法不足守”。以此强势，力推新法势如破竹。先生自觉地站在司马光等旧党一边，应然提出：“成事在理不在势，服人以诚不以言。”正好是针尖对麦芒，面折廷争，各执己见。从此，新旧两党围绕新法之辩，旷日持久的北宋党争，由此愈演愈烈。

语典

方今救弊之道，必先立事①。立事之本，在于知人。(略)

古之欲立非常之功者，必有知人之明。苟无知人之明，则循规矩，蹈绳墨，以求寡过②。二者皆审于自知，而安于才分者也③。

——《拟进士对御试策并引状词》

(《苏轼文集》卷九，第306页)

注释

①"方今"二句：救弊，纠正弊端。立事，建功立业。

②"苟无知人"四句：苟，如果，假使。循，遵守。规矩，规则法度。蹈，此指因袭。绳墨，比喻规矩、准则。寡过，少犯错误。

③"二者皆"二句：审，仔细思考。才分，人的聪明才智、才能、天资。

今译

当今挽救时弊的方法，必须首先要确定自己建立功业的目标。确立目标的根本，在于对人的了解。(略)

自古以来想要建立特殊功业的人，一定具有知人之明的能力。如果没有知人之明的能力，就会循守陈规旧习，因袭固有的规矩和准则，以求得减少自己的过失。这两种人都是审慎地了解自己，根据自己的才能做事的人。

解析

本文是东坡先生在熙宁三年(1070年)三月的礼部考试后，模拟的一道答卷，对当今之弊进行具体分析。在他看来，新法的失误在于"与民争利"，救弊之道"在于知人"。先生同反对新法的同僚一致认为，新法之失，就是运用了一批投机钻营的所谓"新进"人物。王安石当初变法其动机不可谓不善，他的失误就在于忽视了"立事之本"，缺乏"知人之明"的"救弊之道"。

语典

操其要[①]，治其本[②]，恭己无为[③]，而物莫不尽其天理[④]，以生以死。

——《拟进士对御试策并引状词》

（《苏轼文集》卷九，第304页）

注释

①操其要：操谓拿，抓在手里。要，重大，重要。

②治其本：治，治理。本，根本。

③恭己无为：恭己，指恭谨律己。无为，道家文化核心思想。其一，遵循事物的自然趋势而为，不争，即是无为。其二，无为就是有所不为。总之“无为”不是不为，是顺万物，以顺其和，是圣人教化世人守弱、不争、快乐，达到“无为”。

④天理：指自然法则，犹言天道。

今译

把握住重大事情，治理好根本，修养自已，顺应万物，有所不为，这样事物没有不遵守自然法则，当生则生，该死则死。

解析

本文于熙宁三年（1070年）三月，东坡先生作于京师。先生在该文前曾严肃指出“青苗之政，助役之法，均输之策”，乃“轻发”之政。然王安石却说：“天变不足畏，祖宗不足法，人言不足恤。”先生在该文中针锋相对，他指出在儒家经典中“未尝言天命不足畏，众言不足从，祖宗之法不足用也”。故他坚持说：“必畏天，必从众，必法祖宗。”要建立“非常之功”务必“操其要，治其本，恭己无为”。其“要”，曰“循理”；其“本”，曰“利民”。要达到这一目标，就要“恭己无为”。

语典

公为吏，诚心爱人。(略)要之以惠利为本[①]。

——《赵清献公神道碑》

(《苏轼文集》卷十七，第523页)

注释

①要之以惠利为本：要之，总之。惠，给人财物或好处，施惠于人。

今译

赵公为官，一片诚心爱护人民。(略)总之，以施惠于民为根本。

解析

此文于元祐二年(1087年)作于开封。赵抃(1008—1084年)，字阅道，自号知非子。时称“铁面御史”，累官至参知政事，以太子少保致仕，卒后谥清献。赵公去世三年后，其子赵屼(wù)除丧，求告于朝，请求为父神道赐碑额和碑文。皇帝命苏轼撰写该碑文字。东坡先生在碑文中对赵公的官德赞曰：“诚心爱人，惠利为本。”这“八字官德”，可作为现今从政者座右铭。

语典

欲事之无繁[①]，则必劳于始而逸[②]于终。

——《策别课百官三·决壅蔽》

（《苏轼文集》卷，第247页）

注释

①繁：繁杂。

②"则必"句：劳，谓辛苦。逸，安逸，轻松。

今译

要想把事务处理得不至于繁复杂乱，就一定要在开始时多辛苦抓紧办，这样后来就会感到轻松。

解析

这是东坡先生于嘉祐六年（1061年）八月作为制科试卷，向仁宗皇帝进献的治国安邦策略之一。东坡先生提出"劳始逸终"是治理繁琐事物的最佳方法。对于如何处理事物的"始"与"终"，古代经典中有许多论述。如《尚书·周书》曰："慎厥初，惟厥终，终以不困。不惟厥终，终以困穷。"这是成王告诫蔡叔的儿子蔡仲，要慎重事物的开始，也要考虑它的终局，终局因此不会困苦。不考虑它的终局，终局因此就会困迫。又如在《周易·既济卦》中："君子以思患而豫防之。"事成之初就考虑可能出现的祸患，事先加以预防。这些论述都与先生"始劳后逸"的立论有内在关联。常言说，良好的开端等于成功了一半，提示人们慎始谋终，因为"慎始而敬终，终以不困"。

语典

生前富贵草头露，身后风流陌[1]上花。

——《陌上花三首引》其三
（《苏轼诗集》卷十，第493页）

注释

①陌：田路小路。

今译

生前的荣华富贵，就像那清晨草上的露水，顷刻就散发消失；死后的美好声名，有如那路边的花朵，很快就会凋谢败落。

解析

此诗于熙宁六年（1073年）八月作于密州。人世间的荣华富贵，虚名浮利，都是身外之物，犹如那“草头露”，“陌上花”，转瞬即逝，如虚如幻，过眼烟云。只有把个人抱负和社会责任联系在一起，才能真正地体现人生价值，实现美好人生。

语典

平生慕独往，官爵同一屣[1]。（略）
国恩久未报，念此惭且泚[2]。

——《自仙游至黑水见居民姚氏山亭高绝可爱复憩其上》
（《苏轼诗集》卷五，第198页）

注释

①屣（xǐ）：鞋子。
②泚（cǐ）：鲜明。

今译

一生向往独行己志，视官职爵位如同破鞋。（略）
国家恩典长久没有报答，每当想到这里愧疚之情更加深刻。

解析

此诗于嘉祐七年（1062年）二月，时年二十七岁的苏轼作于凤翔签判任上。从这时开始他便对老庄哲学思想发生从感性到理性了融合，并在思想上接受了独立无拘、自由无束的自适主张。但毋庸置疑的是，从这时开始，年轻的苏轼心里就藏有“国恩久未报”的愧疚之情。

语典

人生百年寄鬓须，富贵何啻葭中莩[①]。(略)
下视官爵如泥淤[②]，嗟我何为久踟蹰[③]。

——《将往终南和子由见寄》
(《苏轼诗集》卷四，第180页)

注释

①"富贵"句：啻(chì)，不异于。葭(jiā)，初生的芦苇。莩(fú)，芦苇中的薄膜。
②泥淤：淤泥，烂泥浆。
④踟蹰(chí chú)：心中犹疑，犹豫不决。

今译

人生百年留下的是鬓发胡须斑白，富贵就像芦苇上的薄膜那样轻薄。(略)
看不起这如淤泥尘土的官阶爵位，可叹我为何对此久久地犹豫迟疑。

解析

此诗于嘉祐八年(1063年)九月初作于凤翔。苏轼任凤翔府签判，在理案公事完毕后，从凤翔出发游览终南山，并寄栖于太平宫溪堂研读道家书籍。在这里他写下了许多诗，诗中表达出对老庄亲近自然，超尘远俗，轻视富贵官爵观念的认同，并对自己汲汲营营于仕途产生了质疑与困惑。

语典

绩效皆烦，清名至美[1]。故先责其立操，然后褒其善理[2]。

——《六事廉为本赋》

（《苏轼文集》卷一，第28页）

注释

①“绩效”二句：绩效，业绩成效，指成就。清名，清廉的名誉。

②“故先”二句：操，行为，品德。褒，赞扬，夸奖。理，治理。

今译

官吏的业绩成效有多种表现，而清廉的名誉最为美好。所以要求他们把清廉道德修养放在首位，然后才赞扬奖励他们善于治理政务。

解析

此章句选自《六事廉为本赋》，是先生任翰林学士知制诰、吏部尚书期间所作。“绩效”一词，常见于管理学中，没想到竟在千年前先生所撰的赋体中，看到这极富现代感的词汇。先生指出，对官吏的“绩效”考审，应把“清廉”放在首位。要处理好“德”与“能”的关系，即先立其德操，然后再察其做事的能力。先生吏治思想源于儒家仁治传统。孔子提出：“志于道，据于德，依于仁，游于艺。”将“道”、“德”放在首位。与先生同朝为官的司马光在《资治通鉴》中云：“才者，德之资也；德者，才之帅也。(略)是故才德全尽谓之‘圣人’，才德兼亡谓之‘愚人’，德胜才谓‘君子’，才胜德谓之‘小人。’”此与东坡先生“先责其立操”，以“清名”为“至美”同出一理。

语典

功成惟欲善持盈[①]，(略)阿房才废又华清[②]。

——《骊山三绝句》其一

(《苏轼诗集》卷五，第223页)

注释

①盈：本义为盛满容器，即“盈，满也”。又如，“进退盈缩变化”，这里喻自满，满足。

②“阿房”句：阿房，阿房宫，在长安西北十四里。秦始皇筑阿房宫，十五年始成，以在山阿之房，故名。阿房宫仅前殿就有0.55平方公里，相当于故宫总面积的2/3。1992年联合国教科文组织调查认可，将其定为世界上最大的宫殿基址，认为是当之无愧的“世界奇迹”。华清，华清宫，初名温泉宫，始建于唐开元十一年(723年)，是唐玄宗悉心经营建设的宏大离宫，天宝六年(747年)更名华清宫。因在骊山，又称骊山宫。

今译

功成之后唯应善处持盈戒满，(略)应该记住阿房宫才废毁，华清宫又衰败的历史教训。

解析

“持盈”，语出《老子》：“持而盈之，不如其已；揣而锐之，不可长保。金玉满堂，莫之能守；富贵而骄、自遗其咎。功成身退，天之道也。”这意思是说，执持盈满，不如适时停止；锋芒毕露，锐势难以保持长久。家有万贯，难守成业；如果富贵且骄横，必定给自己留下祸根。事业成功了就应注意谨慎收敛，此乃符合自然及社会的规律。作者罢凤翔任后，于治平元年(1064年)十二月经过长安游骊山有感而作《骊山三绝句》。发出了功成之后，一定要持盈戒满，切勿忘记阿房宫与华清宫奢侈而衰败的惨痛历史教训的感叹。

语典

检身以律物[①]，故不怒而威。捐利[②]以予民，故不藏而富[③]。屈己以消兵[④]，故不战而胜。虚心以观世[⑤]，故不察而明。

——《上清储祥宫碑》

（《苏轼文集》卷十七，第504页）

注释

①检身以律物：检身，检点自身。律物，约束自己的物欲。
②捐利：捐助利益。
③不藏而富：无需储藏而民自富。
④屈己以消兵：屈己，忍辱负重。消兵，消除敌对情绪。
⑤虚心以观世：虚心，虚静之心。观世，观察世事。

今译

检点自身约束物欲，所以不发怒却威信很高。把利益捐助给庶民，庶民不必积藏而自富。谦卑宽厚可以消除敌对情绪，所以不使用武力而胜券在握。以虚静之心观察世事，所以不必审察而自然清明。

解析

元祐元年(1086年)七月，东坡先生遵太皇太后之命，为落成的上清储祥宫撰写碑文。上述碑文中的章句，阐释的是治世与为人之道。其道包含四个方面："检身"、"捐利"、"屈己"、"虚心"。用先生在碑文中的一句话概括，曰："修其本而末自应。"即抓住自我修养的根本，就能自然顺应万物的变化。

语典

令出不善，知而改之，犹贤于不反[①]也，然数出数改，则民不复信。上虽有善令不行矣，故教[②]以善令，非教其遂非[③]也。

——《东坡书传·周官》

（《三苏全书·经部》卷十六，第二册，第189页）

注释

①犹贤于不反：犹，谓“仍然”。不反，反，谓翻转过来。不反，不改。

②教：此指“使”。

③遂非：坚持、掩饰错误。

今译

政令发出不够完善，知道了就改正它，仍然比不改正要好，然而数次发出数次修改，就让百姓不再信任了。上面虽然有好的政令不能不推行，因此应行使好的政令，并非使其坚持、掩饰错误。

解析

《东坡书传》是在元丰三年（1080年）至元丰五年（1082年）之间，东坡先生初成于黄州贬所。本文是先生对《尚书·周官》“慎乃出令，令出惟行，弗惟反”诰令的解说。其意为：发号政令要慎重，政令一出，必须执行，不允许违反。《管子·立政》曰：“为之而成，求之而得，上之所欲，小大必举，事之所期也。令则行，禁则止，宪之所及，俗之所被，如百体之从心，政之所期也。”行动就可能成功，追求必有所得，上面所要求的，大小事情都能办成，这是办事期望的结果。有令则行，有禁则止，凡是法令所涉及的，风俗所约定俗成的地方，就像四肢百骸服从内心一样，这是为政所期望的结果。管子强调“令行禁止”，乃“政之所期”。先生据此推演出如下新意：其一，“令出不善”，知道错了就应改。其二，但“数出数改，则民不复信”，应做到言出必行，行必有果。其三，“善令不行”，决不能“遂非”，坚持掩饰错误。先生在“八典名郡”任上，正是按照这一施政原则行政，故而都留下善令善政的好口碑。

语典

圣人之于人也，责其身不问其所从，论其今不考其素[①]。(略)择之太详，求之太备，天下无完人。

——(《东坡易传·鼎卦[②]》卷五，第94页)

注释

①“圣人之于人也”三句：圣人，指“才德全尽”之人。身，自身。从，此指从前，从属。素，预先，此指过去。

②鼎卦：《周易》第五十卦，象征国家政权。

今译

圣人看待一个人，是责问其本身而不问其从前出身，评价他的现在而不考察他的过去。(略)选择得太详细，求全责备，天下没有完人了。

解析

《东坡易传》是在元丰三年(1080年)至元丰五年(1082年)之间，东坡先生初成于黄州贬所。本文是先生对《鼎卦·象传》爻辞的解说，并从内抽绎出：对于一个人，只评价其自“身”，而不问他的“从”(从前)。只评价他的“今”，而不考察他的“素”(过去)。从而得出“求之太备，天下无完人”的人生义理。唐代著名政治家、文学家陆贽在其《宣文公集》卷一指出：“人之才行，自昔罕全。苟有所长，必有所短。若录长补短，则天下无不用之人。责短舍长，则天下无不弃之士。”陆贽“人之才行，自昔罕全”之论，即是先生“求之太备”之说。先生曾在《应制举上两制书》中亦云：“人各有才，才各有小大。大者安其大而无忽于小，小者乐其小而无慕于大。”同样是主张对于人才的选用决不能“择之太详”。本章句所传达的用人思想，对于当今的用人制度改革，有着重要的现实意义。

语典

上[①]所好恶，民实趋之[②]。风俗[③]厚薄，君实驱之。道[④]之以正，民俗罔[⑤]中。唱[⑥]之以淫，实烦[⑦]有从。

——《东交门箴》

(《苏轼文集》卷二十，第597页)

注释

①上：指天子、皇帝。
②趋之：争着追逐。
③风俗：指长期相沿积久而成的风尚、习俗。
④道：方法、手段之义(古本或作“导”，引导、诱导)。
⑤罔：无，没有。
⑥唱：古同“倡”，倡导。
⑦烦：又多又乱。

今译

天子有所偏好和厌恶，百姓实实在在地趋而仿效。民间风尚和习俗淳厚和浅薄，天子实际上起着推动的作用。以中正平和引导他们，民俗尚且不能全归中正。若是倡导放纵淫逸，那么趋从的人实在是又多又杂。

解析

本文作年不详。“箴”者，规诫之辞，若鍼(zhēn，针刺疗法所用的针)之疗疾，故以此为名。该文写作年代和地点不详。东坡先生以汉武帝为窦太主置酒宣室，窦太主邀她的男宠董偃入席。东方朔极谏不允许董偃进宣室(皇帝所居正室)。汉武帝改置酒北宫，只得让董偃走东司马门，为此，先生作《东交门箴》，规诫天子，“非法度之政不得入焉”，并强调“上所好恶，民实趋之”。而民众的“风俗厚薄”，实际上是“君实驱之”。天子应该“道之以正”，而绝不能“唱之以淫”。由“董偃不得入宣室”，使我们想起了“楚王好细腰”、“晋文公好恶衣”、“越王好勇士”的故事。这些故事演绎着同一个主题：“上所好恶，民实趋之。”

语典

以此进道[1]常若渴，以此求进常若惊。以此治财常思予[2]，以此书狱[3]常思生。

——《迈[4]砚铭》

（《苏轼文集》卷十九，第553页）

注释

①进道：增进圣贤之道。
②予：给予。
③书狱：书写狱状。
④迈：苏迈，字伯达，苏轼长子。

今译

用它来增进圣贤之道时常像口中干渴，用它来求取上进时常感受宠若惊。用它来治理财产时常想着给予他人，用它来书写狱状常想到放人一条生路。

解析

元丰七年（1084年）四月一日，东坡先生遵朝廷诏令离开黄州转迁河南汝州。从元丰三年（1080年）二月一日到此时，先生在黄州谪居了四年零两个月，其中经历了元丰三年（1080年）的闰九月和元丰六年（1083年）的闰六月两度闰年。先生在友人的陪同下过江经鄂州、九江，后游庐山。此时长子苏迈已经二十六岁，新近任命为德兴（今江西省上饶市德兴县级市）县尉。先生与家人乘船绕道湖口（今江西省九江市湖口县），送苏迈赴任。六月初九，先生和苏迈一起对石钟山进行了实地考察，写了著名的《石钟山记》。苏迈在湖口与全家分别，独立前往德兴县赴任。临行前，先生送给他一方砚台，并亲手在底座刻上四句铭文。告诫儿子要如饥似渴地追寻宇宙人生大道，奋发向上，不吝财物，做官判案决不可草菅人命。先生"以砚为铭"，既是对儿子的家训父教，也是他为官的自我戒律。

语典

君子小人如冰炭①，决不可以同器②。若兼收并用，则小人必胜，薰莸③杂处，终必为臭④。

——《富郑公神道碑》

（《苏轼文集》卷十八，第536页）

注释

①冰炭：指冰与火炭，比喻互不相容的事物。

②器：用具的总称，“器皿”。

③薰莸（xūn yóu）：薰，香草。莸，臭草。薰莸比喻善恶、贤愚、好坏等。

④臭：不好闻的气味。

今译

君子和小人就如同冰块和火炭，决不可以放在同一器皿之中。如果把两种不同德性的人放在一起，那么小人一定得势，就像香花和臭草掺杂在一起，最终必定是臭气熏天。

解析

该文是元祐五年（1090年），东坡先生为北宋名相富弼（追封“郑国公”）所撰的神道碑文。先生称赞富公“好善疾恶”，认为他关于“君子小人”，“不可同器”，否则，就会像“薰莸杂处，终必为臭”的言论，确为至理名言。显然，富公此言是针对新法的王安石及其他的党羽所说的。后来，他为了不与小人“同器”，终于“归洛养疾”致仕（退休）。

语典

士之求仕也，志于得也。仕而不志于得者，伪也[①]。苟有志于得而不以其道，视时上下而变其学[②]，曰，吾期得[③]而已矣。则凡可以得者，无不为也，而可乎？

——《送杭州进士诗叙》

（《苏轼文集》卷十，第324页）

注释

①"士之求"四句：仕，做官。伪，假，不真实。

②"苟有志于"二句：苟，如果。道，指法则、规律，此指道德。视，此指比照。上下，指时势潮流。学，学说，此指操守。

③期得：期望得到。

今译

读书人专为应举，而志在于仕进。志在仕途而不想得仕进，这是虚伪的说法。但如果有志想得到仕进却不通过正当的途径，而是跟随时势潮流改变自己的操守，说，我只是想期望有所收获罢了。那么凡是可以达到目的的手段，没有使不出来的，这样做行吗？

解析

熙宁五年（1072年）东坡先生通判杭州，十月十日为杭州知州陈襄，送杭州举子参加次年春礼部省试而作《登彼公堂》诗所写的序言。序中"苟有志于得而不以其道，视时上下而变其学"句，是讥讽当时一些举子应试，"多以曲学阿世，附和新法而入选"不正之风的批评。先生认为"求仕"，而宣称自己"不志于得"，这是骗人的假话。一句"伪也"，活脱脱显现先生那不欺暗室、寸心不昧的磊落胸怀。

语典

至于吏道法令民事簿书期会，尤非所长，素又不喜从事于此。以不喜之心，强其所不长，其荒唐缪悠[①]可知也。

——《答宋寺丞[②]一首》

(《苏轼文集》卷六十，第1825页)

注释

①缪悠：虚妄不实。

今译

至于如何当官做事，法令民事，文书接待这类事，更不是我所擅长，而且我一向不喜欢做此类事情。以不喜欢于此的心态，强迫自己去做不擅长的事，其荒唐虚妄的结果就可想而知了。

解析

此书信是元丰元年(1078年)二月，东坡先生作于徐州。孔子在《论语·雍也篇》曰：“知之者，不如好之者；好之者，不如乐之者。”懂得不如爱好，爱好不如自得其乐。孔子在这里强调的是无论从事任何事情，爱好并享受快乐是学习的根本动力。东坡先生在这里强调的同样也是：做“不喜”的事，就会“荒唐”。不过他还增加了一句：“强其所不长。”不是自己的长处，且又不喜欢，从事这类事当然是虚妄不实。

语典

今州县之吏，受贼而鬻狱[①]，其罪至于除名，而其官不足以赎，则至于婴木索，受笞箠[②]，此亦天下之至辱也。(略)

今夫大吏之为不善，非特薄书米盐出入之间也，其位愈尊，则其害愈大；其权愈重，则其下愈不敢言。

——《策别课百官一·厉法禁》

(《苏轼文集》卷八，第241页)

注释

①受赇而鬻狱：赇(qiú)，贿赂。鬻(yù)狱，受贿而枉断官司。

②"而其官"三句：赎，用财物或行动抵罪。婴，缠绕。木，指"三木"，索即绳索，古代的一种刑罚，因以拘系犯人。笞(chī)箠，即作笞棰，以竹木之类的棍条抽打。

今译

如今州县的官员，因他受贿枉断官司，按他的罪恶应该受到除名的惩罚。而当他官爵不够用来赎罪时，就会被绳索捆绑，受到鞭笞，这也算是天下最大的耻辱。(略)

如此一些高官为非作歹，并不仅仅是薄账上记录米盐出入类的鸡毛蒜皮般的小事可比，他们的地位越尊贵，所造成的危害就越大；他们的权力越大，他们的属下就更不敢揭发他们。

解析

本文是嘉祐六年(1061年)八月，东坡先生应制科试所进的策别之一。先生在《厉法禁》篇中，将州县小事与富官大吏因罪受惩罚的轻重作了比较。可以看出小吏们受罚颇重，不仅"除名"，还要受"鞭笞"等奇耻大辱。可是对"大吏"们的处罚，虽其"过暴著于天下"而其惩罚却"不伤其毫毛"。先生对此感叹道："用法如此，宜其天下之不心服也。"这些言论，可以说代表了许多正义文人与州县小吏的心声；道出了人人心中明白，但个个不敢明言的社会隐情。与朱熹齐名，被尊为"东南三贤"、"鼎力为世师"的理学大家吕祖廉在其《古文关键》中评曰："此篇段段警策。"

语典

古之所谓大智者，知天下利害得失之计，而权之以人①。

——《魏武帝②论》

（《苏轼文集》卷二，第82页）

注释

①“知天下”二句：利害得失，谓好处和坏处，得到和失去。权，衡量，权衡（权其利弊）。

②魏武帝：即曹操，字孟德，沛国谯县（今安徽亳州）人。东汉末年杰出的政治家、军事家、文学家、书法家，三国中曹魏政权的缔造者。

今译

古代所称有大智慧的人，知道天下的利和害、得和失的计策，并能针对不同的人事以通权达变。

解析

这篇文论是嘉祐六年（1061年），东坡先生应制科试时所上进卷之一。先生为魏武帝曹操立论，开篇指出“天下所谓智者”，只不过知道天下之利和害，并能审视计谋的得失，如此而已。他指出古代的“大智者”，不仅能知“天下利益得失之计”，更重要的是能够“权之以人”，即针对不同对策权衡变通其策略。而“魏武重发于刘备而丧其功，轻为于孙权而至于败”，魏武帝慎重发兵攻打刘备而丧失成功的机会，轻易用武力攻打孙权而最终遭到失败。其原因就在于魏武帝“此不亦长于料事而不长于料人之过欤？”大意是，这不也就是擅长推测事而不擅长推测人的过失吗？也就是本章句所说的：不能做到“权之以人”。明代散文家茅坤观《魏武帝论》也有同感。他认为如果魏武帝能够“宗之雄如备，藩之杰起如权”、“使魏武力奖王室，以身下备与权，则汉之恒、灵之业，未必不复振，而魏武且为元勋也”。其意是说如果曹操针对刘备、孙权采用灵活权变的策略，就可以复振汉室，自坐元勋之高位，而不至于使曹魏政权“三世而亡”。由此证明，“权之以人”对于智者何等重要。

语典

臣不难谏，君先自明。智能审乎情伪，言可竭其忠诚[①]。虚己以求，览群心于止水[②]；昌言而告，恃至信于平衡[③]。

——《明君可与为忠赋·明则知远能受忠告》

（《苏轼文集》卷一，第24页）

注释

①“臣不难谏”四句：谏(jiàn)，古时称规劝君主或尊长使其改正错误。审，仔细思考，反复分析。情伪，真诚与虚伪。竭，用尽，竭尽全力。

②“虚己”二句：虚己，谓谦虚，虚心。览，观也，览观。止水，静止而澄澈的水。

③“昌言”二句：昌言，谓善言、正言。恃，依赖、依凭。至信，最大的诚意。

今译

下级不难进言，关键在于上级自己应开明。上级有智慧能够审察真情和虚伪；下级进言才能竭尽他的忠诚。上级虚心广开言路，像一泓静水一样收纳众人之心迹；下级则以善言奉告，凭着自己最大的诚意获得最高的信任。

解析

这是一篇赋体的策论，题目出自《汉书·赵充国传》：“明主可与忠言。”东坡先生作于在京任职期间。所引文反复从群与臣、上级与下级之间“纳谏”与“进言”的关系，回答一个主题：“明则知远能受忠告。”即只有上级“自明”，下级方可不难进言；只有上级“虚己”，下级才有可能善言奉告；只有上级“览群心于止水”，下级才能“恃至信于平衡”。先生尽管在开篇充满信心地说：“臣不难谏。”然而文末又叹道：“大哉事君之难。”早在战国时期法家代表人物韩非，在《说难》中就曾指出游说进言有“七危”、“八难”。韩非明知游说之难，而“终死于秦，不能自脱”；司马迁虽悲叹韩非，然而他自己不也是为李陵事件向汉武帝直谏，而受到耻不欲生的“宫刑”吗？故，先生虽以“明君可与为忠言”立题，但在副标题中他指出其前提是：“明则知远”方可“能受忠告”。呜呼！下级进言难，难在上级“自明”矣！

语典

上之人闻危言[1]而不忌，下之士推赤心而无损。岂微忠之能致，有至明[2]而为本。

——《明君可与为忠言赋》

（《苏轼文集》卷一，第24页）

注释

①危言：直言，严重的话。

②至明：极贤明。

今译

上级听到直言或更严重的话而不忌讳，下级才会推心置腹进言而不会受到伤害。这哪里只是下级有一般的忠诚才能达到，而根本在于上级是一个极为贤明的人士。

解析

所择章句出自《明君可与为忠言赋》，该赋是东坡先生在朝任职时的一篇赋体策论。这一段文字讲明了上下级相互信任的因果关系，即上级“不忌”，下级方能保无伤害（“无损”）。上级如何才能做到“闻危言而不忌”？他必须是个极为贤明的人士。下级如何能做到“推赤心而无损”？上级的“至明”是根本的保证。从这里推论，在上下级关系中，上级是主导因素，是在这对矛盾中处于支配地位的主要矛盾。

语典

言悦于目前者，不见跬步之外；论难于耳顺者，有以百年而兴[①]。

苟其聪明蔽于嗜好，智虑溺于爱憎；因其所喜而为善，虽有愿忠而孰能[②]；

彼非谓之贤而欲违，知其忠而莫受。目有眯则视白为黑，心有蔽则以薄为厚[③]。

——《明君可与为忠言赋》

（《苏轼文集》卷一，第24页）

注释

①"言悦"四句：跬(kuǐ)，半步(古代称人行走，举足一次为"跬"，举足两次为"步")。论难，诘难的议论。耳顺，《论语·为政》"六十而耳顺"。顺，不逆。兴，使蓬勃发展。

②"苟其"四句：苟，如果。嗜好，特别的爱好。溺，沉迷不悟。孰，谁。

③"彼非"四句：彼，他。违，背，反，不遵守。目有眯，《庄子·天运》说"夫播糠眯目"，即指眼睛进了灰沙。

今译

只对眼前有利可图的话喜欢听，这说明他往往看不到半步之外；听得进逆耳之言的人能采纳诘难之议论，就会有百年蓬勃发展的愿景。

如果他被个人嗜好遮蔽了聪明，他的智虑沉迷于个人爱憎；因为他个人喜好就认为是好的，那么，虽然有愿意奉献忠诚的人，但谁能为他进言？

他既不是口头认为自己贤明但实际上又想不按说的做，知道下级忠诚而又不肯听从。像眼睛进了沙子便以白的当黑的，心有所蒙蔽就会把次要当成重要。

解析

此章句出于《明君与可为忠言赋》，是东坡先生在朝任职期间所写的一篇赋体策论。上述三段文字，对"在上者"难以真正纳言的原因进行了递进式的论述。首先是"在上者"目光短浅，只能看到鼻子底下，"不见跬步之外"。其次"在上者"以个人嗜好、爱憎为标准，把自己喜好的视为至善。最后，口是心非，心无大志。三者归为一点：在上者不能"自明"而已。

语典

有一善，从而赏之，又从而咏歌嗟叹之，所以乐其始而勉其终[①]。有一不善，从而罚之，又从而哀矜惩创之，所以弃其旧而开其新[②]。

——《省试刑赏忠厚之至论》

（《苏轼文集》卷二，第33页）

注释

①"又从而咏歌"二句：咏歌，吟咏歌颂。嗟叹，感叹声，表示赞叹。乐，高兴。勉，劝人努力，勉励。

②"又从而哀矜"二句：哀矜(jīn)，哀伤怜悯。惩创，惩戒，警戒。开其新，重新做人。

今译

只要有一点善行，就应该予以奖赏，同时还应加以歌颂赞扬他，所以如此，是因为让他高兴地看到自己有一个良好的开端，故而勉励自己有一个好的未来。只要有一点不善，就应该予以处罚，同时还应以怜悯的态度予以惩戒警示他，所以如此，是希望他抛弃以往的旧习而重新做人。

解析

此论是嘉祐二年(1057年)二月，年仅二十二岁的苏轼应进士试所作。时任考试详定官的梅圣俞，阅到东坡仅六百余字的《省试刑赏忠厚之至论》试卷后，感到眼睛一亮，于是转荐给主考官欧阳修。欧阳修一口气读完，大为惊喜，大赞文章引古喻今，说理透辟，既阐发了儒家传统的仁政思想，又富有个人独到见解。本想评为第一，但恐是自己的弟子曾巩所作，于是惜判屈居第二。这就是先生阐明自己一生所遵循的以仁治国的思想，所谓"以君子长者之道待天下"的千古传诵名篇。文论中所论"赏"与"罚"，是自古以来治国的"车之两轮"、"鸟之两翼"。只有让两者相辅相成，才有可能推进国家的长治久安的发展。南宋著名文学批评家罗大经在《鹤林玉露》卷九中评曰："《庄子》之文，以无为有；《战国策》之文，以曲作直。东坡平生熟此二书。故其为文，横说竖说，惟意所到；俊辩痛快，无复滞碍。(略)苏文架虚行危，纵横倏忽，数百千言，读者皆知其所欲出，推者莫知其所由来。古今议论之杰也。"先生对赏罚之纵论，确乎古今之杰作矣！

语典

可以赏，可以无赏，赏之过乎仁。可以罚，可以无罚，罚之过乎义。过乎仁，不失为君子；过乎义，则流而入于忍人[①]。故仁可过也，义不可过也。

——《省试刑赏忠厚之至论》

（《苏轼文集》卷二，第33页）

注释

① 则流而入于忍人：流，变化、演化。忍，残忍。

今译

可以奖赏，也可以不奖赏，奖赏就超过了仁的范畴。可以罚，也可以不罚，处罚就逾越了义的含义。超越了仁，仍然不失为君子；超出了义，就不免演化为残忍的人。所以仁可以超出，义则不可以超出。

解析

此段文字引自《省试刑赏忠厚之至论》名篇，是东坡先生二十二岁时应进士试所作的试卷。先生深谙《尚书》之义，发扬其赏宜“广思”，罚宜“慎刑”，罪宜“惟轻”，功宜“慎重”之仁道。其理想是“以君子之长者之道待天下，使天下相率而归于君子长者之道”，故名之曰：“忠厚之至也。”其主旨是传承儒家以德治国的仁政思想。

语典

夫谋[1]之一不见用，安知终不复用也？不知默默以待其变，而自残[2]至此。呜呼，贾生志大而量小，才有余而识不足也。(略)

至于夭绝，是亦不善处穷者也[3]。

——《贾谊论》

(《苏轼文集》卷四，第105页)

注释

①谋：设法寻求。

②自残：自我伤害，摧残。

③“至于”二句：夭绝，谓夭折。处穷，身处穷困。

今译

设法求职仅一次不被录用，哪里知道终生不再运用？不知道默默等待静观其变，竟而自我摧残到这种地步。唉，贾谊志向虽远大而气量狭小，才华有余而见识不足。(略)

以至于夭折早死，这说明他是一个不善于身处穷困的人。

解析

这篇文论是嘉祐五年(1060年)，东坡先生应制科试时所上进卷之一。东坡先生对贾谊“自伤哭泣”、“自残至此”的原因进行了分析。他认为其一，“志大量小”。他虽“有远举之志”，身怀王位之才，但不能“有所待”，甚至“纡郁愤闷”，忧谗畏讥。其二，“才有余而识不足”。他的治国之策遭到朝中重臣周勃、灌婴的反对，如何做到“上得其君”、“下得其大臣”，他没有办法。先生在文中为贾谊指出了一个途径——“浸渍而深交之”，即从容地渗透，逐渐地和他们建立浓厚的交情，从而“使天子不疑，大臣不忌”。这样“不过十年，可以得志”。其三，“不善处穷”。想成就大事者，要善于正视挫折，经受住命运的挑战。先生对贾谊人生的把脉，对于当今的谋职者和创业者，无疑有着一定的启示意义。

语典

民有一介[①]之善，不终朝[②]而赏随之，是以下之为善者，足以知其无有不赏也。施其所畏者，自上而下。公卿大臣有毫发[③]之罪，不终朝而罚随之，是以上之为不善者，亦足以知其无有不罚也。

——《策别课[④]百官一·厉法禁》

（《苏轼文集》卷八，第241页）

注释

①一介：一点。介，古同“芥”。

②朝：早晨，形容时间很快。

③毫发：犹丝毫，极少。

④课：试也。按照一定的标准考核。

今译

普通老百姓有一点善行，马上就有奖赏到来。所以基层百姓做善事的人，一定会知道做了善事没有不奖赏的。施行令人们惧怕的刑罚，要自上而下。公卿大臣们即使有一丝一毫的罪过，马上就会有惩罚随之而来，因此居于高位做了坏事的人，也一定知道自己没有不受惩罚的。

解析

东坡先生为应制科试，向仁宗皇帝呈《进策》二十五篇，以论治国之道。本《厉法禁》是《策别课百官》六篇之首。该篇的主旨是论述对官吏的法制管理。明确指出位居高位的公卿大臣哪怕是有“毫发之罪”，也应随之予以严处。要让这些高官们个个明白，一旦有“毫发”之不善，一定毫不留情施以惩罚。这样做的目的，是让那些权豪贵显者“益以畏法”。这样做能够“以服小民之心”。

语典

厉法[1]禁自大臣始，则小臣不犯矣。

——《策别课百官一·厉法禁》
（《苏轼文集》卷八，第242页）

注释

①厉法：严明的法律。

今译

严明的法律应该从禁绝高官大臣开始，那么其他小吏就不敢犯法了。

解析

这篇文论是嘉祐五年（1060年），东坡先生应制科试时所上进卷之一。东坡先生所撰“课百官”之“厉法禁”，主旨是为仁宗皇帝以法治吏献策。其核心思想是：对那些位尊权重的公卿大臣们，只要“有毫发之罪”，更应该从严从重惩处。只有这样，“小臣不犯”、“天下心服”。

语典

天下不诉而无冤，不谒[①]而得其所欲，此尧舜之盛也。其次不能无诉，诉而必见察[②]；不能无谒，谒而必见省，使远方之贱吏，不知朝廷之高；而一介[③]之小民，不识官府之难，而后天下治。

——《策别课百官三·决壅蔽[④]》

（《苏轼文集》卷八，第245页）

注释

①谒(yè)：拜见，请托。

②察：仔细看，调查研究，明察。

③介：个。

④壅蔽：隔绝，蒙蔽。

今译

天下没有申诉和冤屈的人，不用请托就能办成想办的事，这是唐尧虞舜时代的盛事。其次，不能使百姓没有申诉，但有了申诉就一定能得到明察；不能杜绝进见，有了进见就一定能简明省时，使身处偏远地方的小吏，不认为朝廷高不可攀；而一般小老百姓，不感到官府衙门难进，这样天下就能达到大治。

解析

此文是东坡先生于嘉祐五年(1060年)，向仁宗皇帝进策“课百官”第三部分：决壅蔽。所谓“决壅蔽”，大意是解决朝廷与地方，官员与百姓之间的遮断和隔离。先生认为天下做到“不诉而无冤”、“不谒而得其所欲”，那是古代尧舜盛世的传说。本朝的“壅蔽”在于：百姓申诉而不能得到明察，拜见请托了还不能把事办成，朝廷对于偏远地方的小吏那是高不可攀，普通百姓不知衙门哪里开。能把这些社会弊病一一解决好，天下大治才会有希望。

语典

以难得之人，行难能之事，此必有难报之恩者矣。(略)

自异而上不异之，则缓急不可以望其为倡①。故凡缓急而肯为倡者，必其上之所异也。

——《策别训兵旅三·倡勇敢》

(《苏轼文集》卷九，第279页)

注释

①“自异而上不异之”二句：异，不同，比别人优异。上，上级。缓急，指需要相助的事。倡，鼓励、激励。

今译

用难以得到的人才，去做难以做到的事，这个人必定是有难以报答恩情的原因。(略)

自己认为比别人优异而上级不这么认为，那么一旦有紧急情况，这个人就不可能被你鼓励而勇于相助。因此，凡是有紧急情况，有人肯被你激励而勇于相助，一定是上级平时把他当作优异的人才。

解析

这篇文论是嘉祐五年(1060年)，东坡先生应制科试时所上进卷之一。近代学者林纾(shū)评该文云：“此篇著眼在一‘倡’字、‘私’字。‘倡’者何？倡其气也；‘私’者何？表异将才，加之以私恩，使为己用也。”林纾先生的评论深刻，尤其对“私”字的含义说得明白。东坡先生上文指出：“致勇莫先乎倡，倡莫善乎私。”但“私”绝不仅仅指财物，更令人看重的是“上之所异也”，即上级把他当作有别于他人，即特别优异的人才给予尊重与使用。这也就是俗语说：“佛争一柱香，人争一口气。”他要的就是这口“气”，看重的就是这个“异”字。识人之才，知人之心，莫过于东坡先生矣！

语典

威与信并行，德与法相济[1]。

——《张世矩再任镇戎军[2]》
（《苏轼文集》卷三十九，第 1099 页）

注释

①相济：互相促成，相互弥补。
②张世矩再任镇戎军：张世矩，生卒年未详。镇戎军，今宁夏固原。

今译

威严与诚信并行，仁德与法规相互调剂。

解析

该制敕是东坡先生于元祐元年(1086 年)，在中书舍人任上为皇帝代撰的诏书。大凡每个官员都想建立起自己的威信，然而在这里的“威”是建立在“信”的基础上的。也就是说“无信”即“无威”。有威虽可畏，但有信则乐从。人无信不立，国无信不长，要做到“不怒自威，不言而信”，这是威信的最高境界。德与法不是从属关系，而是不同类型的两种约束机制。德，注重的是人性化，体现的是怜悯心、仁爱心。而法制是外部约束机制，一旦触犯法律，就要用法律制裁。只有把“德”与“法”相互弥补，相互促成，就能建立起和谐稳定的社会。

语典

行不违道[①]，言不违仁[②]；处以孝闻[③]，出以忠显[④]。

——《孙觉可给事中[⑤]》

(《苏轼文集》卷三十八，第1070页)

注释

①道：道字最初的含意是道路，后来引申为做事的途径、方法、本源、本体、规律、原理、境界、终极真理和原则等。

②仁：本指人与人之间相互亲爱。儒家把“仁”作为最高的道德标准和道德境界。它包括孝、弟(悌)、忠、恕、礼、知、勇、恭、宽、信、敏、惠等内容。

③处以孝闻：处，指居住。孝，本义指尽奉养和顺从父母。

④出以忠显：出，指出去，走向社会。忠恕，忠者，尽力为人谋，心无二心，意无二意之谓。

⑤孙觉可给事中：孙觉，字莘老。给事中，官名，掌封驳政令之失当者。

今译

行为不违背道义，言语不违背仁爱；居家以孝顺而为人称道，出仕以忠诚显名于朝。

解析

该敕文是东坡先生于元祐元年(1086年)，任中书舍人时代皇帝撰的诏令。先生在这里代皇帝为任“给事中”职的孙觉作出评价。表彰孙觉“行道”、“言仁”、“孝闻”、“忠显”。封建时代的官员能做到这种境地，难怪“天下谓之正人”。

语典

国之兴衰，系于习俗。若风节不竞[①]，则朝廷自卑[②]。故古之贤君，必厉士气，当务求难合自重[③]之士，以养成礼义廉耻[④]之风。

——《乞录用郑侠王斿[⑤]状》

（《苏轼文集》卷二十七，第794页）

注释

①风节不竞：风节，指风气节操。不竞，不争逐。

②自卑：自陷卑微。

③难合自重：难以随声附和而自持自重。

④礼义廉耻：语出《管子·牧民》"国有四维。(略)一曰礼，二曰义，三曰廉，四曰耻"。

⑤斿：同"游"。

今译

国家的兴衰，与社会风俗有着很大关系，若风气节操不正，就会使朝廷显得自陷卑微。所以古代的贤明君主，一定注重激励士气，务必重用不随声附和且自持自重之人士，以养成弘扬礼义廉耻之风气。

解析

元祐二年(1087年)，东坡先生任翰林学士兼侍读，为郑侠、王斿授职向哲宗上奏状。郑侠，英宗治平四年(1067年)进士。郑侠监理安上门时，目睹流民身无完衣，身负瓦木售卖以偿还官债。于是将所见惨状绘成图画，奏至阁门，守门人不接受。后郑侠假称紧急密件快马递入宫内。神宗阅后长叹，即下诏罢停新法。王安石罢相，吕惠卿为宰相，以郑侠"发马递罪"，使新法复行。郑侠继而上书批评新法，吕惠卿将其贬谪英州(今英德市)。哲宗立，始还朝，授泉州教授。绍圣初，再贬英州。徽宗即位，方获赦。王斿，乃王安石弟王安国之子。王安国，熙宁初进士。神宗问："卿兄秉政，外论谓何?"王安国答："恨知人不明，聚敛太急耳。"鉴于此，王安国只授于崇文院校理。王安国屡以新法之害上书批评王安石，并深恶吕惠卿之奸。吕惠卿借郑侠事陷害王安国，夺其官，放归乡里。后神宗复其官，诏命下达，王安国已死。东坡先生为此两人仗义执言，请求朝廷对"敏而笃学，直而好义，颇有安国之风"的王安国之子王斿与郑侠"并赐录用"，这样，不仅可以让九泉之下的人安息，而且"以作士气于当代"。郑侠、安国，真乃忘怀得失，耿介之士；东坡，不愧宅心仁厚、直道而行。

语典

为国之本，在于明赏罚，辨邪正，二者不立，乱亡随之。

——《论周穜擅议配享[①]自劾札子二首》其二

（《苏轼文集》卷二十九，第832页）

注释

①配享：大臣凭功绩祔祀于帝王宗庙。

今译

治理国家的根本，在于严明奖赏和惩罚，辨识邪恶和正直。这二者如果做不到，动乱和衰亡就会随之到来。

解析

该奏议于元祐三年（1088年）十二月作于京师开封。东坡先生观察到，自元祐以来，号称“民之大贼，国之世蠹”的吕惠卿等之流，“虽已退处闲散，而其腹心羽翼，布在中外，怀其私恩，冀其复用”。先生对此忧深思远，反复劝谏年轻的哲宗皇帝，要“明赏罚，辨邪正”。因为这是“为国之本”，稍有疏忽，“乱亡随之”。后来的事实不幸被先生言中。哲宗亲政之后，章惇、蔡京之流，对“元祐党人”，展开了空前绝后的杀戮。61年之后的“靖康之耻”，正式宣布北宋王朝“乱已”之日的到来。

语典

大抵[1]为国，要在分别是非，以行赏罚，然后善人有所恃赖[2]，平人有所告诉[3]。若不穷究[4]曲直，惟务两年，则君子无告[5]，小人得志，天下之乱，可坐而待，此臣所谓赏罚不明之咎[6]也。

——《述灾沴[7]论赏罚及修河事缴进欧阳修议状札子》

（《苏轼文集》卷二十九，第824页）

注释

①大抵：指大概，大多，表示总括一般的情况。
②恃赖：依赖，凭借。
③平人有所告诉：平人，指平民百姓。告诉，申诉。
④穷究：彻底追究。
⑤无告：有疾苦无处诉说。
⑥咎：过失、罪过。
⑦沴(lì)：指灾气。

今译

大多治理国家，重要之点在于分辨是非，并依此进行赏罚。这样好人有所依赖，平民百姓有地方申诉。如果不彻底分清是非曲直，务求中和平顺，那么君子无处说理，小人得意忘形，天下大乱指日可待。这就是臣所说的赏罚不明的过失。

解析

该文是东坡先生于元祐三年(1088年)九月五日，在翰林学士知制诰兼侍读任上所作的奏议。议题是“论赏罚”。先生认为如果“赏罚不明”，“天下之乱，可坐而待”。为了证明他的论点，他举了以下例子：熙河路各将领奋战智擒鬼章，朝廷给他们加官赐物。可是泾原诸将闭门自保，结果被敌人掠夺去许多财物，本应有罪，却也同样加官赐物。广东天贼岑探造反，朝廷派童政将官去救援，结果童政杀戮平民几千人，其祸有甚于岑探造反，调查此案的人却说功过可抵消，最后只降一级差遣而已。温杲(gǎo)诱杀平民十九人，只不过降为监当而已。蔡州捕盗士兵，杀害平民一家五六人，说是民盗不辨。如此等等，不一而足。导致如此乱象的原因是：“纪纲颓驰，偷惰成风”，“赏罚不明之咎也”。

语典

而令名美实[①]，克全于始终[②]。
既克己[③]以归仁，亦乐善而忘势[④]。

——《皇伯仲婴赠奉国军[⑤]节度使追封申国公》
（《苏轼文集》卷三十九，第1115页）

注释

①令名美实：令，谓美好。令名，好的声誉。美实，美好的业绩。
②克全于始终：克，此为“能够”。全于，整个。始终，有始有终。
③克己：语出《论语·颜渊》“克己复礼为仁”。克己，克制自己的欲望。
④乐善而忘势：乐善，指乐于做善事和施舍。忘势，忘却权势。
⑤仲婴赠奉国军：仲婴，赵仲婴，宋宗室，官至右武卫大将军彭州刺史。奉国军，属两浙路。

今译

而让美好的名声与业绩，能够整个保持有始有终。
既能克制自己的欲望，又乐于行善而忘掉权势。

解析

本敕令是东坡先生于元祐元年（1086年）在中书舍人任上代皇帝草拟的诏书。赵仲婴是宋王朝宗室成员，赠封他为奉国军节度使并追封为申国公。敕文对宗室成员提出要求：要保持宗室的“令名美实”；要遵循“克己复礼归仁”的道德准则，做到“乐善而忘势”。其要义和精髓在于：“归仁”与“忘势”。非但皇族宗室如此，一般官吏同样也应恪守这两条戒律。

语典

以法自律，无徒[①]知之。

——《删定官孙谔鲍朝宾并宣议郎[②]》

（《苏轼文集》卷三十九，第1121页）

注释

①无徒：指无赖之行。

②删定官孙谔鲍朝宾并宣议郎：删定官，负责修改审定律令的官员。孙谔，字元忠，睢阳(今河南商丘)人，熙宁六年(1073年)进士，官至左司谏，《宋史》有传。鲍朝宾，永嘉(今浙江温州)人，曾知湖州。宣议郎，当为宣义郎。

今译

以法纪自我约束，不要做虽然知法但不奉法的人。

解析

该敕令是东坡先生于元祐元年(1086年)，在中书舍人任上代皇帝草拟的诏书。遵行法度，自加约束，乃自古君子的美德。唐代诗人张九龄在其《贬韩朝宗洪州刺史制》中云："不能自律，何正人?"北宋政治家、文学家王安石曰："不患人之不能，而患己之不勉。"东坡先生不仅提出要自律，而且在这里进一步强调"以法"来约束自己，这不能不是一大进步。

语典

任法而不任人[①]，则法有不通，无以尽万变之情；任人而不任法，则人各有意，无以定一成之论[②]。

人法兼用，审[③]于用律。

——《王振大理少卿[④]》

（《苏轼文集》卷三十九，第1121页）

注释

①任法而不任人：任法，指使用法治。任人，使用人治。

②一成之论：统一的议论。

③审：周密，审慎，仔细思考，审时度势。

④王振大理少卿：王振，字敏中，嘉祐年间曾知安溪县。大理少卿，官名，掌刑狱之事。

今译

只强调法律威严而不注重人的作用，那么法律难以达到通行，而且难以囊括千变万化的情态；只强调人的作用而不尊重法律的威严，那么每个人都有自己的意见，也就不会有统一的结论。

（最好的办法是）任法与任人兼顾运用。（同时，更应该做到）周密审慎地运用法律。

解析

该敕令是东坡先生于元祐元年（1086年）在中书舍人任上代皇帝草拟的诏书。先秦时期，法家的“法治”论与儒家的“人治”论，展开了针锋相对的辩论。法家的代表人物管仲在其《任法》第四十五篇中主张：“圣君任法而不任智，任数而不任说，任公而不任私，任大道而不任小物，然后身佚而天下治。”圣明君主靠法度而不靠智谋，靠政律而不靠议论，靠公而不靠私，依靠大道而不依靠小事，结果是自身闲适而天下太平。而儒家学派的创新者荀子在其《君道》中强调：“故法不能独立，类不能自行，得其人则存，失其人则亡。法者法之端；君子者，法之原也。”其大意是，所以法制不能自己发挥作用，依法类推也不能自动进行。有了善于治理国家的人，法制就能发挥作用，没有善于治理国家的人，法制就会失去作用。法制是治理国家的根本，而君子就是实行法制的根本。东坡先生借敕文为自己立论，他提出“人法兼用”的主张。这样就可以避免“法有不通”和“人各有意”两方面的弊端。先生的立论无疑是正确的。因为法律法规随着时间的变化需要不断完善，这种完善需要人公正准确地执法，这更需要有维护法律尊严的人。因此说“人法兼用”，二者缺一不可。

语典

守法而不智，则天下之死法也。道不患不知，患不疑(凝)[①]；法不患不立，患不活。道疑(凝)而法活，虽度世[②]可也，况乃延寿命乎?

——《书北极灵签》

(《苏轼文集》卷七十一，第2273页)

注释

①疑：应作“凝”。《东坡志林》作凝。凝，成也。

②度世：度即“渡”，指济度世间之人。如维摩诘所说：“能度诸世间。”

今译

奉法而不运用智慧，那么就成为天下的死法。道不怕不知晓，就怕不成；法不怕不立，就怕不灵活。大道成法度活，就是用来济度世人的也是可以的，何况仅是延长寿命呢?

解析

本文是东坡先生于元符元年(1098年)九月三十日，作于儋州贬所。先生在这里指出若想延长寿命，就应该做到“道凝而法活”。“道凝而法活”的核心思想源于孟子“执中无权，犹执一也”的理念。这意思是说，如果仅仅主张不偏不倚(执中)，而不知道灵活权变(无权)，这和执其一端(执一)的偏执没有什么差别。由此，先生受到启发，认为应该遵循：大道既成，奉法灵活。即使对于北极灵签这件事，也不应该采取偏执一端的做法，因为这种思想会损害中庸之道。

语典

开奖言路[①]，通来下情[②]。

——《赐守尚书右丞胡宗愈乞除闲慢差遣不允诏》

（《苏轼文集》卷四十，第1168页）

注释

①言路：进言的道路，指发表意见的渠道、条件。

②下情：指下面基层群众的实情。

今译

开通奖励进言的渠道，沟通来自下面基层的实情。

解析

该敕文是东坡先生于元祐三年（1088年），在京任翰林学士、知制诰兼侍读时，代皇帝起草的诏令。“言路”，旧指人臣向朝廷进言的途径。东汉陈琳在《为袁绍檄豫州》有言：“操欲迷夺时明，杜绝言路。”明王琼在《双溪杂记》中谓：“南北科道官亦交章论劾泽阻塞言路。”先生在《司马温公神道碑》中曾说：“公首更诏书以开言路。”本章句先生又言“开奖言路”。“开通言路”对于“杜绝言路”是一大进步；“开奖言路”对于“开通言路”又是一大跨越。当然，在皇权统治的封建专制时代，“言路”何曾开通过？但有一个事实是，凡能广开言路的圣君，必定赢得中兴之世，譬如，深谙“兼听则明，偏信则暗”之道的唐太宗，开创了“贞观之治”的盛世即是明证。

语典

政如农耕，以既获为能事；言如药石[①]，以愈疾为成功。

——《赐新除中大夫守尚书右丞刘挚[②]辞恩命不许断来章批答二首》其二

（《苏轼文集》卷四十三，第1238页）

注释

①药石：药剂和砭石，泛指药物。

②刘挚：字莘老，北宋永静东光（今河北沧州东光县）人，嘉祐四年（1059年）进士，官至尚书右仆射，光禄卿。

今译

为政如同农夫耕种，以得到收获为所能之事；言论如同药剂针石，以治好疾病为成功。

解析

该敕文是东坡先生于元祐元年（1086年），任中书舍人时为皇帝草拟的诏令。“政如农耕”，语出《左传·襄公二十五年》：“子大叔问政于子产。子产曰：‘政如农功，日夜思之，思其始而成其终。’”子产所言谓为政当有次而行，方能有所成就。先生用其意，强调一个“获”字，即强调为政之效能。“言如药石”，语出《旧唐书·高季辅传》：“进药石之言，故以药石相报。”意为用药石之言比喻苦口规劝。先生用其意强调“愈疾”二字，即强调进言的有效性。从“农耕”求“既获”，“药石”求“成功”，透视出先生无论为文为政，十分重视其“实效”、“有用”。

语典

万木岁寒，配乔松于巨柏[①]；众星夜艾[②]，凛明月与长庚[③]。

——《贺林待制启[④]》

（《苏轼文集》卷四十七，第1350页）

注释

①配乔松于巨柏：配，指够得上。乔，谓"高"，高大的松木。巨柏，巨大的柏树。

②艾：终止。

③凛明月与长庚：凛，指凛然。长庚，金星的别名，亦名太白、启明。晚为长庚，晨为启明。

④林待制启：林待制，指林希（1034—1100年），字子中，福州人。元祐五年（1090年）六月，集贤殿修撰、知润州为天章阁待制。待制，官名。五品以上清官，备皇帝顾问。启，官信曰启。

今译

万木已到岁寒时节，只有高大的松树能与巨大的柏树媲美而长青不凋；众星到了夜尽之时，只有明月与长庚星的光亮凛然闪烁。

解析

元祐五年（1090年）六月，东坡知杭州，为林希待制天章阁致启祝贺。先生用"乔松"配"巨柏"，"明月"配"长庚"，赞美林希任"待制"乃名至实归。

语典

试之于位，典职[1]数十年，功用既兴，然后授政。示天下重器[2]，王者大统[3]，传天下若斯[4]之难也。

——《尧逊位于许由[5]》

（《苏轼文集》卷六十五，第 1997 页）

注释

①典职：典，主持。典职指掌管政事。

②天下重器：指国家的政权。

③大统：指帝业，帝位。

④若斯：原来如此。

⑤尧逊位于许由：语出《史记·伯夷列传第一》。

今译

在一定的职位上试用，任职主持政务几十年，功绩已经建立，然后才授予政权。这显示出国家政权，帝王帝位，传承天下原来如此之郑重其事。

解析

本文“史评”作年不详。东坡先生对司马迁著《史记·伯夷列传》所载“尧逊位于许由”的史实进行评论。对于“试之于位典职数十年，功用既兴、然后授政”的圣贤之德业非常赞赏。先生在文后评论说：“士有箪食豆羹见于色者，自吾观之，亦不足信也。”在当今士阶层中，有不少人连一筐饭、一碗粥这样微小的利益都看得很重，在我看来，对这些人误“授政”，不足为信。显然，先生对唐尧“功用既兴，然后授政”的主张极其赞成，这符合先生一贯奉行“实用”、“实效”的理念。

语典

上下之分，烦简之宜[1]，(略)上执其要，下治其详[2]。

——《王省[3]惟岁》

（《苏轼文集》卷六，第169页）

注释

①宜：适合，适当。
②"上执"两句：执，主持，掌控。要，重大，值得重视的。治，办理、经营。详，详细、具体。
③省(xǐng)：视察政事。

今译

上级与下级职能分明，上烦下简分工适宜。(略)上级主持掌控重大事项，下级办理详细具体事宜。

解析

本文作年不详。《王省惟岁》出自《尚书·洪范》："王省惟岁，卿士惟月，师尹惟日。"大意是君王以"岁"论事，高级官员以"月"论事，基层官吏以"日"论事。这样的分工符合"上执其要，下治其详"的原则。然而时下的官员恰恰与此背道而驰，上下级不分繁与简，不分"要"与"详"，尤其是有的上级习惯于包办代替，亲力亲为，出现角色错位的现象。"上下之分，烦简之宜"，实乃具有普遍意义的管理之道。

语典

夫以斧析薪，可谓必克矣[1]，然不循其理，则斧可缺[2]，薪不可破。

——《拟进士对御试策并引状词》

（《苏轼文集》卷九，第303页）

注释

①“夫以斧”二句：析，分开，离析。薪，柴火。

②“然不”二句：循，遵守，因循。理，此指纹路。缺，残破，缺口。

今译

用斧头劈木柴，可以说肯定能够劈开，然而如果不遵循它的纹理，那么斧头就可能卷刃，而木柴还没有劈开。

解析

本文于熙宁三年（1070年）三月作于京师。很明显，东坡先生是借拟定进士殿试策问的机会，对新法展开批驳。他认为“古之人所以鼓舞天下”，其根本奥秘在于“循理而已”。而当今之世，“为政不务循理，而欲以人主之势，赏罚之威，胁而成之”。从字里行间可以看出，先生言之所指就是变法的发动者王安石。先生认为王安石以神宗皇帝“之势”，以“赏罚之威，胁而成之”。胁迫朝中大臣和地方官吏，按他个人意志行事。为了说明“不循其理”的后果，于是他用“以斧析薪”比喻，入木三分地进行了讽喻，既生动，且深刻，具有很强的说服力。

语典

苟[①]诚心乎为民，则虽或谤[②]之而人不信。苟诚心乎为利，则虽自解释而人不服。（略）臣不知陛下所谓富者，富民欤？抑富国欤？

——《拟进士对御试策并引状词》

（《苏轼文集》卷九，第303页）

注释

①苟：如果，假使。

②谤：恶意攻击别人，诽谤。

今译

如果是诚心诚意为老百姓着想，那么虽然有人诽谤而百姓不会相信。如果一心一意为自己谋私利，那么虽然自己辩解百姓也不心服。

臣不明白陛下所说的“富”，是富民呢？还是富国呢？

解析

本文于熙宁三年（1070年）三月作于京师。东坡先生认为“为政不务循理”，则事“不成可必也”。各级官员是否“循理而为”，有一检验真伪的试金石，即看其是“为民”，还是“为利”。诚心“为民”，虽然诽谤之言四起，老百姓决不相信。诚心“为利”，自己巧舌如簧，老百姓决不信服。以“青苗法”为例，是以国家垄断高利贷，为朝廷敛财，结果国库充裕，百姓赤贫。究竟是“富民”还是“富国”？“是非自有曲直，公道自在人心。”

语典

今无知人之明，而欲立非常之功，解纵绳墨以慕古人[①]，则是未能察脉而欲试华佗之方[②]，其异于操刀而杀人者几希[③]矣。

——《拟进士对御试策并引状词》

（《苏轼文集》卷九，第306页）

注释

①“解纵”句：解纵，释放。绳墨，喻规矩、准则。慕，向往。

②“则是未能”句：察脉，诊脉。华佗，东汉末年著名的医学家，与董奉、张仲景并称为“建安三神医”。

③几希：希，远也。无几，差不多。

今译

如今没有知人之明，而想建立特殊的功业，大胆挣脱规矩而又想效法古代圣贤，就像是不会诊脉却想成为华佗那样的神医，这无异于与操刀杀人差不多。

解析

本文于熙宁三年（1070年）三月作于京师。东坡先生在这里继续谈论“知人之明”的重要性。《尚书·皋陶谟》载：舜的大臣皋陶与禹讨论实行德政治理国家的问题时反复强调“在知人，在安民”。禹回答说：“知人则哲”、“安民则惠”。知人是一种智慧，安定民心就受人爱戴。但是，即使想效法三代圣贤，但自身无“知人之明”，而又想建立“非常之功”，就会适得其反。先生用了一个不懂诊脉却想成为华佗那样神医的比喻，岂不闹出“操刀杀人”的人命案。

语典

古语曰："百人之聚，未有不公。"而况天下乎！今天下非之，而陛下不回，臣不知所税驾①矣。

——《拟进士对御试策并引状词》

（《苏轼文集》卷九，第307页）

注释

①税驾：税，通"挩"（tuō），此指遗漏，失误。驾，此指帝王车驾。

今译

古人说："百人相聚议论，没有不公正的。"更何况是天下人众口一词呢！如何天下人都认为新法不便，而陛下却执意不回头，微臣真不知陛下失误到何种地步。

解析

本文于熙宁三年（1070年）三月作于京师。清代学者徐乾学在《东坡先生全集录》中评曰："其忠君爱国之心，直言敢谏之气则一也。"清代文渊大学士陈廷敬在《古文渊鉴》中曰："以浩瀚之气，抒超朗之词，辨析透快，而忠义至性，尤盎然动人。"信哉！所谓《拟进士对御试策》，是先生借模拟御试答卷，主动向皇帝进谏。这种极谏方式，只有先生所敢为。全文充分表现出先生忧国忧民，寸心不昧，刚直不阿，犯颜极谏的忠义精神。一句"今天下非之，而陛下不回，臣不知所税驾矣"！足见其"忠义至性"，不能不让读者"盎然动人"。

语典

凡物之生，莫累[1]于名。人顾趋[2]之，以累为荣。神人[3]无名，欲知者希[4]。人顾忧之，以希[4]为悲。

——《范景仁墓志铭》

（《苏轼文集》卷十四，第443页）

注释

①累：连及，连带，拖累。

②趋：追逐。

③神人：道教把与天地同生，不经修炼即可得道的人称为真人。

④希：少。

今译

凡是世上的人物，都不要被虚名所拖累。而人们却对此趋之若鹜，把虚名看得无上荣耀。得道的真人无有名声欲念，只是希望知道自己的人越少越好。然而世人只怕自己的名声不显，把知道自己的人少看成是最大的悲哀。

解析

元祐四年（1089年）三月十六日，东坡先生被授龙图阁学士任浙西路兵马钤辖知杭州军州事。在赴杭州任之前，在南都（今河南商丘）留有月余，为已故的北宋重臣范镇（字景仁）撰写铭文。先生对范景仁一生给予很高评价，认为他“清明坦夷，表里洞达，遇人以诚，恭俭慎默”。在墓志铭的最后铭文中，先生有感于范公高山景行的美德，写下了上述铭文，告诫世人，“莫累于名”。不为名累，说起来容易，实行起来不易。只有铭记先贤名教：“耻有其辞而无其德；耻有其德而无其行。”才能像范公那样，弃名利如敝屣。

语典

天下之大器[①]也，非力兼[②]万人，其孰[③]能举之。

——《张文定公墓志铭》
（《苏轼文集》卷十四，第444页）

注释

①大器：语出《庄子·让王》"故天下，大器也"，喻重要的事物。
②兼：合并，由部分合成整体。
③孰：谁，哪个。

今译

天下最重要的宝器，不整合万众的力量，谁能把它担当得起来。

解析

本墓志铭于元祐七年（1092年）七月作于扬州。南宋著名文学家洪迈在其《容斋续笔》卷六中说："惟苏坡公于天下未尝铭墓，独铭五人，皆盛德故。"这五个人是：北宋名相富弼、史学家司马光、参知政事赴抃（biàn）、翰林学士范镇、翰林学士张方平。东坡先生少年时代就见到过张方平。那是皇祐六年（1054年），张方平移镇成都，第二年他就去成都拜访了张公，张公待之以"国士"，不久又推荐东坡与弟进京应试。先生陷"乌台诗案"冤狱，张方平仗义为其辩诬，以后先生与张公交谊笃厚。有鉴于此，先生"作文受谢"，撰写这七千余字的墓志铭。

语典

若夫[1]非德之威，虽猛而人不畏；非德之明，虽察而人不服。

——《德威堂铭并叙》

（《苏轼文集》卷十九，第573页）

注释

①若夫：句首语气词，可译为“至于”。

今译

如果不是建立在仁德基础之上的威严，虽然威猛但人们并不害怕；如果不是建立在仁德基础上的精明，尽管明察但人们也不服气。

解析

本文于元祐六年（1091年）作于京师开封。德威堂，在孟县（今河南省孟州市）旧州治。北宋重臣文彦博曾司空签判河县，后他的儿子文及甫亦知河阳，遂建此堂。元祐六年（1091年），东坡先生应文及甫之请为其铭文。文彦博在仁宗、英宗、神宗三朝都曾被委以重任。有一次契丹有二位使臣前来出使，先生作为馆伴使接待客人，与契丹使者入朝拜见天子，看见文公站在殿门外，二位使者即站住神情严肃地对先生说：“这是潞国公吧？人们都说他是以仁德为人敬服的人。”又有一次，西夏有个首领，向边关的守臣提出请求，希望能给文公赠送一匹骏马。这两件事让先生大发感慨：“公心服天下，至于四夷。”并将所闻所感取《尚书》“德威惟畏，德明惟明”之义在铭文展开议论。赞美文公是一位“以德立威”、“以德生明”的仁德长者。

语典

三黜[①]穷山，之死靡[②]憾。咸平[③]以来，独为名臣。一时之屈，万世之信。

——《王元之[④]画像赞并叙》

（《苏轼文集》卷二十一，第603页）

注释

①黜(chù)：降职或罢免，罢黜。

②靡：无，没有。

③咸平：宋真宗年号，咸平年间(998—1003年)。

④王元之：王禹偁(954—1001年)，字元之，北宋诗人、散文家，济州巨野(今山东省巨野县)人，太平兴国八年(983年)进士，历任右拾遗、知制诰、翰林学士等职。敢于直言讽谏，因此屡受贬谪。后贬至黄州，故世称王黄州，其后又迁蕲州病死。

今译

三次被罢黜到穷乡僻壤，至死也不后悔遗憾自己的所作所为。自宋真宗咸平年间以来，堪称一代名臣。虽然一时蒙受了屈辱，却赢得了万世的崇奉敬仰。

解析

元丰元年(1078年)六月，时东坡先生知徐州府。一天，王元之的曾孙王汾，将其曾祖王禹偁的神道碑送给先生观看，求先生为其题碑。于是先生于当月五日撰成寄与王汾。然而，先生陷“乌台诗案”台狱后，御史台的御史，却在这篇赞中搜罗罪证，诬称先生谩骂今日新进之人为“众邪”，谓天子所用之人皆“斗筲穿窬之流”。诬其讥讽今时新进之人为“鄙夫”等。不过，今天看来，先生以其感佩的心情对王公的赞美之辞，用在先生身上也恰如其分。先生亦是“三黜穷州，之死靡撼”。虽然“一时之屈”，却也赢得“万世之信”。

语典

念囹圄[1]之幽囚，或非其罪。（略）

重慎典刑，每存数赦[2]之戒。一宽汤网[3]，众识尧心[4]。

——《上清储宫成贺德音表二首》其一

（《苏轼文集》卷二十四，第691页）

注释

①囹圄：监牢。

②数赦：多次赦免。

③汤网：语见《吕氏春秋·异用》汤见祝网者置四网，曰“非桀其孰为如此也”？于是汤收其三面，置其一面。后以“汤网”泛言刑政宽大。

④尧心：谓圣君的心愿、抱负。

今译

应念及监牢幽禁的囚徒，或许有的并没有犯所定的罪。（略）

要慎重使用刑法，每每记取多次赦免的告诫。商汤“收三置一”，民众认识到此为帝尧之仁心。

解析

宋太宗即位以后，在开封朝阳门外建造了上清宫，用以旌表宋太祖平定乱世的功绩。太宗至道元年（995年）正月，宫殿建成。仁宗庆历三年（1043年）十二月，被大火“一夕而烬”。元丰二年（1079年）二月，神宗重修此宫，把它作为朝廷后世子孙的求福之地，于是赐名为“上清储祥宫”。然而宫只建成$\frac{1}{5}$，筹建人王太初就去世了。太皇太后闻讯，便下令宦官们卖掉了许多珠玉，并把四方贡物都捐出建宫。元祐六年（1091年）九月二十七日，上清储祥宫建成，东坡先生是时刚知颍州，故于颍州向太皇太后敬上贺表。在贺表中，“恭惟太皇太后陛下，恭俭以仁”、“重慎典刑”一语，非先生不敢直呈。18年前先生通判杭州，曾为朝廷“厉行盐法”，而他“朝推囚，暮决狱”（《和蔡准郎中见邀游西湖三首》），写下了《都厅题壁》诗。其中“执笔对之泣，哀此系中囚”诗句，表达了先生当时的沉痛感受。从18年前的“哀囚”，至18年后的“念囚”，表达先生民胞物与，悲天悯人的仁者情怀。

语典

信其人，则举[1]以为利己；不信，则举以为害己，此情伪之蔽[2]也。

——(《东坡易传·系辞传[3]》卷八，第145页)

注释

①举：言行，举动。

②情伪之蔽：伪，伪劣，错误。蔽，遮掩。

③系辞传：总论《易经》大义，解释卦义辞的意义及卦象爻位。

今译

相信这个人，那么这个人的一举一动，都被认为是对自己有利的；不相信这个人，那么这个人的一举一动，都被认为是对自己有害的，这是受到了狭隘情感所遮蔽驱使的原因。

解析

《东坡易传》是于元丰三年(1080年)至元丰五年(1082年)之间，东坡先生初成于黄州贬所。本文是先生对《系辞传》"情伪相感而利害生"文辞的解说。在这里，不禁想起《列子·说符》中关于有人偷斧头的故事：有个丢失了斧头的人，老是疑心隔壁家的儿子偷走的。甚至连他走路、表情、讲话等一切言行和态度，无不像偷斧的样子。可是，不久这个人到山坳里去挖土的时候，找回了丢失的斧头，以后再看那邻人的儿子，一切言行和态度，又都不像偷斧的样子。这个故事给我们的启示是：成见是人们形成正确判断的大敌；主观臆断，是导致黑白颠倒的祸首。先生在本文中所说的"信"和"不信"，实际上是个人狭隘情感产生的非真实的判断。正是被这种"情伪"所蔽，故而就有所谓"为利"与"为害"两种绝然不同的感受。

语典

泽[1]所以容水，而地又容泽，则无不容也，故君子为无穷之教，保无疆[2]之民。《记》曰："君子过言则民作辞，过动则民作则[3]。"故言必虑其所终，而行必稽其所弊[4]。

——(《东坡易传·临卦[5]》卷二，第38页)

注释

①泽：水深的湖沼或水草丛杂的湖沼下有水曰泽。这里指沼泽。

②无疆：没有穷尽。

③"君子过言"二句：辞，指言辞。则，准则。

④"故言"二句：终，指结果，影响。稽，考核。弊，弊病，弊端。

⑤临卦：《周易》第十九卦。临卦意味着审时度势。

今译

沼泽是容纳水的地方，而大地又容纳了沼泽，所以就没有不能容纳的。因此君子要作无穷尽的教化来保护无尽的百姓。《礼记》说："君子说过的话老百姓作为言辞，做过的举动就被老百姓作为准则。"所以言辞说出必须考虑其最终的后果，而行为也必须考察其所产生的弊端。

解析

《东坡易传》是东坡先生于元丰三年(1080年)至元丰五年(1082年)之间作于黄州贬所。本文是对《临卦·象传》"泽上有地，临，君子以教思无穷，容保民无疆"爻辞的解说。这段爻辞的意思是说：大地居于泽之上，象征监临。君子效法此种精神，接受监督万民，不断施以教化，启发其思考，以宽厚优容的美德包容保护百姓。先生据此之辞，推演出天下"无不容"，故"君子为无穷之教"以"保无疆之民"的义理。他引用《礼记》之言，强调在教化的过程中，"言必虑其所终，而行必稽其所弊"。这一阐发是对该《象传》"教思"与"保民"思想的补充与完善。因为天下之教化，只有做到"虑其所终"、"稽其所弊"，才会真正能做到"保无疆之民"。

语典

亦知人生要有别，但恐岁月去飘忽[①]。（略）
君知此意不可忘，慎勿苦爱高官职。

——（《辛丑十一月十九日既与子由别于郑州西门之外马上赋诗一篇寄之》
《苏轼诗集》卷三，第95页）

注释

① 飘忽：随风迅疾飘移不定的样子。

今译

尽管知道人生是有差异的，但共同的是时光匆匆飘逝过。子由弟应懂得人生的真谛，千万不要贪恋高官厚禄。

解析

嘉祐六年(1061年)，时年二十六岁的苏轼，授大理寺评事签书凤翔府节度判官厅公事(正八品)，杞人马梦得(正卿)随行。大理寺评事是一个名誉头衔，签书凤翔府判官才是实职。在郑州西门之外与弟子由分别时(子由授商州军事推官，乞留京师养亲)，马上赋诗一篇。告诫胞弟岁月如梭，不忘昔日夜雨对床的亲情，切勿贪恋世间高官厚禄。东坡先生初始登上政治舞台，就有"不要贪恋高官厚禄"的念头，直至后期产生了"失途既难追，学道恨不早"的悔悟就顺理成章了。

语典

臣闻圣人治天下也，宽猛相资[1]，君臣之间，可否相济[2]。若上之所可[3]，不问其是非，下亦可之；上之所否[4]，不问其曲直[5]，下亦否之，则是晏子所谓“以水济水，谁能食之[6]”。孔子所谓“惟予言而莫予违足以丧邦”者也[7]。

——《辩试馆职策问札子二首》其二
（《苏轼文集》卷二十七，第790页）

注释

①相资：相互凭借，协调。

②相济：相互帮助，促成。

③可：允许，可以。

④否：表示不同意，不认可，否定。

⑤曲直：指是非，善恶。

⑥“则是晏子”二句：晏子，名婴，春秋时期齐国政治家、思想家、外交家。“以水济水，谁能食之”，用清水给水增加味道，谁能喝得下去。比喻随声附和，于事无补。

⑦“孔子所谓”句：孔子（前551—前479年），名丘，字仲尼，春秋时期鲁国人，中国著名的大思想家、大教育家、政治家，儒家学派的创始人。“惟予言而莫予违”，语出《论语·子路篇》：“唯其言而莫予违也”，“不几乎一言而丧邦乎”？大意是，我说的话没人敢违背，这本就是一句话足以使国家灭亡吗？

今译

臣听说圣人治理天下，使宽猛相互协调，君臣之间做到能否相互帮助。如果圣上认可的，臣下不问是非也表示同意；圣上所反对的，臣下不问曲直也表示否定，这就是晏子所说的“以水济水，谁能食之”，孔子所说的“我说的话没人敢违背，这不就是一句话足以使国家灭亡吗”的道理。

解析

元祐二年（1087年）正月，御史台官傅尧俞、朱光庭等之流，为免役法争端，对东坡先生群起而攻之。先生上《辩试馆职策问札子》据理辩诬。明代散文学家茅坤在其《苏文忠公文钞》中对此评曰：“苏子瞻忠义明辨，虽九死而不惧，亦子瞻供状。”先生在辩词中，引用晏子和孔子名言，说明君臣之间“可否相济”，决不是“下”视“上”的眼色而随声附和。如果像晏子所言“以水济水”，孔子所云“惟其言而莫予违”，其结果就是“足以丧邦”。

语典

夫君子之难致如麟凤[1]，色斯举矣，翔而后集[2]，况可麾[3]而却之乎？小人之易进如蛆蝇[4]，腥膻[5]所聚，瞬息千万，况可招而来之乎？

——《论周穜擅议配享自劾[6]札子二首》其二

（《苏轼文集》卷二十九，第833页）

注释

①麟凤：麒麟和凤凰，比喻才智出众的人。

②“色斯举矣”二句：语出《论语·乡党篇》“色斯举矣，翔而后集”。色，情景。举，鸟飞起来。翔而后集，飞翔一阵，然后落到树上。

③麾：同“挥”，如麾叱，指挥手呵叱。

④蛆蝇：蛆虫和苍蝇，比喻卑劣龌龊者。

⑤腥膻（xīng shān）：难闻的腥而膻的气味，比喻人间丑恶污浊的现象。

⑥配享自劾：配享，指功臣配祀于帝王宗庙。自劾，检举自己的过失。

今译

君子就像麒麟凤凰一样难以招致，当它们看到情景适宜，就振翅飞举，然后一起落到大树上，何况对它们挥叱和驱赶呢？小人像蛆虫和苍蝇一样容易招来，闻到腥而膻的气味就汇聚到一团，一眨眼的功夫飞来数以千万，何况招引它们来到呢？

解析

该奏议是东坡先生于元祐三年（1088年）十二月作于京师开封。鉴于吕惠卿、李定等群小，他们躲在阴暗的角落里，窥伺方向，以求时机一到，又将以更狠毒的手段对“元祐老臣”赶尽杀绝。先生对此早有预感，故连续上书劝谏哲宗皇帝“辨邪正”，以防“乱亡”将至。本章句先生选用比喻，形象地说明“君子难致”和“小人易进”。“麟凤”，吉祥之神鸟，令人神往钦羡；“蛆蝇”，卑劣龌龊之脏物，令人作呕发指。经先生这一比喻，君子与小人真乃冰炭不同器，水火不相容。

语典

臣历观数年以来诸人议论(开挖八丈沟)，(略)是致臆度①利害，口争胜负，久而不决。臣已选差教练使史昱等，(略)并取到逐县官吏，保明文状讫②，所有逐竿细账，见在本州使案收管，(略)乞早赐果决不开指挥，以安颍、寿①之间百姓迟疑之心。

——《奏论八丈沟不可开状》

(《苏轼文集》卷三十三，第941页)

注释

①臆度：凭主观猜测。

②讫：完结，截止。

③颍寿：颍，指颍州。寿，指寿州(治所在寿春，今安徽省寿县西南)。

今译

我把历年以来各人(关于开挖八丈沟)的意见通览了一遍，(略)显然全是凭主观臆断猜测工程之利与害。因为以口舌争胜负，故长期不能决断。我已选派教练使史昱等人，(略)会同各州县官吏，立下明确的保证文书，将所有各竿丈量的数据细账，存在本州使案保管，(略)乞请朝廷尽早果断作出决定，不得开挖八丈沟。以此安抚颍州、寿州之间百姓的惊恐怀疑之心。

解析

元祐六年(1091年)八月二十二日，东坡先生到颍州任，十月，先生就历届颍州官员主张开挖八丈沟的动议，查阅历史档案，亲自组织水利专家对工地进行实地勘测。还深入颍、寿等州县，拜访"农民父老"，最后得出结论，叫停劳民伤财的八丈沟工程。在重大工程项目开、停问题上，重视调查研究，反对主观臆断，坚持实事求是，以百姓利益为准绳，为后人树立了良好榜样。

语典

鬻[①]千金之璧者，不之于肆[②]，而愿观者塞其门。观者叹息，而主人无言焉。非不能言，知言之无加[③]也 。

今也不幸而坐于五达之衢[④]，又呶呶[⑤]焉自以为希世之珍，过者不顾，执其裾[⑥]而强观之，则其所鬻者可知矣。

——《上曾丞相[⑦]书》

（《苏轼文集》卷四十八，第1378页）

注释

①鬻（yù）：卖。

②肆：店铺，市肆。

③无加：没有增添。

④衢（qú）：大路，四通八达的道路。

⑤呶呶：多言，喋喋不休。

⑥裾（jū）：衣服的大襟。。

⑦曾丞相：曾公亮（999—1078年），字明仲，晋江（今福建泉州）人。仁宗天圣二年（1024年）进士及第。仕至“同中书门下平章事”（简称平章事，实际担任宰相）。以太傅致仕，谥宣靖。

今译

卖千金璧玉的人，不到市面上，而愿意看货的人把门都挤堵塞了。看货的人惊讶，而卖者不说话。并不是不能说，知道说得再好也不会增添货色本身。

今有不幸者坐于四通八达的闹市，又喋喋不休地夸奖自以稀世的珍宝。但过往行人不看，他就拉住人家的衣襟强迫要人家看，那他所卖的货就可以知道是好是坏。

解析

嘉祐六年（1061年），东坡先生时年二十六岁，应贤良方正直言极谏策问，向仁宗皇帝献《进策》、《进论》各二十五篇。全面系统地阐释他的政治主张，劝谏仁宗改革弊政，励精图治。先生向曾丞相上书，宣传自己的政治谋略，以求执政官员的关注和“裁择”。先生借用销售“千金之璧”者的譬喻，生动而形象地对“呶呶焉自以为希世之珍”的夸夸其谈者进行讽刺。认为言词越浮夸，其实质必然和他的虚夸距离大，他们尽发奇谈怪论，借以迷惑视听，从而“以术售其身”、“以摇撼当世”，甚至用骗术求得人家的任用。那些“执其裾而强观之”之“售卖者”，读到此处，应该自感觍颜愧畏。

语典

夫人胜[1]法，则法为虚器[2]。法胜人，则人为备位[3]。人与法并行而不相胜，则天下安。

——《应制举上两制书》

（《苏轼文集》卷四十八，第1391页）

注释

①胜：超过。

②虚器：意谓形同虚设。

③备位：居官的自谦之词，谓聊以凑数。

今译

如果人超过法，那么法就形同虚设。法超过人，那么人就成为凑数。人与法同样重要而不相冲突，那么天下就会安宁。

解析

嘉祐六年（1061年），东坡先生与弟子由为应制科考试，移居京城怀远驿。为阐释自己的政治主张，先生给朝廷执政高官上书。在本章句中，先生就人治与法治，提出了治世之道。先生认为既不能让“法”成为“虚器”，也不能让“人”成为“备位”。只有两者协调好，并行不悖，才会赢来天下安宁的局面。

语典

但恐世俗谄薄[①]成风，揣[②]所乐闻与所忌讳，不以仁人君子期左右，争言无灾，或言有灾而不甚，积众口之验，以惑聪明，此轼之所私忧过虑也。（略）

由此言之，吏不喜言灾害，盖十人而九，不可不察也。

——《上吕仆射[③]论浙西灾伤书》
（《苏轼文集》卷四十八，第1403页）

注释

①谄薄：阿谀趋附。

②揣：估量，揣摸。

③吕仆射：吕大防（1027—1097年），字微仲，京兆府蓝田（今陕西蓝田）人，元祐元年（1086年），升至尚书左仆射兼门下省侍郎，封汲郡公。哲宗时，以元祐党争遭贬，至虔州信丰（今江西信丰县）病卒，追谥为正愍（mǐn），追赠太师，宣国公。仆射，古代重武，主射者掌事，“仆”是主管的意思，至宋代唯尚书仆射相承不改。

今译

但恐世俗谄谀趋附形成风气，揣摸上司他所乐于听的与他所忌讳的，不以仁人君子的人品出现在您的左右，硬瞎说没有遭灾，或说有点灾而不严重，搜罗众口以期应验而迷惑聪明，这就是我私忧过虑的事情。（略）

由此说明，官吏报喜不报忧十有八九，不可不予明察。

解析

元祐五年（1090年）九月，东坡先生出守杭州。先生自到杭州任后，就面对水旱交攻的灾情。早稻无法下种，晚稻也收成无望。熙宁八年（1075年）这里曾闹过一次饥荒，“人死大半”。为了防止悲剧重演，一反地方官员报喜不报忧的陋习，先生连续向朝廷上书申述灾情，乞求赈济灾民。然而，竟有人诬称先生谎报灾情。这就是先生“私忧过虑”的“世俗谄薄”之风气。呜呼！古今官员报喜不报忧的陋习，真正是“盖十人而九”，禁绝此患，唯“良知”方可算一剂妙方！

语典

子[①]之失官，有为子悲如子自悲者乎？有如子之父兄妻子之为子悲者乎？子之所以悲者，惑于得也。父兄妻子之所以悲者，惑于爱也。惟不与于己者，则不惑亦不悲。

吾之所以为吾者，岂以是[②]哉！或失是，其所以为吾者犹存，则吾犹可乐焉已。

——《明正：送于伋[③]失官东归》

（《苏轼文集》卷六十四，第1978页）

注释

①子：古代对人的尊称。

②是：指官职。

③于伋：事迹不详。

今译

您丢了官职，有为您悲伤如同您自己那样悲伤的吗？有像您的父兄妻子儿女那样为您悲伤的吗？您之所以悲伤，是因为您被官位所迷惑。父兄妻子儿女之所以悲伤，是被对于您的爱所迷惑。只有与自己毫不相干的人，才不会迷惑亦不会悲伤。（略）

我之所以是我，难道是因为有一官半职吗？虽然失去这一官半职，但使我之所以是我的那个本原仍然存在，那么我仍然可以感到快乐。

解析

本文是东坡先生于嘉祐初年，在京城备试期间所作。先生为此文的动因，在文章开头予以说明。他说："世俗之患，患在悲乐不以其正，非不以其正，其所取以为正者非也。"世俗的忧患，在于产生悲哀与快乐的原因不正常。并不是因为产生悲哀与快乐的原因不正常，而是衡量应不应该悲哀或快乐的标准不正确。因为"不以其正"，故先生"借子以明其正"。从这个意义上看，"于伋"或许是行文中作者假拟的一个形象。《明正》全文旨在破解人其所以或悲或喜，其根本原因在于"惑"与"不惑"。于伋失官而自悲，是因迷惑于这"一官半职"，太在意于这"一官半职"。父兄妻子儿女其所以悲伤，是因为迷惑太爱自己的亲人了。先生为了解惑，他提出"吾之所为吾者，岂以是哉"的立论，即人之所以是一个独立的"我"，难道是因为有这一官半职吗？又曰："或失是，其所以为吾者犹存。"即使失掉"是"（一官半职），作为"我"的那个"本原"仍然存在，有什么值得悲哀的，又有什么不应该快乐的呢？先生"明正"释"惑"，鞭辟入里，入木三分，让迷惑者豁然醒悟。

语典

古之君子不择而居，安则乐，乐则喜从事，使人而皆喜从事，则天下何足治欤[1]？

后之君子，常有所不屑[2]，使之居其所不屑，则躁[3]，否则惰。躁则妄[4]，惰则废，既妄则废，则天下之所以不治，常出于此，而不足怪。

——《凤鸣驿记》

（《苏轼文集》卷十一，第375页）

注释

①欤：文言助词，表示疑问、感叹、反诘等语气。

②不屑：认为不值得、轻视。

③躁：性急，浮躁。

④妄：胡乱，荒诞不合理。

今译

古代的君子无论走到哪里都能随遇而安，心安则快乐，快乐就喜欢做事，如果使人们都乐于做事，那么天下有什么难治理呢？

后代的君子，常常不屑于修整居室，人们在未经修整的居室中，心情就会浮躁，要不然就懒散。浮躁就产生妄想，懒散就会使事情废弃，那么天下之所以不能达到治理，常常是由此造成的，这就一点不奇怪了。

解析

该文是熙宁七年(1062年)，东坡先生任凤翔签判时所作。凤鸣驿，故址在今陕西省凤翔县内。至和三年(1056年)先生同弟子由在父亲的带领下进京考进士，曾经路过凤翔凤鸣驿站，当时的驿站简陋得无法居住。六年以后，先生担任凤翔府签判，发现凤鸣驿变得让人“如归其家”，住客“皆乐而忘去”。经打听，这是现任知府宋公主持翻新修建的。先生撰文赞美宋公没有认为整理驿站之事务“不屑于心”，故而“公未尝不尽心”。先生从小小驿站的维修，推论至天下的治理。他认为，如果人人都能像宋公这样“皆喜从事”，那么“天下何足治欤？”

语典

巧言令色[①]，帝之所畏也。故以言取人，自孔子不能无失。

——《乃言底可绩》

（《苏轼文集》卷六，第165页）

注释

①巧言令色：巧言，花言巧语。令色，讨好的表情。巧言令色形容花言巧语，虚伪讨好。

今译

花言巧语，讨好献媚，做皇帝的总感到畏惧。因此，凭借言辞衡量选择人，自孔子圣人直到一般人，没有不失误的。

解析

此文大约系至和二年(1055年)三月，东坡先生时年二十岁，与弟辙随父赴京秋试，过成都，再次拜访以户部侍郎移镇成都的名人张方平。方平一见，以国士待之。本文是东坡谒张方平时所进论著之一。文章的题目《乃言底可绩》，见《书·舜典》。“底”(zhǐ)，一定。绩，功绩，此指成功。大意是：就凭进言一定可以成功。文章主要针对“询事考言”，即考察人的言辞展开议论。本章句明确指出不能“以言取人”，因为这里的“言”属于“巧言令色”，献媚取宠，虚伪讨好之言辞。当然，像文末指出的，“舜、禹、皋陶之言”，属于“可以底绩者也”，即一定能成功之言。

语典

其人专[①]，其政一[②]，然而不成者，未之有也。

——《思治论》

（《苏轼文集》卷四，第117页）

注释

①专：此指独自掌握。
②一：此指一致。

今译

每事有专人负责，每事的政令一致，这样却不成功的事，是没有的。

解析

本文于嘉祐八年（1063年）作于凤翔府签判任上。东坡先生这段话是有所指的。熙宁二年（1069年）二月，神宗起用王安石为参知政事（副宰相）。王安石掌权后，雄心勃勃，大刀阔斧地开始了变法。首先他成立了一个“制置三司条例司”，作为主持变法的新机构。这个机构实际将户部、度支（管财政收支）、盐铁等管理部门架空，另行一套所谓求变图新的新法，一时之间朝野辩口利辞，各执一词。先生提出“其人专，其政一”的主张，大致是针对新法而言的。

语典

昔者圣人为天下，使人各效其能以相济[1]也。不一则不专人，不专则不能。(略)

凡书传[2]所载者，自非圣人，皆止于名一艺办一职，故其艺未尝不精，而其职未尝不举。

——《应制举上两制书》

(《苏轼文集》卷四十八，第1392页)

注释

①相济：互相帮助，促成。

②书传：典籍。

今译

古时圣人治理天下，使人各尽其能并互相帮助。不执着于一行就不算专，不专就不算能。(略)

凡典籍所记载的，自然不都是圣人，都只让成名一行而办好一行，所以他的专业知识未尝不精深，而他的职业未尝不高举飞扬。

解析

嘉祐六年(1061年)，东坡先生与弟子由为准备应制科策问，移居京城怀远驿。为宣介自己的政治主张，他向内外两制高官上书言事。先生在本章句中提出"名一艺办一职"的理念，意为具有出众的才干，才能担当好这一职责。也就是说"一艺"而有"名"，才能"一职"能"办"好。因为"不一则不专，不专则不能"。在东坡先生那里，"一"就是"专"。如同管子所言："专于意，一于心，耳目端，知远之近。能专乎？能一乎?"其意是说，专心一意，耳目端正，那就知远事如在近旁，能专心么？能一意么？记住先生"不一则不专"的教导，真正做到"使人各效其能以相济"。

语典

（莲花漏[①]），虽疾雷霾风雨雪昼晦而迟速有度[②]，不加亏赢。使凡为吏者，如瓶之受水不过其量，如水之浮箭不失其平。如箭升降也，视时之上下，降不为辱，升不为荣，则民将靡然[③]心服，而寄[④]我以死生矣。

——《徐州莲花漏铭并叙》

（《苏轼文集》卷十九，第563页）

注释

①漏：古代计时器，铜制有孔，可以漏水或漏沙，有刻度标志以计时间，简称“漏”。

②“虽疾雷”句：疾雷，急发出的雷声。霾（mái）风，指阴风。昼晦，明暗。有度，收放自如。

③靡（mǐ）然：比喻望风响应，闻风而动。

④寄：托付。

今译

（莲花漏），尽管天有惊雷狂风雨雪明暗，但漏壶快慢运行却节奏自如，决不强行使它减弱或增强。漏壶的事例说明，凡是为官的人在施政过程中，要像漏壶装水不能超过限量；像水中的浮箭一样永远保持平衡。要像浮箭有升有降，随着时势变化，降职时不感到耻辱，升迁时不感到荣宠。这样百姓就会望风响应，心悦诚服，而把生死寄托给你。

解析

已经过世的龙图阁直学士礼部侍郎燕公名肃，善于制作精巧的莲花漏壶。凡是燕公任职所到之地，燕公必为本州制作莲花漏。熙宁十年（1077年）三月二十一日，东坡先生到徐州任太守，发现该州使用的是盲人卫朴所造的简易漏壶。幸好该州通判是燕公外曾孙，了解燕公制造漏壶的方法十分详细，于是就改造了这个漏壶，并请先生为此漏作铭。明代学者茅坤在其《苏文忠公文钞》中评曰：“借漏以发明道术，吾所以谓苏长公善于文者也。”他还引用前人学者的话说：“坡翁最长于物理，上推到义理精策处，妙于形容，而引归吏身上，借莲花漏以感慨吏业，甚达。”是的，翻开先生所撰的各类“铭”文，所谓刀、砚、鼎、琴、钟、漏等，他都能以物推理，引物论事，将平凡之物升华出深邃的人生哲理。这既是先生为学之智慧，又是因他生活经验丰富，善于观察，精于思考的结晶。

语典

举世有不为伥鬼者，几希矣①。苟干进取以速利禄②。吮疽舐痔无所不为者，非伥鬼欤③？巧诈百端，求为人之鹰犬以备指呼，驰奸走伪④，惟恐后于他人。始未得之，俯首卑辞，态有同于妾妇⑤。及既得之，尚未离于咫尺，张皇诞傲，阴纵毒螫，遽然起残人害物之心⑥。一旦失势，既败乃事，则仓皇窜逐⑦，不知死所。然终不悟其所使，往往尚怀悲感之意，失内疚之责。呜呼哀哉，非伥鬼欤？

——《渔樵闲话录》下篇

（《佚文汇编卷七》，《苏轼文集》第六册，第2618页）

注释

①“举世”二句：伥（chāng），指被老虎吃掉而变成老虎仆役的鬼魂，品行卑劣，常引诱人使其被老虎吃掉。几希，甚少。

②“苟干进取”句：苟，指“苟且”。干，求取。利禄，财利荣禄。

③“吮疽舐痔”二句：吮，用口含吸。疽（jū），毒疮，在皮肉深处的叫疽。舐（shì），舔。痔，痔疮，是一种位于肛门部位的常见疾病。比喻不择手段谄媚附势的卑劣行为。欤（yú），文言句末语气助词，表示疑问、感叹、反诘等语气。

④“求为人”二句：鹰犬，指追逐猎物的鹰和犬，喻供驱使奔走的人，多指权贵豪门的爪牙。驰奸走伪，奔走于狡诈邪恶之中。

⑤“俯首”二句：卑辞，指言辞谦恭，心怀鬼胎。妾妇，奴婢。

⑥“尚未”四句：咫尺，周制八寸为咫，十寸为尺。形容距离近。张皇，炫耀、轻狂。诞傲，狂放傲慢。阴纵毒螫，螫（shì），指有毒腺的虫子刺人，虚伪狠毒。遽（jù），急。

⑦窜逐：逃窜放逐。

今译

世上不做伥鬼的人甚少，那些一心苟且往上爬急于获取财利荣禄的人，不择手段吮疽舐痔，谄媚附势无所不为，这种人难道不是伥鬼吗？他们为了获取私利、巧诈百端，心甘情愿充当权贵的鹰犬以备使唤。他们奔走于狡诈邪恶之间，唯恐落后于他人。当他们的欲望开始还未到手时，便卑躬屈膝，低声下气，其丑态如同贱妾奴婢。当欲望一旦到手，人还未离开咫尺，转身便狂放傲慢，虚伪狠毒，顿生残害他人之心。一旦失势，事情败露，就仓皇逃窜，以致死无葬身之地。即使如此，这种人始终不知悔悟，往往还心怀悲戚委曲，丧失内疚自责的良知。可叹啊！这种人难道不是伥鬼吗？

解析

本文作年未详。《渔樵闲话录》是东坡先生借渔父老人与樵夫老人的对话，隐晦地表达了对朝政时弊，世态人心的针砭。（也有人认为这种文字，可能是假托先生之名的伪作。）先生借渔父老人讲了一则传奇故事：唐武则天长寿年间，有一位叫马拯的处士，和一位叫马绍的山人，约定在衡山祝融峰的僧舍相会。马拯在僧舍里见到一老僧，相貌古朴，眉毛浓长，体态魁梧，举止言谈，质朴庄重。当马绍赶到僧舍时，趁老僧外出告诉马拯，他的仆人被一只老虎吃掉了，老虎吃完后竟然变成了一名老僧。后来二人设计将老僧推入井中，于是老僧在井中现出虎形。他们离开寺庙后，在途中又碰到了一伙人，言说两个贼人杀害了他们的禅师，现在他们要为禅师报仇。马拯、马绍问猎人这伙人是干什么的？猎人回答说这些人是伥鬼，是过去被老虎吃掉的人，他们变成鬼之后，就被老虎驱使。二人感叹：这伙伥鬼至死不知自己为虎作伥，他们成为卑贱的伥鬼也就不奇怪了。于是，先生又借樵夫老人之口，对世上的伥鬼进行无情的鞭挞，将这种贱如“妾妇”的“鹰犬”嘴脸，刻画得惟妙惟肖，揭露得淋漓尽致。尤其是这类“伥鬼”们“始未得之”、“及既得之”以及“一旦失势”三阶段的嘴脸及手腕，描绘得入木三分。相信现世的“伥鬼”们，读罢先生这篇犀利奇文，要么迷途知返，重新做人；要么气急败坏，露出“伥鬼”的原形。

语典

释氏有阴骘报应之说，常戒人动念以招因果，若已向所述之事，遂失人身而托于虎，是释氏之论胜矣①。子知之乎？昂昂然擅威福，恣暴乱②，毒流于人之骨髓，而祸延于人之宗族者，此形虽未化而心已虎矣。倾人于沟壑，以徇一己之私意③，非虎哉？剥人之膏血，以充无名之淫费④，非虎哉？使人父子兄弟，夫妻男女，不能相保，而骸骨狼藉于郊野，非虎哉？故吾曰："形虽未化而心已虎矣。"

——《渔樵闲话录》下篇

（《佚文汇编卷七》，《苏轼文集》第六册，第2615页）

注释

①"释氏"五句：释氏，指佛教。阴骘(zhì)，阴德，引申为默默行善的德行。因果，佛教语，谓因缘和果报，比喻种什么因，受什么果；善有善报，恶有恶报。论胜，说法可信。

②"昂昂然"五句：擅，指任意。恣，放松。

③"倾人"二句：倾人，指推倒人。徇，徇私。

④"剥人"二句：膏血，脂血。淫费，不正当的花费。

今译

佛教有阴德报应的说法，常常以此来警戒人：种什么欲念，受什么报应。就像前面讲的(剑州男子李忠)故事，结果失去人身变成了老虎，这证明佛教阴德报应的说法是可信的。您知道吗？世上那种气昂昂擅威作福的人，他们任意胡作非为，祸毒深入到别人的骨髓里，延及到别人的宗族，这种人虽然形体还没有变化，但良心已变成老虎了。那些把别人推入陷阱来达到一己私利的人，难道不是老虎吗？那些掠夺民脂民膏来供自已淫荡挥霍的人，难道不是老虎吗？那些使人家父子兄弟、夫妻男女，不能相互保护，而让他们尸骨狼藉于郊外荒野，难道不是老虎吗？所以我说："这类人形体虽然还没有变化，但良心已变成老虎了。"

解析

本文作年未详。《渔樵闲话录》是东坡先生借渔父老人与樵夫老人的对话，隐晦地表达了对朝政时弊、世态人心的针砭。(也有人认为这种文字，可能是假托先生之名的伪作。)先生通过渔父老人讲了一则传奇故事：宋真宗年间学者张君房，在其《乘异记》中记载一怪异之事，剑州男子李忠，由于生病变成了老虎。看见从外面买药回来的儿子，馋得口水流了出来。仔细观察一下事情的由来，莫非李忠长期以来隐藏惨毒狂暴之心，贪婪吃人之志。此人平时恣意残忍，凌上虐下，终于变成了食人的老虎？先生又借樵夫老人之口，回答了渔父老人关于"释氏有阴骘报应"的说法。并指出世上那些"擅威福，恣暴乱"、"倾人于沟壑"、"剥人之膏血"、"使人父子兄弟，夫妻男女不能相保"者，都是虽形未化而良心早已变成了老虎。这情景何等残酷！这语言何等辛辣！一千多年前张君房所演绎的"形虽未化而心已虎"的故事，在今天的社会生活中不是仍然在重演吗？